# Die Kochschule

## Zum Gebrauch dieses Buches

| | |
|---|---|
| **Schwierigkeitsgrad** | von ★ bis ★★★ |
| **Auf der beiliegenden DVD** | |
| **Verweis auf Rezepte** | |
| **Verweis auf die Kochschule** | |
| **Ausstattung** | ›› S. 217 |
| **Glossar** | ›› S. 236 |
| **Register** | ›› S. 506 |

Dieses Buch wäre ohne die freundliche Unterstützung des Verlagshauses LT Jacques Lanore niemals entstanden.

Unser Verlagsprogramm finden Sie unter www.christian-verlag.de

Übersetzung aus dem Französischen: Barbara Holle, Sibylle Segovia
Textredaktion und Satz: Carmen Söntgerath
Korrektur: Petra Tröger
Umschlaggestaltung: Caroline Daphne Georgiadis, Daphne Design



Die Originalausgabe mit dem Titel *Encyclopédie de la gastronomie française* wurde erstmals 2009 im Verlag Flammarion, Paris, veröffentlicht.



Die Deutsche Nationalbibliothek verzeichnet diese Publikation in der Deutschen Nationalbibliografie; detaillierte bibliografische Daten sind im Internet über http://dnb.d-nb.de abrufbar.

Gesamtherstellung GeraNova Bruckmann Verlagshaus GmbH



ISBN 978-3-88472-897-0


Christian Verlag
Postfach 400209
80702 München
E-Mail: lektorat@verlagshaus.de

Vincent Boué & Hubert Delorme
Fotos Clay McLachlan

# Die Kochschule

## 200 Küchentechniken
## 250 Rezepte – 1000 Fotos

Vorwort von Paul Bocuse

CHRISTIAN

# Inhalt

## Praktischer Ratgeber



## Die Rezepte

Das Sternchen * verweist auf cie Begriffe im Glossar, S. 236 *ff*.

# Vorwort

## von Paul Bocuse

Bücher sind für jeden Koch wertvolle Verbündete. Ob es sich um einen Profi- oder einen Hobbykoch handelt, ob es darum geht, Mengenangaben zu prüfen oder sich der Abfolge der Arbeitsschritte zu vergewissern, einen in Vergessenheit geratenen Klassiker zuzubereiten oder ein altes Rezept neu zu interpretieren – es kommt immer der Moment, in dem wir gerne auf den fachlichen Rat geschätzter Kollegen zurückgreifen. Dennoch reichen Bücher allein nicht aus, verlangt unser Metier doch neben umfangreichem Wissen auch die Beherrschung des Handwerks. Ohne Bücher gäbe es keine Rezepte, ohne manuelles Geschick keine wohlschmeckenden Speisen. Theoretisch zu wissen, wie man eine Zwiebel würfelt oder ein Kalbsbries vorbereitet, heißt noch nicht, dass das Gericht auch gelingt. Man braucht regelmäßige Übung und langjährige Erfahrung, bis man das theoretische Wissen auch in der Praxis beherrscht – Übung macht den Meister. Früher gaben Mütter ihren Erfahrungsschatz an ihre Töchter weiter, heute sind junge Menschen auf andere Informationsquellen angewiesen. Glücklicherweise mangelt es nicht an Möglichkeiten, wie beispielsweise die vorliegende »Kochschule«, die schon bald zum unverzichtbaren Nachschlagewerk für Hobbyköche und Anfänger avancieren wird, die sich Basiswissen aneignen oder ihre Kenntnisse der Grundlagen der klassischen Kochkunst erweitern wollen.

Zweifelsohne steht diese außergewöhnliche Enzyklopädie in der Tradition der Standardwerke, die zum weltweiten Ruhm der französischen Küche beigetragen haben. Die meisten stehen im Regal eines jeden Küchenchefs, der etwas auf sich hält. Dazu zählen »L'Art de la cuisine française« von Antonin Carême (19. Jh.), der einzigartige »Guide culinaire« von Auguste Escoffier (1903), »La Gastronomie pratique« von Ali-Bab (1907) sowie »L'Art culinaire français par les grands maîtres de la cuisine« (1992).

»Die Kochschule« ist in zwei Teilen angelegt und umfasst beide Säulen der Kochkunst: die präzisen Fachkenntnisse und deren praktische Anwendung. Zunächst werden mit Text und Fotos die Basistechniken und Arbeitsabläufe Schritt für Schritt erklärt, gefolgt von rund hundert Grundrezepten. Sehr hilfreich ist auch die beiliegende DVD, die etwa 20 komplexere Arbeitsgänge detailliert veranschaulicht – beispielsweise das Tournieren von Gemüse, das Zerlegen eines Kaninchens, das Filetieren eines Fisches oder die Herstellung von Blätterteig.

Eine weitere Besonderheit: Nicht Küchenchefs, sondern Dozenten einer Hotelfachschule erklären die Techniken und Handgriffe, die für die Zubereitung der Gerichte unerlässlich sind. Allerdings beginnt jedes Kapitel des Rezeptteils mit dem Beitrag eines Meisterkochs: Anne-Sophie Pic präsentiert eine Vorspeise, Alain Passard ein Rezept für Gemüse, Gérald Passédat ein Fischrezept, Jean-François Piège bereitet Geflügel zu, Régis Marcon Fleisch, Xavier Thuret kocht mit Käse, Yves Thuriès und Didier Stéphan stellen Desserts vor und Stéphane Augé eine Eiskreation. Ihre Beiträge sind als Würdigung all jener Männer und Frauen zu verstehen, die unermüdlich zur Weiterentwicklung der heutigen Küche beitragen. Das Hauptanliegen des Bandes ist aber die Weitergabe der Techniken und Rezepte, die seit dem 19. Jahrhundert die Grundlagen nicht nur der klassischen französischen Küche bilden.

Das Erscheinen eines derart umfassenden Werkes freut mich aus mehreren Gründen. Im Mittelpunkt steht die Weitergabe von Fachkenntnissen und Fertigkeiten, die meiner Ansicht nach für den Beruf des Kochs von allergrößter Bedeutung ist. So kommen aus der ganzen Welt Auszubildende, Jungköche und Küchenmeister in mein Restaurant, um vor Ort zu lernen, wie man Geflügel dressiert, Fisch filetiert, Foie gras vorbereitet, Hummer zerlegt … Sie sehen meinen als »Meilleurs Ouvriers de France« (Beste Handwerker Frankreichs) ausgezeichneten Spitzenköchen bei der Arbeit zu und bemühen sich, es ihnen gleichzutun. Am vor 20 Jahren in Ecully gegründeten »Institut Paul Bocuse« erlernen die jungen Menschen die Techniken der hohen Kochkunst und werden zudem im Hotel- und Restaurantmanagement ausgebildet.

Wer hätte, als ich 1990 auf Anregung des damaligen französischen Kulturministers Jack Lang das Institut gründete, gedacht, dass sich die Gastronomie im 21. Jahrhundert eines derartigen Zuspruchs erfreuen würde? Selbst unverbesserliche Optimisten befürchteten seinerzeit eine Entwicklungen in Richtung industrieller Herstellung von Nahrungsmitteln, die dem individuellen Geschmack den Todesstoß versetzen würde. Tatsächlich hat sich die Technologie entsprechend entwickelt, aber entgegen den von Louis de Funès in seinem Film »Brust oder Keule« zum Ausdruck gebrachten Befürchtungen hat sie uns Köchen ermöglicht, noch leistungsfähiger und kreativer zu werden. Küchenmaschinen, Siphonflaschen, Niedertemperatur-Gargeräte, Vakuumgarer, Grillplatten … diese und viele andere Errungenschaften der modernen Technik erleichtern die Arbeit in der Küche und haben dazu beigetragen, dass der in der Nachkriegszeit vergleichsweise gering geachtete Beruf des Kochs mittlerweile hohes Ansehen genießt.

»Die Kochschule« erscheint zu einer Zeit, in der wieder zunehmend Wert auf Geschmack gelegt wird. Tief greifende Veränderungen haben dazu geführt, dass Herr und Frau Jedermann viele Stunden in der Küche verbringen, um ihren Gästen ein köstliches Mahl aufzutischen. Kochsendungen im Fernsehen, Kurse bei namhaften Küchenchefs, praktische und lehrreiche Bücher, Vorträge, Debatten, gastronomische Veranstaltungen, Filme … Es gibt viele Möglichkeiten, die Freude am Kochen neu zu entdecken und wieder selbst zu entscheiden, was auf den Tisch kommt – durch den Einkauf guter und gesunder Produkte. Noch niemals zuvor waren sich Koch und Gast so einig.

In dieser neuen kulinarischen Bibel werden sämtliche Handgriffe und Techniken, die man für die Zubereitung der großen Klassiker beherrschen muss, anschaulich erklärt: schälen, hacken, tournieren, bardieren, grillen, schmoren, Fonds herstellen, ein Sabayon aufschlagen, Wolfsbarsch in der Salzkruste, Roquefortorteletts oder köstliches Eisparfait zubereiten … solange die Messer geschwungen werden, wird richtig gekocht. Und solange richtig gekocht wird, besteht kein Anlass zur Sorge!

Paul Bocuse

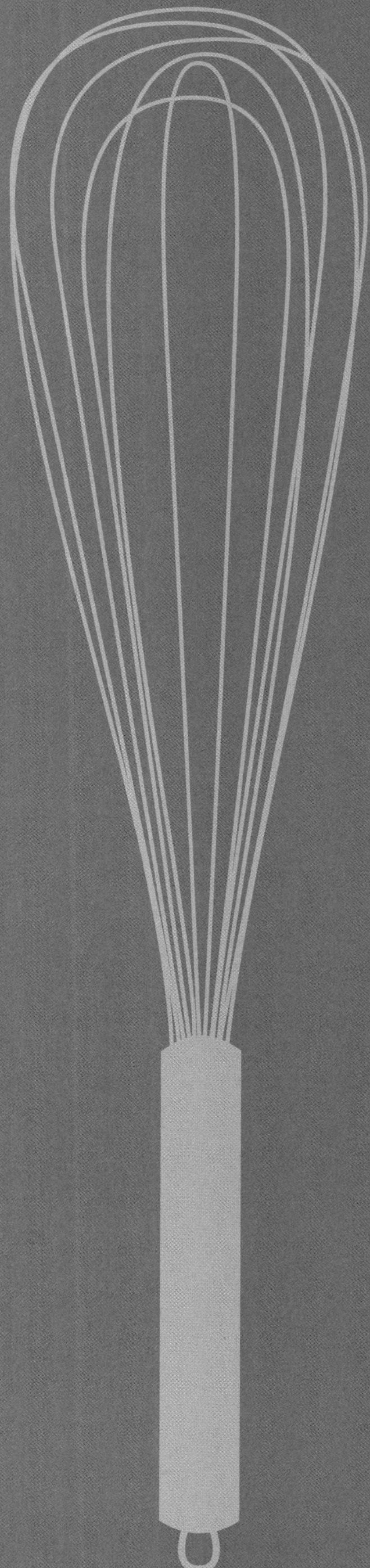

# Die Kochschule

# Grundteige

1

2

# Feste Teige

## Mürbeteig (Auslegeteig) ★

Mürbe- oder Auslegeteig dient in erster Linie als Boden für mehr oder weniger flüssige Füllungen (etwa für Quiche, Pasteten oder Obstkuchen). Er wird in der Regel mit der Garnitur gebacken und eignet sich gleichermaßen für salzige wie für süße Zubereitungen (im ersten Fall den Zucker weglassen).

### Zutaten

250 g Mehl Type 450
40 g feiner Zucker (nach Belieben)
1 kräftige Prise Salz (5 g)
1 Eigelb
125 g weiche Butter + Butter für die Form

Das Mehl eine Schüssel oder auf die Arbeitsfläche sieben. In der Mitte eine Mulde formen. Zucker und Salz hineingeben, dann 50 Milliliter Wasser sowie das Eigelb.
Alles rasch mit den Händen vermischen **(1)**.
Nun die Butter in Stückchen dazugeben und schnell unterkneten.
Den Teig mit dem Handballen mehrfach walken, bis er homogen ist.
Zu einer Kugel formen und mit Frischhaltefolie bedeckt etwa 20 Minuten im Kühlschrank ruhen lassen.
Anschließend den Teig auf einer bemehlten Arbeitsfläche etwa 3 Millimeter dick rund ausrollen.
Eine gebutterte Tarteform oder einen Kuchenring mit der Teigscheibe auslegen und den überstehenden Rand nach außen umklappen **(2)**.
Überstehenden Teig abschneiden oder mithilfe des Nudelholzes entfernen. Den Rand dekorativ verzieren.

**● Tipp**

*Den Teig so wenig wie möglich bearbeiten. Die anschließende Ruhezeit ist sehr wichtig; der Teig entspannt sich, er lässt sich besser ausrollen und zieht sich beim Backen nicht zusammen. Teigreste können weiterverwendet werden, wenn überschüssiges Mehl entfernt und der Teig nur kurz neu verknetet wird.*

**Rezepte**

Aprikosentorteletts >> S. 428
Quiche Lorraine >> S. 271
Tarte Tatin >> S. 452

1

2

3

4

5

# Zuckerteig ★

Da das Verreiben von Butter und Mehl den Teig sehr mürbe macht, wird er häufig blindgebacken*. Er findet ausschließlich in der Patisserie Verwendung, unter anderem für die Herstellung von Kleingebäck.

## Zutaten

250 g Mehl Type 450
1 kräftige Prise Salz (5 g)
125 g weiche Butter + Butter für die Form
125 g feiner Zucker
1 Ei

Das Mehl mit dem Salz auf die Arbeitsfläche sieben und mit der in Stücke geschnittenen Butter feinkrümelig verreiben (1, 2). In die Mitte eine Mulde drücken, den Zucker und das Ei hineingeben und rasch mit den Fingern einarbeiten (3, 4). Gegebenenfalls etwas kaltes Wasser hinzufügen.
Den Teig etwa 20 Minuten im Kühlschrank ruhen lassen. Anschließend etwa 3 Millimeter dick rund ausrollen.
Eine gebutterte Tarteform oder einen Kuchenring mit der Teigscheibe auskleiden (5), überstehenden Teig entfernen. Zum Blindbacken* wird der Teig mit Backpapier und getrockneten Hülsenfrüchten belegt, um den Rand zu stabilisieren.

**● Tipp**

*Für eine optimale Konsistenz sollten Butter und Mehl nicht zu lange verrieben werden.*
*Den Teigboden mit einer Gabel mehrmals einstechen, damit sich beim Backen keine Blasen bilden; je nach weiterer Verwendung mit Backpapier bedecken, mit getrockneten Hülsenfrüchten beschweren und blindbacken.*
*Gewürze (wie Zimt, Vier-Gewürze-Pulver, gemahlener Ingwer), trockene (Kokosraspeln, Zitrusfruchtzesten, Kakao) oder flüssige Zusätze (Orangenblütenwasser, Honig, verschiedene Extrakte) ermöglichen vielfältige Rezeptvariationen.*

**Rezept**
Zitronentorteletts mit Baiserhaube >> S. 435

# Süßer Mürbeteig ★

Der Teig wird hauptsächlich für Kuchenböden verwendet. Er kann blind oder mit Füllung gebacken werden (etwa Mandelcreme, Eier-Sahne-Masse, Früchte).

## Zutaten

125 g weiche Butter + Butter für die Form
100 g feiner Zucker
1 Ei
250 g Mehl Type 450
1 kräftige Prise Salz (5 g)

Die Butter, den Zucker und das Ei in der Küchenmaschine cremig rühren (1).
Das Mehl mit dem Salz in die Rührschüssel sieben (2).
Den Teig mit den Handballen walken, bis er homogen ist.
Gegebenenfalls etwas kaltes Wasser hinzufügen.
Etwa 20 Minuten im Kühlschrank ruhen lassen.
Anschließend etwa 3 Millimeter dick rund ausrollen (3).
Eine gebutterte Tarteform oder einen Kuchenring mit der Teigscheibe auslegen, überstehenden Teig entfernen und den Rand dekorativ formen (4).

### ● Tipp

*Das cremige Aufrühren von Butter, Zucker und Ei macht den Teig geschmeidiger als das krümelige Verreiben von Butter und Mehl. Der Teig kann im Voraus hergestellt werden, verliert dann aber an Elastizität. Es empfiehlt sich, ihn sofort in Frischhaltefolie zu wickeln, damit er keine fremden Gerüche und Aromen annimmt.*

**Rezepte**
Beerentarte >> S. 446
Mirabellentarte >> S. 476
Schokoladentarte mit Himbeeren >> S. 460

1

2

3

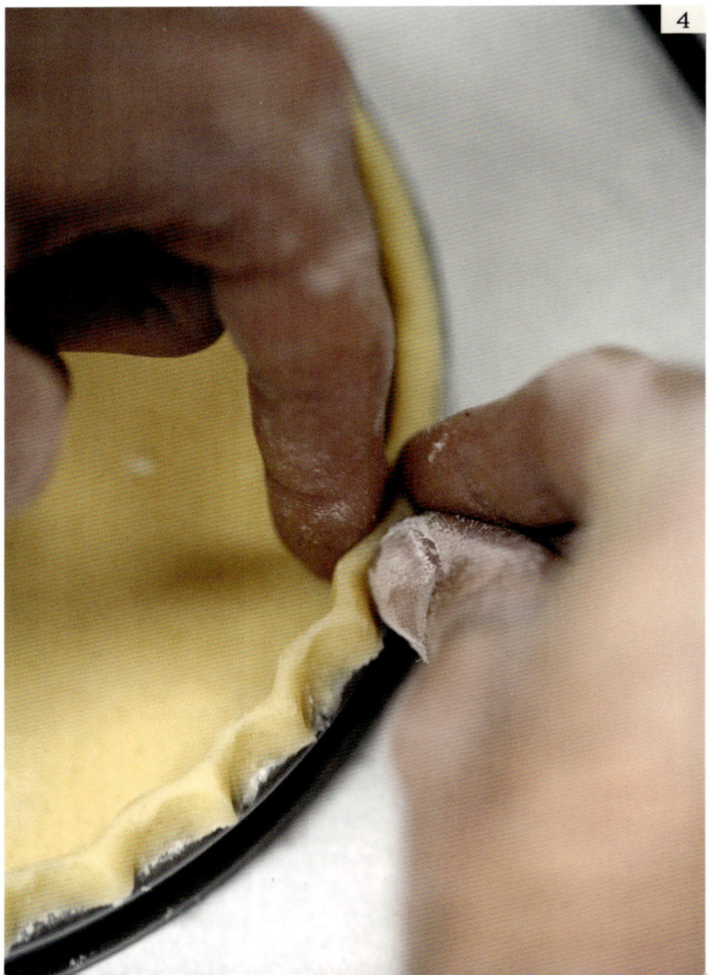
4

1

2

3

4

5

6

# Nudelteig ★

Teigwaren spielen weltweit eine wichtige Rolle für die menschliche Ernährung. Der Hauptkonsument ist China, während in Europa Italien den Spitzenplatz einnimmt. Unserem südlichen Nachbarn verdanken wir eine unglaubliche Vielfalt an Pastasorten wie Spaghetti, Cannelloni, Ravioli, Tortellini ...
Einige deutsche Regionen haben ihre eigenen traditionellen Gerichte aus Nudelteig, etwa Spätzle, Maultaschen oder Schupfnudeln.
Nudelteig muss fest und trocken sein, damit er sich schön dünn ausrollen und unterschiedlich formen lässt.

## Zutaten

220 g Mehl Type 450
2 Eier
20 ml Öl
1 kräftige Prise Salz (5 g)

Das Mehl in eine Schüssel sieben, in die Mitte eine Mulde drücken. Die Eier, das Öl und das Salz verrühren und hineingeben (1).
Die Zutaten rasch miteinander verkneten - der Teig muss fest sein - und zu einer Kugel formen (2, 3).
Im Kühlschrank 30-45 Minuten ruhen lassen.
Den Teig mit dem Nudelholz flach drücken und portionsweise mit der Nudelmaschine zu dünnen Platten verarbeiten (4).
Mit Ausstechformen, einem Vorsatz der Nudelmaschine oder anderen Hilfsmitteln in die gewünschte Form bringen (5, 6).
Vor der weiteren Verwendung einige Stunden trocknen lassen.

### ● Tipp

*Wenn man den Teig für Ravioli sehr fein mit der Nudelmaschine ausrollt, benötigt man kein zusätzliches Mehl, wodurch die Nudeln besser schmecken.*
*Nudelteig kann im Voraus zubereitet werden, verliert dann aber an Elastizität. Sofort in Frischhaltefolie wickeln, damit er keine fremden Gerüche und Aromen annimmt.*

### ● Gut zu wissen

*Mithilfe von aromatisierten Ölen kann man dem Teig eine originelle Note geben. Nudelteig lässt sich auch gut einfärben:*
- *schwarz: mit Sepiatinte;*
- *rot: mit Tomatenmark;*
- *gelb: mit Kurkuma;*
- *orange: mit Safranpulver;*
- *grün: mit Petersiliensaft.*

**Rezept**
Schneckenravioli in Knoblauchsahne >> S. 267

# Blätterteig ★★★

Blätterteig entsteht, indem durch wiederholtes Einschlagen und möglichst regelmäßiges, dünnes Ausrollen Fett in einen Grundteig* eingearbeitet wird. Beim Backen bläht sich der Teig blättrig auf, weil das in den Teigschichten enthaltene Wasser verdampft, aber aufgrund der Fettschichten nur schwer entweichen kann.

## Zutaten

250 g Mehl Type 450
1 kräftige Prise Salz (5 g)
185 g Butter

Das Mehl in eine Schüssel sieben und 125 Milliliter Wasser sowie das Salz hinzufügen.
Alles rasch zu einem homogenen, glatten Teig verarbeiten. Zu einer Kugel formen und in der Mitte kreuzförmig einschneiden. Etwa 20 Minuten im Kühlschrank ruhen lassen.
Die Butter so bearbeiten, dass sie die gleiche Konsistenz wie der Teig hat, und zu einem Quader formen.
Den Teig in Form eines Kreuzes ausrollen, das zur Mitte hin etwas dicker ist (etwa 5 Millimeter).
Die Butter auf die Mitte legen und die vier Teigflügel darüber einschlagen (wie die Rückseite eines Briefumschlags) **(1)**.
Den Teig zu einem Rechteck ausrollen, das dreimal so lang wie breit ist **(2)**.
Den Teigstreifen dreifach übereinanderschlagen **(3)**, um 90 Grad drehen und den gesamten Arbeitsgang (ausrollen und zusammenfalten) noch fünfmal wiederholen, dabei nach jeweils zwei Touren* den Teig etwa 20 Minuten kühlen.

### ● Tipp

*Die Fettmenge bemisst sich nach der Hälfte des Grundteiggewichts (Wasser + Mehl).*
*Blätterteig wird nicht immer sechs Mal touriert. Bei weniger Touren geht der Teig stärker, aber weniger gleichmäßig auf.*
*Es gibt weitere Arten Blätterteig:*
- *Blitzblätterteig (das Fett wird in Würfeln in den Teig gearbeitet, den man ohne Ruhepausen vier Mal touriert*);*
- *Plunderteig (auf der Basis von Hefeteig).*

### ● Gut zu wissen

*Das Grundprinzip der Blätterteigherstellung war schon den Griechen und Arabern bekannt, die ihn mit Öl zubereiteten. Die »Erfindung« des Blätterteigs, wie wir ihn heute kennen, wird häufig dem französischen Maler Claude Gellée, genannt Lorrain, zugeschrieben, der im 17. Jahrhundert zunächst den Beruf des Konditors erlernte. Im 18. Jahrhundert soll ein Patissier mit Namen Feuillet den Teig verbessert und regelmäßig verwendet haben. Jahrzehnte später hat ihn Antonin Carême weiter perfektioniert.*

### ● Hat ein Mille-Feuille oder Tausendblätterkuchen wirklich 1000 Schichten?

*Ab sechs Touren* kann man theoretisch die Anzahl der »Blätter« (Teig-Fett-Schichten) berechnen.*
*Ist die Teigplatte zum ersten Mal dreifach gefaltet, erhält man drei Lagen Butter und sechs Lagen Teig, wobei die beiden innen liegenden Teiglagen aufeinanderliegen und zu einer verbunden werden. Im Detail sieht das so aus:*
*1. Tour: 3 × 3 = 9 – 2 = 7*
*2. Tour: 7 × 3 = 21 – 2 = 19*
*3. Tour: 19 × 3 = 57 – 2 = 55*
*4. Tour: 55 × 3 = 165 – 2 = 163*
*5. Tour: 163 × 3 = 489 – 2 = 487*
*6. Tour: 487 × 3 = 1461 – 2 = 1459*
*Geht man für das Aufschichten eines Mille-Feuille von drei Teigscheiben aus, kommt man auf 1459 × 3 = 4377 Lagen.*

### Rezepte

Blätterteigpastetchen mit Kalbsbries, Cidre und Apfel >> S. 272
Blätterteigschiffchen mit Sardinen auf provenzalische Art >> S. 280
Dreikönigskuchen >> S. 445
Käsestangen >> S. 278
Mille-Feuille mit Diplomatencreme >> S. 479
Saint-Honoré-Torte >> S. 451

1

2

3

# Weiche Teige

## Crêpeteig ★

Aus Eiern, Mehl und Milch ist schnell ein glatter, dünnflüssiger Teig gerührt, aus dem man je nach Region Crêpes oder Pfannkuchen, Palatschinken oder Plinsen bäckt. Sie alle können natur, süß oder salzig verspeist werden. Manchmal dienen sie auch als Basis für weitere Rezepte.

### Zutaten

250 g Mehl Type 450
1 kräftige Prise Salz (5 g)
3 Eier
40 g Butter
500 ml fettarme Milch
Aroma nach Belieben, etwa Vanille, Orangenblüte, Rum oder frische Kräuter

Das Mehl und das Salz in eine Schlagschüssel* sieben (1).
Die Eier aufschlagen und nacheinander dazugeben.
Die Butter zerlassen und unter die kalte Milch rühren.
Das Mehl und die Eier kräftig verrühren, dabei etwas von der Milch-Butter-Mischung dazugeben (2).
Die restliche Milch dazugießen und weiterrühren, bis der Teig glatt und flüssig ist.
Den gewünschten Aromastoff hinzufügen und den Teig durch ein feines Sieb passieren (3).
Etwa 30 Minuten ruhen lassen.
In einer Crêpepfanne oder einer beschichteten Pfanne mit etwas Öl bei starker Hitze ausbacken. Sobald der Rand gebräunt ist, die Crêpe wenden (4).

**● Tipp**

*Um die Bildung von Klümpchen zu vermeiden, die Milch nach und nach mit dem Schneebesen unter die Mehl-Eier-Salz-Mischung rühren. Sicherheitshalber den Teig durch ein Sieb passieren.*
*Die Milch kann ganz oder teilweise durch Bier oder Cidre ersetzt werden. Das Weizenmehl kann man ganz oder teilweise durch andere Sorten wie Buchweizen- oder Dinkelmehl ersetzen. Den Teig für salzige Crêpes nach Wunsch mit frischen, fein gehackten Kräutern, Gewürzen oder fein geriebenem Gemüse mischen.*
*Die zerlassene Butter kann auch zum Schluss unter den Teig gerührt werden.*

1

2

3

### ● Gut zu wissen

*Während die ersten Getreidefladen um 7000 v. Chr. gebacken wurden, kamen Eierkuchen erst im 13. Jahrhundert auf. Die russischen Blini sind dicke Pfannkuchen aus einem mit Hefe angesetzten Teig aus Weizen- oder Buchweizenmehl.*
*Die in der Bretagne üblichen Galettes sind keltischen Ursprungs und bestehen traditionell aus Buchweizenmehl, Wasser und Salz.*

### ● Verwendung

- *Crêpes Suzette: mit Curaçao parfümierte und mit Orangenzucker karamellisierte Crêpes.*
- *Crêpe soufflée: mit Soufflémasse gefüllte und im Ofen gebackene Crêpe.*
- *Crêpestorte: Mit verschiedenen Garnituren (Konfitüre, Konditorcreme, Mandelcreme, Ganache*) bestrichene Crêpes, die zu einer Torte aufgeschichtet werden.*
- *Gefüllte Crêpes: entweder gerollt, zweimal (wie zu einem kleinen Kissen) zusammengefaltet oder wie ein Säckchen oben zusammengebunden.*

**Rezepte**

Blini mit Räucherlachs >> S. 248
Gratinierte gefüllte Crêpes mit Béchamelsauce >> S. 400

4

1

2

3

# Brandteig ★★

Brandteig ist äußerst vielseitig verwendbar: Er kann gesüßt oder ungesüßt, allein oder mit Schlagsahne, Konditorcreme oder Béchamelsauce verarbeitet, im Ofen gebacken, frittiert oder pochiert werden. Im rohen Zustand zunächst klebrig, glatt und glänzend, geht Brandteig unter Hitzeeinwirkung luftig auf.

## Zutaten

250 ml Wasser
1 kräftige Prise Salz (5 g)
15 g feiner Zucker (nach Belieben)
100 g Butter
125 g Mehl Type 550
4 Eier + 1 Ei zum Bestreichen

Das Wasser, das Salz (je nach Rezept den Zucker) und die in Stücke geschnittene Butter in einen Topf geben und aufkochen. Das gesiebte Mehl auf einmal in die kochende Flüssigkeit geben **(1)** **und d**en Topf von der Kochstelle nehmen. Sorgfältig mit einem Spatel durchmischen, bis die Masse homogen ist.
Den Topf wieder auf den Herd stellen und die Masse abbrennen, das heißt unter ständigem Rühren erhitzen, bis sie sich als Kloß vom Topfboden löst.
Die Masse in eine Rührschüssel füllen und darin ausstreichen, damit sie etwas abkühlt.
Die Eier nacheinander einarbeiten **(2)**.
Den Teig in einen Spritzbeutel mit Lochtülle füllen und, dem gewünschten Gebäck entsprechend (Windbeutel, Eclairs, Tortenboden), auf ein mit Backpapier oder einer Silikonmatte ausgelegtes Backblech spritzen **(3)**.
Mit verquirltem Ei bepinseln, anschließend die Oberfläche mit einer in kaltes Wasser getauchten Gabel glätten, damit die Gebäckstücke gleichmäßig aufgehen **(4)**.

### ● Gut zu wissen

*Die Erfindung des Grundprinzips wird einem Italiener namens Popelini zugeschrieben, der als Patissier im Gefolge von Katharina von Medici an den französischen Hof kam. In seiner heutigen Form ist der Brandteig erst seit dem 18. Jahrhundert bekannt.*

### ● Verwendung

*Für süße und salzige Eclairs, Krapfen, Kuchen wie Saint-Honoré-Torte, Spritzkuchen oder Windbeutel.*

### ● Tipp

*Damit der Teig optimal gelingt, soll die Butter geschmolzen sein, wenn das Wasser zu sieden beginnt.*
*Wird der Teig zu flüssig, nur drei Eier einarbeiten, um das Formen zu erleichtern.*
*Brandteig wird in zwei Stufen gebacken:*
- *Aufgehen und Bräunen (180 °C)*
- *Trocknen der Gebäckstücke (160 °C, bei leicht geöffneter Ofentür, um den Dampf entweichen zu lassen).*

**Rezepte**
Gougère mit Champignons >> S. 279
Saint-Honoré-Torte >> S. 451
Gratinierte Klößchen auf Florentiner Art >> S. 388

# Waffelteig ★

Ob rechteckig oder herzförmig – feine, luftige Waffeln schmecken nur mit etwas Puderzucker bestäubt genauso gut wie mit Konfitüre, Schlagsahne oder Schokoladensauce.

## Zutaten

340 g Mehl Type 450
80 g feiner Zucker
1 Prise Salz (2 g)
1 Päckchen Backpulver (10 g)
2 Eier
¼ l Milch
100 g zerlassene Butter
einige Tropfen Vanilleextrakt

Mehl, Zucker, Salz und Backpulver in einer Schüssel aufhäufen und in die Mitte eine Mulde drücken.
Die Eier in die Mulde aufschlagen und alles unter Zugabe von etwas Milch mit dem Schneebesen glatt rühren.
Nach und nach die restliche Milch unterrühren, dabei darauf achten, dass sich keine Klümpchen bilden.
Die zerlassene Butter und den Vanilleextrakt hinzufügen.
Den Teig vor dem Backen etwa 30 Minuten ruhen lassen.

**● Tipp**

*Die Milch nach Belieben ganz oder teilweise durch Bier oder Cidre ersetzen.*
*Waffelteig kann mit Backpulver, Hefe oder steif geschlagenem Eiweiß gelockert werden.*
*Verschiedene Aromen wie Vanille, Orangenblütenwasser oder Rum ermöglichen interessante Variationen.*

**● Gut zu wissen**

*Vorgängerin der Waffel ist die Oblate, die ebenfalls in einem Eisen gebacken wird. Im 13. Jahrhundert wurde sie zur Waffel, als ein Handwerker auf die Idee kam, das Eisen mit einer wabenartigen Struktur zu versehen.*

**Rezept**
Waffeln Tuttifrutti >> S. 464

1

2

# Ausbackteig ★★

Ausback- oder Beignetteig ist eine dickflüssige, schaumige, leichte Masse, in die Speisen vor dem Frittieren getaucht werden.

## Zutaten

200 g Mehl Type 550
1 kräftige Prise Salz (5 g)
2 Eier
20 ml Sonnenblumenöl
200 ml Milch oder Bier
3 Eiweiß

Das gesiebte Mehl mit dem Salz in eine Rührschüssel geben **(1)**.
Nach und nach die Eier und das Öl dazugeben und verrühren.
Die Milch oder das Bier angießen und mit dem Schneebesen glatt rühren.
Die zu steifem Schnee geschlagenen Eiweiße mit einem Spatel oder einem Teigschaber behutsam unterheben **(2)**.

**● Tipp**

*Den Eischnee erst unmittelbar vor dem Frittieren unterheben. Wenn man das Fett filtert, kann es mehrfach verwendet werden, allerdings nur für gleiches Frittiergut (Fisch, Fleisch, Früchte), um Geschmacksübertragungen zu vermeiden.*

**● Gut zu wissen**

*Ausbackteig eignet sich für süße Zubereitungen wie Apfelbeignets oder Holunderküchlein ebensogut wie für salzige Leckerbissen, etwa frittierte Salbeiblätter, ausgebackenes Fischfilet oder Gemüsestückchen.*

**Rezept**
Apfelbeignets mit Aprikosencoulis >> S. 449

1

2

3

# Hefeteig

## Briocheteig ★★

Wegen seines Fett- und Eiergehalts entwickelt dieser Hefeteig eine schöne gelbe Krume. Der Anteil an Fett und Eiern entscheidet über die mehr oder minder zarte Konsistenz einer Brioche.

### Zutaten

250 g Mehl Type 550
15 g frische Hefe
1 kräftige Prise Salz (5 g)
25 g feiner Zucker
3 Eier
125 g Butter + Butter für die Form

Das gesiebte Mehl aufhäufen und in die Mitte eine Vertiefung drücken. Die Hefe mit etwas lauwarmem Wasser anrühren und hineingeben. Das Salz und den Zucker auf den Rand streuen, damit sie nicht mit der Hefe in Berührung kommen **(1)**.
Die verquirlten Eier ebenfalls in die Mulde gießen, mit der Hefe vermischen und nach und nach das Mehl einarbeiten **(2)**.
Den Teig kräftig kneten, bis er glatt und elastisch ist. Dieser Arbeitsgang kann auch in der Küchenmaschine erledigt werden.
Die weiche Butter mit den Händen einarbeiten **(3)** und den Teig in eine Schüssel geben.
Mit Frischhaltefolie abdecken und 30-40 Minuten bei 25-30 °C gehen lassen.
Wenn sich das Volumen verdoppelt hat, den Teig abschlagen, indem man ihn zusammendrückt und erneut durchknetet, damit die entstandenen Luftbläschen entweichen.
Zu einer Kugel formen und portionieren. In der gebutterten Form bis zum Rand aufgehen lassen **(4)**.
In den auf 180-200 °C vorgeheizten Backofen schieben und etwa 40 Minuten backen. Für die Garprobe mit einem spitzen Messer in die Brioche stechen: Bleibt die Klinge sauber, ist der Teig durchgebacken.

**● Tipp**

*Da Hefeteig an der Luft schnell austrocknet, sollte die Schüssel mit einem feuchten Tuch oder mit Frischhaltefolie abgedeckt werden, während der Teig aufgeht.*
*Die ideale Gärtemperatur liegt bei 25–30 °C. Allerdings geht der Teig auch bei niedrigeren Temperaturen auf, braucht dann aber mehr Zeit. Soll er schnell aufgehen, müssen sämtliche Zutaten temperiert sein.*

● **Gut zu wissen**

*Es gibt zwei Arten von Backhefe:*

*• Frische Hefe: Frische Backhefe findet man im Kühlregal im Supermarkt. Sie wird in Würfeln von 42 Gramm verkauft. Frische Hefe hat eine helle, weiß-gelbliche Farbe, einen angenehmen Geruch, einen süßlichen Geschmack, eine elastische Konsistenz und einen festen Bruch. Nach dem Kauf kann sie im Kühlschrank bei 3–7 °C bis zu 10 Tage gelagert werden.*

*• Trockenhefe: Es gibt aktive Trockenhefe (granuliert oder zu kleinen Zylindern gepresst; sie wird zunächst mit dem Fünffachen ihres Gewichtes an Wasser bei einer Temperatur von 35–42 °C in etwa 15 Minuten rehydriert) sowie Instant-Trockenhefe (kann sofort mit allen Zutaten vermischt werden). Beide Produkte sind bei Raumtemperatur zu lagern und müssen luftdicht verschlossen bleiben.*

*Damit nicht zu verwechseln ist das Backpulver, das aus einer Mischung von Natriumhydrogencarbonat (Natron) oder Ammoniumcarbonat (Hirschhornsalz) mit Kaliumhydrogentartrat (Weinstein), Weinsäure oder Natriumaluminiumphosphat und einer Grundmasse (Mehl, Stärke oder Calciumcarbonat) besteht. Backpulver dient als Treibmittel zur Lockerung von Rührteigen, und es entfaltet seine Wirkung im Backofen ohne vorheriges Gehenlassen.*

● **Verwendung**

*Das Wort »Brioche« ist in Frankreich seit dem 15. Jahrhundert belegt. In den einzelnen Regionen haben sich in Form und Garnitur unterschiedliche Spezialitäten entwickelt:*

*• die Brioche aus Nanterre mit zwei parallelen Reihen von Kugeln in einer Kastenform;*

*• der Zopf, aus zwei, drei oder vier Strängen geflochten;*

*• die gerollte Brioche mit Rosinen aus der Schweiz – eine Art Rosinenschnecke mit einer Füllung aus Konditorcreme;*

*• die Pariser Brioche, die bekannteste Brioche-Form, bestehend aus einer größeren und einer kleineren Kugel als »Kopf«;*

*• die Brioche auf Bordelaiser Art – ein Kranz, dekoriert mit kandierten Früchten.*

*Brioche eignet sich gut als Frühstücksgebäck, in Scheiben geschnitten und geröstet ist sie die klassische Beigabe zu Stopfleberterrine.*

**Rezept**

Arme Ritter mit Rhabarberkompott >> S. 459

4

1

2

# Baba-/Savarinteig ★★

Ein Hefeteig, der sich vom Briocheteig durch seine Form sowie den Eier- und Fettanteil unterscheidet.

## Zutaten

250 g Mehl Type 450
15 g frische Hefe
1 kräftige Prise Salz (5 g)
10 g feiner Zucker
2 Eier
100 g Butter + Butter für die Form

Für die Babas
125 g Korinthen oder Rosinen
50 ml brauner Rum

Für den Sirup
500 ml Wasser
250 g feiner Zucker
20 ml brauner Rum

Das Mehl sieben, aufhäufen und in die Mitte eine Mulde drücken. Die Hefe mit 100 Milliliter lauwarmem Wasser verrühren und hineingeben.
Das Salz auf den Rand streuen.
Den Zucker hinzufügen, alles mit einem Holzspatel vermischen und nach und nach die zimmerwarmen verschlagenen Eier dazugeben.
Den Teig kräftig kneten, bis er elastisch ist. Diesen Arbeitsgang kann auch der Knethaken der Küchenmaschine übernehmen. Sobald der Teig nicht mehr an den Fingern klebt oder sich vom Rand der Schüssel löst, aufhören zu kneten.
Die Butter lauwarm zerlassen und einarbeiten. Die Schüssel mit Frischhaltefolie abdecken und den Teig 30-40 Minuten bei 25-30 °C gehen lassen.
Wenn sich das Volumen verdoppelt hat, den Teig abschlagen, indem er zusammengedrückt und erneut durchgeknetet wird, damit die entstandenen Luftbläschen entweichen.
Für Babas die in dem Rum eingeweichten Korinthen oder Rosinen unterkneten.
Die Förmchen mit zerlassener Butter ausstreichen **(1)** und zur Hälfte füllen **(2)**.
Den Teig ein zweites Mal gehen lassen, bis er den Rand der Förmchen erreicht hat.
Die Förmchen in den auf 180 °C vorgeheizten Backofen schieben und etwa 40 Minuten backen. Für die Garprobe mit einem spitzen Messer in die Babas stechen: Bleibt die Klinge sauber, ist der Teig durchgebacken.
Aus Wasser, Zucker und Rum einen Sirup herstellen (S. 169).
Damit er das Gebäck gut durchtränkt, lauwarm über die abgekühlten Babas oder den Savarin gießen.

3

### ● Tipp

*Da Hefeteig an der Luft schnell austrocknet, sollte die Schüssel mit einem feuchten Tuch oder mit Frischhaltefolie abgedeckt werden, während der Teig aufgeht.*
*Die ideale Gärtemperatur liegt bei 25–30 °C. Allerdings geht der Teig auch bei niedrigeren Temperaturen auf, braucht dann aber mehr Zeit. Soll er schnell aufgehen, müssen sämtliche Zutaten temperiert sein.*
*Salz darf nicht in direkten Kontakt mit Hefe kommen, da es die Hefepilze zerstört.*

### ● Gut zu wissen

*Savarinformen bilden einen Kranz (4), während Babaformen in der Mitte geschlossen sind (3).*
*Für die Erfindung der Babas wird der polnische König Stanislas Leszczynski verantwortlich gemacht. Er fand einen Gugelhupf zu trocken und soll auf den Gedanken gekommen sein, ihn mit Rum zu tränken. Als begeisterter Leser von »Tausendundeine Nacht« hat er seine Kreation nach Ali Baba benannt.*
*Der Savarin wurde 1845 von Auguste Jullien zu Ehren des berühmten französischen Schriftstellers und Gastrosophen Jean Anthelme Brillat-Savarin kreiert, dessen Buch »La Physiologie du goût« 20 Jahre zuvor erschienen war.*

4

1

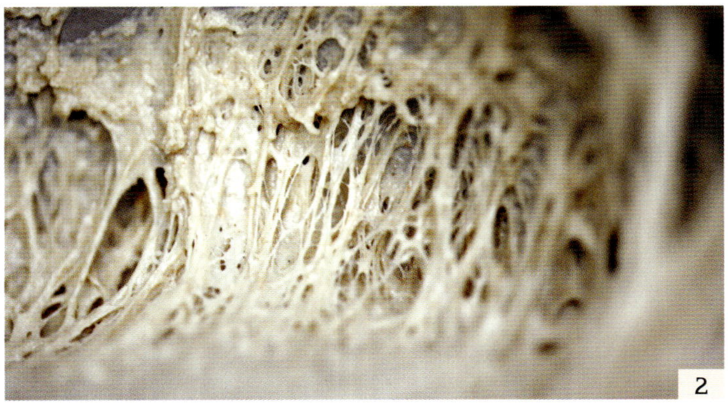
2

# Brotteig ★★

Ein einfacher Hefeteig für Weizenbrote mit knuspriger Kruste und saftiger Krume.

## Zutaten

42 g frische Hefe
1 kg Mehl Type 550
20 g Zucker (nach Belieben)
20 g Salz

Die Hefe in 600 Milliliter lauwarmem Wasser (etwa 30 °C) auflösen und in die Mitte des gesiebten, aufgehäuften Mehls geben. Den Zucker (falls gewünscht) hinzufügen.
In einer Küchenmaschine mit Knethaken gelingt dieser Teig besonders gut. Den Teig 3 Minuten auf niedriger Stufe kneten, bis er homogen und leicht elastisch ist. Anschließend weitere 10 Minuten auf mittlerer Geschwindigkeit kneten. Das Salz erst kurz vor Beendigung des Knetvorgangs hinzugeben.
Den Teig zu einer Kugel formen, in einer Schüssel mit Frischhaltefolie abdecken. Bei 25-30 °C gehen lassen, bis er sein Volumen verdoppelt hat **(1, 2)**. Falls er im Backofen geht, ein Gefäß mit Wasser auf den Boden des Backofens stellen.
Den Teig abschlagen* und in die gewünschte Form bringen (Brötchen, Baguette, runder Laib ...) **(3)**.
Auf einem leicht bemehlten Blech erneut gehen lassen, bis sich das Volumen wiederum verdoppelt hat.
Die Oberfläche nach Belieben mit einem scharfen Messer oder einer Küchenschere einritzen.
Den Backofen auf 230 °C vorheizen, den Boden mit Wasser besprühen und das Brot sofort hineinschieben.
Zur Garprobe auf die Unterseite des Laibes klopfen. Das Geräusch muss hohl klingen.
Das Brot vom Backblech nehmen und auf ein Gitter legen, damit es ausdampfen kann.

### ● Tipp

*Da Hefeteig an der Luft schnell austrocknet, sollte die Schüssel mit einem feuchten Tuch oder mit Frischhaltefolie abgedeckt werden, während der Teig aufgeht.*
*Die ideale Gärtemperatur liegt bei 25–30 °C. Allerdings geht der Teig auch bei niedrigeren Temperaturen auf, braucht dann aber mehr Zeit. Soll er schnell aufgehen, müssen sämtliche Zutaten temperiert sein.*
*Es empfiehlt sich, beim Brotbacken mit verschiedenen Mehlsorten zu experimentieren, auch Mischungen sind möglich.*
*Zusätze wie Nüsse, feine Zwiebelstreifen oder Speckwürfel werden nach dem ersten Abschlagen kalt unter den Teig geknetet.*

**● Gut zu wissen**

*Es gibt verschiedene Methoden, um Brotteig zu lockern. Für Weizenmehl eignet sich Hefe, für Brote aus Roggenmehl verwendet man Sauerteig*

*Sauerteigansatz kann man getrocknet kaufen und nach dem Anrühren mit Wasser nach Packungsanweisung verwenden. Wer ihn selbst herstellen möchte, braucht Geduld: Man lässt zunächst einen Vorteig entweder mithilfe von Backhefe oder mit Hefepilzen aus der Luft vergären. Dieser Ansatz muss sich einige Tage entwickeln und kann dann zum Backen verwendet werden.*

1

# Toastbrotteig ★★

Ein weiches Brot mit heller, feinporiger Krume.

## Zutaten

Für eine Kastenform von 38 cm Länge
20 g frische Hefe
25 g Milchpulver
500 g Mehl Type 450
20 g feiner Zucker
75 g weiche Butter + Butter für die Form
12 g Salz

Die Hefe mit dem Milchpulver und 300 Milliliter lauwarmem Wasser verrühren. Das gesiebte Mehl aufhäufen, in die Mitte eine Mulde drücken, den Zucker und die Hefemischung hineingeben.
In einer Küchenmaschine mit Knethaken gelingt dieser Teig besonders gut.
Den Teig kneten, bis er homogen und leicht elastisch ist **(1)**.
Nach der Zugabe von Butter und Salz noch 5 Minuten weiterkneten.
Den Teig zu einer Kugel formen, in eine Schüssel legen und mit einem feuchten Tuch oder Frischhaltefolie abdecken.
Bei 25–30 °C gehen lassen, bis er sein Volumen verdoppelt hat.
Den Teig abschlagen* und in eine gefettete Kastenform mit Deckel füllen.
Mit leicht geöffnetem Deckel erneut gehen lassen, bis sich das Volumen wiederum verdoppelt hat **(2)**.
Die Oberfläche nach Belieben mit einem scharfen Messer oder einer Küchenschere einritzen.
Das Brot bei 220 °C (Umluft 200 °C) etwa 40 Minuten backen.

### ● Tipp

*Da Hefeteig an der Luft schnell austrocknet, sollte die Schüssel mit einem feuchten Tuch oder mit Frischhaltefolie abgedeckt werden, während der Teig aufgeht.*
*Die ideale Gärtemperatur liegt bei 25–30 °C. Allerdings geht der Teig auch bei niedrigeren Temperaturen auf, braucht dann aber mehr Zeit. Soll er schnell aufgehen, müssen sämtliche Zutaten temperiert sein.*
*Salz darf niemals in direkten Kontakt mit Hefe kommen, da es die Hefepilze zerstört.*

### ● Gut zu wissen

*Toastbrot enthält im Unterschied zur Brioche keine Eier und weniger Fett.*
*Es wird hauptsächlich für Kanapees, Toasts und Croûtons, aber auch für die Zubereitung von Sandwiches verwendet.*

# Plunderteig ★★★

Ein Hefeblätterteig, der als Basis für Kleingebäck verschiedener Art, vor allem aber für Croissants dient. Dazu wird er in Dreiecke geschnitten und von der breiten Seite zur Spitze hin aufgerollt.

## Zutaten

Für etwa 25 Croissants
500 g Mehl Type 550
50 g feiner Zucker
2 kräftige Prisen Salz (10 g)
300 ml Milch
15 g Trockenhefe
300 g Butter

Das Mehl, den Zucker und das Salz sieben, aufhäufen und in die Mitte eine Mulde drücken. Die Milch und die Hefe (gegebenenfalls zuvor angerührt) hinzufügen.
Schnell zu einem glatten, homogenen Teig verarbeiten. Etwa 20 Minuten an einem kühlen Ort ruhen lassen.
Den Teig 40 Minuten an einem warmen Ort (25-30 °C) gehen lassen, bis er sein Volumen verdoppelt hat.
Den Teig abschlagen*, damit die Luftbläschen entweichen, in Frischhaltefolie wickeln und 30 Minuten im Kühlschrank ruhen lassen.
Die Butter so bearbeiten, dass sie die gleiche Konsistenz wie der Teig annimmt und zu einem Quader formen.
Den Teig in Form eines Kreuzes ausrollen, das zur Mitte hin etwas dicker ist (etwa 5 Millimeter). Die zu einem quadratischen Block geformte Butter darauflegen und die Teigflügel darüber einschlagen.
Den Teig zu einem Rechteck ausrollen, das dreimal so lang ist wie breit.
Den Teigstreifen von den schmalen Seiten her dreilagig übereinanderfalten. Um 90 Grad drehen und den Vorgang wiederholen. Gut durchkühlen. Dem Teig zwei weitere Touren* geben, zwischendurch kühlen.
Den ausgerollten Teig in längliche Dreiecke schneiden und aufrollen (1, 2, 3).
Die Croissants auf ein Backblech legen und 40 Minuten gehen lassen. Dann etwa 20 Minuten im 180 °C (Umluft 160 °C) heißen Ofen backen.

**● Gut zu wissen**

*Die halbmondförmigen Croissants, heute so etwas wie ein französisches Nationalgebäck, stammen ursprünglich aus Österreich. Ein findiger Bäcker schuf sie im 17. Jahrhundert in Wien zum Gedenken an den Sieg über die türkischen Belagerer. Nach Frankreich kamen sie erst mit Marie-Antoinette.*

1

2

3

1

2



# Rührteig

## Teig für Früchtekuchen ★

Ein Rührteig geht durch das beigemischte Backpulver unter Hitzeeinwirkung im Ofen auf.

### Zutaten

175 g weiche Butter + Butter für die Form
125 g feiner Zucker
1 kleine Prise Salz (3 g)
3 Eier
einige Tropfen Rum
250 g Mehl
½ Päckchen Backpulver (5 g)
200 g kandierte Früchte
100 g Korinthen

Butter, Zucker und Salz in einer Schüssel cremig rühren. Die Eier hinzufügen.
Mit dem Rum parfümieren. Mehl und Backpulver sieben und einarbeiten (1).
Die kandierten Früchte und die Korinthen untermischen (2).
Den Teig in eine gebutterte und/oder mit Backpapier ausgekleidete Kastenform füllen.
Den Backofen mit einem Blech darin auf 200 °C vorheizen.
Die Form auf das Blech setzen und 5 Minuten backen, anschließend die Temperatur auf 150 °C reduzieren. Je nach Größe der Form 40-50 Minuten weiterbacken.
Zur Garprobe mit einem spitzen Messer in den Kuchen stechen. Wenn die Klinge sauber bleibt, ist er durchgebacken.
Den Kuchen aus der Form auf ein Gitter stürzen.

**● Tipp**

*Die Früchte mit etwas Mehl oder Puderzucker bestäuben, damit sie beim Backen nicht auf den Boden der Form sinken.*
*Im Allgemeinen benötigt man 20 g Backpulver auf 1 kg Mehl.*
*Die Form im Ofen nicht auf den Rost, sondern auf das heiße Backblech stellen.*

**● Gut zu wissen**

*Der Teig eignet sich auch für salzige Kuchen (mit Oliven, Schinken, Zwiebeln, Käse, Speckwürfeln oder Räucherlachs).*

**Rezept**
Früchtekuchen mit Ingwer ›› S. 432

1

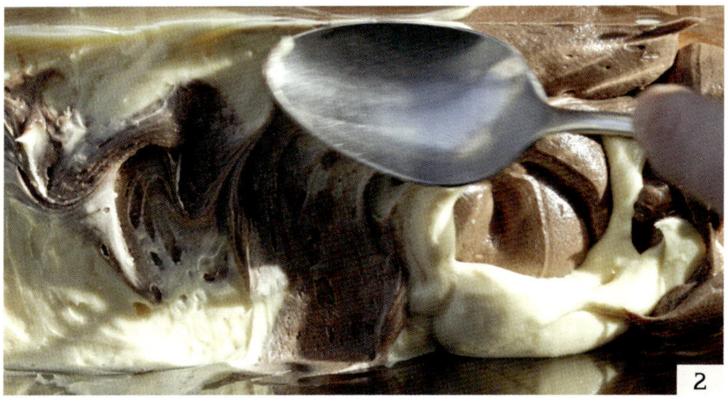
2

3

# Teig für Marmorkuchen ★★

Ein Rührkuchen aus zwei unterschiedlich gefärbten und aromatisierten Massen.

## Zutaten

125 g weiche Butter + Butter für die Form
125 g feiner Zucker
3 Eier
160 g Mehl Type 450
4 g Backpulver
einige Tropfen Vanillextrakt
abgeriebene Schale von
1 unbehandelten Zitrone
20 g Kakaopulver

Butter und Zucker in einer Schüssel cremig rühren. Die Eier unterrühren.
Mehl und Backpulver sieben und einarbeiten.
Den Teig teilen.
Eine Teighälfte mit Vanilleextrakt und abgeriebener Zitronenschale aromatisieren (sie bleibt hell).
Die andere Hälfte mit dem Kakaopulver vermischen.
Mit einem Spritzbeutel beide Teige abwechselnd in eine gebutterte und/oder mit Backpapier ausgekleidete Kastenform füllen **(1)**.
Die Oberseite mit einem Löffel glatt streichen **(2)**.
Den Backofen mit einem Blech darin auf 200 °C vorheizen.
Die Kuchenform auf das Blech in den Ofen stellen und 5 Minuten backen, anschließend die Temperatur auf 150 °C reduzieren. Je nach Größe der Form 40-50 Minuten weiterbacken.
Zur Garprobe mit einem spitzen Messer hineinstechen: Bleibt die Klinge sauber, ist der Kuchen durchgebacken.
Aus der Form auf ein Gitter stürzen **(3)**.

### ● Tipp

*Zum Aromatisieren vorzugsweise trockene oder konzentrierte Substanzen verwenden (wie Kakaopulver, Extrakte), damit die Masse nicht zu flüssig wird und beide Teige deutlich voneinander abgegrenzt bleiben.*
*Zur Erleichterung des Einfüllens der beiden Teige (Erzielen des Marmoreffekts) gleichzeitig mit zwei Spritzbeuteln arbeiten.*
*Nach dem Einfüllen sofort backen.*

### ● Gut zu wissen

*Weitere Kuchen aus Rührteig (mit Backpulver): Gewürzkuchen, Gleichschwerkuchen, Nusskuchen.*

# Teig für Madeleines ★ 🎬

Ein Rührteig, der in einem Formblech mit flachen Mulden gebacken wird. Mit etwas Fantasie gleicht das luftige Gebäck einer Jakobsmuschel oder einer Bärentatze.

## Zutaten

Für etwa 30 Madeleines
4 Eier
175 g feiner Zucker
175 g Mehl Type 450
1 Päckchen Backpulver (10 g)
125 g Butter + Butter für die Form
einige Tropfen Vanilleextrakt
abgeriebene Schale von ½ unbehandelten Zitrone
(nach Belieben)

Den Backofen mit einem Blech darin auf 180-200 °C vorheizen.
Eier und Zucker weißschaumig aufschlagen.
Mehl und Backpulver sieben und unterrühren, anschließend die geschmolzene Butter und die Aromen (Vanilleextrakt und Zitronenabrieb) unterziehen.
Die Madeleineformen mit zerlassener Butter auspinseln und zu zwei Dritteln mit dem Teig füllen (1).
In den Ofen auf das heiße Backblech schieben.
Die Backzeit hängt von der Größe der Mulden ab; Madeleines in Standardgröße brauchen etwa 10 Minuten.
Nach der Garprobe auf einem Gitter auskühlen lassen.

### ● Tipp

*Die gefüllte Madeleineform auf ein im Backofen vorgeheiztes Blech stellen. Der Kontakt der Form mit dem heißen Backblech begünstigt die Bildung der typischen Wölbung.*
*Nach dem Backen sofort aus der Form stürzen, damit zwischen Gebäck und Form keine Kondensationsfeuchte entsteht.*
*Die Temperatur nach dem Einschieben reduzieren oder den Boden des Backofens leicht mit Wasser besprühen, damit die Madeleines nicht trocken werden.*

### ● Gut zu wissen

*Der Legende nach wurden die ersten Madeleines um 1730 von einer Madeleine Paumier für den polnischen König Stanislas Leszczynski gebacken. Auf dem Umweg über den französischen Hof wurde das Gebäck bekannt. Durch die Backform erhält die Unterseite der Madeleines das Relief einer Jakobsmuschel, Symbol für die Pilgerfahrt nach Santiago de Compostela.*

1

# Eier

# Wichtige Informationen rund ums Ei

Auch wenn immer wieder das Gegenteil behauptet wird: Die Farbe der Eierschale (weiß oder braun) gibt keinen Aufschluss über die Qualität des Eis. Die Schalenfarbe hängt von der Hühnerrasse ab und wird durch das Futter nicht beeinflusst.

Ein Hühnerei setzt sich zusammen aus:
- Eiweiß (durchschnittlich 28 g): 87 % Wasser, 11 % Albumin
- Dotter (durchschnittlich 20 g): 50 % Wasser, 31 % Fett, 16 % Proteine.

Die Gewichtsklasse hängt von der Größe des Eis ab. Die Einteilung geht von XL = sehr groß (über 73 g) bis S = klein (unter 53 g).

Als »extra frisch« dürfen Eier nur bis zum siebten Tag nach der Verpackung oder bis zum neunten Tag nach dem Legen gekennzeichnet sein. Das Mindesthaltbarkeitsdatum darf eine Frist von 28 Tagen nach dem Legen nicht überschreiten. Ab dem 22. Tag dürfen Eier nicht mehr verkauft werden.

Seit 2004 trägt jedes Ei einen aufgestempelten Erzeugercode. Er gibt unter anderem Aufschluss über die Art der Legehennenhaltung:
0 = ökologische Erzeugung, 1 = Freilandhaltung, 2 = Bodenhaltung,
3 = Käfig-/Kleingruppenhaltung.

1

# Hart gekochte Eier ★

## Zutaten

2 Eier pro Person
einige Tropfen Essig

In einem Topf Wasser zum Kochen bringen. Die Eier hineingleiten lassen, gleichzeitig den Essig dazugeben.
Die Garzeit beträgt 11-12 Minuten, nachdem das Wasser wieder kocht (1).
Aus dem Topf nehmen und kalt abschrecken.
Die Eierschale zusammen mit der dünnen Schalenhaut entfernen (2, 3).
Eventuelle Schalen- oder Häutchenreste abspülen.
Die Eier auf eine Platte oder einen Teller legen und mit Frischhaltefolie abgedeckt bis zur weiteren Verwendung in den Kühlschrank stellen (4).

**● Gut zu wissen**
*Ein grünlicher Rand am Eigelb verrät, dass das Ei zu lange gekocht wurde.*

**Rezept**
Nizzaer Salat >> S. 335

2

3

4

## Wachsweiche Eier ★

Das Prinzip ist dasselbe wie für hart gekochte Eier (S. 39). Nur die Garzeit ist kürzer, weil das Eigelb innen noch ein wenig flüssig sein soll.

**Garzeit:**
5-6 Minuten, sobald das Wasser wieder kocht.

**Rezept**
Eier im Artischockenbett, Auberginenkaviar >> S. 392

## Weich gekochte Eier ★

Siehe wachsweiche Eier (oben).
Die Eier werden meist in der Schale serviert.

**Garzeit:**
4 Minuten, sobald das Wasser wieder kocht.

**● Gut zu wissen**
*Das Wasser sollte nicht stark sprudeln, da sich die Eier sonst bewegen und aneinanderstoßen, was dazu führen kann, dass die Schale platzt und das Eiweiß ausläuft.*

3

1

2

# Spiegeleier ★

**Zutaten**
2 Eier pro Person
etwas Butter
Salz, weißer Pfeffer

Nach Belieben Eierpfännchen (mit Griff) mit Butter auspinseln (ein Förmchen pro Person) **(1)** oder etwas Butter in eine Pfanne geben.
Würzen **(2)**.
Die Eier nacheinander in die Portionsförmchen oder in die Pfanne aufschlagen, dabei darauf achten, dass die Eigelbe nicht beschädigt werden (zwei Eier je Pfännchen).
Sanft auf dem Herd braten, ohne dass die Eier bräunen; das Eiweiß soll fest werden, das Eigelb flüssig bleiben **(3)**.

**● Tipp**
*Sanftes Garen (unter 90 °C) verhindert, dass das Eiweiß trocken wird und sich unschöne Blasen bilden.*
*Spiegeleier können vor dem Anrichten mit Butter überglänzt* werden.*
*Die Eier nicht salzen und pfeffern, weil die Gewürze weiße und schwarze Punkte hinterlassen.*

# Rühreier ★★

## Zutaten

2 Eier pro Person
10 g Butter und/oder Sahne
Garnitur: **Fines Herbes*, Pilze, Tomaten-Concassée***
Salz, Pfeffer

Die Eier in eine Rührschüssel aufschlagen. Würzen und mit einer Gabel verquirlen.
In eine heiße Pfanne mit zerlassener Butter gießen.
Bei mäßiger Hitze garen, dabei ständig mit einem Spatel umrühren.
Sobald die Eimasse eine cremige Konsistenz angenommen hat, die Pfanne vom Herd ziehen und die in Stückchen geschnittene Butter und/oder die Sahne unterziehen.
Mit der gewünschten Garnitur anrichten und sofort servieren.

**● Tipp**

*Damit das Rührei nicht trocken wird, ist es ratsam, die Pfanne vom Herd zu ziehen, sobald eine cremige Konsistenz erreicht ist, und einen Schuss Sahne unterzurühren, die den Garvorgang sofort stoppt.*
*Die gewünschte Garnitur kann vor oder während des Garens dazugegeben werden.*

**Rezept**
Rühreii mit Ratatouille >> S. 403

1

2

# Eier im Näpfchen ★

**Zutaten**
etwas Butter
Eier
Salz, Pfeffer
Garnitur: Portweinsauce, gebratene Pilze, Tomatensauce

Ofenfeste Förmchen mit zerlassener Butter auspinseln (1) und mit Salz und Pfeffer bestreuen.
In jedes Förmchen ein Ei schlagen, dabei darauf achten, dass das Eigelb nicht beschädigt wird (2).
Einen Topf am Boden mit Backpapier auslegen und die Näpfchen daraufstellen.
Den Topf bis zur halben Höhe der Förmchen mit Wasser füllen.
Auf den Herd stellen und bei mäßiger Hitze im leicht siedenden Wasserbad garen.
Den Topf vom Herd ziehen, sobald das Eiweiß fest, das Eigelb aber noch cremig ist (3).
Je nach Rezept die Sauce und/oder die Garnitur dazugeben und sofort servieren.

**● Tipp**
*Das Eiweiß soll keine Farbe annehmen, die Haut, die sich auf dem Eigelb bildet, soll nicht trocken, sondern glänzend sein (in der Fachsprache als »Spiegel« bezeichnet).*
*Eier im Näpfchen werden mit verschiedenen Zubereitungen (Saucen und/oder Garnituren) serviert und sind besonders zum Frühstück sehr geschätzt.*

3

1

# Frittierte Eier ★★★

**Zutaten**
Frittieröl
Eier
Garnitur: Speck, Auberginenkaviar, gedünstete Pilze

Das Öl in einem kleinen Frittiertopf auf 180 °C erhitzen, dabei die Temperatur mit einem Thermometer überwachen.
Die Eier einzeln in Förmchen oder Tassen aufschlagen, dabei darauf achten, dass das Eigelb nicht beschädigt wird **(1)**.
Jedes Ei einzeln in das heiße Frittierbad gleiten lassen **(2)**.
Das Eigelb vorsichtig mit zwei Spateln in das Eiweiß einschlagen.
Wenn das Ei außen goldbraun und knusprig ist **(3)**, herausnehmen und auf Küchenpapier abtropfen lassen.
Mit der gewünschten Garnitur auf einem Teller anrichten und gleich servieren.

**● Tipp**
*Die Eier erst unmittelbar vor dem Anrichten frittieren.*
*Jedes Ei einzeln zubereiten.*
*Vorsicht vor heißen Fettspritzern während des Frittierens.*

2

3

1

2

# Eier in Gelee ★★

## Zutaten für 4 Personen

200 ml klare Brühe
½ Päckchen gemahlene Gelatine
etwas Madeira oder Portwein
4 Eier
Für die Dekoration: Schinken, Lauchgrün, Kräuterblättchen, Tomatenhaut, schwarze Olive, Karotte, weiße Rübe

Aus Brühe und Gelatine nach Packungsanweisung ein Gelee zubereiten und mit Madeira oder Portwein abschmecken.
Die Eier etwa 3 Minuten in kochendem Salzwasser pochieren (S. 47).
In kaltem Wasser abkühlen, abtropfen lassen und die Ränder gleichmäßig zurechtschneiden.
Zarte Dekorelemente aus verschiedenfarbigen rohen oder gekochten Lebensmitteln herstellen.
Die Förmchen mit einem dünnen Geleespiegel ausgießen und auf einer planen Fläche kühl stellen.
Die Dekorelemente mit der Vorderseite nach unten (die Form wird später gestürzt!) auf dem fest gewordenen Spiegel anordnen **(1)**.
Mit einer dünnen Geleeschicht bedecken und erneut kühl stellen.
Jeweils ein Ei in die Mitte der Förmchen legen und mit dem restlichen Gelee auffüllen.
Im Kühlschrank fest werden lassen.
Die Förmchen kurz in kochendes Wasser tauchen, damit sich das Gelee beim Stürzen leichter löst.
Auf Tellern anrichten **(2)**.

### ● Gut zu wissen

*Denken Sie beim Einschichten der Zutaten daran, dass sich das in die Förmchen gelegte Motiv nach dem Stürzen auf der Oberseite befindet.*

1

2

# Omelett ★

## Zutaten
2–3 Eier pro Person
Salz, Pfeffer
etwas Butter oder Öl
Garnitur: Fines Herbes*, Käse, gebratene Pilze, Paprika-Tomaten-Gemüse, Schinkenwürfel

Die Eier in eine Schüssel aufschlagen **(1)**.
Salz und Pfeffer dazugeben und alles mit einer Gabel verquirlen.

Für ein flaches Omelett:
Die Garnitur hinzufügen und die Eimasse in eine mit etwas Fett erhitzte beschichtete Pfanne gießen. Bei starker Hitze garen, dabei die gestockte Masse vom Rand zur Mitte schieben. Die Konsistenz soll cremig sein.
Einen Teller auf die Pfanne legen und das Omelett rasch umdrehen. Das Omelett von der anderen Seite fertig garen. Nach Belieben mit geklärter Butter* bepinseln und auf einem Teller anrichten.

Für ein gerolltes Omelett:
Die Eimasse in eine mit etwas Fett erhitzte beschichtete Pfanne gießen. Bei starker Hitze garen, dabei die gestockte Masse vom Rand zur Mitte schieben. Die Konsistenz soll cremig sein **(2)**.
Die Garnitur daraufgeben, die Pfanne mit dem Stiel nach oben schräg anheben und das Omelett mithilfe einer Gabel zum entgegengesetzten Rand hin umklappen.
Nach Belieben mit geklärter Butter* bepinseln und auf einem Teller anrichten.

**● Tipp**
*Ein Omelett soll hell bleiben und fast keine Farbe annehmen, sonst wird es zäh und trocken.*

**● Gut zu wissen**
*Wie hart gekochte Eier gehören auch Omeletts zu den traditionsreichsten Speisen, die ausschließlich aus Eiern zubereitet werden.*

**Rezept**
Omelett mit Champignons ›› S. 259

1

2

3

# Pochierte Eier ★★

**Zutaten**
1 extra frisches Ei pro Person
einige Tropfen Essig

In einem Topf reichlich Wasser zum Sieden bringen (1).
Die Eier einzeln in Förmchen aufschlagen, dabei darauf achten, dass die Eigelbe nicht beschädigt werden (2).
Den Essig in den Topf gießen und dann jedes Ei einzeln in das Wasser gleiten lassen.
Das Eiweiß mithilfe einer Schaumkelle rundum zusammenschieben und das Eigelb darin einschlagen.
Etwa 3 Minuten garen.
Das Ei herausnehmen, in kaltem Wasser abkühlen, abtropfen lassen (3) und die Ränder gleichmäßig zurechtschneiden.

**● Gut zu wissen**
*Man kann Eier auch in Rotwein oder in Milch pochieren.*
*Zu pochierten Eiern passen verschiedene Garnituren und Saucen, etwa Pilze, gebratene Speckwürfel, Croûtons, Muscheln oder Salat.*

2

# Französische Meringenmasse ★

Die französische oder »gewöhnliche« Meringenmasse wird kalt zubereitet (der Zucker wird nicht gekocht) und in der Regel im Ofen gebacken oder getrocknet. Man verwendet sie beispielsweise für die Herstellung von Baiserschalen.
Die sehr steif geschlagene, mit Zucker vermengte Eiweißmasse ist die Grundmasse für jede Art von Schaumgebäck.

## Zutaten

4 Eiweiß
80 g feiner Zucker
1 Prise Salz

Die Eiweiße in einer Schlagschüssel* mit einer Prise Salz verrühren.
Kräftig mit dem Schneebesen steif schlagen.
Nach und nach den Zucker einrieseln lassen, dabei mit schnellen runden Bewegungen immer von oben nach unten schlagen, bis die Masse sehr steif ist.
Die Meringenmasse soll glatt sein, schön glänzen und Spitzen bilden, wenn man den Schneebesen herauszieht.

**● Gut zu wissen**

*Bei der Zubereitung von Meringenmasse leistet eine Küchenmaschine oder ein elektrisches Handrührgerät gute Dienste.*

**Rezepte**

Sahnebaiser mit Brombeersorbet ›› S. 498
Schneeklößchen mit Karamell auf Vanillesauce ›› S. 463

# Italienische Meringenmasse ★★

Die italienische Meringenmasse wird mit heißem Zuckersirup zubereitet. Sie ist glatt und fest und dient hauptsächlich zur Herstellung von Verzierungen, die aufgespritzt und im Backofen gebräunt werden. Auch für die Eisherstellung findet diese Masse Verwendung.

## Zutaten

120 g feiner Zucker
4 Eiweiße
1 Prise Salz

Den Zucker mit 30 Milliliter Wasser aufkochen **(1)**.
Wenn der Sirup 110 °C auf dem Zuckerthermometer anzeigt, die Eiweiße mit einer Prise Salz in der Küchenmaschine steif schlagen. Wenn der Zucker auf 117-120 °C erhitzt ist, in einem dünnen Strahl in den Eischnee laufen lassen und dabei weiterschlagen, bis die Masse vollständig abgekühlt ist.
Sie soll sehr fest und glänzend sein und beim Herausziehen des Schneebesens zahlreiche Spitzen bilden **(2)**.

**Rezept**

Zitronentorteletts mit Baiserhaube ›› S. 435

1

## Schweizer Meringenmasse ★

Die ausgesprochen feste Schweizer Meringenmasse wird warm im Wasserbad zubereitet und für Makronen oder zur Dekoration verwendet. Wie es heißt, wurde sie 1720 in der Schweizer Stadt Meiringen erfunden.

### Zutaten

4 Eiweiß
100 g feiner Zucker
1 Prise Salz

Die Eiweiße in einer Schlagschüssel* mit dem Salz schaumig schlagen.
Den Zucker hineinrieseln lassen und kräftig unterschlagen, dabei immer von oben nach unten arbeiten. Sobald die Masse cremig wird, die Schüssel auf ein Wasserbad stellen (hoher, zur Hälfte mit 50-55 °C heißem Wasser gefüllter Topf).
Stetig weiterschlagen, bis die Masse ihr Volumen verdoppelt hat und weiß glänzt.
Zu diesem Zeitpunkt sollte die Meringenmasse maximal 45 °C heiß sein. Bei Erreichen dieser Temperatur die Schüssel vom Topf nehmen und die Masse weiterschlagen, bis sie abgekühlt ist.

## Sabayon ★★

### Zutaten

6 Eigelb
150 ml Flüssigkeit (etwa Wasser, Branntwein, Wein)
125 g Zucker (nach Belieben)

Die Eigelbe in einen Topf geben.
Die Flüssigkeit angießen **(1)**, den Zucker (falls gewünscht) hinzufügen und kräftig mit dem Schneebesen verquirlen.
Auf schwacher Hitze oder im Wasserbad stetig weiterschlagen, bis ein dicklich-cremiger Schaum entstanden ist **(2)**.

**● Gut zu wissen**

*Ein süßes Sabayon passt hervorragend zu Erdbeeren und ist ideal zum Überbacken von Früchten.*
*Ein salziges Sabayon wird zu Spargel oder zu Fisch serviert.*

**Rezepte**

Erdbeergratin >> S. 475
Gratinierte Austern >> S. 256

1

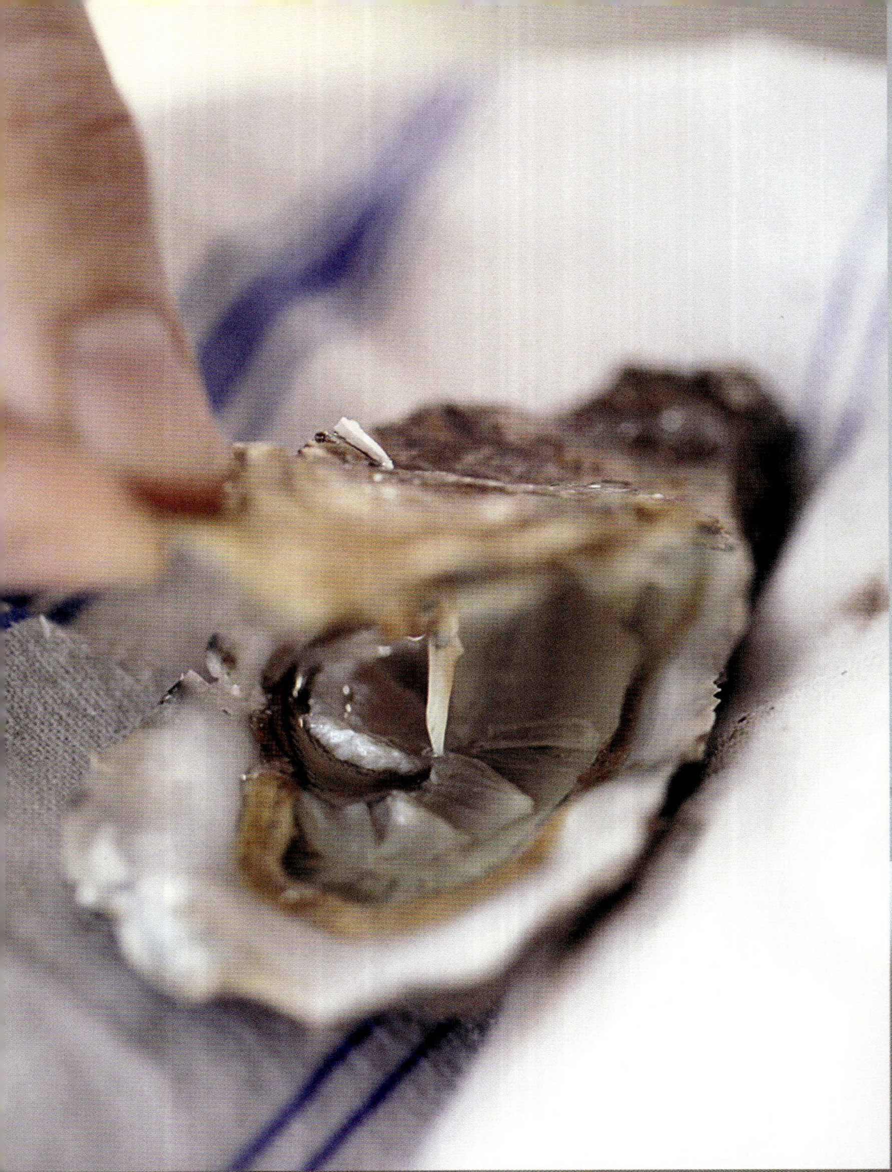

# Schnitttechniken

## Garnituren, Fisch, Fleisch

# Garnituren

## Kannelieren ★

**Schnittform für Karotten, Zucchini, Zitrusfrüchte …**
Mithilfe eines Kannelier- oder Dekormessers in die Schale einer gewaschenen, abgetrockneten und an beiden Enden gerade geschnittenen Frucht oder eines Gemüses in regelmäßigen Abständen Furchen schneiden (1, 2). Auf diese Weise entsteht ein gezackter Rand (3).

1

2

3

## Fein würfeln ★★

Fachgerecht geschnitten, sind alle Würfelchen gleich groß. Größere Würfel sollten auf keinen Fall gehackt werden, weil sie dann an Saft und Geschmack verlieren.

**Schnittform vor allem für Zwiebeln**
Die Zwiebel der Länge nach halbieren (1).
Längs in engen, gleichmäßigen Abständen bis kurz vor der Wurzel einschneiden (2), sodass die Zwiebelhälfte noch zusammenhält.
Die Zwiebelhälfte je nach Dicke ein- bis zweimal parallel zur Schnittfläche bis an die Wurzel einschneiden (3).
Die Zwiebel quer zur Faser dünn aufschneiden, sodass feine Würfel entstehen, dabei gut festhalten (4).

1

2

3

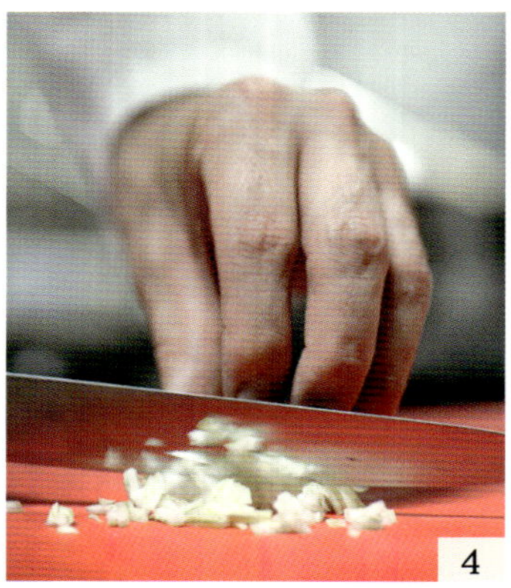
4

## Tomaten hacken ★★

Im Allgemeinen wird mit Hacken das feine, aber unregelmäßige Zerkleinern von Lebensmitteln bezeichnet (Nüsse, Petersilie, Tomaten).

Die Tomaten in heißes Wasser tauchen und enthäuten (S. 61).
Die Früchte quer halbieren.
Die Tomatenhälften in der Hand zusammenpressen und die Kerne herausdrücken.
Das Fruchtfleisch (je nach Verwendung) in feinere oder gröbere Würfel hacken.

**Rezept**
Blätterteigschiffchen mit Sardinen auf provenzalische Art ›› S. 280

1

2

3

## Nach Bauernart schneiden ★

Diese Schnittform wird für Röstgemüse verwendet. Mit Ausnahme von Lauch und je nach Größe der Stücke kann das Gemüse auch in Quadrate oder Dreiecke geschnitten werden.

**Schnittform für Karotten, Lauch, weiße Rüben ...**
Die Lauchstange in etwa fingerlange Stücke schneiden (1).
Je nach Durchmesser der Länge nach halbieren oder vierteln.
Quer in feine Streifen schneiden, dabei gut festhalten (2).

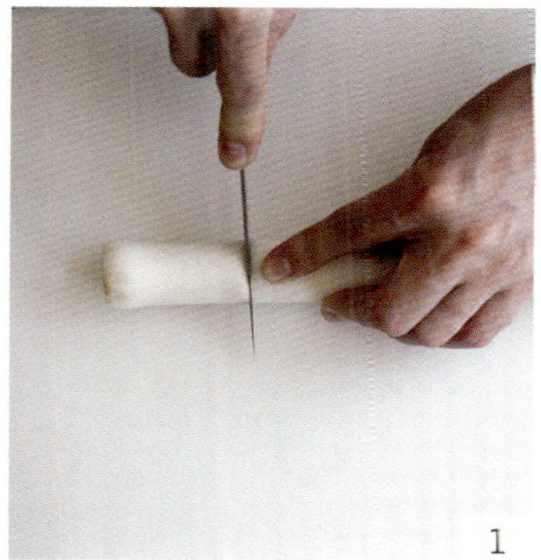
1

2

## In Ringe schneiden ★

Die Ringe sollen dünn sein. Wenn sie als Dekoration und/oder als aromatische Garnitur dienen, müssen sie auf den Punkt gegart werden, damit sie ihre Form behalten.

**Schnittform für Lauch, Zwiebeln**
Eine schöne runde Zwiebel auswählen.
Die Zwiebel gut festhalten und gleichmäßig in feine Scheiben schneiden (1).
Die Scheiben in Ringe zerlegen (2, 3).

● **Gut zu wissen**
*Ein Gemüsehobel erleichtert die Arbeit.*

# Chiffonade schneiden ★

**Schnittform für Blattgemüse, Kopfsalat, Spinat, Kohl**
Aus den gewaschenen Blättern die dicke mittlere Blattrippe herausschneiden (1).
Die Blätter aufeinanderlegen und eng zusammenrollen (2). Je nach Verwendung in breitere oder schmalere Streifen schneiden (3).

**● Tipp**
*Eine Chiffonade sofort verwenden, weil die geschnittenen Blätter besonders schnell welken.*

**Rezepte**
Kalbsbries-Pastetchen mit Cidre und Äpfeln ›› S. 272
Salatsamtsuppe ›› S. 396

1

2

3

# Scheiben schneiden ★

**Schnittform für Karotten, Zucchini, Orangen ...**
Das Gemüse mit einem Gemüsehobel (1) oder einem Messer (2) der Verwendung entsprechend in dünne oder dickere Scheiben schneiden. Die Schale kann nach Belieben vorher kanneliert werden (S. 54).

**● Gut zu wissen**
*Die Stärke der Scheiben wird durch ihre Verwendung bestimmt (als aromatische Garnitur oder als Beilage). Sollen sie als Mischgemüse serviert werden, ist es ratsam, sie separat zu garen (die Garzeiten sind unterschiedlich, außerdem bewahrt auf diese Weise jedes Gemüse seinen spezifischen Geschmack).*

**Rezepte**
Lammschulter provenzalisch mit gratiniertem Gemüse ›› S. 359
Panierte Putenschnitzel mit roh gebratenen Kartoffeln ›› S. 337

1

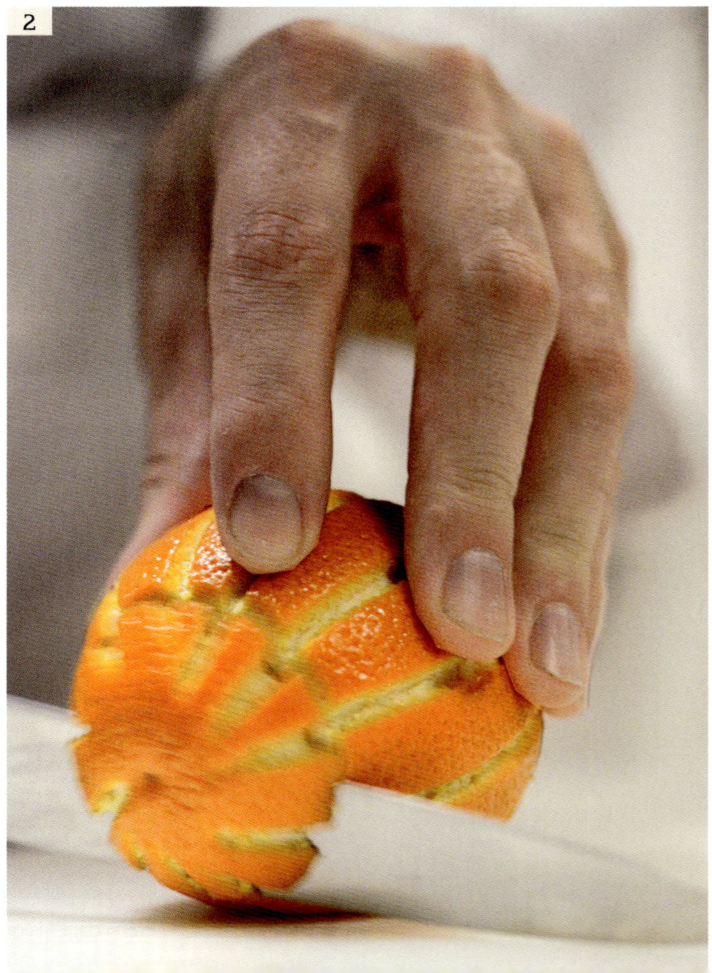
2

1

## Schräge Scheiben schneiden ★

Diese Schnittform wird häufig für Garnituren aus gemischtem Gemüse verwendet.

**Schnittform für Karotten, Zucchini**
Das jeweilige Gemüse mit einem Gemüsehobel (1) oder einem Messer (2) in schräge, gleichmäßige Scheiben schneiden, wobei die Stärke der Verwendung entsprechend variiert.

2

## Schälen ★

**Geschält werden Karotten, Spargel, Äpfel, Birnen ...**
Das rohe Gemüse oder die Frucht mit einem Schälmesser oder einem Sparschäler von seiner Schale befreien.

**Sonderfälle: Spargel, Schwarzwurzeln**
Das Schälgut auf die Arbeitsfläche legen und am unteren Ende festhalten.
Spargel vom Kopf aus nach unten schälen und das holzige Schnittende abbrechen. Da Spargel leicht bricht, sollten die Stangen vor dem Garen portionsweise gebündelt und am unteren Ende auf gleiche Länge gekürzt werden.

● **Tipp**
*Früchte wie Äpfel oder Birnen gleich nach dem Schälen mit Zitronensaft beträufeln, damit sie nicht braun werden. Geschälte Kartoffeln in eine Schüssel mit kaltem Wasser legen.*

1

## Champignons vierteln ★

**Schnittform für weiße und braune Zuchtchampignons**
Den Stiel am Hutrand abschneiden (1).
Den Champignonhut mit einem leicht schräg geführten Schnitt halbieren.
Den Kopf um 90 Grad drehen und den Vorgang wiederholen (2).

**● Tipp**
*Die geviertelten Champignons mit Zitronensaft beträufeln, damit sie nicht braun werden. In jedem Fall ist eine rasche Weiterverarbeitung ratsam.*

**Rezept**
Omelett mit Champignons >> S. 259

2

## Mit grobem Salz abreiben ★

**Geeignet für Knollenziest**
Die Enden der Knollen abschneiden.
Die Knollen auf ein mit einer Handvoll grobem Salz bestreutes Küchentuch legen.
Das Tuch darüber zusammenschlagen und die Knollen rundherum kräftig abreiben. Das Salz entfernt die Haut und Erdreste aus den Einschnürungen.
Anschließend gründlich unter fließendem kaltem Wasser abspülen.

**● Gut zu wissen**
*Knollenziest kann auch über Nacht in Wasser gelegt und am folgenden Tag abgebürstet und von seinen Enden befreit werden.*

1

2

3

1

2

# Dekorativ schneiden ★

Diese Technik wird in erster Linie für Zitrusfrüchte, aber zunehmend auch zur dekorativen Gestaltung von anderen Obstsorten und Gemüsen angewandt.

Es geht ganz einfach: Die gewaschene und abgetrocknete Zitrusfrucht an beiden Enden gerade abschneiden (1).
Mit dem Messer rund um die Mitte der Frucht herum zackenförmig einschneiden (die Anzahl der Zacken wird durch den Einstichwinkel bestimmt) (2).
Die beiden Hälften voneinander trennen und die Kerne entfernen (3).

**● Tipp**
*Viele verschiedene Formen sind möglich, der Fantasie sind kaum Grenzen gesetzt.*

# Julienne ★★

»Julienne« ist der Fachbegriff für in sehr feine Streifen geschnittene Gemüse und Zitrusschalen. Zesten* von Zitrusfrüchten können auf eine Länge von 4 Zentimeter gekürzt werden.

**Schnittform für Cornichons, Karotten, Lauch, weiße Rüben …**
Das Gemüse mit einem Gemüsehobel (1) oder einem Messer in feine Scheiben schneiden.
Die Scheiben aufeinanderlegen und mit dem Messer in hauchdünne Streifen schneiden (2).

**Sonderfall: Lauch**
Zunächst die Lauchstange in etwa 10 Zentimeter lange Abschnitte teilen.
Die Abschnitte der Länge nach halbieren.
Die halbierten Abschnitte flach drücken, damit die einzelnen Schichten gut übereinanderliegen, und längs mit dem Messer in feine Streifen schneiden.

**● Gut zu wissen**
*Für Zesten* wird mit einem Sparschäler die äußere Schale von Zitrusfrüchten abgezogen und mit einem Messer in hauchdünne Streifen geschnitten (Zitrusfrüchte filetieren siehe nächste Seite).*

**Rezept**
Bunter Salat >> S. 391

## Kugeln ausstechen ★

**Schnittform für Karotten, Kartoffeln, weiße Rüben, Zucchini, Äpfel, Melonen ...**
Einen Kugelausstecher bis zum Rand in die Frucht oder das Gemüse drücken und drehen.
Die ausgestochene Kugel herauslösen.

**● Tipp**
*Apfelkugeln als Belag für einen Kuchen sind eine dekorative Abwechslung zu den üblichen Apfelspalten und eignen sich außerdem ausgezeichnet als Garnitur zu Geflügel.*

**Rezept**
Fisch in der Papierhülle mit Gemüsekugeln >> S. 295

## Zitrusfrüchte filetieren ★

**Die Fruchtfilets eignen sich hervorragend zur Dekoration oder mit anderen Obstspalten fächerartig angerichtet als Vordessert.**

**Schnittform für Zitrusfrüchte**
Die gewaschene und abgetrocknete Zitrusfrucht am Blüten- und am Stängelansatz kappen.
Die Frucht auf eine der Schnittflächen stellen. Mit einem Messer mit flexibler Klinge der Rundung folgend die Schale mitsamt der weißen Schicht abschneiden.
Mit demselben Messer die Fruchtsegmente zwischen den Trennhäutchen herauslösen.
Die Segmente anrichten und mit dem aus den Rückständen gepressten Saft beträufeln.

**● Gut zu wissen**
*Aus ihrer schützenden Haut gelöste Zitrusfruchtsegmente zerfallen schnell beim Garen.*

**Rezept**
Ente à l'orange, Kartoffelpfanne mit Artischocken >> S. 333

## Blanchieren und häuten ★

**Geeignet für Tomaten, Mandeln, Pfirsiche, Pflaumen**
Mit einem Messer den Stielansatz der Tomaten herausschneiden und die Haut auf der Unterseite kreuzförmig einritzen (1).
Etwa 10 Sekunden in kochendes Wasser tauchen (2), bis sich die Haut an dem kreuzförmigen Einschnitt zu lösen beginnt (3).
Aus dem Topf heben und in einer Schüssel mit eiskaltem Wasser abschrecken (4).
Mithilfe eines kleinen Messers enthäuten und auf Küchenpapier abtropfen lassen (5).

**● Tipp**
*Die Haut für Dekorationszwecke aufbewahren (sie kann frittiert werden), die Kerne bei der Herstellung eines Fonds verwenden.*

**Rezept**
Blätterteigschiffchen mit Sardinen auf provenzalische Art >> S. 280

1

2

3

4

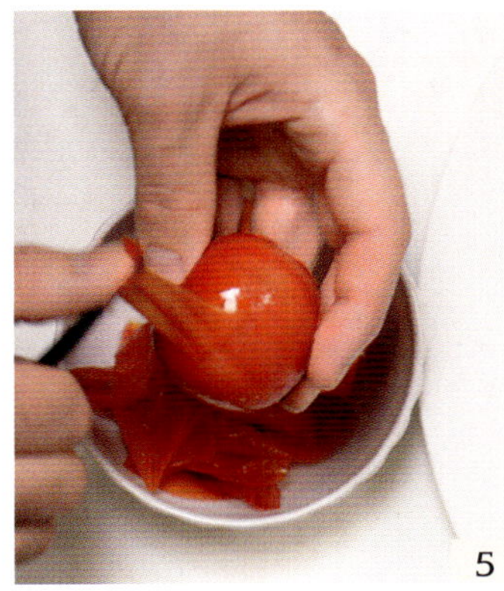
5

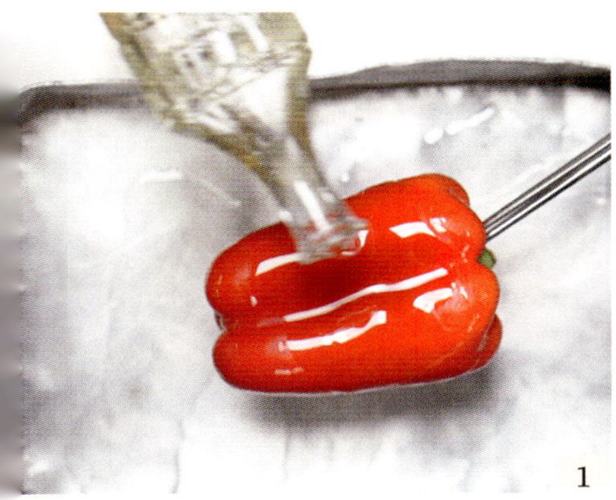
1

2

## Rösten und häuten ★★

**Geeignet für Paprikaschoten**
Die Paprikaschoten auf ein Backblech legen und mit Öl beträufeln (1).
In den auf 250 °C vorgeheizten Backofen schieben, bis die Haut Blasen wirft und sich vom Fruchtfleisch löst.
Die Paprikaschoten aus dem Ofen nehmen und die Haut mithilfe eines kleinen Messers abziehen (2).

1

2

3

# Stifte schneiden (Jardinière) ★★

**Schnittform für Karotten, weiße Rüben …**
Das Gemüse in etwa 10 Zentimeter lange Abschnitte teilen.
Auf einem Gemüsehobel der Länge nach in 4-5 Millimeter dicke Scheiben schneiden **(2)**.
Die Scheiben aufeinanderlegen und in 4-5 Millimeter breite Stifte schneiden **(3)**.

**● Tipp**

*Große Gemüse lassen sich leichter in die gewünschte Form schneiden.*

**Rezept**
Gebratenes Lammkarree, Gemüse auf Gärtnerart ›› S. 368

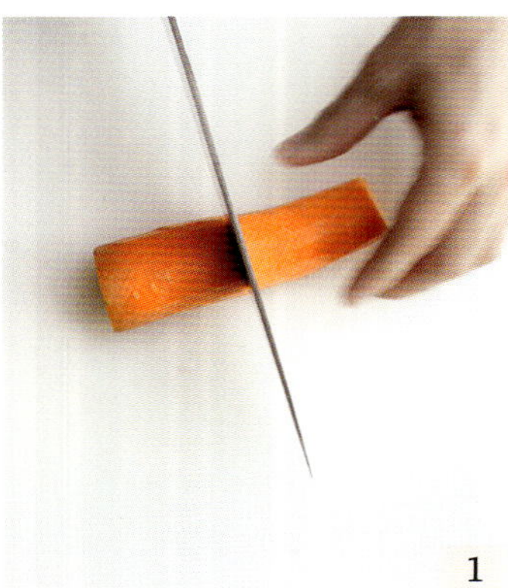
1

2

3

4

# Würfel schneiden (Brunoise) ★

**Schnittform für alle festfleischigen Früchte und Gemüse**
Die Frucht oder das Gemüse in etwa 10 Zentimeter lange Abschnitte teilen **(1)**.
Auf einem Gemüsehobel der Länge nach in 2-3 Millimeter dicke Scheiben schneiden **(2)**.
Die Scheiben aufeinanderlegen und in 2-3 Millimeter breite Stifte schneiden **(3)**.
Quer in gleichmäßige Würfel von 2-3 Millimeter Kantenlänge schneiden **(4)**.

**● Gut zu wissen**

*Für eine Macédoine* ebenso vorgehen, aber Würfel von 4–5 Millimeter Kantenlänge schneiden.*
*Ein Mirepoix ist eine Mischung verschiedener Gemüse (Karotten, Zwiebeln, Sellerie …), die abhängig von ihrer Garzeit in unterschiedlich große Würfel geschnitten werden.*

**Rezept**
Kaninchenterrine mit Pistazien und exotischem Chutney ›› S. 260

1

2

## Waffelartig schneiden ★

**Schnittform für Kartoffeln, Knollensellerie, weiße Rüben, Zucchini ...**
Ein Gemüse mittlerer Größe auf einen Küchenhobel mit Buntschneideeinsatz legen (**1**).
Nach jedem Schnitt um 90 Grad drehen, um ein waffelartiges Muster zu erhalten (**2**).

**● Tipp**
*Die Waffelkartoffeln unter fließendem kaltem Wasser gründlich abspülen und trocken tupfen, damit sie während des Garens nicht zusammenkleben.*

**Rezept**
Gegrillte Stubenküken mit Teufelssauce >> S. 348

1

2

3

4

## Tournieren ★★★ 🎬

**Schnittform für Karotten, Kartoffeln, weiße Rüben, Zucchini ...**
Die Gemüse in gleich große Abschnitte teilen und je nach Größe längs halbieren oder vierteln (1, 2).
Die Abschnitte zwischen Daumen und Zeigefinger halten und mit einem Schäl- oder Tourniermesser rundherum bogenförmig abschälen (in Form eines Rugbyballs) (3, 4).

**● Gut zu wissen**

*Bei Zucchini bleibt ein Schalenstreifen stehen.*

**● Tipp**

*Als Garnitur 7–9 Gemüsestückchen pro Person rechnen.*
*Die Abschnitte können in einem Püree für eine andere Mahlzeit verwertet werden.*

**Sonderfall: Artischocke**
Den Stiel am Blattansatz abbrechen.
Mit einem Messer mit kurzer, harter Klinge (Ausbeinmesser) die Blätter rund um den Boden abschneiden (1).
Alle grünen Teile (sie schmecken sehr bitter) mit einem Schälmesser entfernen (2). Den Stielansatz flach abschneiden (3).
Die Blattspitzen direkt über dem Heu abschneiden und mit einem Löffel oder einem Kugelausstecher das Heu herauslösen (4). Es kann allerdings auch nach dem Garen entfernt werden.
Den Artischockenboden rundherum mit Zitronensaft einreiben, damit er nicht braun wird. Eventuell eine Zitronenscheibe mit Küchengarn auf die Unterseite binden (5).
Die vorbereiteten Böden bis zu ihrer Weiterverwendung in Zitronenwasser legen. Man kann sie in Mehlsud pochieren (S. 106) oder dünsten (S. 98).

**Rezept**
Eier auf Artischockenböden, Auberginenkaviar >> S. 392

1

2

3

4

5

# Fisch, Schalen- und Krustentiere

## Was man beim Einkauf von Fisch und Meeresfrüchten wissen sollte

**Die Frische eines ganzen Fisches erkennt man an folgenden Kriterien:**
- Die Augen sind glänzend, gewölbt und klar.
- Die Schuppen glänzen, sitzen fest und sind von einer klaren Schleimschicht überzogen.
- Das Fleisch ist fest und elastisch.

**Saisonkalender für den Fischkauf**

| FISCHART | LAICHZEIT | BESTES ANGEBOT |
|---|---|---|
| Goldbrasse | April–Mai und November–Dezember | Spitze: Januar–März, normal: Juni – Oktober |
| Hecht | April–Juni | Mai–Dezember |
| Kabeljau | Februar–April | Spitze: Mai, normal: Juni–Januar |
| Katzenhai | Dezember–Januar und Juli | September–November |
| Knurrhahn | Mai–August | September–April |
| Makrele | Juni–Juli | März–Mai |
| Merlan/Wittling | Februar–April | Mai–Januar |
| Roter Thunfisch | Mai–Juli | April und August–Dezember |
| Rotzunge | April–Juni | Juli–Oktober |
| Sardelle | April–August | September–Oktober |
| Scholle | Dezember–März | Spitze: April–Mai, normal: Juni–November |
| Seelachs | Januar–März | April–Dezember |
| Seezunge | März–Juni | Spitze: Dezember–Januar, normal: Februar, Juli–November |
| Steinbutt | Mai–Juli | Spitze: März–April, normal: August–Februar |
| Wolfsbarsch | Februar–Mai und September–Oktober | November–Januar |
| Zander | April–Mai | August–November |

**Der Anteil an verwertbarem Fleisch ist oft gering.**
Bei manchen Fischarten (Petersfisch, Goldbrasse, Plattfische) ist nur ein Drittel zum Verzehr geeignet. Das gilt auch für Schalentiere. Daran sollte man beim Einkauf denken.

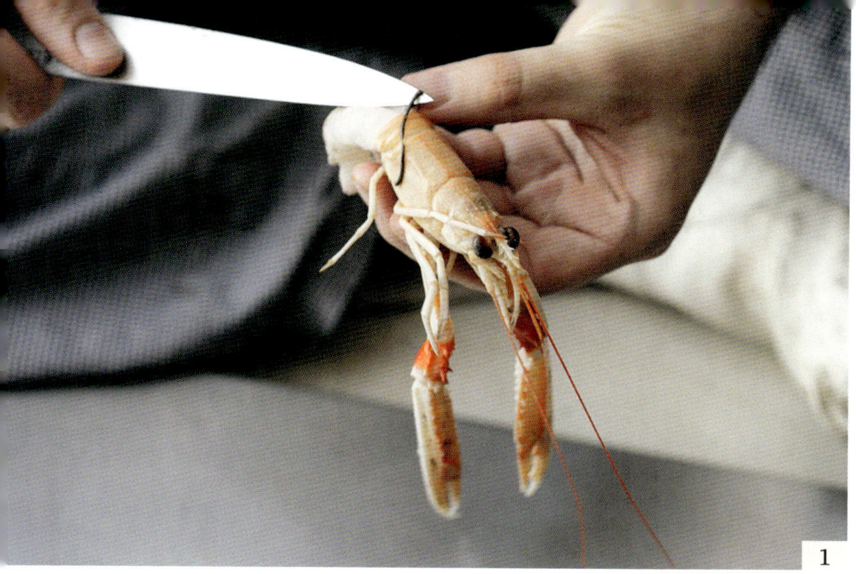
1

2

## Krustentiere ausbrechen ★★

Die Krustentiere müssen zuvor in kochendem Wasser getötet werden.

**Methode zum Ausbrechen von Kaisergranaten, Garnelen, Flusskrebsen**
Das Krustentier am Brustpanzer festhalten.
Mit der anderen Hand das mittlere Glied der Schwanzflosse lockern und mit dem Darm herausziehen.
Mit einer spitzen Schere den Panzer des Hinterleibs an der Unterseite der Länge nach aufschneiden.
Aufbrechen und vom Hinterleib abziehen **(2)**.
Abspülen, abtropfen lassen und in den Kühlschrank stellen.

● **Tipp**
*Der Darm kann auch nach dem Ausbrechen entfernt werden. Dazu den Rücken der Länge nach leicht einschneiden, um den Darmstrang freizulegen* ***(1)***.

**Rezept**
Scampispieße mit Ananas >> S. 299

1

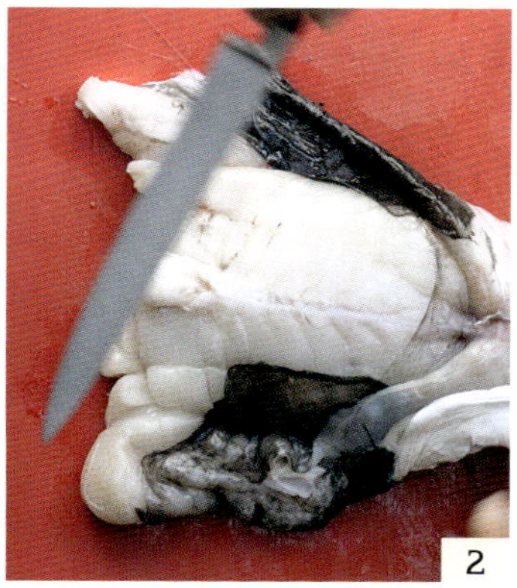
2

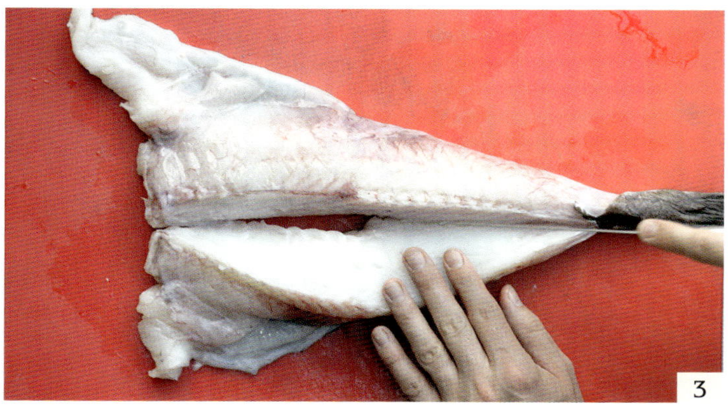
3

## Seeteufel häuten ★★

Der Seeteufel, ein begehrter Speisefisch, wird in der Gastronomie häufig als »Lotte« bezeichnet. Verwertbar sind nur das Schwanzstück und die Bäckchen, die als Delikatesse gelten.

Die dunkle Haut mit einer Hand festhalten, mit der anderen ein Messer vom Schwanzende ausgehend dicht unter der Haut nach vorne ziehen **(1, 2)**.
Die feinen Häute, dunkle, ledrige Hautreste und Blutreste mit einem Filetiermesser abschneiden **(3)**.

Sauber pariert*, ist das Schwanzstück vollkommen weiß.

**Rezept**
Seeteufelmedaillons in Sauce américaine, Pilawreis >> S. 323

## Steaks schneiden ★

**Geeignet: Rundfische wie Lachs, Meeraal, Seehecht**
Der Fisch soll küchenfertig (geschuppt, ausgenommen, von den Flossen befreit und gesäubert), aber nicht gehäutet sein.
Vom Kopf bis zum Ende der Bauchhöhle quer zur Mittelgräte in gleichmäßig dicke Scheiben schneiden (je Scheibe etwa 200 Gramm).
Das Schwanzstück für andere Zubereitungen verwenden (Schnitzel, Rillette, Würfel ...)
Die Steaks mit Küchengarn binden, damit sie während des Garens ihre Form behalten.
Die Haut wird nach dem Garen entfernt.

**● Tipp**
*Die Steaks nach Möglichkeit nicht abspülen, insbesondere, wenn sie gegrillt werden sollen.*

**Rezept**
Gegrillter Lachs mit geschmortem Fenchel >> S. 308

## Medaillons schneiden ★

Medaillons sollen gleichmäßig rund sein und nicht zu dick.

**Geeignet: fast alle festfleischigen Fische**

**Aus einem Steak**
Das Steak halbieren und von der Mittelgräte befreien.
Die dünnen Bauchlappen um den fleischigen Rückenteil wickeln. Mit Küchengarn rund zusammenbinden.

**Aus einem Filet**
Das Filet entgräten, eventuell die Haut abziehen.
Mit einer runden Ausstechform Medaillons aus dem Filet ausstechen.
Bei einem durchschnittlichen Gewicht von 80 Gramm rechnet man für einen Hauptgang zwei Medaillons pro Person.

**Rezept**
Seeteufelmedaillons in Sauce américaine, Pilawreis >> S. 323

1

2

# Portionsstücke schneiden ★★

**Große Plattfische wie Steinbutt, Glattbutt, Heilbutt**
Den Kopf des küchenfertigen Plattfisches mit einem runden Schnitt abtrennen, dabei darauf achten, dass möglichst wenig Fleisch verloren geht.
Den Fisch mit einem großen Messer mit stabiler Klinge entlang der Seitenlinie (durch die Mittelgräte) in zwei Teile schneiden **(1)**.
Von der Schwanzflosse ausgehend nach vorne schneiden.
Die Fischhälften quer in Portionsstücke zerteilen (je 300-350 Gramm), dabei die unterschiedliche Dicke von Bauch und Rücken berücksichtigen **(2)**.

**Rundfische wie Aal, Neunauge, Katzenhai**
Den Kopf entfernen und die Haut abziehen.
Den Fisch quer zur Mittelgräte in Scheiben schneiden (je nach Größe des Fisches 8-12 Zentimeter dick).
Eine Scheibe für den Hauptgang sollte etwa 200-250 Gramm wiegen.

**Krustentiere wie Hummer, Languste, Kaisergranat, Riesengarnele**
Den Kopf vom Hinterleib abtrennen und den Magensack und die Innereien entfernen. Den Corail* für eine andere Zubereitung beiseitestellen (Sauce).
Beine und Zangen abdrehen.
Den Hummerschwanz mit einem Kochmesser den Segmenten folgend quer in Stücke schneiden **(3)**.

**Rezepte**
Pochierter Steinbutt mit Holländischer Sauce ›› S. 319
Riesenscampi in Estragonsauce ›› S. 311

3

## Streifen schneiden ★

**Geeignet für: mittelgroße Plattfische wie Seezunge, Scholle, Rotzunge**
Einen küchenfertigen, gehäuteten Plattfisch filetieren (siehe unten).
Die Filets schräg in feine Streifen schneiden.

**Rezept**
Frittierte Schollenstreifen mit Tatarensauce ›› S. 315

1

2

3

## Aus Rund- und Plattfischen zwei Filets schneiden ★★

**Geeignet für: Lachs, Kabeljau, Petersfisch, Goldbrasse, Seelachs**
Den Fisch küchenfertig vorbereiten, ausnehmen und schuppen **(1)**. Den Fisch am Rücken der Länge nach bis zur Mittelgräte einschneiden. Um den Kopf herum einen bogenförmigen Schnitt setzen. Nun das Messer unmittelbar an der Mittelgräte entlang bis zum Schwanz führen **(2)**.
Den Fisch auf die andere Seite drehen und das zweite Filet ebenso herauslösen. Die Filets sauber parieren*.
Je nach Verwendung die Haut abziehen: Das Fischfilet mit der Hautseite nach unten auf ein Brett legen, mit einem scharfen Messer mit flexibler Klinge am Schwanzende zwischen Fleisch und Haut ansetzen und das Filet parallel zur Haut mit kurzen Schnitten ablösen **(3)**.
Verbliebene Gräten mit einer Pinzette oder Grätenzange einzeln herausziehen.
Die Filets abspülen, abtupfen und bis zur Verwendung in den Kühlschrank stellen.

**● Tipp**
*Fleischreste an der Mittelgräte mit einem kleinen Löffel abschaben und für eine Farce oder Rillette verwenden. Aus den Filets können Schnitzel, Medaillons, Streifen, Filetstücke usw. geschnitten werden.*

**Rezept**
Pollackfilets nach Hausfrauenart ›› S. 303

1

# Aus Plattfischen vier Filets schneiden ★★

**Geeignet für: Seezunge, Rotzunge, Scholle, Steinbutt**
Den Fisch küchenfertig vorbereiten (von einer Seezunge auch den Flossensaum entfernen und die Haut abziehen) **(1, 2)**.
Mit einem Messer mit flexibler Klinge vom Kopf aus an der Seitenlinie entlang einschneiden. Unmittelbar hinter dem Kopf einen halbkreisförmigen Schnitt führen.
Die Filets mit dem Messer unmittelbar über den Gräten ablösen **(3)**. Den Fisch auf die andere Seite drehen und dort die beiden Filets ebenso abtrennen.
Sauber parieren* (Haut- und Blutreste entfernen).
Die Filets (von Rotzunge, Scholle, Steinbutt ...) enthäuten, zu dicke oder faserige Teile einschneiden.
Gegebenenfalls plattieren*, insbesondere, wenn sie aufgerollt werden sollen.

### ● Tipp

*Diese Art des Filetierens eignet sich in erste Linie für größere Fische. Die so erhaltenen Filets sind nicht gleich groß. Plattfischfilets sind grätenfrei und daher bei Kindern beliebt.*

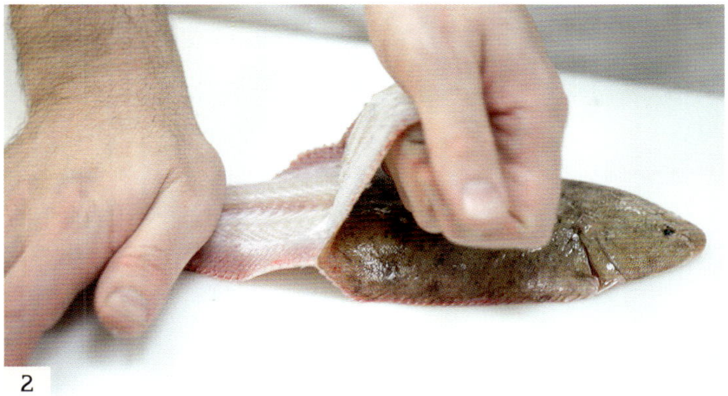

2

3

### ● Gut zu wissen

*Während ihrer vier ersten Lebenswochen schwimmen Plattfische (Flunder, Scholle, Seezunge, Steinbutt) aufrecht im Wasser, wie alle anderen Fische auch. Erst danach verändert sich ihr Körperbau, sodass beide Augen auf eine Seite wandern, die dann zur Oberseite wird.*

**Rezept**
Frittierte Schollenstreifen mit Tatarensauce >> S. 315

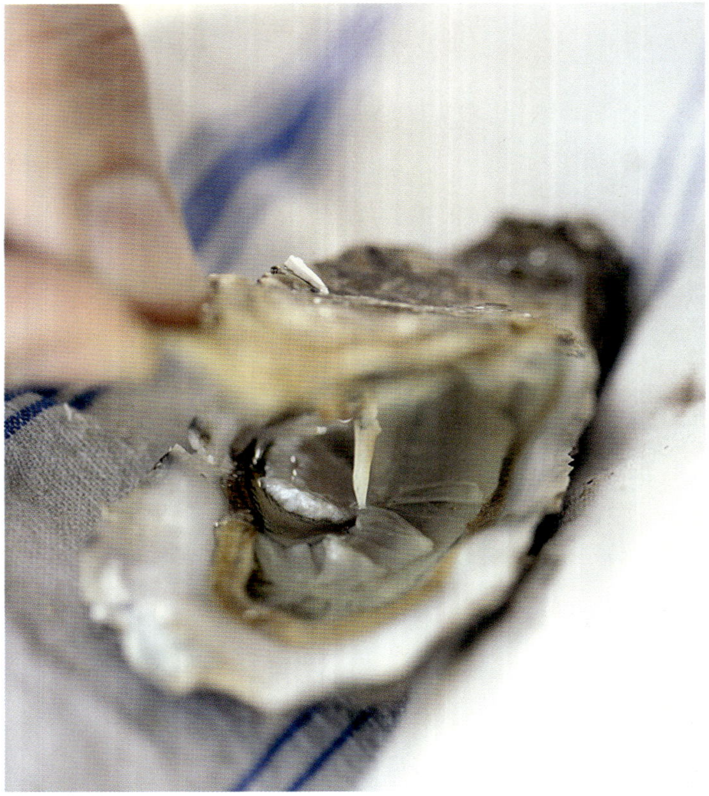

# Austern und Schalentiere aufbrechen

**An der Seite (gewölbte Austern, Miesmuscheln) ★★**
Die Auster mit der gewölbten Seite nach unten und dem Scharnier zu sich in die mit einem Kettenhandschuh oder einem mehrfach gefalteten Tuch geschützte Hand legen.
Ein Austernmesser auf der rechten Seite oberhalb der Mitte an der breitesten Stelle mit drehenden Bewegungen zwischen die Schalen schieben.
Vorsichtig mit der Klinge entlang der Oberschale von links nach rechts gleiten, um den Schließmuskel zu durchtrennen.
Die obere Schalenhälfte anheben und vom Scharnier lösen.
Eventuelle Reste des Muskels aus der Oberschale kratzen. Die Frische der Auster überprüfen und Schalensplitter entfernen.
Für den optimalen Genuss das erste Wasser (Meerwasser) abgießen und abwarten, bis die Auster neuen Saft, das sogenannte zweite Wasser, produziert hat (3-5 Minuten).

**Am Scharnier (flache Austern, Herzmuscheln, Venusmuscheln, Teppichmuscheln, Samtmuscheln) ★**
Die Auster mit dem Scharnier nach außen in die mit einem Kettenhandschuh oder einem mehrfach gefalteten Tuch geschützte Hand legen.
Mit einer stabilen Messerklinge am Scharnier ansetzen und mit kräftigen hebelartigen Bewegungen aufbrechen. Entlang der oberen Schalenhälfte zur Mitte der Auster vordringen und den Schließmuskel durchtrennen.
Eventuelle Muskelreste von der Oberschale kratzen. Die Frische der Auster überprüfen und gegebenenfalls Schalensplitter entfernen.
Für den optimalen Genuss das erste Wasser (Meerwasser) abgießen und abwarten, bis die Auster neuen Saft, das sogenannte zweite Wasser, produziert hat (3-5 Minuten).

**● Tipp**
*Sollen die ausgelösten Austern in ihrer Schale gegart werden, müssen die Schalen gründlich abgebürstet und kurz in kochendes Wasser getaucht werden, um sämtliche Schmutzpartikel zu entfernen.*

**Rezept**
Gratinierte Austern >> S. 256

1

# Jakobsmuscheln aufbrechen ★★

Die Muschel mit dem geraden Ende nach außen und der flachen Schale nach oben in die mit einem Kettenhandschuh oder einem mehrfach gefalteten Tuch geschützte Hand legen. Ein stabiles Messer am Gelenk zwischen die Schalenhälften schieben und am Rand der flachen Oberschale entlangführen, um den Schließmuskel zu durchtrennen. Die Schale hochklappen und abnehmen (1).
Nuss, Corail*, Bart und schwarze Innereien mit einem Esslöffel von der unteren Schalenhälfte lösen (2).
Den Bart ablösen und mehrfach unter fließendem Wasser abspülen, um ihn beispielsweise anschließend für die Herstellung einer Sauce zu verwenden.
Die schwarzen Innereien wegwerfen (3).
Nuss und Corail voneinander trennen, den Corail eventuell für eine andere Zubereitung beiseitestellen (4).
Das zähe weiße Gewebe von der Nuss abschneiden.
Nuss und Corail abspülen, trocken tupfen und kühl stellen.

**● Gut zu wissen**
*Der Corail kann auf die gleiche Weise wie die Nuss zubereitet oder in einer Sauce verarbeitet werden.*

**Rezept**
Gebackene Jakobsmuscheln im Gemüsebett >> S. 275

2

3

4

# Fleisch und Innereien

## Ein Filet bardieren ★

Mageres Fleisch wird bardiert, um es beim Garen vor dem Austrocknen zu schützen und mit dem schmelzenden Fett zu benetzen. Eine heute seltener verwendete Methode ist das Spicken, wobei das Fleischstück mit einer Spicknadel gleichmäßig mit schmalen Speckstreifen durchzogen wird.
Zum Bardieren verwendet man große, dünne Scheiben fetten Speck, der aus dem Schweinerücken geschnitten wird.

Das entsprechende Fleischstück parieren*.
Dünne Speckscheiben zurechtschneiden. Kleinere Fleischstücke (Tournedos, Medaillons) ganz (1), größere Stücke (Filet, Braten) teilweise umwickeln und den Speck mit Küchengarn befestigen (2).

**● Gut zu wissen**
*Speckstreifen können auf dem Fleisch zu dekorativen Mustern angeordnet werden.*
*Den Speck nicht länger als drei Monate im Gefriergerät aufbewahren, sonst wird er ranzig.*

**Rezept**
Tournedos mit Foie gras ›› S. 381

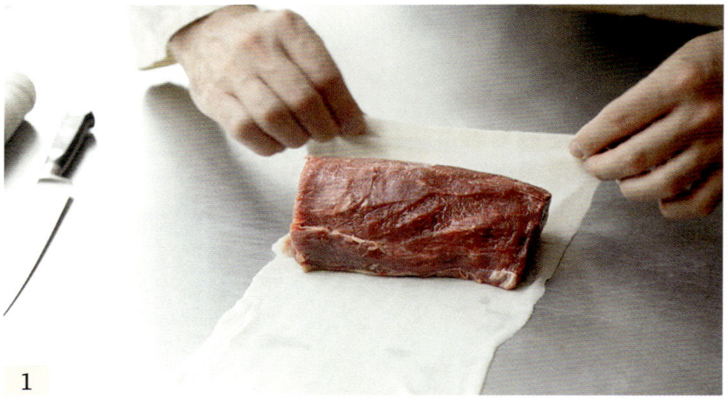

1

2

## Geflügel unter der Haut aromatisieren

Zum Aromatisieren von Geflügel kann man Trüffelscheibchen, Lorbeerblätter oder eine Farce zwischen Haut und Fleisch schieben.

**Rezept**
Gebratenes Perlhuhn auf Geflügelleber-Kanapee ›› S. 330

1

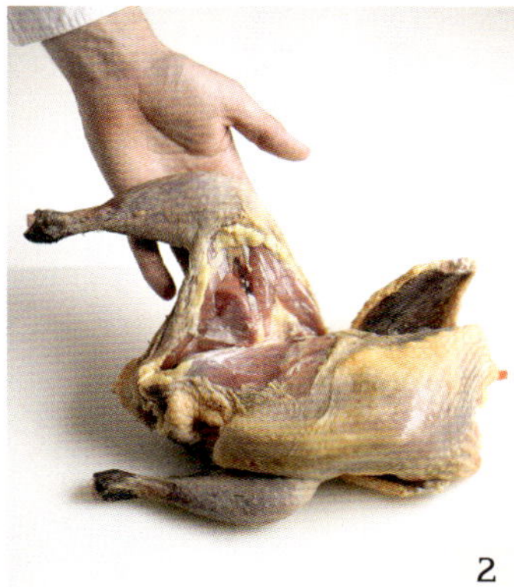

2

3

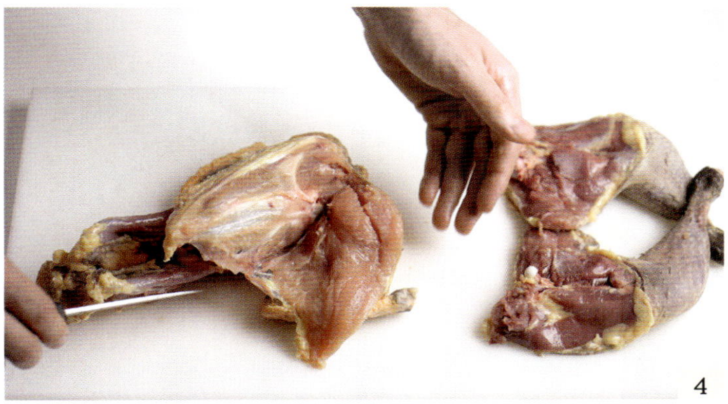

4

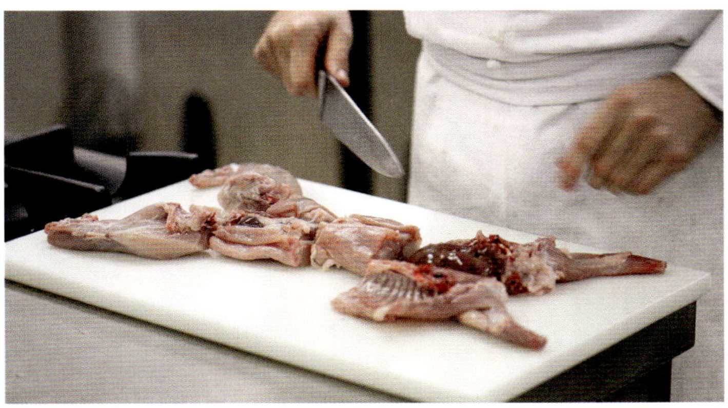

## Geflügel roh zerlegen ★★★

Die Haut eines bratfertig vorbereiteten Geflügels zwischen Keule und Brust mit einem Messer durchtrennen und die Keule aus dem Gelenk drehen (1, 2).
Die Keule mit einem Schnitt entlang der Wirbelsäule abtrennen, dabei auch die Pfaffenschnittchen auslösen (kleine, filetartige Fleischstücke, die oberhalb der Keulen in Skelettmulden liegen).
Die zweite Keule auf die gleiche Weise abtrennen.
Auf beiden Seiten am Brustbein entlangschneiden, um die Filets mit dem Flügel abzutrennen (3, 4).
Die unteren Knochenenden der Flügel und Keulen freischaben.

**● Gut zu wissen**
*Bei einem geviertelten Hähnchen sind Keulen und Brust mit Flügeln etwa gleich schwer und ergeben jeweils eine Portion.*

**Rezept**
Gefüllte Hähnchenkeule mit Kastanien >> S. 344

## Ein Kaninchen roh zerlegen ★★

Kaninchenfleisch hat nur wenig Fett und wird wie Zucht- und Wildgeflügel zubereitet. Hasen werden in der Regel wie Kaninchen verwendet, aber für Gerichte mit Rotweinsaucen (wie Hasenpfeffer) bevorzugt. Ein Kaninchen wiegt im Durchschnitt 1,5–2 Kilogramm.

Den Kopf abschneiden und die Innereien (Herz, Leber und Lunge) beiseitestellen.
Die Hinterläufe in Höhe des Beckens abhacken. Das Steißbein entfernen und die Läufe voneinander trennen. Sehr fleischige Hinterläufe können im Kniegelenk in zwei Teile geschnitten werden.
Am vorderen Teil des Brustkorbs die Wirbelsäule spalten, um die Vorderläufe voneinander zu trennen.
Den Rücken je nach Größe quer in zwei bis drei Teile hacken.

**● Tipp**
*Die Schnitte sollten sauber und präzise sein, damit keine Knochensplitter in das Fleisch eindringen.*
*Der Kaninchenrücken kann entbeint und gefüllt werden.*

1

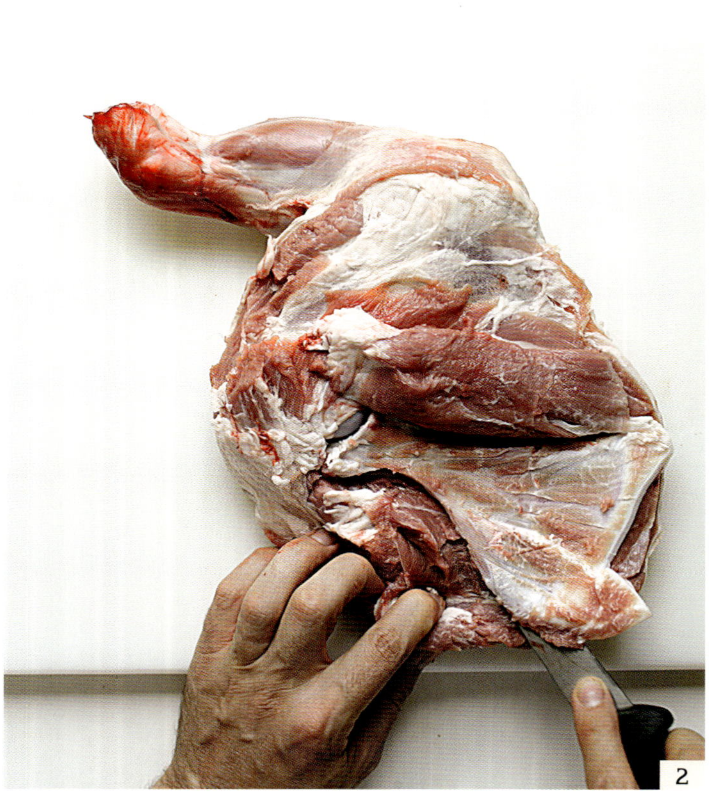
2

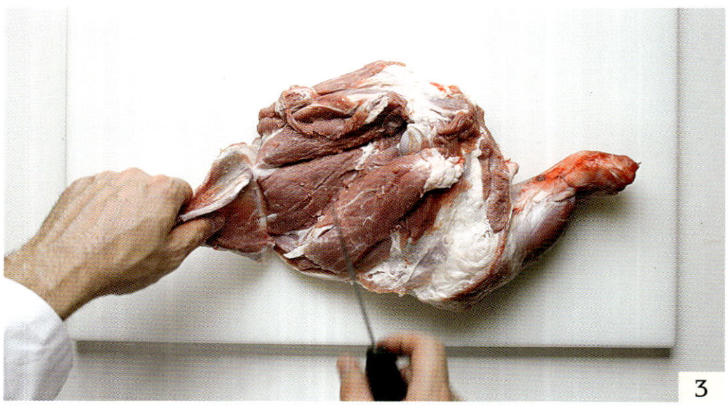
3

# Eine Lammschulter entbeinen ★★

**Eine Lammschulter wiegt im Durchschnitt 1,6–2 Kilogramm und reicht für fünf bis sechs Personen.**

Die Haut von der Oberseite der Lammschulter abziehen.
Die Schulter umdrehen und mit einem Ausbeinmesser das Fleisch rund um das Schulterblatt ablösen (**1**, **2**, **3**).
Das Fleisch vom Knochen abschaben und vollständig bis zum Gelenk ablösen. Das Gelenk durchtrennen und das Schulterblatt herausziehen.
Die beiden restlichen Knochen ebenfalls abschaben, bis sie sich herausziehen lassen.
Die Lammschulter kann zu einem Braten aufgerollt oder in Stücke von etwa 50 Gramm für ein Ragout zerteilt werden.

**Rezept**
Lammschulter provenzalisch mit gratiniertem Gemüse >> S. 359

# Einen Lammsattel entbeinen ★★

Ein Lammsattel mit einem Gewicht von 1,2–1,6 Kilogramm ist ausreichend für vier Personen.

Die an beiden Seiten des Rückgrats sitzenden kleinen Filets vom Knochen lösen, aber nicht von der Haut abtrennen.
Das Messer unter die Wirbelenden schieben und sie vom Fleisch losschneiden, dabei darauf achten, dass die Messerspitze nicht das Fleisch verletzt. Die Knochen abheben.
Die Bauchlappen auf gleiche Länge schneiden.
Das ausgelöste Fleisch mit Küchengarn binden. Man kann es auch vorher füllen, etwa mit Duxelles (S. 156) oder Schaumfarce (S. 158).

**Garzeit für einen Lammsattel**

- **Rosa:** *20–25 Minuten bei 180–190 °C*
- **Durchgebraten:** *etwa 40 Minuten bei 180–190 °C*

*Damit sich das Fleisch während des Garens nicht zusammenzieht, sollte die über dem Rückgrat gelegene Sehne unbedingt durchtrennt werden.*

**● Gut zu wissen**

*Mit »Salzlamm« werden Lämmer bezeichnet, die an der Küste auf Salzweiden gehalten werden. Die jod- und salzhaltigen Gräser und Kräuter verleihen dem Fleisch seinen einzigartigen Geschmack.*

# Stopfleber vorbereiten ★★

Je nach Zubereitung muss eine Foie gras zunächst von Blutgefäßen und feinen Häutchen befreit werden. Wird sie in Scheiben geschnitten und kurz gebraten, ist das allerdings nicht notwendig.
Für eine kalte Vorspeise wie Stopfleberterrine rechnet man mit 70–80 Gramm pro Person; will man gebratene Scheiben von der Foie gras als warme Vorspeise servieren, geht man von 100–120 Gramm pro Person aus.

Die Stopfleber etwa 1 Stunde vor der Verarbeitung aus dem Kühlschrank nehmen **(1)**.
Die beiden Lappen vorsichtig auf der Innenseite aufbrechen und von Resten der grünlichen Galle befreien.
Der Länge nach einschneiden, um die Hauptader freizulegen. Vorsichtig daran ziehen, dabei die Leber mit dem Daumen oder mit einer runden Messerklinge festhalten **(2)**.
Für eine Terrine die geputzten Leberlappen 12 Stunden in Milch legen (um Bitterstoffe zu entfernen), anschließend nach Belieben in Alkohol marinieren (in Süßwein oder einer Spirituose).
Die Stopfleber muss fest in die Terrine gedrückt werden. Sie wird in den auf etwa 80 °C vorgeheizten Backofen geschoben und soll eine Kerntemperatur von 55 °C erreichen. Im Kühlschrank ist sie einige Tage haltbar.

**● Tipp**

*Ob von der Ente oder von der Gans, eine Stopfleber sollte eine schöne Farbe zwischen leicht rosafarbenem Elfenbein und hellem Gelb haben, keine Flecken aufweisen und von fester Konsistenz sein. Eine Entenstopfleber wiegt 450–500 Gramm, eine Gänsestopfleber 700–800 Gramm.*

**● Gut zu wissen**

*In Deutschland ist das Stopfen von Enten und Gänsen aus Tierschutzgründen verboten, die Einfuhr von Stopfleber allerdings erlaubt. Stopfleber kommt hauptsächlich aus Frankreich, vor allem aus dem Périgord und aus dem Elsass, inzwischen aber immer häufiger auch aus Ungarn.*

**Rezept**
Stopfleberterrine >> S. 264

1

2

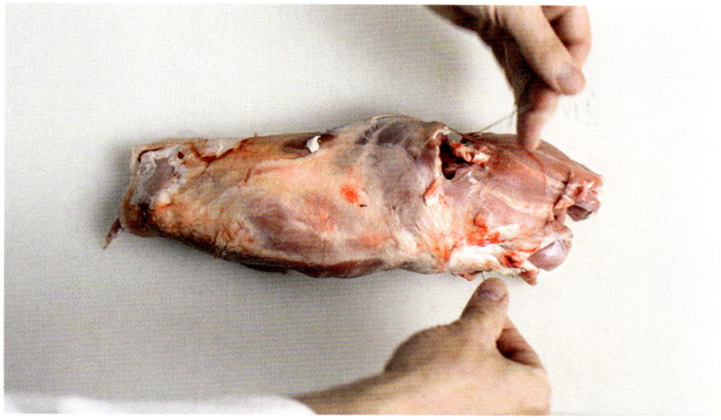

1

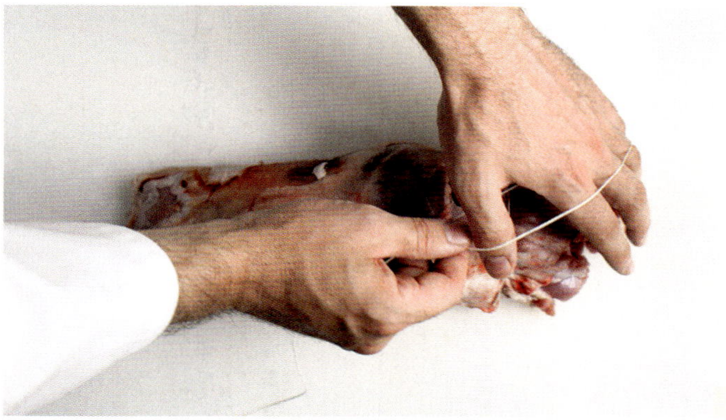

2

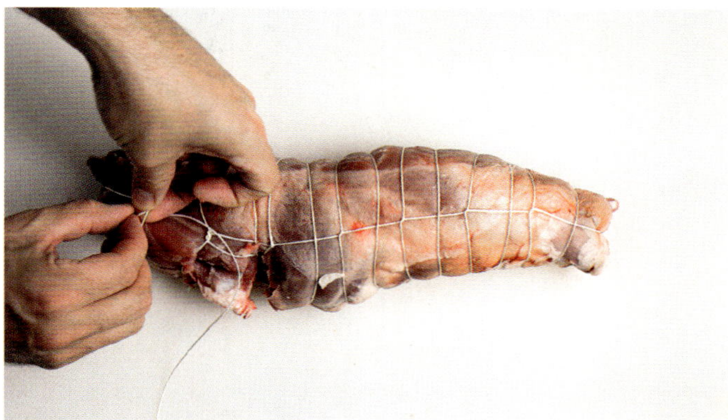

3

# Einen Braten binden ★

Das Küchengarn hält das Fleisch beim Braten in der gewünschten Form und ermöglicht ein rundherum gleichmäßiges Garen.

**Mit einem langen Faden**
Das Binden großer Fleischstücke (Schulter, Keule, Lendenstück) erfordert etwas Übung.
Das Küchengarn zunächst um ein Ende des Fleischstücks schlingen und verknoten, ohne es abzuschneiden (1).
Das Garn um eine Hand schlingen und die Schlaufe um das Fleisch legen (2).
In einem Abstand von etwa 3 Zentimetern von der ersten Schlaufe festziehen.
Den Vorgang über die ganze Länge des Fleischstücks wiederholen. Zum Schluss das Garnende zurück zur ersten Schlaufe führen und verknoten (3).

**Mit einzelnen Fäden**
Für Portionsstücke wie Nüsschen, Medaillons, Tournedos, Châteaubriand benötigt man mehrere kurze Stücke Küchengarn.
Garn in ausreichender Länge abschneiden.
Um das Fleischstück legen und verknoten, die Enden einkürzen.
Das Fleisch zwischen den Fäden in Portionsstücke schneiden (S. 91).

**Rezept**
Lammschulter provenzalisch mit gratiniertem Gemüse >> S. 359

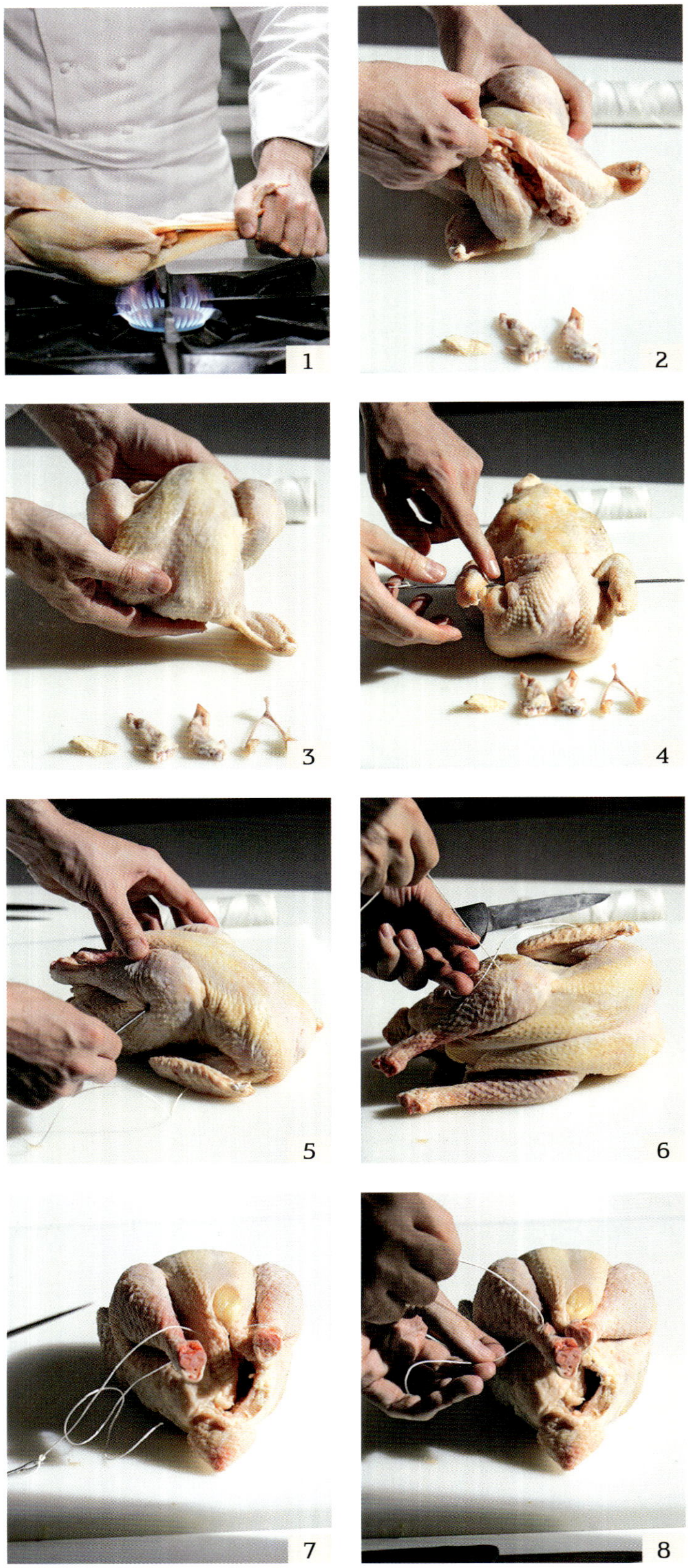

# Geflügel bratfertig vorbereiten und dressieren ★★★

**Hier wird Schritt für Schritt erklärt, wie man ein Hähnchen oder anderes Geflügel bratfertig vorbereitet. Heute wird Geflügel meistens küchenfertig ausgenommen angeboten, mit Kopf und Eingeweiden ist es nur noch selten im Handel.**

Das Huhn etwas auseinanderziehen und über einer Gasflamme absengen, um Reste von Federn zu beseitigen (1).
Die Krallen in Höhe des »Kniegelenks« abhacken, die Flügelspitzen stutzen, die am Bürzel sitzende Fettdrüse herausschneiden (2). Den Hals abtrennen und für die Herstellung von Saucen- und/oder Schmorfond aufbewahren.
Das Gabelbein an der Halsöffnung entfernen (3).
Reste von Innereien entfernen. Die Bauchhöhle würzen und gegebenenfalls mit einer Farce füllen.
Das Huhn auf den Bauch legen und die Nackenhaut über die Halsöffnung ziehen. Eine Dressiernadel mit Küchengarn durch das äußere Flügelgelenk und die Nackenhaut stechen.
Die Nadel unter dem Rückenknochen durchschieben (4), sodass sie auf der anderen Seite durch das äußere Flügelgelenk wieder austritt. Den Faden etwa 10 Zentimeter lang heraushängen lassen.
Den Vogel auf den Rücken drehen.
Die Nadel auf derselben Seite am Gelenk zwischen Ober- und Unterschenkel einstechen und so durchschieben, dass sie am anderen Gelenk wieder austritt (5, 6).
Die Garnenden festziehen und miteinander verknoten (7).
Mit einem neuen Faden die Bauchöffnung verschließen und dabei die Keulen mit fassen.
Die Keulen vor der Bauchöffnung fest zusammenziehen und die Garnenden verknoten (8).

**● Tipp**

*Bei manchen Geflügelarten ist es ratsam, vor dem Dressieren das Brustfleisch mit einer Scheibe Speck zu bardieren (beispielsweise bei Täubchen, Perlhuhn, Federwild), um das Austrocknen im heißen Backofen zu vermeiden. Unter die Haut kann man Kräuter schieben (S. 76). Das Geflügel während des Garens regelmäßig begießen, damit es nicht austrocknet.*

**● Gut zu wissen**

*Weltweit ist einzig das französische Bresse-Geflügel mit dem AOC-Siegel (kontrollierte Ursprungsbezeichnung) ausgezeichnet.*

**Rezept**

Gebratenes Perlhuhn auf Geflügelleber-Kanapee >> S. 330

## Fleisch hacken

Fleisch mit dem Messer oder mit dem Fleischwolf mehr oder weniger fein zerkleinern. Auf diese Weise können verschiedene Sorten gemischt, das Fleisch gewürzt und beliebig geformt werden.

1

2

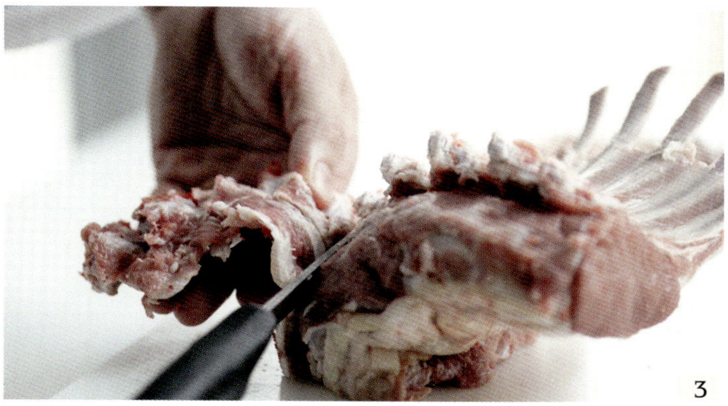

3

4

## Ein Karree vorbereiten (Schwein, Kalb, Lamm) ★★★

**Die Wirbelkörper werden ausgelöst und die Rippenknochen freigelegt, um das Tranchieren des Fleisches nach dem Garen zu erleichtern. Bei einem Lammkarree rechnet man zwei, bei einem Schweins- oder Kalbskarree ein Kotelett pro Person.**

Die Oberseite des Karrees, falls erforderlich, parieren* und überschüssiges Fett entfernen. Mehrfach einschneiden, damit sich das Fleisch während des Garens nicht zusammenzieht. Das Fleisch zwischen den Knochen auf einer Höhe von 3–4 Zentimetern durchtrennen und wegschneiden. Die freigelegten Rippenenden mit einem Ausbeinmesser sorgfältig sauber schaben, damit Fleisch- oder Hautreste während des Bratens nicht verbrennen (1, 2).
Den am Rippenansatz verlaufenden sehnigen Fleischstreifen bis auf den Rückenknochen abschneiden (3).
Das Karree herumdrehen und die Wirbel nacheinander freilegen (4). Die Rippenköpfe von den Wirbelkörpern lösen und das Rückgrat entfernen. Außer den Rippen sind jetzt alle Knochenteile abgelöst.
Das Karree zwischen den Rippen mit Küchengarn binden, damit es beim Braten seine Form behält.
Karrees können mit einer Masse bestrichen (Kräuter, Semmelbrösel-Knoblauch-Petersilien-Mischung) und überkrustet werden.

**● Gut zu wissen**

*Aus dem ausgelösten, in Form gebundenen Lenden- oder Sattelstück (bestehend aus dem Lammlachs und dem anhängenden Filet) werden die Nüsschen geschnitten (S. 91).*

**Rezept**

Gebratenes Lammkarree, Gemüse auf Gärtnerart ›› S. 368

# Eine Lammkeule vorbereiten ★★

Man unterscheidet zwischen einer Lammkeule mit und einer Lammkeule ohne Sattelstück. Ist das Sattelstück dabei, ist die Vorbereitung deutlich umfangreicher. Ohne Sattelstück wiegt eine Keule mit Knochen 1,2–1,4 Kilogramm; sie reicht für acht Personen.

Von der Lammkeule die äußere Haut abziehen und dicke Fettschichten wegschneiden (**1**).
Gegebenenfalls den Beckenknochen entfernen, indem man um ihn herumschneidet, ihn am Gelenk freilegt und auslöst.
Den Oberschenkelkopf freilegen und die Sehnen am Kniegelenk durchtrennen (**2**).
Den Knochen mit einer Drehbewegung herausziehen (**3**). Es verbleibt nur der Unterschenkelknochen.

**● Gut zu wissen**

*Lamm wird häufig mit mediterranen Aromen gegart und mit Knoblauchzehen gespickt.*
*Die sogenannte 7-Stunden-Lammkeule wird behutsam angebraten und in einem mit einem Teigstreifen versiegelten Schmortopf bei milder Temperatur gegart. Das Fleisch zergeht auf der Zunge und kann mit dem Löffel zerteilt werden. Zur Osterzeit, wenn das meiste Lammfleisch verzehrt wird, ist es besonders zart und schmackhaft.*

**Rezept**
Geschmorte Lammkeule auf bretonische Art ›› S. 377

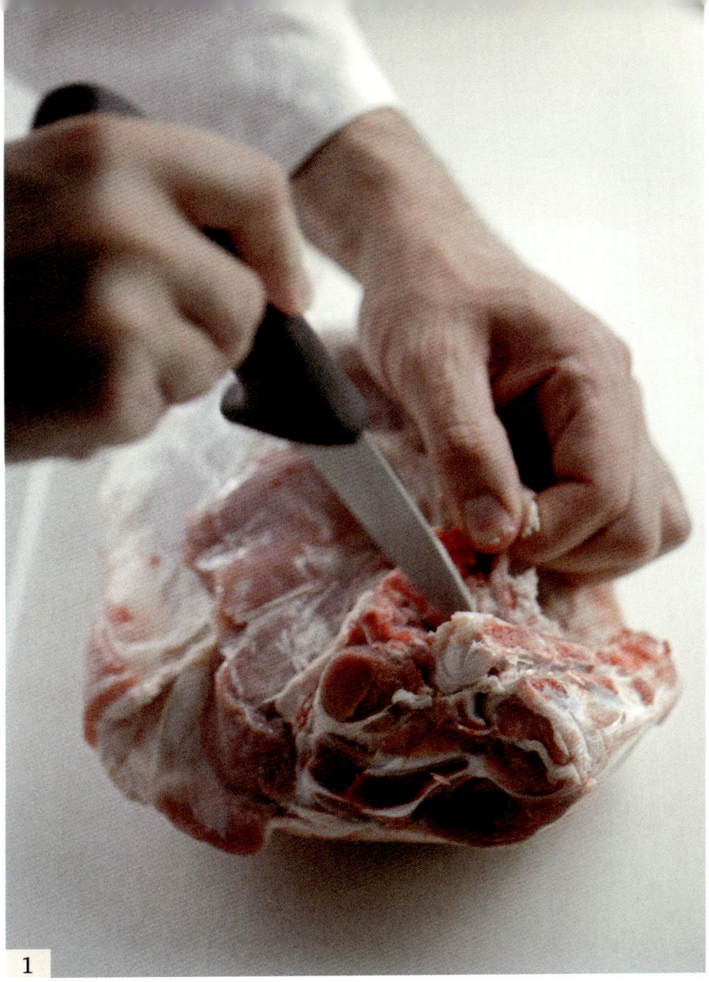
1

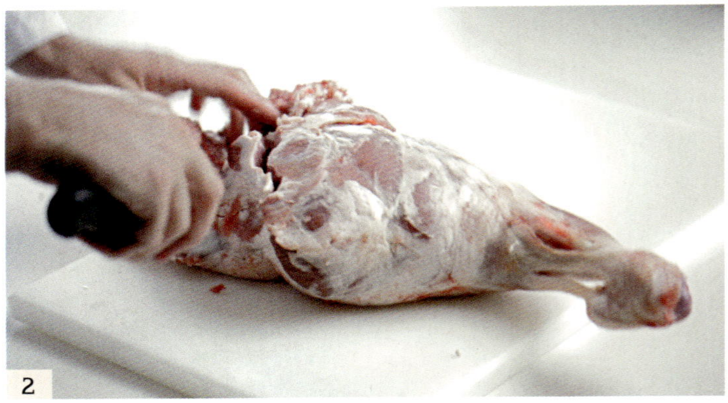
2

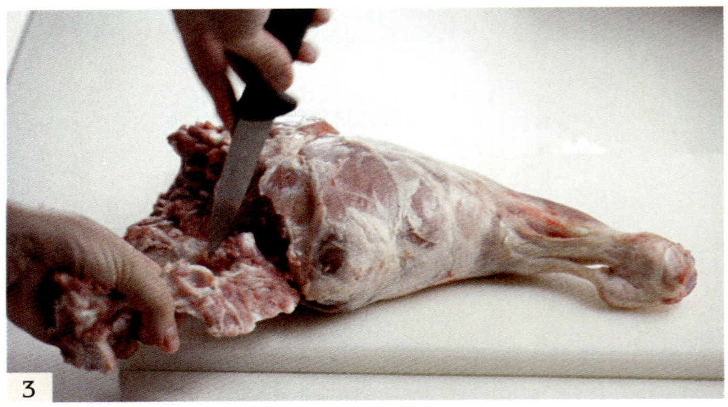
3

# Ein Kotelett vorbereiten ★

Als Beispiel dient hier ein Ochsenkotelett, auch Hohe Rippe genannt. Ein Ochsenkotelett wiegt 1,2–1,6 Kilogramm und ist ausreichend für vier bis fünf Personen.
Bei Schweine- oder Kalbskoteletts rechnet man eines pro Person, bei Lammkoteletts zwei bis drei Stück.

Überschüssiges Fett entfernen.
Das Rippenende 3-4 Zentimeter hoch vom Fleisch befreien und sämtliche Reste mit einem Ausbeinmesser sauber abschaben, damit sie beim Garen nicht verbrennen.
Den Wirbel mithilfe des Messers herauslösen (bei einem Ochsenkotelett ist es leichter, ihn abzusägen).
Die außen an der runden Seite des Koteletts verlaufende Sehne mehrere Millimeter tief einschneiden, damit sich das Fleisch während des Garens nicht zusammenzieht.
Ein dickes Kotelett in Form binden. Dazu die erste Schlaufe um das freigelegte Rippenende knoten. Das Küchengarn einmal um das Fleischstück führen und wieder an der Ausgangsstelle befestigen.
Das Rippenende mit Alufolie umwickeln, damit es während des Bratens nicht verbrennt
Das Kotelett wird vorzugsweise bei starker Hitze gegart (gegrillt, in der Pfanne oder im Backofen gebraten). Vor dem Anschneiden ruhen lassen, damit es sich entspannen und der Fleischsaft sich verteilen kann.

**● Gut zu wissen**

*Das T-Bone-Steak ist eine Fleischscheibe mit einem T-förmigen Knochen, der das Roastbeef vom Filet trennt.*
*Das Entrecôte ist, wie sein französischer Name wörtlich besagt, ein Steak aus dem Zwischenrippenstück des Rindes; es wird aus dem vorderen Teil des ausgelösten Rückenstrangs geschnitten.*

**Rezepte**

Gegrilltes Rinderkotelett mit Béarner Sauce ›› S. 356
Kalbskoteletts auf normannische Art ›› S. 371

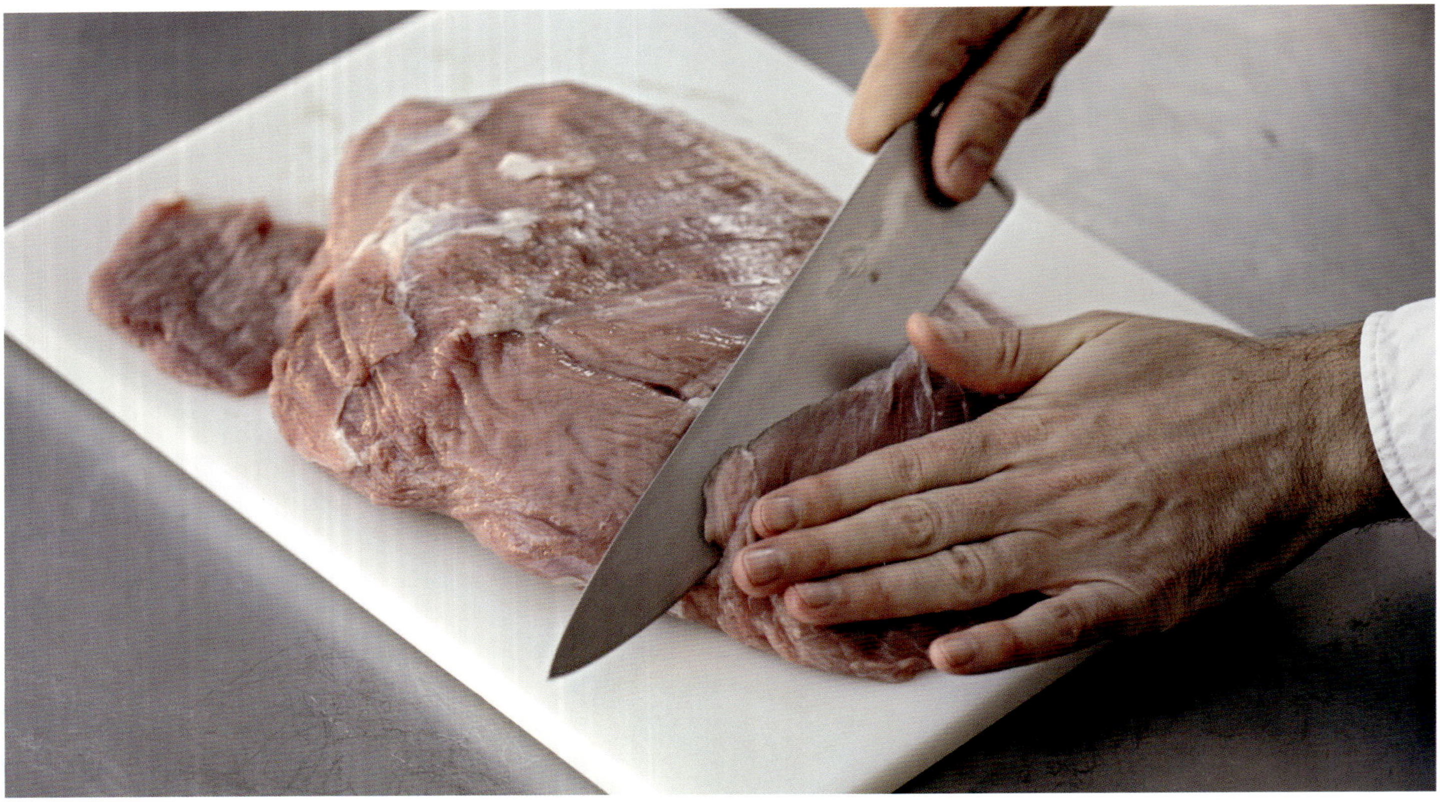

## Ein Schnitzel vorbereiten ★

Schnitzel werden vorzugsweise in dünnen Scheiben aus der Keule geschnitten.
Die Scheiben zwischen zwei Schichten Frischhaltefolie legen und mit kurzen kräftigen Schlägen plattieren*. Dazu kann man ein Plattiereisen oder den Boden eines schweren Stieltopfs verwenden.
Die Schnitzel mit einem scharfen Messer am Rand etwas einschneiden, damit sie sich beim Braten nicht zusammenziehen.

**● Gut zu wissen**

*Hervorragend für Schnitzel geeignet sind Oberschale, Unterschale und Nuss.*
*Eine Piccata ist ein kleines rundes Kalbsschnitzel (etwa 1 Zentimeter dick). Man rechnet drei Stück pro Person.*
*Eine Paillarde ist ein hauchdünn geschnittenes, gegrilltes oder in Butter gebratenes Kalbs- oder Rinderschnitzel.*

**Rezept**
Panierte Putenschnitzel mit roh gebratenen Kartoffeln ›› S. 337

1

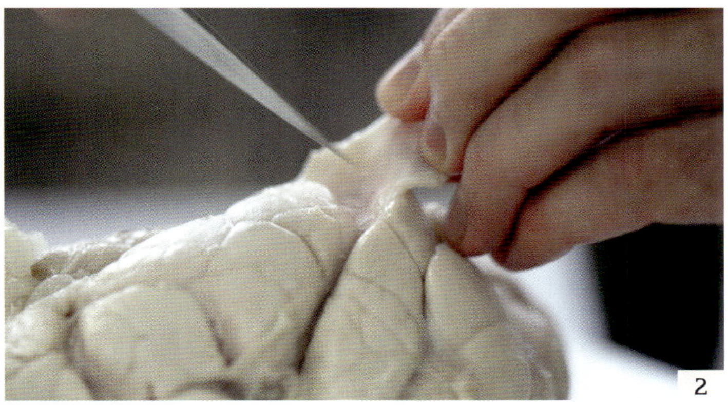

2

3

# Kalbsbries vorbereiten ★★

Das Bries ist die Thymusdrüse junger Tiere; es sitzt im vorderen Teil des Brustkorbs. Bries ist eines der wenigen Lebensmittel tierischen Ursprungs, das Vitamin C enthält.
Pro Person werden 250–300 Gramm rohes Kalbs- oder Lammbries gerechnet.

Das Bries in kaltes Wasser legen und für 4-6 Stunden in den Kühlschrank stellen. Das Wasser immer wieder wechseln, bis sämtliche Blutreste ausgespült sind.
Abtropfen lassen, in einen Topf mit kaltem Wasser legen, aufkochen und 4-5 Minuten blanchieren* (1), dabei kontinuierlich den Schaum abschöpfen.
Das Bries herausnehmen und kurz in eine Schüssel mit Eiswasser tauchen.
Sorgfältig trocken tupfen.
Mit einem spitzen Messer alle Häute sorgfältig entfernen, Fett und festes Bindegewebe ebenfalls abschneiden (2).
Das Bries in ein sauberes Küchentuch wickeln, zwischen zwei Teller legen und mit einem Gewicht beschwert pressen (3).

**● Tipp**

*Das Einlegen in eiskaltes Wasser nach dem Blanchieren beendet den Garprozess augenblicklich, außerdem wird das Bries etwas fester und lässt sich leichter parieren*.*
*Je stärker gepresst wird, desto mehr rosa Flüssigkeit tritt aus und das Bries ist schließlich vollkommen weiß.*

**Rezept**

Blätterteigpastetchen mit Kalbsbries, Cidre und Apfel >> S. 272

# Nieren vorbereiten ★★

Beim Einkauf etwa 250 Gramm Nieren pro Person rechnen.

Den Fettmantel der Nieren entfernen und die dünne durchsichtige Außenhaut abziehen.
Die Nieren der Länge nach aufschneiden. Weiße Fettstränge, Blutgefäße und Harnwege aus dem Inneren herausschneiden.
Die Nieren dem Rezept entsprechend ganz oder in Scheibchen geschnitten garen.

**● Tipp**

*Damit Nieren nicht zäh werden, sollten sie bei starker Hitze kurz angebraten und rosa gegart werden.*

**● Gut zu wissen**

*Es ist empfehlenswert, die Nieren in ihrem Fettmantel zu kaufen, der sie länger frisch hält.*
*Sie dürfen auf keinen Fall streng riechen.*
*Kalbsnieren werden ihres Geschmacks wegen besonders geschätzt.*

**Rezept**
Kalbsnieren in Senfsauce >> S. 367

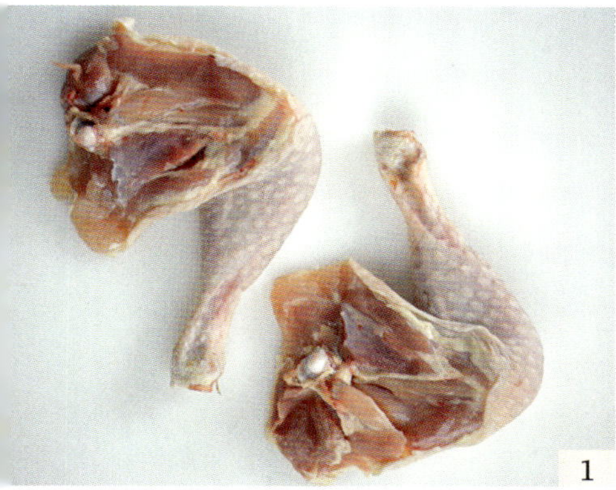
1

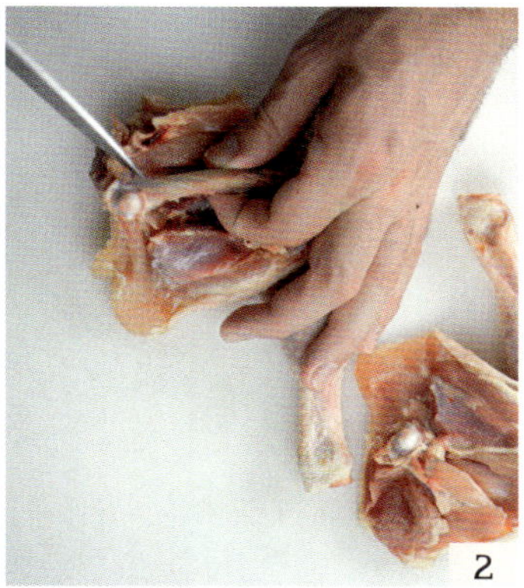
2

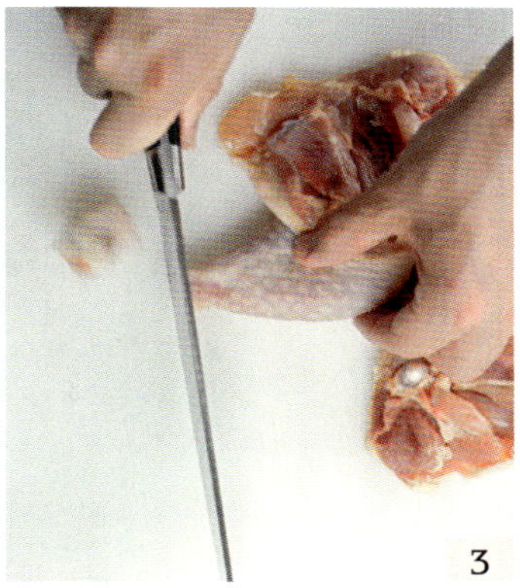
3

4

# Eine Hähnchenkeule füllen ★★

Gefüllte Hähnchenkeulen sehen aus wie kleine feste, runde Schinken. Da der größte Teil der Knochen entfernt wird, lässt sie sich problemlos verspeisen.

Aus bratfertig vorbereiteten Hähnchenkeulen (1) den Oberschenkelknochen bis zum Gelenk freilegen (2).
Das Gelenk durchtrennen und den Oberschenkelknochen entfernen. Das freie Ende des Unterschenkelknochens etwas einkürzen (3).
Das Fleisch würzen. Nun kann man entweder das spitze Knochenende durch die Haut des Oberschenkels stechen (4, 5). oder man füllt die Keule mit einem Esslöffel Farce (S. 157) (6).
Das Fleisch über der Farce zusammenklappen (7) und mit einer Dressiernadel zunähen (8).
Man kann die gefüllte Keule auch in ein Schweinenetz* wickeln, das das Fleisch zusammenhält und ein Austrocknen während des Garens verhindert (9).

**Rezept**
Gefüllte Hähnchenkeule mit Kastanien >> S. 344

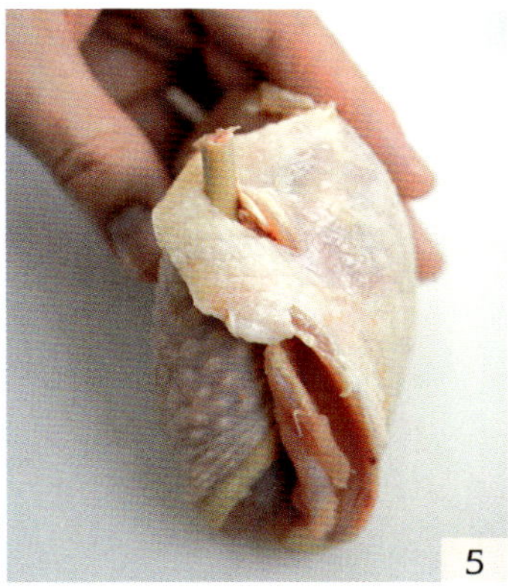
5

6

7

8

9

# Terrinen und Pasteten herstellen ★★★

Terrinen und Pasteten werden aus Gemüse, Fisch oder Fleisch zubereitet. Im Gegensatz zur Terrine erhält die Pastete einen Teigmantel. Die Finesse dieser Zubereitungen hängt davon ab, wie grob oder wie fein die Füllmasse zerkleinert wurde. Zu fein gehackt würde sie allerdings den typischen Charakter verfälschen und außerdem schnell trocken werden, vor allem, wenn sie nur einen niedrigen Fettanteil hat.

Man rechnet etwa 80 Gramm Terrine pro Person.
Zutaten
(Terrine auf ländliche Art für 8 Personen)
400 g Schweinebauch
200 g Schweineschulter
14-16 g Salz je kg fertiger Masse
1,5 g frisch gemahlener Pfeffer je kg fertiger Masse
1 Ei
eine kräftige Prise frische Provencekräuter
20 ml Cognac
40 g Mehl
150 g fetter Speck in dünnen Scheiben
80 g Schweinenetz*
100 g Räucherspeck, in dünne Streifen geschnitten
200 ml klarer Aspik (nach Belieben)

Das Fleisch parieren und in Streifen oder Würfel von je etwa 50 Gramm schneiden.
Beide Fleischsorten durch den Fleischwolf drehen **(1)** und würzen **(2)**.
Mit den anderen vorgesehenen Zutaten vermischen (hier: Eier, Kräuter der Provence, Cognac und Mehl).
Die Form mit fettem Speck (oder mit Schweinenetz oder Teig) auskleiden und die Farce einfüllen, dabei immer wieder gut andrücken, damit die Luft entweicht. Weitere Einlagen (Stopfleber, Früchte, Trüffel ..., hier: dünne Streifen Räucherspeck) nach und nach mit einfüllen **(3)**.
Mit dem Schweinenetz (oder mit Speckscheiben oder Teig) bedecken **(4)**. Die Terrine im Backofen (Dampffunktion oder Wasserbad) bei 140 °C garen, bis eine Kerntemperatur von 68-70 °C erreicht ist.
Nach Belieben kann die Terrine heiß mit klarem Aspik überzogen werden, der sie vor dem Austrocknen schützt und ihr eine dekorativ glänzende Hülle verleiht.

**● Tipp**
*Pökelsalz schützt das Fleisch vor Oxidation und erhält ihm dadurch seine rosarote Farbe.*

1

2

3

*Das Fleisch kann vor der Verarbeitung ganz oder teilweise mariniert werden.*

● **Gut zu wissen**

*Im ausgehenden Mittelalter durften in Frankreich ausschließlich Mitglieder der Zunft der Chair-cuitiers saulcissiers Schweinefleisch in jeglicher Form verarbeiten und zubereiten.*
*Die »Pastissiers« dagegen hatten das Recht, Pasteten im Teigmantel herzustellen, die warm und kalt verspeist werden konnten.*

**Rezept**
Kaninchenterrine mit Pistazien und exotischem Chutney ›› S. 260



## Nüsschen oder Medaillons schneiden ★

Pro Person rechnet man drei Nüsschen à 50 Gramm.

Die Filets sauber parieren*.
Aufrollen und im Abstand von 4-5 Zentimetern mit Küchengarn zusammenbinden (**1**, **2**).
Zwischen den einzelnen Schlaufen in Nüsschen (oder Medaillons) schneiden (**3**).
Auf beiden Seiten kurz gebraten gelingen Nüsschen am besten.

● **Gut zu wissen**

*Besonders runde, weniger dicke Nüsschen werden als Medaillons bezeichnet, weil ihre Form an eine Medaille erinnert.*

**Rezept**
Lammnüsschen mit Süßholzmilch, Herzoginkartoffeln ›› S. 382

1

2

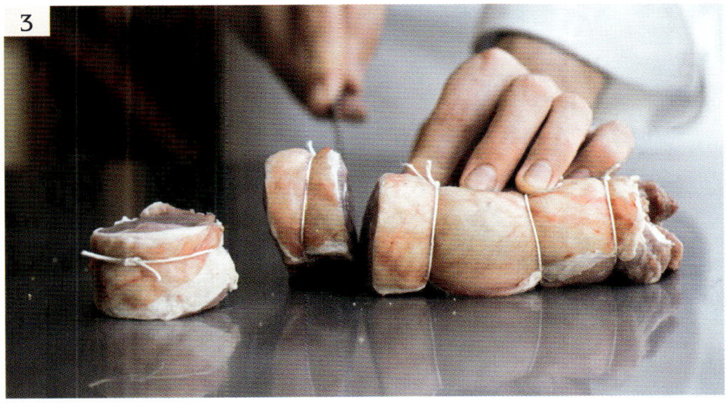

3

# Garmethoden

## Garnituren, Fisch, Fleisch

# Niedertemperaturgaren ★★

Der Begriff Niedertemperaturgaren bezeichnet eine neuere Methode, Fleisch, insbesondere rote Fleischsorten, in direktem (Backofenrost) oder indirektem Kontakt (unter Vakuum) mit der Hitzequelle bei einer Temperatur um 80–100 °C zu garen. Der Garvorgang dauert deutlich länger als konventionelles Garen und setzt voraus, dass Produkte, Utensilien und Handhabung hygienisch einwandfrei sind. Mit dieser Methode gelingen wunderbar zarte und saftige Fleischstücke, die allerdings weniger gebräunt sind und entsprechend weniger Röstaromen haben.

### Anbraten vor dem Garen

Den Backofen auf 80 °C vorheizen und das Fleisch bratfertig vorbereiten.
Das Fleisch bei starker Hitze kurz scharf anbraten, würzen.
Auf den Backofenrost legen und einen Teller darunterstellen, um den austretenden Fleischsaft aufzufangen. Ein Bratenthermometer in die Mitte des Fleischstücks stecken. Die Kerntemperatur darf maximal 70 °C betragen.
Ist die gewünschte Kerntemperatur erreicht, das Fleisch aus dem Ofen nehmen und servieren.

### Anbraten nach dem Garen

Das Fleisch bratfertig vorbereiten und den Backofen auf 80–100 °C vorheizen.
Das Fleisch würzen. Auf den Backofenrost legen und einen Teller darunterstellen, um den austretenden Fleischsaft aufzufangen. Ein Bratenthermometer in die Mitte des Fleischstücks stecken. Die Kerntemperatur darf maximal 70 °C betragen.
Ist die Kerntemperatur erreicht, das Fleisch aus dem Ofen nehmen und bei starker Hitze kurz scharf anbraten.
Würzen und servieren.

### ● Gut zu wissen

*Zum Kontrollieren des Garvorgangs ist es unerlässlich, ein Bratenthermometer in die Mitte des Fleischstücks zu stecken.*
*Es ist nicht nötig, das Fleisch nach dem Garen ruhen zu lassen.*
*Das Fleisch verliert kaum an Gewicht, weil wesentlich weniger Saft verdampft als bei der konventionellen Methode (etwa 15 %).*

# Schmoren von Fleisch, Geflügel, Innereien ★★

Geflügel im Ganzen oder ein großes Fleischstück wird braun angebraten, mit einer gebundenen oder ungebundenen Flüssigkeit aufgegossen und auf einer aromatischen Garnitur in einem Schmortopf mit geschlossenem Deckel gegart.
Das Schmorgut muss im Backofen lange bei milder Hitze garen, damit das Fleisch weich wird und die Aromen aus der Garflüssigkeit und den anderen Zutaten aufnehmen kann.
Die Garflüssigkeit, in der Fachsprache Schmorfond genannt, wird zum Glacieren* des Fleisches verwendet und als Sauce dazu gereicht.

### Das Fleisch garfertig vorbereiten.

Die aromatische Garnitur je nach Gardauer in größere oder kleine Würfel schneiden (Mirepoix*) und ein Kräutersträußchen* binden.
Das Fleisch im Schmortopf rundherum gleichmäßig bräunen **(1)**.
Das Fleisch herausnehmen, überschüssiges Fett abgießen.
Die Gemüsewürfel in den Topf geben und anschwitzen **(2)**.
Mit Wein oder Marinade ablöschen **(3)**.
Bei starker Hitze auf die Hälfte einkochen lassen.
Das Fleisch auf die aromatische Garnitur legen und bis zur halben Fleischhöhe mit Fond auffüllen **(4)**.
Den Topf mit einem Deckel verschließen und bei 180–200 °C in den Backofen schieben. Das Schmorgut nach der Hälfte der Garzeit wenden, insbesondere, wenn es sich um kleinere Stücke handelt (Gemüse, gefüllte Hähnchenkeulen usw.).

### Die Sauce herstellen:

Das Schmorgut aus dem Topf nehmen und mit Alufolie abgedeckt warm stellen.
Den Schmorfond an der Oberfläche mithilfe einer kleinen Schöpfkelle entfetten.
Ist der Fond noch zu flüssig, bei starker Hitze zu einer sämigen Konsistenz einkochen lassen.
Durch ein Spitzsieb passieren.
Abschmecken und die Sauce nach Belieben verfeinern (mit Alkohol, Extrakten, Bratensaftkonzentrat usw.).
Das Schmorgut mit der Sauce überziehen und zum Überglänzen in den Backofen stellen (glacieren).

### ● Tipp

*Wenn es sich um Schmorgut handelt, das nicht gewendet werden muss, kann der Schmortopf mit einem Teigrand versiegelt werden.*

### ● Gut zu wissen

*Beim Schmoren verliert das Produkt viel Gewicht.*
*Bestimmte Innereien müssen vor dem Schmoren blanchiert* werden.*
*Das Schmorgut kann vorher in eine Marinade eingelegt werden.*

**Rezept**
Bœuf bourguignon mit frischen Nudeln >> S. 363

1

2

3

4

1

2

## Gemüse schmoren ★

Das Gemüse roh oder blanchiert* **(1)** auf eine (nicht ange-schwitzte) Garnitur legen und zu drei Vierteln mit Flüssigkeit auffüllen (Fond, Fruchtsaft).
Mit aufgelegtem Deckel langsam im Backofen garen **(2)**.

### ● Weitere Möglichkeiten

*Ganze Fische roh auf eine (nicht angeschwitzte) aromatische Garnitur legen und zu drei Vierteln mit einer Flüssigkeit auffüllen (Fischfond, Samtsauce).*
*Mit aufgelegtem Deckel langsam im Backofen garen.*
*Farblos angebratenes Fleisch auf eine aromatische Garnitur legen und mit hellem Fond auffüllen. Mit aufgelegtem Deckel langsam im Backofen garen.*

# Konfieren ★

Langsames Garen eines Lebensmittels in Fett. Traditionell vor allem für Gänse und Enten verwendet, die in ihrem eigenen Schmalz eingekocht werden. Die Garzeit hängt von der Größe des Produkts ab.

Das Produkt garfertig vorbereiten.
Eventuell in eine Salzlake einlegen. In diesem Fall anschließend sorgfältig abspülen und trocknen.
In einen Topf mit flüssigem Fett legen.
Langsam bei milder Hitze garen.
Das Gargut gegebenenfalls abtropfen lassen.

**● Gut zu wissen**

*Luftdicht mit Schmalz in ein Steingutgefäß geschichtet, ist ein Confit lange haltbar. Zum Konfieren eignet sich nicht nur Fleisch, und man kann zwischen verschiedenen Ölen oder Fetten wählen, die durchaus aromatisiert sein dürfen (S. 155, 233).*

**Rezept**

Konfierte Entenkeulen, Kartoffeln auf Sarlader Art ›› S. 338

# Kandieren ★★

Das Einlegen eines Lebensmittels in eine Zuckerlösung (Sirup), deren Zuckergehalt nach und nach erhöht wird. Mit dieser Methode werden traditionsgemäß Früchte konserviert.

1

2

Die Früchte vorbereiten **(1)**. Bestimmte Produkte müssen blanchiert* werden (etwa Zitrusfrüchte oder Maronen).
Zucker und Wasser zu gleichen Teilen zu Sirup kochen (107 °C).
Die Früchte (vorzugsweise auf einem passenden Gittereinsatz) in den heißen Sirup tauchen **(2)** und darin abkühlen lassen.
Den Sirup abgießen und den Zuckeranteil vor jedem erneuten Einlegen (drei- bis siebenmal) um jeweils 25 % erhöhen.
Nach jeder Anreicherung aufkochen.
Die fertig kandierten Früchte gegebenenfalls abtropfen lassen und mit Puderzucker bestäuben.

**● Gut zu wissen**

*Der Zuckersirup kann aromatisiert werden (mit Zimt, Vanille, Sternanis, Ingwer oder anderen Aromen).*

1

2

3

# Dünsten ★

**Das Garen von Lebensmitteln, in erster Linie Gemüse, im geschlossenen Topf bei mäßiger Hitze, eventuell unter Zugabe von wenig Fett oder Flüssigkeit.**
**Das Produkt gart hauptsächlich in seinem eigenen Saft.**

Die Gemüse putzen, waschen und fein schneiden.
Das Fett langsam erhitzen **(1)** und das Gemüse hinzufügen **(2)**.
Das Gemüse anschwitzen **(3)**. Eventuell etwas Flüssigkeit (Wasser, Fischfond, Gemüsefond) angießen, um die Dampfentwicklung zu fördern.
Abdecken und langsam dünsten lassen **(4)**.

**● Gut zu wissen**

*Schmelzgemüse wird ähnlich zubereitet. Beim Anschwitzen im geschlossenen Topf bei mäßiger Hitze unter Zugabe von wenig Fett gibt das Gemüse seinen Saft ab und wird weich. Die Garzeit ist sehr kurz (2–3 Minuten), und das Gemüse hat noch Biss.*
*Ein Kompott wird nach dem gleichen Prinzip zubereitet, benötigt aber eine längere Garzeit.*

**Rezept**
Fisch in der Papierhülle mit Gemüsekugeln ›› S. 295

4

# In der Kruste garen ★★

Ein ganz oder teilweise, mehr oder weniger dick umhülltes Lebensmittel bei trockener Hitze im Backofen garen.
Der Mantel kann aus Teig (etwa Brioche-, Blätter-, Brotteig), einer Kruste (gemischte Kräuter, aromatisierte Semmelbrösel, Salz, einer Buttermischung) oder anderen Lebensmitteln bestehen. Durch diese Garmethode wird ein Geschmacksaustausch zwischen dem Gargut und seiner Hülle erzielt, die darüber hinaus sein Austrocknen verhindert. In der Salzkruste beispielsweise werden Fleisch oder Fisch schonend gedünstet.

Dem Rezept entsprechend die Kruste herstellen.
Das zu umhüllende Produkt garfertig vorbereiten/parieren* und, falls erforderlich, vorgaren und abkühlen lassen. Würzen.
Die Kruste auf ein Backblech geben, eventuelle Beilagen darauf verteilen, das Gargut darauflegen und ganz oder teilweise umschließen.
Bei einer Kruste aus Hefeteig den Teig aufgehen lassen, nach Belieben mit einem Muster versehen und mit verschlagenem Eigelb bestreichen.
Auf einem Backblech im Ofen backen, bis die Kruste eine schöne goldbraune Farbe angenommen hat.

**● Tipp**

*Das Produkt kann vorgegart werden (ein Rinderfilet wird angebraten, um Röstaromen zu entwickeln, eine Wurst pochiert, bevor man sie in Briocheteig hüllt).*
*Sowohl kleine als auch große Stücke können in der Kruste gegart werden. Bei der Gestaltung der Hülle kann man seiner Kreativität freien Lauf lassen.*

**Rezepte**

Rinderfilet im Teigmantel >> S. 372
Schellfischfilet im Salzmantel >> S. 304
Wolfsbarsch in der Salzkruste >> S. 300

1

2

## Gemüse glacieren ★

Ein Gemüse durch Garen in einer Mischung aus Butter, Wasser und Zucker mit einer glänzenden Schicht überziehen. Manche Gemüse können vorher blanchiert* (weiße Rüben) oder vollständig gegart (Karotten) werden. Besonders junge Gemüse eignen sich hervorragend für diese Garmethode. Anstelle von Wasser kann auch ein Fond verwendet werden.

Das Gemüse (mit Ausnahme von Perlzwiebeln) in gleichmäßige Stücke schneiden.
Mit Butterflöckchen, feinem Kristallzucker und Salz in eine Schmorpfanne geben **(1)** und mit Wasser bedecken.
Das Gemüse mit einem passend ausgeschnittenen Stück Pergamentpapier bedecken **(2)** und bei niedriger Hitze garen.
Sobald das Wasser vollständig verdampft ist, die Pfanne schwenken, um alle Gemüsestücke mit einer glänzenden Schicht zu überziehen. Man spricht von »weiß glacieren«, wenn der Fond keine Farbe angenommen hat. Bei weiterem Köcheln karamellisiert der Fond zunehmend und glaciert das Gemüse hellbraun beziehungsweise braun.

**● Gut zu wissen**

*Weiße Sauce = weiß glacieren (Blankett*)*
*Hellbraune Sauce = hellbraun glacieren (Frikassee)*
*Braune Sauce = braun glacieren (Bœuf bourguignon)*

**Rezept**
Bœuf bourguignon mit frischen Nudeln ›› S. 363

## Frittieren ★

Lebensmittel in heißem Fett ausbacken.
Die richtige Wahl des Frittierfettes ist für das Gelingen entscheidend (Tabelle der Fette, S. 233).
Empfindliche Produkte wie Fisch werden vorher durch Milch gezogen und mehliert*, damit sich eine feine Kruste bildet, die das Auseinanderfallen während des Frittierens verhindert. Eine schützende Hülle bieten auch eine Panade (S. 122), Ausbackteig (S. 23), Crêpeteig (S. 18) oder Brandteig (S. 20).
Je nach Rezept müssen Kartoffeln zweimal in das Frittierbad getaucht werden. Beim ersten Mal werden sie gegart (bei 150 °C), beim zweiten Mal gebräunt (bei 180 °C). Soufflierte* Kartoffeln müssen sogar dreimal ausgebacken werden.

Das Frittiergut vorbereiten und die Fritteuse auf 180 °C vorheizen.
Das Frittiergut sorgfältig abtropfen lassen, ehe es in das heiße Fett getaucht wird.
In das Frittierbad geben.
Immer wieder wenden, damit sich rundherum eine gleichmäßig goldgelbe Kruste bilden kann.
Aus dem Fett nehmen, abtropfen lassen und überflüssiges Fett abtupfen.

**● Gut zu wissen**

*Während des Garens soll das Frittiergut, insbesondere Beignets, ständig bewegt werden. Nach dem Ausbacken mit Küchenkrepp sorgfältig abtupfen.*
*Vor dem Frittieren würzen, da die Gewürze (außer bei Kartoffeln) die knusprige Hülle nicht durchdringen können.*
*Niemals über dem Frittierbad salzen.*
*Niemals unterschiedliche Produkte (Fleisch, Fisch, Gemüse, Früchte) in ein und demselben Fett ausbacken.*
*Das Fett nicht öfter als zehnmal verwenden.*
*Die Fritteuse luft- und lichtgeschützt aufbewahren, damit das Fett nicht oxidiert.*

**Rezepte**
Apfelbeignets mit Aprikosencoulis ›› S. 449
Frittierte Brie-de-Meaux-Bällchen, Kirschkompott mit Gewürzen ›› S. 408

## Gratinieren ★

Das goldbraune Überkrusten einer vorgegarten oder rohen Speise.
Man unterscheidet zwischen drei Arten des Gratinierens:
• Glacieren: Das Überziehen mit einer Glanzschicht unter starker Oberhitze (Backofengrill, Salamander*, Karamellisier-Eisen),
• Überbacken: Goldbraune Krustenbildung (durch Belegen mit Käse, Paniermehl, einer aromatischen Buttermischung) auf der Oberfläche einer bereits gegarten Speise,
• Garen und Überbacken: Während die Speise im Ofen gart, bildet sich auf der Oberfläche eine goldbraune Kruste.

**● Tipp**

*Das Überbacken braucht nicht viel Zeit und reicht in der Regel nicht aus, um die Speise zu durchwärmen. Deshalb sollte sie bereits vorher erhitzt werden.*

**● Gut zu wissen**

*Der Begriff »Gratin« stammt aus dem Französischen und hat seinen Ursprung in dem Verb* gratter, *»kratzen«, womit das Festgebackene gemeint war, das man abkratzen konnte.*

**Rezepte**
Gratinierte Austern ›› S. 256
Gratinierte gefüllte Crêpes mit Béchamelsauce ›› S. 400
Gratinierte Klößchen auf Florentiner Art ›› S. 388
Gratinierte Zwiebelsuppe ›› S. 399

# Grillen ★

Ein Lebensmittel unter direkter Hitzeeinwirkung durch direkten Kontakt mit einem heißen Rost oder mittels Wärmestrahlung von oben garen.
Eine verwandte Methode ist das »Rösten«, ein trockenes, fettloses Erhitzen von Lebensmitteln (etwa Mandeln, Haselnüsse, Kaffeebohnen).

Den Backofen- oder Holzkohlengrill vorheizen.
Den Rost trocken mit einer Metallbürste reinigen, Rillen mit einem leicht geölten Tuch ausreiben.
Das Grillgut trocken tupfen und mit Öl bestreichen.
Die Stücke während des Grillens drehen, sodass ein regelmäßiges Gittermuster entsteht.
Am Ende der Garzeit würzen und von der Hitzequelle nehmen.

**● Tipp**

*Wird Seezunge vor dem Grillen leicht mehliert*, bekommt sie eine schöne goldbraune Kruste.*
*Rotes Fleisch soll vor dem Anschneiden genauso lange ruhen, wie es auf dem Grill lag.*
*Sehr dicke Fleischstücke, die auf dem Grill nicht vollständig garen können, werden im Backofen fertiggestellt.*
*Das Gittermuster ist rautenförmig gefälliger als quadratisch und lässt sich außerdem leichter erzielen.*

**● Gut zu wissen**

*Mit einer schnell angerührten Marinade (S. 141) kann Fleisch vor dem Garen zart gemacht und aromatisiert werden.*

**Rezepte**

Gegrillter Lachs mit geschmortem Fenchel >> S. 308
Gegrilltes Rinderkotelett mit Béarner Sauce >> S. 356

## Versiegeln ★

Ein Teigstreifen versiegelt das Gargefäß und bildet einen hermetischen Verschluss.
Der Teig besteht aus einer Wasser-Mehl-Mischung oder Blätterteig.
Der Teig wird zu einem Streifen oder einer Rolle geformt und rund um den Topf auf den äußeren Deckelrand gedrückt.
Diese Methode wird in erster Linie bei Schmorgerichten angewandt, damit die Garflüssigkeit nicht verdampft und die Speisen zart und saftig bleiben.

200 Gramm Mehl sieben, aufhäufen und eine Mulde formen.
100 Milliliter Wasser in die Mulde gießen und mit dem Mehl zu einem homogenen Teig verarbeiten.
In Frischhaltefolie wickeln und im Kühlschrank 20-30 Minuten ruhen lassen.
Zu einem Streifen oder einer Rolle formen (0,5-1 Zentimeter dick, je nach Topfform und -größe).
Gefäß und Deckel kalt mit dem Teig abdichten.
Die Dichtigkeit überprüfen.
Den Topf je nach Rezept auf den Herd oder in den Backofen stellen.
Der Teig wird (außer bei Schmorgerichten) erst im letzten Moment entfernt und ist nicht für den Verzehr bestimmt.

● **Tipp**
*Ein Teigverschluss kann aus Blätterteigresten hergestellt werden. Dauert der Garprozess nicht länger als 30 Minuten, kann der Blätterteig vorher mit verschlagenem Eigelb bestrichen werden.*

● **Gut zu wissen**
*Die Dauer der Teigruhe hängt von der Konsistenz und der Menge ab. Ein zäher Teig ist nicht ausreichend entspannt und zieht sich beim Backen stärker zusammen.*

**Rezept**
Gebackene Jakobsmuscheln im Gemüsebett ›› S. 275

1

2

3

# Im Weinsud garen ★

Garmethode mit Weißwein und fein geschnittenen Schalotten, insbesondere für Miesmuscheln. Pro Person rechnet man etwa 450 Gramm als Hauptgericht und 250 Gramm als Vorspeise.

## Zutaten (für vier Personen)

1 kg Miesmuscheln
2 Schalotten
1 Stängel Petersilie
60 g Butter
150 ml Weißwein
Pfeffer

Die Muscheln gründlich abspülen und die Schalen sauber kratzen.
Die Schalotten fein würfeln, die Petersilie hacken.
Die Schalotten in 40 Gramm Butter anschwitzen.
Die Muscheln **(1)**, den Weißwein **(2)** und die Hälfte der Petersilie hinzufügen.
Den Deckel auflegen und schnell bei starker Hitze garen, dabei regelmäßig umrühren **(3)**.
Sobald alle Muscheln geöffnet sind, mit einem Schaumlöffel aus dem Topf heben.
Die Garflüssigkeit durch ein mit einem Seihtuch ausgelegtes Sieb gießen, um Sandreste auszufiltern.
Den Sud auf die Hälfte einkochen und die restliche Butter unterziehen.
Abschmecken und über die heißen Muscheln gießen.

### ● Traditionelle Muschelgerichte

*Jede Region hat ihre Spezialität:*

- *Provenzalische Art: mit Knoblauch und Tomaten.*
- *Normannische Art: mit Crème fraîche und Cidre.*
- *Hausfrauenart : mit Champignon-Julienne und Stangensellerie.*
- *Rheinische Art: mit Möhren, Sellerie, Lauch.*

**Rezept**
Miesmuscheln in Weißweinsud ›› S. 255

### ● Gut zu wissen

*Muscheln beim Säubern niemals lange im Wasser liegen lassen. Sicherheitshalber alle Muscheln aussortieren, die sich auf kräftiges Klopfen nicht schließen oder an der Oberfläche schwimmen. Wenn sich eine Muschel während des Garens nicht öffnet, sollte sie auf keinen Fall verzehrt werden.*
*Miesmuscheln werden in sogenannten Muschelgärten gezüchtet. Hauptexporteur ist Spanien, gefolgt von Frankreich und den Niederlanden. Auch an der deutschen Nordseeküste gibt es Muschelgärten.*

1

2

# In der Papierhülle garen ★★

Das Gargut in eingefettetes Pergamentpapier einschlagen und die Papierränder so falten, dass das Päckchen fest verschlossen ist. Auf diese Weise soll zwischen dem Gargut und der Garnitur ein Austausch der Aromen stattfinden und alles zusammen zart und saftig bleiben.
Das Gericht wird serviert, wenn das Päckchen sich durch den Dampf im Inneren aufgebläht hat.
Die Päckchen werden erst unmittelbar vor dem Verzehr geöffnet, am besten von jedem Tischgast auf seinem Teller, damit er in den Genuss der aufsteigenden Aromen kommt.

Das Gargut fertig vorbereiten (Fisch, Schalentiere, Geflügel, Früchte, Gemüse) und die Beilage fein zurechtschneiden.
Die Blätter aus Pergamentpapier zurechtschneiden (etwa im Format DIN A4), von einer Seite mit Öl einpinseln und umdrehen. Eventuell Eiweiß mit einer Prise Salz verschlagen und die Ränder rundherum damit einstreichen **(1)**.
Das Gargut mit seiner Garnitur harmonisch auf einer Blatthälfte anordnen.
Nach Belieben mit etwas Flüssigkeit (Fischfond, Alkohol, Sirup) beträufeln und würzen.
Die andere Blatthälfte darüberschlagen **(2)**, die Ränder aufeinanderlegen und mehrfach umschlagen.
Bei mäßiger Hitze in den Backofen legen. Bei zu starker Hitze wird das Papier braun, bevor der Inhalt gar ist.
Wenn das Päckchen aufgebläht ist, weitere 5-6 Minuten garen.

### ● Tipp

*Um sicherzugehen, dass die Päckchen hermetisch verschlossen sind, die gefalteten Ränder mit Büroklammern befestigen. Das Pergamentpapier kann rundherum mit verschlagenem Eiweiß bestrichen werden, wodurch sich allerdings die Ränder im Ofen dunkel verfärben.*

### ● Gut zu wissen

*Bei dieser Garmethode sollte auf Alufolie verzichtet werden, weil sie in Verbindung mit Säure (Zitronensaft, Essig) oxidiert und Schadstoffe abgibt. Außerdem reißt sie leicht ein.*
*Das Gemüsebett unter dem Gargut muss vorgegart oder sehr fein zerkleinert sein (Julienne, Brunoise).*
*Die Pergamentpäckchen können in jede gewünschte Form gefaltet werden, der Kreativität sind keine Grenzen gesetzt.*

**Rezept**
Fisch in der Papierhülle mit Gemüsekugeln >> S. 295

# Kochen in wenig Flüssigkeit ★

Garmethode für Gemüse (Champignons, tournierte Gemüse ...) in wenig Flüssigkeit mit etwas Zitronensaft, damit sie ihre Farbe behalten und nicht oxidieren.

### Zutaten

Saft von ½ Zitrone
20 g Butter
250 g weiße Champignons
Salz

In einem Topf 100 Milliliter Wasser mit dem Zitronensaft, Salz und Butter aufkochen.
Die geputzten Champignons hineingeben.
Mit Pergamentpapier abdecken.
Bei starker Hitze zum Kochen bringen (3-5 Minuten, je nach Topfgröße).
In der Garflüssigkeit abkühlen lassen.

**● Gut zu wissen**

*Champignons sind die meistgezüchteten Pilze überhaupt. Sie werden das ganze Jahr über zu moderaten Preisen im Handel angeboten. Ihr mildes Aroma passt zu vielen unterschiedlichen Zubereitungen.*

# Kochen in viel Flüssigkeit ★

### In Mehlsud

Garmethode, durch die bestimmte Lebensmittel ihre helle Farbe behalten (Artischockenböden, Schwarzwurzeln, weißer Spargel, Karden, Mangold, Kalbskopf, weiße Innereien). Das Wasser muss sprudelnd kochen.

### Zutaten

Saft von 1 Zitrone
50 ml Öl
Gewürze nach Belieben
50 g Mehl

Das Gargut rundherum mit Zitronensaft einreiben. 1 Liter Wasser mit Zitronensaft, Öl und Gewürzen aufkochen.
Das Mehl mit etwas kaltem Wasser anrühren (1) und in die kochende Flüssigkeit rühren.
Leicht sämig werden lassen.
Das Gargut in den Mehlsud geben (2), sprudelnd kochen und je nach weiterer Verwendung sofort herausnehmen oder im Sud abkühlen lassen.

1

2

1

### In sprudelnder Flüssigkeit

(Teigwaren, Reis, Schalen- und Krustentiere, Früchte)
Das Garen von Lebensmitteln in einer großen Menge sprudelnd kochender Flüssigkeit (Wasser, Brühe, Fischfond ...). Teigwaren und Reis werden in das Zehnfache ihres Volumens an Wasser gegeben.

Eine reichliche Menge Flüssigkeit (Wasser, Court-Bouillon*, Sirup) aufkochen.
Nach Rezept würzen und eventuell etwas Öl dazugießen (bei stärkehaltigen Lebensmitteln) (1).
Das Gargut in die sprudelnde Flüssigkeit geben und schnell wieder zum Kochen bringen (2).
Die Garprobe machen (Teigwaren sollen bissfest, al dente, sein).
Abgießen, unter kaltem Wasser abschrecken oder in der Garflüssigkeit abkühlen lassen (3).

**● Gut zu wissen**

*Abgekühlte Teigwaren können mit etwas Öl beträufelt werden, damit sie nicht zusammenkleben.*

**Rezept**
Eier auf Artischockenböden, Auberginenkaviar >> S. 392

2

3

1

2

# Pochieren in wenig Flüssigkeit ★★

Das Garen in möglichst wenig simmernder Flüssigkeit, die kalt angegossen wird.

## Gemüse auf griechische Art

Das Gemüse wird vollständig auf dem Herd gegart. Gemüse und Garflüssigkeit gehen dabei eine aromatische Verbindung ein.

### Zutaten (für 6 Personen)

80 g Zwiebeln
50 ml Olivenöl
10 ml Weißwein
800 g weiße Champignons
1 Zitrone
1 Kräutersträußchen*
Pfefferkörner, Korianderkörner und Fenchelsamen

Die fein geschnittenen Zwiebeln im Olivenöl anschwitzen*.
Das in Stücke gleicher Größe geschnittene Gemüse hinzufügen (1).
Bis auf halbe Höhe mit Weißwein und Zitronensaft aufgießen (2).
Ein Kräutersträußchen (3) und ein Mullsäckchen mit Pfefferkörnern, Korianderkörnern und Fenchelsamen dazugeben.
Mit aufgelegtem Deckel bei mittlerer Hitze dünsten.
Wenn das Gemüse fertig ist, sollten die Garflüssigkeit und der aus dem Gemüse ausgetretene Saft zum Teil verdampft sein.
Kalt servieren.

**● Gut zu wissen**

*Auch für eine gemischte Gemüseplatte auf griechische Art muss jede Gemüsesorte separat gegart werden.*
*Zur Abwandlung können gehäutete und gewürfelte Tomaten hinzugefügt werden.*

3

# Absorptionsmethode ★★

Bei dieser Methode ist am Ende der Garzeit die Flüssigkeit vollständig verdampft beziehungsweise aufgesogen.

## Reis, Getreide

**Pilaw ist eine klassische Zubereitung aus Reis mit fein geschnittenen Zwiebeln, angeschwitzt in Butter und mit Brühe abgelöscht.**

Für weißen Reis eine aromatische Garnitur aus weißen Gemüsen (weiße Lauchabschnitte, Zwiebeln, Schalotten) in Butter anschwitzen*.
Die Reiskörner hinzufügen und glasig anschwitzen **(1)**.
Den Reis mit dem Eineinhalbfachen seines Volumens an kalter Flüssigkeit aufgießen (Wasser, Fond oder Brühe) **(2)**.
Gewürze und ein Kräutersträußchen* hinzufügen.
Auf dem Herd aufkochen und mit Pergamentpapier oder Aluminiumfolie abdecken **(3)**.
Im Backofen bei 120 °C garen, bis der Reis gar ist und die gesamte Flüssigkeit aufgesogen hat.
Den Reis mit einer Gabel auflockern und servieren.

**● Tipp**

*Für Risotto Rundkornreis verwenden und mit dem Zweifachen seines Volumens an Flüssigkeit aufgießen. Der gegarte, mit geriebenem Parmesan vermischte Reis soll von cremiger Konsistenz sein.*

**● Gut zu wissen**

*Reis ist ein Getreide und gehört zur Familie der Süßgräser (Poaceae). Für einen großen Teil der Weltbevölkerung ist er nach wie vor das Hauptnahrungsmittel. Im Handel werden unterschiedliche Sorten angeboten: Langkorn- und Rundkornreis, weißer, brauner, roter und schwarzer Reis, Klebreis, Duftreis wie indischer Basmati oder Jasminreis aus Thailand.*

1

2

3

## Hülsenfrüchte

Eine aromatische Garnitur (Karotten, Champignons, Sellerie) in Butter anschwitzen*.
Die Hülsenfrüchte hinzufügen.
Mit dem Zweifachen ihres Volumens an kalter Flüssigkeit (Wasser, Fond, Brühe) aufgießen.
Gewürze und ein Kräutersträußchen* hinzufügen (aber erst nach dem Garen salzen).
Zum Kochen bringen, mit Pergamentpapier abdecken und bei geringer Wärmezufuhr köcheln, bis die Hülsenfrüchte weich sind.

**● Tipp**

*Getrocknete Hülsenfrüchte einige Stunden oder über Nacht in kaltem Wasser einweichen. Linsen und Spalterbsen müssen in der Regel nicht eingeweicht werden.*

**● Gut zu wissen**

*Zwei französische Trockengemüse tragen das AOC-Siegel:*
*• Coco de Paimpol, kleine weiße Bohnen aus der Bretagne*
*• Lentille verte du Puy, eine Linsensorte aus Puy-en-Velay in der Auvergne.*

1

2

3

## Fisch in wenig Flüssigkeit pochieren

**Ist der Fisch fertig gegart, kann aus der verbliebenen Garflüssigkeit eine Sauce hergestellt werden.**

Den Boden einer ofenfesten Form buttern.
Nach Rezept eine fein geschnittene aromatische Garnitur darauf verteilen **(1)**.
Den Fisch ganz oder in Filets zerteilt darauflegen und bis auf halbe Höhe Fischfond und/oder Weißwein angießen **(2)**.
Auf dem Herd aufkochen und mit Pergamentpapier abdecken **(3)**.
In den Backofen schieben und bei 120 °C einige Minuten garen.
Den Fisch aus der Form nehmen und einen Teil der Garflüssigkeit für die Sauce einkochen **(4)**. Nach Belieben mit Butter aufschlagen.

### ● Tipp

*Fischfilets mit der Hautseite auf die Garnitur legen, damit sie sich beim Garen nicht zusammenziehen.*
*Für diese Garmethode empfiehlt sich Fisch mit festem Fleisch (Lachs, Pollack, Scholle, Seezunge).*
*Die Flüssigkeit kann nach Belieben ausgewählt werden (Bier, Cidre, Rotwein).*

### ● Bekannte Zubereitungen der klassischen Küche

- *Steinbutttranchen Dugléré: Den Fisch auf einer Garnitur aus Tomatenwürfeln, Petersilie, klein gehackten Zwiebeln und Schalotten in wenig Fischfond garen. Die Garflüssigkeit einkochen und mit Butter aufschäumen.*
- *Rotzungenfilet auf ungarische Art: In wenig Fischfond, Weißwein, Schalotten und Paprika garen. Die Garflüssigkeit reduzieren und mit Butter aufschäumen.*

**Rezepte**

Pollackfilets nach Hausfrauenart ›› S. 303
Scampispieße mit Ananas ›› S. 299
Seeteufelmedaillons in Sauce américaine, Pilawreis ›› S. 323

4

# Pochieren in viel Flüssigkeit ★

Ein Lebensmittel (in erster Linie Fleisch und Fisch) und eine aromatische Garnitur in viel simmernder Flüssigkeit garen. Während des Garprozesses findet ein intensiver Austausch der verschiedenen Aromen statt.

Die Gemüse für die aromatische Garnitur schälen, waschen und grob zerkleinern.
Zusammen mit dem Gargut in ein passendes Kochgeschirr geben und mit kalter Flüssigkeit (Wasser, Court-Bouillon*, Fond) bedecken.
Rasch aufkochen und schwach siedend garen.
Vom Herd nehmen und aus der Garflüssigkeit die gewünschte Sauce zubereiten.

### ● Tipp

*Für ein Blankett* die Fleischstücke vorher blanchieren*.*

### ● Berühmte Gerichte

*Pot-au-feu (französischer Rindfleisch-Gemüseeintopf), Tafelspitz, Forelle blau, pochiertes Huhn*

**Rezept**
Pot-au-feu >> S. 378

# Suppen ★

Heiß oder kalt servierte flüssige Speise, zubereitet aus rohen oder gegarten Zutaten.

### Bekannte Zubereitungen der klassischen Küche

| ART | BEZEICHNUNG | GARFLÜSSIGKEIT | HAUPTZUTATEN |
|---|---|---|---|
| **Kraftbrühen** | Ochsenschwanz | klarer brauner Fond | Ochsenschwanz und aromatische Garnitur |
| | Gemüse | klarer brauner Fond | Gemüsewürfel |
| | Printanier | klarer brauner Fond | Karottenkugeln, weiße Rüben, Erbsen |
| | Jacobine | klarer brauner Geflügelfond | Kartoffelwürfel, grüne Bohnen, weiße Rüben, Erbsen, Trüffelstreifen |
| | Jägerart | klarer brauner Wildfond | Portwein, Champignon-Julienne, Kerbelblättchen |
| | Vatel | Fischfond | Eierstich, Krebscoulis, in Rauten geschnittenes Seezungenfilet |
| **Suppen** | Parmentier | heller Fond oder Wasser | Lauch, Kartoffeln |
| | Champenoise | heller Fond oder Wasser | Lauch, Kartoffeln, Knollensellerie, Karotten- und Stangenselleriewürfel |
| | Julienne Darblay | heller Fond oder Wasser | Lauch, Kartoffeln, Gemüse-Julienne |
| | Freneuse | heller Fond oder Wasser | Lauch, Kartoffeln, weiße Rüben |
| | Crécy | | Lauch, Kartoffeln, Karotten |

1

2

3

## Cremesuppe

Suppe auf der Basis eines hellen gebundenen Fonds*.
Kurz vor dem Auftragen wird Crème fraîche untergerührt, die die Suppe zusätzlich bindet und ihr eine cremige Konsistenz verleiht.

Gemüse putzen, waschen und klein schneiden (die aromatische Garnitur und die Hauptzutat).
Die aromatische Garnitur anschwitzen* **(1)**.
Mit hellem gebundenem Fond aufgießen und aufkochen.
Das hauptsächliche Gemüse hinzufügen **(3)**.
Etwa 30 Minuten köcheln, dabei den Gargrad der Gemüse überprüfen.
Pürieren und durch ein feines Sieb passieren.
Die Crème fraîche einrühren. Erneut bis knapp unter den Siedepunkt erhitzen und würzen.

● **Tipp**
*Bei Verwendung eines klaren hellen Fonds die angeschwitzte aromatische Garnitur vor dem Aufgießen mit Mehl bestäuben **(2)** (das gilt ebenfalls für Samtsuppen).*

## Samtsuppe

Cremesuppe, die mit einer Mischung aus Crème fraîche und Eigelb gebunden wird.

Eine Cremesuppe herstellen (wie oben beschrieben).
Vom Herd nehmen und die mit Eigelb vermischte Crème fraîche unterrühren.
Sofort servieren.

● **Tipp**
*Eine mit Eigelb legierte Suppe darf nicht wieder aufgekocht werden.*

**Rezept**
Salatsamtsuppe >> S. 396

## Bisque

Eine gebundene Suppe aus Krustentieren. Als Basis dient das Fleisch und die zerkleinerten Schalen von Krustentieren. Man rechnet einen Viertelliter Suppe pro Person.

Schwimmkrabben und Krustentierschalen unter fließendem kaltem Wasser abspülen.
Die Gemüse für die aromatische Garnitur schälen, waschen und in Würfel schneiden (Mirepoix*).
Die Schwimmkrabben und die Krustentierschalen in Olivenöl anrösten und mit einem Mörser fein zerstoßen.
Die aromatische Garnitur dazugeben und mit Cognac

flambieren. Mit Weißwein ablöschen und einkochen.
Mit Fischfond bedecken.
Tomatenmark, ein Kräutersträußchen* und Knoblauchzehen hinzufügen.
Offen kochen lassen und regelmäßig den Schaum abschöpfen.
Pürieren und durch ein feines Sieb passieren.
Reismehl mit Fischfond oder kaltem Wasser anrühren und in die kochende Suppe geben.
Mit einem Schneebesen einrühren und mit etwas Crème fraîche abrunden.
Abschmecken.

**● Gut zu wissen**

*Nach der klassischen Methode wird Rundkornreis in der Garflüssigkeit gegart.*
*Das Fleisch der verwendeten Krustentiere kann gewürfelt, in Scheibchen, zerpflückt oder zu kleinen Teigtaschen verarbeitet als Garnitur gereicht werden.*
*Auf diese Art lässt sich ebenfalls eine Bisque aus Geflügel oder Wild herstellen.*

## Suppe

**Heiße oder kalte Zubereitung aus Gemüse, Fisch und Fleisch.**

Gemüse putzen, waschen und klein schneiden (aromatische Garnitur und/oder Hauptzutat).
Gemüse in Fett anschwitzen.
Nach Belieben und nach Rezept Fisch und/oder Fleisch hinzufügen.
Aufgießen (mit Fond, Wasser, Wein, Bier) und sanft kochen lassen.
Würzen und, falls erforderlich, den Schaum abschöpfen.
Die Garnitur vorbereiten.
Die Suppe gegebenenfalls pürieren (Fischsuppe).
Sehr heiß mit Brot servieren (Croûtons, Scheiben von altbackenem Brot, Brotstreifen).

**● Gut zu wissen**

*Das Wort »Suppe« kommt vom lateinischen* suppa, *»eingetunkte Brotscheibe«. Im Mittelalter wurde damit eine breiige Speise aus einer dicken, mit heißer Brühe übergossenen Scheibe Brot bezeichnet. An diese Herkunft erinnern heute noch Croûtons und andere Einlagen.*
*Das verwendete Brot kann mit Olivenöl beträufelt und/oder mit frischem Knoblauch eingerieben werden.*

**● Fischsuppen**

*• Bouillabaisse: Von Marseille bis Toulon wird sie aus der Vielzahl der einheimischen Fische (Drachenkopf, Meeraal, Knurrhahn) in zwei Arbeitsgängen zubereitet: Zunächst der Fond, der anschließend als Basis für die Bouillabaisse dient. Dazu wird traditionell eine Rouille (S. 145) gereicht.*
*• Cotriade: Ein bretonischer Eintopf aus Fischstücken, Kartoffeln und Kräutern, abgeschmeckt mit etwas Essig. Das Wort stammt aus dem Bretonischen und bedeutet »Kochkessel«.*
*• Chaudrée: Ein rustikaler Fischeintopf, der etwas südlicher in der Charente beheimatet ist. Der Name hat den gleichen Ursprung.*

## Kraftbrühe

**Nicht gebundene, geklärte* Brühe (aus Gemüse, Geflügel, Fleisch). Der Braunton der fertigen Kraftbrühe wird durch die Hauptzutat bestimmt.**

Gemüse putzen, waschen und klein schneiden (die aromatische Garnitur und/oder die Hauptzutat).
Fleisch und Knochen (dem Rezept entsprechend) blanchieren*, den Schaum abschöpfen.
Alle Zutaten in einen Topf geben und mit kaltem Wasser bedecken. Grobes Salz hinzufügen, aufkochen und lange köcheln lassen.
Die Garnitur (dem Rezept entsprechend) zurechtschneiden.
Die Brühe durch ein feines Sieb passieren und abkühlen lassen.

## Klären

**Durch das Klären werden alle schwebenden Trübstoffe aus einer Brühe oder einer Kraftbrühe entfernt, sodass sie vollkommen klar und durchsichtig wird.**

Fisch oder Fleisch durch den Wolf drehen.
Eine aromatische Garnitur (Karotten, Lauch Sellerie) sehr klein schneiden. In einem großen Topf Hackfleisch, Gemüse und Eiweiße mit einem Kochlöffel vermischen.
Die kalte, zu klärende Brühe dazugießen und alles sorgfältig miteinander verrühren.
Langsam aufkochen, bis sich an der Oberfläche eine feste Schicht bildet. Die Temperatur reduzieren und mit einer Schöpfkelle in die Mitte der Schicht eine Öffnung drücken (als Abzug).
Nach etwa 45 Minuten die feste Schicht, die das Klärfleischgemisch an der Oberfläche gebildet hat, behutsam mit einem Schaumlöffel abheben.
Die Brühe mithilfe einer Schöpfkelle durch ein mit einem Seihtuch ausgelegtes Sieb passieren, um letzte Schwebstoffe auszufiltern.

**Rezepte**

Fischsuppe >> S. 268
Gratinierte Zwiebelsuppe >> S. 399

1

2

3

# Helles Ragout (Frikassee) ★★

In Stücke geschnittenes helles Fleisch (Kaninchen, Hähnchen, Kalb), festfleischiger Fisch (Meeraal, Petersfisch, Seeteufel) oder Gemüse wird langsam bei geschlossenem Deckel in einer hellen gebundenen Flüssigkeit gegart und mit Sahne verfeinert. Üblicherweise wird vor dem Auftragen eine Garnitur dazugegeben. Nachfolgend eine Zubereitung mit Fleisch.

Das Fleisch vorbereiten und in Stücke schneiden. Eine aromatische Garnitur aus weißem Gemüse (Zwiebeln, Sellerie, weiße Teile vom Lauch) putzen und fein schneiden.
Die Fleischstücke bei niedriger Hitze kurz in Butter anbraten lassen, ohne dass sie Farbe annehmen **(1)**.
Die aromatische Garnitur hinzufügen und anschwitzen* **(2)**.
Mit Mehl bestäuben, kalten hellen Fond angießen und würzen. Nach Belieben ein Kräutersträußchen* dazugeben.
Einen Deckel auflegen und das Frikassee bei niedriger Hitze auf dem Herd oder im Backofen (180 °C) köcheln lassen.
Die gegarten Fleischstücke aus dem Topf nehmen, mit Alu- oder Frischhaltefolie bedecken und warm halten.
Die Sahne in die Garflüssigkeit gießen **(3)** und sämig einkochen.
Abschmecken und durch ein feines Sieb passieren.
Die Fleischstücke zurück in die Sauce legen, gegebenenfalls die Garnitur hinzufügen (je nach Rezept kleine glacierte Zwiebeln, geviertelte Champignons, gebratene Speckstreifen).

### ● Tipp

*Zunächst auf der Hautseite anbraten, damit das Fleisch nicht am Topfboden anhängt.*
*Die Fleischstücke können herausgenommen werden, bevor das Mehl in den Topf gegeben wird. In dem Fall wird eine helle Mehlschwitze* hergestellt.*

### ● Gut zu wissen

*Bei bestimmten Rezepten wird zusätzlich zu dem hellen Fond Weißwein angegossen.*
*Stücke von zartfleischigen Fischen werden kurz gebraten, ohne Farbe anzunehmen, und mit Samtsauce überzogen.*
*Sie können anschließend im geschlossenen Topf bei niedriger Hitze oder im Ofen bei 120 °C fertig gegart werden.*

**Rezepte**

Hühnchenbrustfilets mit jungem Gemüse >> S. 351
Kaninchenfrikassee mit Kürbispüree >> S. 340
Taubenfrikassee mit Erbsen auf französische Art >> S. 347

1

2

3

4

# Braunes Ragout ★★

Ein braunes Ragout wird wie ein Schmorgericht zubereitet, aber mit kleineren Fleischstücken und deutlich mehr Sauce.

Das Fleisch garfertig vorbereiten und in Stücke schneiden (1).
Die aromatische Garnitur in Würfel schneiden (Mirepoix*).
Ein Kräutersträußchen* binden.
Das Fleisch auf allen Seiten kräftig anbraten (2).
Den Bratensatz ablöschen und die aromatische Garnitur in den Topf geben.
Tomatenmark und von ihren Keimen befreite Knoblauchzehen nach Belieben hinzufügen.
Mit Wein ablöschen (3). Bei starker Hitze zur Hälfte einkochen lassen und mit Fond bedecken.
Das Kräutersträußchen hinzufügen.
Im Backofen bei 180–200 °C mit aufgelegtem Deckel garen.

## Die Sauce herstellen

Die Fleischstücke herausnehmen und mithilfe einer kleinen Kelle das Fett von der Garflüssigkeit abschöpfen.
Die Sauce bei starker Hitze sämig einkochen.
Durch ein feines Sieb passieren und abschmecken.
Die Sauce über die Fleischstücke gießen (4) und kurz aufkochen (damit sich das Salz gut auflöst).
Die Garnitur hinzufügen und servieren.

**● Tipp**

*Bei Hasenpfeffer (ebenfalls ein braunes Ragout) wird die Sauce mit dem Blut des Tieres gebunden und darf dann nicht mehr kochen.*
*Das Bestäuben mit Mehl ist nicht erforderlich, wenn man zum Aufgießen einen gebundenen Fond verwendet.*
*Bei Lammragout werden 30 Minuten vor Ende der Garzeit Kartoffeln dazugegeben.*

**● Gut zu wissen**

*Der Begriff »Ragout« kommt von dem altfranzösischen Verb ragoûter, was so viel bedeutet wie »den Appetit anregen«, oder »wiedererwecken«. Darin steckt das Wort goût, »Geschmack«. Ursprünglich wurde ein Ragout mit Hammelfleisch zubereitet. Zu den Ragouts gehören auch Zubereitungen wie der Hasenpfeffer, englische Stews und asiatische Currygerichte.*

**Rezept**
Bœuf bourguignon mit frischen Nudeln ›› S. 363

# Braten im Backofen ★

**Garen in trockener Hitze unter Zugabe von etwas Fett, wobei das Fleisch gleichmäßig gebräunt wird. Das Gargut kann auf dem Herd bei starker Hitze angebraten werden, bevor es in den Backofen geschoben wird.**

Den Backofen auf etwa 200 °C vorheizen.
Das Gargut bratfertig vorbereiten **(1)**, auf allen Seiten bei starker Hitze in Fett (Öl und/oder geklärter Butter*) anbraten.
Sofort in den Backofen schieben.
Während des Garens regelmäßig mit dem Fett und dem ausgetretenen Bratensaft begießen, damit das Fleisch durchgängig zart wird und sich eine knusprig braune Kruste bildet.
Den Gargrad überprüfen. Das Gargut zum Abtropfen auf ein Gitter legen. Würzen und mit Alufolie abdecken.

## Den Bratensaft fertigstellen

Den Bratensatz (der während des Garens ausgetretene und karamellisierte Fleischsaft) mit etwas kochendem Wasser loskochen.
Die fein geschnittene aromatische Garnitur (Zwiebeln, Karotten, Champignons, Sellerie) anschwitzen.
Mit Alkohol (nach Belieben) und/oder Wasser ablöschen **(2)**.
Durch ein feines Sieb passieren, abschmecken und sehr heiß servieren.

**● Tipp**

*Um dem Bratensaft eine besondere Note zu geben, kann man gegen Ende der Garzeit eine fein geschnittene aromatische Garnitur und ein Kräutersträußchen* in die Bratform geben.*
*Rotes Fleisch vor dem Anschneiden einige Minuten ruhen lassen. Dadurch entspannen sich die Fleischfasern und der Saft kann sich gleichmäßig verteilen.*
*Generell alle Zubereitungen erst zum Ende der Garzeit würzen.*

**Rezepte**

Gebratenes Lammkarree, Gemüse auf Gärtnerart ›› S. 368
Goldbrasse, mit Pastis flambiert ›› S. 292
Lammschulter provenzalisch mit Gemüsegratin ›› S. 359

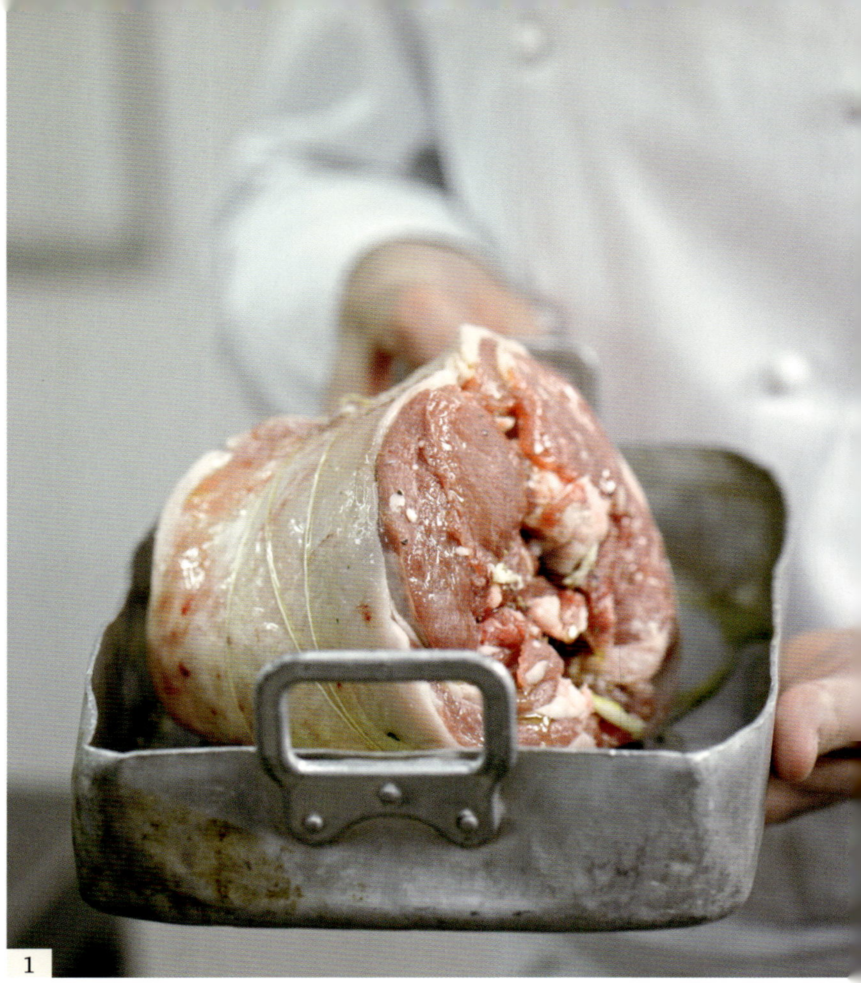

1

2

| GARGRAD | |
|---|---|
| blau, roh | 45 °C Kerntemperatur |
| blutig | 48 °C Kerntemperatur |
| rosa | 58 °C Kerntemperatur |
| durchgebraten | 65 °C Kerntemperatur mindestens |

| DURCHSCHNITTLICHE GARZEITEN | |
|---|---|
| helles Fleisch (Schwein, Kalb) | 60–70 Minuten/Kilogramm |
| rotes Fleisch (Rind, Lamm) | 25–35 Minuten/Kilogramm |
| Geflügel (Hähnchen, Pute, Kapaun) | 45–60 Minuten/Kilogramm |

1

2

## Salmi (Ragout vom Federwild) ★★★

Zubereitung, bei der das Geflügel in zwei Schritten gegart wird: Zunächst wird es gebraten, anschließend zerteilt und wie ein Ragout behandelt.

Den Backofen auf etwa 200 °C vorheizen.
Das Geflügel bratfertig vorbereiten, bei starker Hitze in etwas Fett (Öl und/oder geklärte Butter*) rundherum anbraten.
Sofort in den Ofen schieben.
Während des Bratens regelmäßig mit dem Fett und dem austretenden Saft begießen, damit das Fleisch durchgängig zart und die Haut knusprig braun wird.
Das Geflügel zur Hälfte der Garzeit aus dem Ofen nehmen, zerteilen (1) und von der Karkasse lösen, die für die Herstellung des gebundenen braunen Fonds verwendet wird (S. 138).
Die Geflügelteile flambieren und mit dem gebundenen braunen Fond bedecken (2).
Zugedeckt im Ofen bei 160-180 °C oder bei niedriger Hitze auf dem Herd fertig garen.
Die vorgesehene Garnitur hinzufügen und servieren.

**Rezept**
Salmi von der Wachtel, Kartoffeln auf Bäckerart ›› S. 334

# In der Pfanne braten (sautieren) ★

**Kurzes Garen in etwas Fett. Das Gargut wird erst unmittelbar vor dem Servieren sautiert.**

Fleisch oder Fisch bratfertig vorbereiten und in Portionen teilen.
Die Pfanne oder die Grillplatte mit etwas Fett heiß werden lassen. Das Gargut hineinlegen und scharf anbraten.
Von der anderen Seite braten und würzen. Auf einem Gitter abtropfen lassen.
Aus dem abgelöschten Bratensatz eine Sauce zubereiten.

**● Tipp**

*Kleine Stücke erst zum Ende der Garzeit salzen, da Salz dem Fleisch Saft entzieht.*
*Rotes Fleisch während des Garens nicht anstechen, da sonst der Saft ausläuft.*

**Rezept**

Kaninchenleber im Sesammantel auf Blattsalat ›› S. 276

1

# Nach Müllerinart braten ★

**Zubereitung für Fische, die im Ganzen oder als Filets in Mehl gewendet und bei starker Hitze in heißem Fett gegart werden. Fisch wird unmittelbar vor dem Servieren sautiert. Diese Garmethode eignet sich besonders gut für Fische mit zartem Fleisch, da das Mehl beim Braten eine schützende Kruste bildet, die das Auseinanderfallen verhindert.**

Den Fisch garfertig vorbereiten und portionieren.
Sorgfältig mit Küchenkrepp trocken tupfen. Würzen (1).
Die Filets in Mehl wenden und den Überschuss abklopfen (2).
Die Pfanne mit etwas Fett heiß werden lassen.
Die Filets mit der Hautseite nach unten hineinlegen und gleichmäßig hellbraun braten.
Wenden und fertig garen (3).
Eine Sauce gemäß Rezept herstellen.

**● Gut zu wissen**

*Der Name »Müllerinart« spielt auf die Verwendung von Mehl an.*

**Rezepte**

Forelle mit Mandeln ›› S. 291
Seezunge Müllerinart mit Butterkartoffeln ›› S. 320

2

3

1

2

3

# Panieren und braten ★★

**Garen eines mehlierten*, durch eine gewürzte Eimasse gezogenen und in Semmelbröseln gewendeten Lebensmittels in einer Pfanne unter Zugabe von Fett. Auch paniertes Gargut wird erst unmittelbar vor dem Servieren gebraten, damit die Panierung knusprig bleibt.**

Das Gargut vorbereiten und in nicht zu dicke Scheiben schneiden.
Sorgfältig mit Küchenkrepp abtupfen.
Die Scheiben in Mehl wenden, den Überschuss abklopfen **(1)**.
Durch mit Öl und Salz verschlagene Eier ziehen **(2)**.
In Bröseln wenden (Semmelbrösel, geriebene Haselnüsse, Sesamkörner) **(3)**.
Mit einem Messerrücken ein dekoratives Muster in die Panierung drücken.
Anbraten, gleichmäßig bräunen **(4)**, wenden und fertig garen.
Eine Sauce gemäß Rezept herstellen.

**● Tipp**
*Wird in mehreren Arbeitsgängen gebraten, die Pfanne nach jedem Gebrauch gründlich auswischen und frisches Fett verwenden.*

**● Gut zu wissen**
*Das Wort »panieren« kommt vom französischen* paner, *»mit geriebenem Brot bestreuen«.*

**Rezepte**
Frittierte Schollenstreifen mit Tatarensauce ›› S. 315
Panierte Putenschnitzel mit roh gebratenen Kartoffeln ›› S. 337

4

# Dämpfen ★

Garen eines Lebensmittels im aufsteigenden Dampf einer kochenden Flüssigkeit. Durch diese schonende Garmethode bleiben Geschmack, Farbe und Struktur optimal erhalten. Eine fettfreie Sauce ist der ideale Begleiter für eine gedämpfte Speise. Man unterscheidet zwischen Dämpfen ohne Wasserdruck und Dämpfen mit erhöhtem Wasserdampfdruck.

Ein kleineres Stück Gargut in einen Dämpfkorb oder einen Dämpfaufsatz geben.
In (beziehungsweise auf) einen Topf mit einer nach Belieben aromatisierten Flüssigkeit (in der Regel Wasser) stellen.
Den Topf schließen und die Flüssigkeit aufkochen.
Den Gargrad überprüfen, anrichten und sofort servieren.

● **Gut zu wissen**

*Diese Garmethode ist in erster Linie für Gemüse und Fisch geeignet.*
*Da das Gargut nicht in Kontakt mit Wasser kommt, bleiben Farbe, Geschmack und Konsistenz optimal erhalten.*

**Rezept**
Schellfischfilet im Salatmantel :> S. 304

# Salzige Zubereitungen und Grundsaucen

# Emulgierte Saucen

Mischung zweier Substanzen, die sich normalerweise nicht miteinander verbinden (Wasser und Fett).
Die Emulsion kann mit einem Emulgator für eine gewisse Zeit stabilisiert werden.

Die geschmackliche Qualität hängt von der Wahl der Grundzutaten ab (aromatisierte Essigsorten, Olivenöl, Nussöl).

## Emulgierte Saucen – instabile Emulsionen

| BASIS | GRUNDREZEPT | WEITERE ZUTATEN | BEZEICHNUNG | VERWENDUNG |
|---|---|---|---|---|
| **Vinaigrette** (S. 150) | • 1/3 Essig<br>• 2/3 Öl<br>• Salz<br>• frisch gemahlener Pfeffer | + Senf | = Senfvinaigrette | Kalt oder lauwarm serviert, Salatdressing. |
| | | + fein gewürfelte Zwiebeln, Kapern, gehackte Kräuter | = Ravigote-Sauce | |
| | | + Crème fraîche anstelle von Öl Verjus anstelle von Essig | = Aigrelette-Sauce | |
| **Tomatencoulis** (S. 134) | • enthäutete Tomaten<br>• Essig oder Zitronensaft<br>• Öl<br>• Salz<br>• frisch gemahlener Pfeffer<br>• frisch gehackte Kräuter | + Honig | = süßsaure Tomatensauce | Ideale Würzsauce zu Fisch, Schalen- und Krustentieren. Passt zu Terrinen, Salaten, Mousses. Tomaten während ihrer Saison verwenden, geschmacksintensive Sorten bevorzugen. |
| | | + geschlagene Sahne und Tomatenwürfel | = Aurorasauce | |
| | | + konfierter Knoblauch und Rosmarin | = Gascogner Sauce | |
| **Rohe zerstoßene Zutaten** | • Basiszutaten (Oliven, Sardellen, Paprika)<br>• Kräuter<br>• Knoblauch<br>• Öl<br>• Essig oder Zitronensaft<br>• Salz<br>• frisch gemahlener Pfeffer | + Sardellen in Salz | = Sardellenpaste | Hauptsächlich verwendet für provenzalische Gerichte; zu Fisch oder Fleisch vom Grill oder im Teigmantel, auch zu Nudeln und in Gemüsesuppe. |
| | | + Basilikum, geriebener Parmesan, Pinienkerne | = Pesto (S. 144) | |
| | | + Basilikum | = Pistou (S. 144) | |
| | | + Sardellenpüree, Nelke, Thymian | = Pissalat* | |
| | | + Oliven | = Tapenade | |
| **Zerlassene Butter** (S. 132) | • Butter<br>• Wasser<br>• Zitronensaft<br>• Salz<br>• frisch gemahlener Pfeffer | + Safran | = Safranbutter | Zu gedämpftem, pochiertem oder gebratenem Fisch und zu Gemüse. |
| | | + Räucherspeck in Streifen | = Specksauce | |
| | | + Roquefort | = Roquefortbutter | |
| | | + braune Butter | = Müllerinbutter | |
| | | + reduzierter Zitrussaft | = Zitrusbutter | |
| **Weiße Buttersauce** (S. 132) | • Butter<br>• Schalotten<br>• Weißwein (reduziert)<br>• Weinessig | + Sahne | = Nanteser Buttersauce | Der Weißwein kann durch Bier Rotwein, Cidre etc. ersetzt werden. In der Küchenmaschine aufgeschlagen ist die Emulsion etwas stabiler. |
| | | + Sauerampfer | = Sauerampfersauce | |
| | | + Dill | = Dillsauce | |

# Emulgierte Saucen – stabile Emulsionen

**Lecithin aus rohem Eigelb**

| GRUNDREZEPT | WEITERE ZUTATEN | BEZEICHNUNG | VERWENDUNG |
|---|---|---|---|
| *Mayonnaise* (S. 143)<br>Eigelb<br>+ Senf<br>+ Sonnenblumenöl<br>+ Salz<br>+ frisch gemahlener Pfeffer | + Tomaten, Gemüsepaprika, in Brunoise* geschnitten | = Andalusische Sauce | Zu Sülzen, Meeresfrüchteplatten, Fisch., kaltem Fleisch und Geflügel, Gemüsestiften.<br>Eine Zubereitung mit rohem Eigelb verlangt strikte Hygiene, um jegliches Risiko einer Salmonelleninfektion zu vermeiden.<br>Ein Mangel an wässrigen Bestandteilen destabilisiert die Mayonnaise. |
| | + Olivenöl, Knoblauch, Koriander, Kerbel, Petersilie (alles gehackt) | = Antiber Sauce | |
| | + geschlagene Sahne | = Chantilly-Sauce | |
| | + Cognac, Tomatenketchup, Worcestesauce | = Cocktailsauce | |
| | + Gelatine | = Gelee | |
| | + pürierte Kräuter und Pistazien | = Genueser Sauce | |
| | + saure Sahne, Zitronensaft, gehackter Fenchel | = Gloucestersauce | |
| | + Weißweinreduktion mit Schnittlauch und Chilischote | = Musketiersauce | |
| | + Senf, Cornichons, Kapern, Fines Herbes* (gehackt), Sardellenessenz | = Remoulade | |
| | + Hummerpüree, Kaviar, Senf | = Russische Sauce | |
| | + Apfelmus mit Weißwein, geriebener Meerrettich | = Schwedische Sauce | |
| | + Rotweinreduktion mit Schalotten | = Sauce Vendangeur | |
| | + gehackte Kräuter | = Grüne Sauce | |
| | + Kräuterpüree und hart gekochte Eigelbe | = Sauce Vincent | |

| GRUNDREZEPT | WEITERE ZUTATEN | BEZEICHNUNG | VERWENDUNG |
|---|---|---|---|
| Kartoffelpüree<br>+ Eigelb<br>+ Öl + Salz<br>+ Pfeffer | + zerstoßener Knoblauch | = Aioli | Traditionell zu Bouillabaisse und anderen Fischsuppen serviert. |
| | + zerstoßener Knoblauch, Safran, Chili | = Rouille (S. 145) | |

**Lecithin aus hart gekochtem Eigelb**

| GRUNDREZEPT | WEITERE ZUTATEN | BEZEICHNUNG | VERWENDUNG |
|---|---|---|---|
| hart gekochtes Eigelb<br>+ Senf + Öl<br>+ Essig + Salz + frisch gemahlener Pfeffer | + Sardellenfilets, Kapern, Kerbel, Estragon, Schnittlauch | = Cambridge-Sauce | Hauptsächlich zu frittierten oder gegrillten Speisen. |
| | + Cornichons, Kapern, Petersilie, Kerbel, Estragon (gehackt), Julienne aus hart gekochtem Eiweiß | = Gribiche-Sauce | |
| | + scharf gewürztes Püree aus Schnittlauch und Zwiebeln | = Tatarensauce (S. 149) | |

**Lecithin aus halbfestem Eigelb**

| GRUNDREZEPT | WEITERE ZUTATEN | BEZEICHNUNG | VERWENDUNG |
|---|---|---|---|
| *Holländische Sauce* (S. 148)<br>Wasser<br>+ Butter<br>+ Zitronensaft<br>+ Salz<br>+ Cayennepfeffer | + Reduktion aus Weißwein und Essig: Schalotte, grob zerstoßener Pfeffer, Estragon und Kerbel | = Béarner Sauce (S. 147) | Zu Fisch, Krustentieren pochiertem oder gegrilltem, Fleisch und Geflügel oder Gemüse. |
| | + Blutorangensaft und -zesten | = Malteser Sauce | |
| | + Mandarinensaft und -zesten | = Mikadosauce | |
| | + braune Butter | = Nussbuttersauce | |
| | + Reduktion aus Fischfond und Weißwein, Krebscoulis, Sardellensauce | = Rubenssauce | |
| | + geschlagene Sahne | = Schaumsauce | |
| | + Senf | = Senfsauce | |
| *Béarner Sauce* (S. 147) | + Tomatenmark (anstelle von Kerbel und Estragon) | = Choron-Sauce | |
| | + Corail von Krustentieren | = Corail-Sauce | |
| | + Fleischglace | = Foyot-Sauce | |
| | + Minze (anstelle von Estragon) | = Paloise-Sauce | |
| | + Tomate, Öl anstelle von Butter | = Tiroler Sauce | |
| | + reduzierter Fischfond | = Weißweinsauce | |

# Gebundene Saucen

Flüssigkeiten, denen mithilfe eines oder mehrerer Bindemittel wie Stabilisatoren, Gelier- und Verdickungsmittel die gewünschte Konsistenz gegeben wird. Die Veränderung der Textur (Verflüssigung oder Verfestigung) wird durch die Temperatur bestimmt. Es gibt Bindemittel auf Kohlenhydrat- und auf Proteinbasis.

## Gebundene Saucen – Bindung durch Stärke

| BINDEMITTEL | TECHNIK | BEZEICHNUNG | VERWENDUNG |
|---|---|---|---|
| **Trockene Stärke** | mit Mehl bestäuben | Tomatensauce: aromatische Garnitur und Speck anbraten und mit Mehl bestäuben. Frische Tomaten oder Tomatenmark dazugeben und aufgießen, köcheln lassen. (S. 149) | Ragouts und Schmorgerichte |
| **Stärke und Fett** | Mehlschwitze, weiß, hell oder braun (Butter und Mehl zu gleichen Teilen je nach Rezept weiß, hell oder braun angeschwitzt; S. 150) | Samtsauce: Fischfond oder Weißwein mit weißer Mehlschwitze<br>Béchamelsauce und ihre Varianten: Milch und weiße Mehlschwitze (S. 131)<br>Nantua-Sauce: Béchamel- oder Samtsauce und Sahne, mit Krebsbutter montiert<br>Weiße Zwiebelsauce: Béchamel- oder Samtsauce mit blanchierten, gehackten Zwiebeln<br>Sauce américaine: Krustentiercoulis und helle Mehlschwitze (S.146)<br>Orientalische Sauce: Sauce américaine mit Curry<br>Livländische Sauce: Samtsauce mit Fischfond, Gemüse-Julienne, mit Butter montiert<br>Normannische Sauce: Samtsauce mit Seezungenfond, Austernwasser und Champignons<br>Diplomatensauce: Normannische Sauce, mit Hummerbutter montiert<br>Joinville-Sauce: Normannische Sauce, mit Krebs- und Garnelenbutter montiert | Zu Fisch und Krustentieren, pochiert oder sautiert (im Ganzen oder zerteilt).<br>Zu glacierten oder gratinierten Fischen und Krustentieren.<br>Für die Herstellung von Cremes und Samtsaucen. |
| | Mehlbutter: weiche Butter und Mehl zu gleichen Teilen verknetet (S. 153) | Kardinalsauce: Béchamelsauce + Fischfond, Trüffelessenz und Hummerbutter | Verleiht Saucen eine cremigere Konsistenz. |
| **Stärke und kalte Flüssigkeit** | Maismehl, Kartoffelstärke, Pfeilwurzmehl, Reismehl, vor der Verwendung in kalter Flüssigkeit aufgelöst (Wasser, Fond, Alkohol) | Bisque von Krustentieren: Krustentiercoulis, mit Reismehl gebunden<br>Weiße Zwiebelsauce: Herstellung wie oben beschrieben, anstelle der Béchamelsauce eine mit Reismehl gebundene Kraftbrühe verwenden. | Speisen in Sauce, Cremes und Samtsaucen; gebundene Suppen |
| **Geliermittel** | Pektin, Alginat, Agar-Agar und Karrageen | Mousses | Bayerische Creme, Sülzen |

# Gebundene Saucen – Bindung durch Proteine

| BINDEMITTEL | TECHNIK | BEZEICHNUNG | VERWENDUNG |
|---|---|---|---|
| **Eier** | ganze Eier oder vermischt mit Eigelben, Sahne oder Milch | Warme Aalpastete<br>Hechtklößchen mit Nantuasauce<br>Quiche mit Meeresfrüchten<br>Meeresfrüchtetimbale<br>Seezungenröllchen<br>Soufflierte Seezunge | Farcen, Eiercrememasse für Quichefüllungen, Terrinen, Klößchen, Samtsauce, Soufflés |
| **Rogen (Corail) von Krustentieren, Seeigeln oder Jakobsmuscheln** | Pürieren, mit einer heißen Flüssigkeit verrühren und nach und nach unter die Sauce ziehen.<br>Nicht mehr aufkochen, es sei denn, es wird ein stärkehaltiges Bindemittel hinzugefügt. | Hummerragout<br>Rühreier mit Seeigelrogen<br>Seeigelsauce | Speisen in Sauce, separat gereichte Saucen |
| **Neunaugenblut** (Blut von Neunauge oder Seeaal nicht in die Augen oder in offene Wunden bringen) | Das Blut sofort mit etwas Essig vermischen.<br>Nicht mehr aufkochen, es sei denn, es wird ein stärkehaltiges Bindemittel hinzugefügt. | Neunaugen auf Bordelaiser Art<br>Eintopf vom Stör<br>Thunfischragout | Speisen in Sauce |
| **Leber von Dorsch, Rotbarbe, Seeteufel** | Pürieren, mit heißer Flüssigkeit verrühren und nach und nach unter die Sauce ziehen.<br>Nicht mehr aufkochen, es sei denn, es wird ein stärkehaltiges Bindemittel hinzugefügt. | Dorschsuppe mit Tomaten<br>Muschel-Fisch-Topf<br>Rotbarbensuppe mit Fenchel<br>Sauce mit Rotbarbenleber | Saucen, Suppen, Farcen |

# Salzige Eiercreme ★

Masse aus Milch, nach Belieben auch Sahne, und Eiern, die unter Hitzeeinwirkung stockt. Sie dient als Füllung für verschiedene Zubereitungen wie Quiches und Kuchen.

## Zutaten (für eine salzige Quiche)

100 ml Milch
100 ml flüssige Sahne
2 Eier
1 Eigelb
etwas Muskat, frisch gerieben
Salz, frisch gemahlener Pfeffer

Alle Zutaten mit dem Schneebesen verrühren, aber nicht schaumig schlagen.
Durch ein feines Sieb passieren, mit Frischhaltefolie abdecken und bis zur weiteren Verwendung im Kühlschrank aufbewahren.

**● Tipp**

*Zu starke Hitzeeinwirkung vermeiden, da sich sonst auf der Oberfläche eine braune, trockene Haut bildet.*
*Enthält die Garnitur wasserreiches Gemüse, kann die Anzahl der Eier erhöht werden.*

**Rezept**
Quiche Lorraine >> S. 271

1

2

3

4

5

# Béchamelsauce ★

Weiße Grundsauce aus einer hellen Mehlschwitze und Milch (gehört zu den gebundenen Saucen).

## Zutaten (für 1 Liter)

60 g Butter
60 g Mehl
1 l Milch
etwas Muskatnuss, frisch gerieben
100 ml Crème fraîche (nach Belieben)
Salz, frisch gemahlener Pfeffer

Zunächst eine weiße Mehlschwitze herstellen.
Dazu die Butter bei milder Hitze zerlassen. Das Mehl dazugeben (2) und kurz anschwitzen (3).
500 Milliliter kalte Milch unterrühren und mit geriebenem Muskat würzen (4).
Bei starker Hitze zum Kochen bringen, dabei ständig mit dem Schneebesen rühren.
Die restliche Milch dazugießen, erneut aufkochen und eindicken lassen (5), dann die Sauce abschmecken.
Falls gewünscht, die Crème fraîche unterrühren.
Vom Herd nehmen und Frischhaltefolie auf die Oberfläche legen, damit sich keine Haut bildet.

### ● Tipp

*Mit einem Schneebesen arbeiten, um die Bildung von Klümpchen zu vermeiden.*

### ● Gut zu wissen

*Eine klassische Béchamelsauce wird mit feinem Salz, weißem Pfeffer und Muskatnuss gewürzt. Muskat kann weggelassen oder durch andere Trockengewürze wie Vier-Gewürze-Pulver oder Paprika oder durch grobkörnigen Senf ersetzt werden.*
*Die Sauce verdankt ihren Namen dem Marquis Louis de Béchameil, dem Oberhofmeister König Ludwigs XIV.*

### ● Einige Abwandlungen

*Mornaysauce: Béchamelsauce aus Milch und Sahne zu gleichen Teilen hergestellt, mit Eigelb gebunden und mit geriebenem Emmentaler vermischt.*
*Weiße Zwiebelsauce: Béchamelsauce mit Zwiebelpüree.*
*Schottische Sauce: leichte Béchamelsauce mit hart gekochtem, fein gehacktem Ei.*

**Rezepte**
Gratinierte gefüllte Crêpes mit Béchamelsauce >> S. 400
Gratinierte Klößchen auf Florentiner Art >> S. 388

# Weiße Buttersauce ★★

Warme Sauce mit instabiler Emulsion.

Zutaten (für 4 Personen)
30 g Schalotten
25 ml trockener Weißwein
10 ml Weißweinessig und/oder Zitronensaft
125 g Butter
Salz, weißer Pfeffer oder Cayennepfeffer

Die Schalotten schälen, waschen und fein würfeln, dann mit Weißwein und Essig aufkochen (1).
Die Flüssigkeit reduzieren, sodass die Säure verdampft, aber nicht vollständig einkochen lassen.
Mit der eiskalten, in Stücke geschnittenen Butter bei starker Hitze nach und nach zu einer Emulsion aufschlagen (2, 3).
Würzen und gegebenenfalls durch ein feines Sieb passieren.

● **Tipp**

*Die Sauce gerinnt, wenn sie zu heiß wird. Es empfiehlt sich, sie im Wasserbad bei 50 °C aufzuschlagen.*
*Eine schaumige, dickflüssige Konsistenz nimmt die Sauce an, wenn die Butter mit einem Stabmixer untergemischt wird.*
*Die Sauce darf nur aufgewärmt, aber auf keinen Fall zum Kochen gebracht werden. Es ist ratsam, sie erst unmittelbar vor dem Servieren zuzubereiten.*

● **Gut zu wissen**

*Entscheidend für diese Sauce ist die Qualität der verwendeten Butter. Man kann die Hälfte der angegebenen Menge durch gesalzene Butter ersetzen. Pro Person rechnet man mit 25–30 Gramm.*

**Rezept**
Fischterrine mit weißer Buttersauce >> S. 283

1

2

3

# Zerlassene Butter ★

Warme Sauce mit instabiler Emulsion.

Zutaten (für 4 Personen)
25 ml Zitronensaft
125 g Butter
Piment d'Espelette, gemahlen
(ersatzweise scharfes Paprikapulver)
Salz

Zitronensaft und 10 Milliliter Wasser bei niedriger Hitze auf die Hälfte einkochen lassen. Mit der kalten, in Stücke geschnittenen Butter zur Emulsion aufschlagen. Würzen.

● **Tipp**

*Obwohl die Sauce heiß serviert wird (etwa 55 °C), empfiehlt es sich, die Butter kalt unterzuschlagen, weil sie dann besser emulgiert.*

● **Gut zu wissen**

*Zitrusbutter: Saft einer Zitrusfrucht auf die Hälfte einkochen und mit Butter zu einer Emulsion aufschlagen.*

# Bisque ★★

Gebundene Sauce auf Krustentierbasis.
Nachfolgend als Beispiel eine Krebsbisque.

## Zutaten (für 8 Personen)

800 g Krebskarkassen
100 ml Olivenöl
1 große Zwiebel
40 g Schalotten
80 g Karotten
400 g Tomaten, gehackt (S. 55)
50 ml Cognac
1,5 l Weißwein
1,5 l Fischfond
2 Knoblauchzehen
30 g Tomatenmark
1 Kräutersträußchen*
125 g Reismehl
200 ml Sahne
Salz, Pfefferkörner

Die Karkassen in heißem Olivenöl anrösten.
Zwiebel, Schalotte und Karotten in Würfel schneiden (Mirepoix*), dazugeben und anschwitzen*.
Die Karkassen zerstoßen.
Tomatenwürfel hinzufügen.
Mit Cognac ablöschen, den Weißwein angießen und auf die Hälfte einkochen. Den Fischfond angießen (ein wenig zum Anrühren des Reismehls zurückbehalten).
Knoblauch, Tomatenmark und das Kräutersträußchen dazugeben.
30 Minuten knapp unter dem Siedepunkt köcheln lassen, dabei aufsteigenden Schaum abschöpfen. Fein pürieren und durch ein feines Sieb passieren.
Das Reismehl mit dem restlichen kalten Fischfond anrühren. Mit der Sahne unter die Flüssigkeit rühren und aufkochen, damit eine Bindung entsteht.
Erneut aufmixen und durch ein mit einem Seihtuch ausgelegtes Sieb passieren. Abschmecken.

### ● Gut zu wissen

*Bereits 1651 in »Le Cuisinier François« von de la Varenne als Spezialität erwähnt, wurde die Bisque 1742 in »Suite des dons de Comus« von François Marin zur Krebssuppe.*
*Heute wird mit dem Begriff »Bisque« zumeist eine mit Reismehl gebundene Krustentiercoulis bezeichnet.*

# Krustentiercoulis ★★

Sauce auf der Basis von Krustentierfond, mit Sahne und/oder Butter gebunden.

## Zutaten (für 8 Personen)

50 g Schalotten
50 g Zwiebeln
400 g Krustentiere
40 ml Olivenöl
100 ml Weißwein
1 l Wasser
1 Kräutersträußchen*
20 g Tomatenmark
Pfefferkörner

Das Gemüse putzen, waschen und nach Bauernart schneiden (S. 55).
Die Krustentiere grob zerkleinern.
Das Olivenöl in einer Stielkasserolle erhitzen. Die aromatische Garnitur anschwitzen, die Krustentiere dazugeben.
Mit Weißwein und Wasser aufgießen. Das Kräutersträußchen, einige Pfefferkörner und das Tomatenmark hinzufügen.
30 Minuten köcheln lassen, dabei gegebenenfalls den Schaum abschöpfen.
Durch ein mit einem Tuch ausgelegtes Sieb passieren, abkühlen lassen und innerhalb von 3 Tagen verwenden.

### ● Tipp

*Nicht vergessen, den Darm der Krustentiere zu entfernen, bevor sie weiterverarbeitet werden.*

### ● Gut zu wissen

*Für dieses Rezept kann man ganze Krustentiere (Schwimmkrabben) oder auch Karkassen von Krustentieren (Kaisergranat, Garnelen, Flusskrebse) verwenden.*

**Rezept**
Hechtklößchen in Krebssauce >> S. 263

1

# Tomatencoulis ★

Kalte Sauce mit instabiler Emulsion.

## Zutaten (für 4 Personen)

200 g reife Tomaten
10 g Tomatenmark (nach Belieben)
½ EL Weinessig oder Zitronensaft
frische Kräuter (Basilikum, Estragon, Kerbel, Schnittlauch)
Salz, frisch gemahlener Pfeffer
40 ml Olivenöl

Die Tomaten häuten und nach Belieben entkernen.
Mit Tomatenmark, Essig, den Kräutern, Salz und Pfeffer fein pürieren (1, 2).
Das Olivenöl nach und nach dazugeben und mit einem Stabmixer schaumig aufschlagen.
Durch ein feines Sieb passieren (3).
Mit Frischhaltefolie abdecken und kühl stellen.

● **Tipp**
*Die Coulis zerfällt nach wenigen Minuten. Vor der Verwendung erneut aufmixen. Eine Tomatencoulis wird vorzugsweise aus frisch geernteten, sonnengereiften Tomaten hergestellt.*

2

3

## Einfache Court-Bouillon ★

Ein aromatischer, kräftig gewürzter Sud, der schnell hergestellt ist. Er dient zum Pochieren von Fisch, Fleisch oder Innereien. Das Gargut soll vollständig von dem Sud bedeckt sein.
Eine Court-Bouillon entsteht durch Auskochen der Zutaten in Salzwasser unter Zugabe von Säure (Weißwein, Essig, Zitronensaft). Bei Fisch mit kräftig gefärbtem Fleisch (Lachs, Lachsforelle) sollte auf Säure verzichtet werden, weil sie eine bleichende Wirkung hat.

### Zutaten (für 4 Portionsstücke)

½ l Weißwein
100 ml Essig oder Zitronensaft
25 g grobes Salz
1 Kräutersträußchen*
5-6 Pfefferkörner

1,2 Liter Wasser, den Wein und Essig (oder Zitronensaft) mit dem Salz aufkochen.
5 Minuten sieden lassen, anschließend das Kräutersträußchen und die Pfefferkörner dazugeben. Noch einige Minuten kochen lassen.
Abkühlen lassen und bald verwenden.

**● Tipp**

*Die einfache Court-Bouillon kann kalt aufgesetzt und sofort zum Garen von Fisch verwendet werden. Aus Wasser und grobem Meersalz (30 Gramm je Liter) entsteht eine Art künstliches Meerwasser als Garflüssigkeit für bestimmte Schalen- und Krustentiere (Garnelen, Strandschnecken ).*

## Court-Bouillon mit Gemüse ★★

Einfache Court-Bouillon, angereichert mit einer aromatischen Garnitur.

### Zutaten (für 1 Liter)

100 g Karotten
100 g Zwiebeln
200 ml Weißwein
15 g grobes Salz
1 Kräutersträußchen*
5 g Pfefferkörner

Die Gemüse putzen, waschen und in dünne Scheiben oder Ringe schneiden.
800 Milliliter Wasser, Wein und Salz aufkochen. Die Zwiebeln, anschließend die Karotten hineingeben.
15 Minuten sieden lassen. Das Kräutersträußchen und die Pfefferkörner hineingeben (1). Noch einige Minuten kochen lassen.
Abkühlen lassen und bald verwenden.

**● Gut zu wissen**

*Für diese Court-Bouillon sind fast alle aromatischen Gemüse, Algen sowie ganze, unzerstoßene Gewürze geeignet.*

# Weißer Fond ★

Aromatisierte Brühe, die als Grundlage für die Herstellung zahlreicher Saucen und anderer Zubereitungen dient. Der Fond kann klar oder gebunden sein und wird aus Knochen, einer aromatischen Garnitur und Wasser hergestellt, ohne dass die einzelnen Bestandteile Farbe annehmen.

## Zutaten (für 1 Liter)

500 g Knochen (Kalb, Geflügel, Wild)
50 g Karotten
50 g Zwiebeln
50 g Lauch
50 g Staudensellerie
1 Kräutersträußchen*
2 Gewürznelken

Die Knochen blanchieren* und sorgfältig abspülen.
Die Gemüse für die aromatische Garnitur putzen, waschen und grob zerkleinern **(1)**.
Die Knochen in einen Topf geben und mit 1,5 Liter Wasser bedecken.
Die Gemüse, das Kräutersträußchen und die Gewürznelken hinzufügen.
Zum Kochen bringen.
Im offenen Topf kochen lassen, dabei immer wieder den Schaum abschöpfen. Die Garzeit hängt von der Größe der Knochen ab (1-3 Stunden).
Den fertigen Fond durch ein feines Sieb passieren, schnell abkühlen und entfetten.

**● Tipp**

*Einen Fond niemals salzen, weil sich durch das starke Einkochen auch der Salzgehalt konzentriert.*
*Der Fond kann zusätzlich gebunden werden, entweder mit einer Mehlschwitze (50 Gramm Mehl/50 Gramm Butter) oder mit Stärke (50 Gramm, angerührt mit kaltem Wasser).*

**● Gut zu wissen**

*Eine weiße Grundsauce aus gebundenem weißem Kalbs- oder Geflügelfond, angereichert mit einer aromatischen Garnitur, bezeichnet man in der Gastronomie als Deutsche Sauce.*

**Rezepte**
Kaninchenfrikassee mit Kürbispüree ›› S. 347
Taubenfrikassee mit Erbsen auf französische Art ›› S. 340

# Nage ★★

Aromatische Court-Bouillon, in der das Gargut serviert wird. Sie kann gewürzt und/oder mit Sahne verfeinert werden. Je nach Rezept wird auch Fischfond oder Essig hinzugefügt.

**● Tipp**

*Vor allem kleine Fische und ganze Meeresfrüchte werden im Sud pochiert. Der oft sehr stark gewürzte Sud wirkt wie eine Marinade.*

**● Gut zu wissen**

*Mit Escabèche (wörtlich: ohne Kopf) wird eine würzige Marinade bezeichnet, die heiß über gegarte Lebensmittel gegossen wird, um sie haltbar zu machen. Besonders beliebt ist diese ursprünglich aus Spanien stammende Zubereitung für kleine Fische oder Fischfilets.*

**Rezept**
Makrelen in Escabèche ›› S. 316

# Court-Bouillon mit Milch ★

Sud für bestimmte weißfleischige Fische (Steinbutt, Heilbutt, Glattbutt) zum Erhalt ihrer Farbe oder zur Minderung eines intensiven Räuchergeschmacks (Hering, Schellfisch). Er besteht aus Salzwasser, Milch, Zitrone und gelegentlich einem Kräutersträußchen.

## Zutaten (für 1 Liter)

1 unbehandelte Zitrone
200 ml Milch
1 Kräutersträußchen*
15 g grobes Salz

Die Zitrone in Scheiben schneiden.
Alle Zutaten mit 800 Milliliter Wasser in einen Topf geben und aufkochen **(2)**.
Abkühlen lassen, den Schaum abschöpfen und die Court-Bouillon bald verwenden.

**● Tipp**

*Da Milch durch die Einwirkung von Zitronensaft leicht gerinnt und ausflockt, darf ihr Anteil in dem Sud nicht zu groß sein. Diese Garmethode ist in erster Linie für Filetstücke großer Plattfische wie Steinbutt oder Heilbutt sowie Rochenflügel geeignet.*

**Rezept**
Pochierter Steinbutt mit Holländischer Sauce ›› S. 319

1

2

1

2

# Brauner Fond ★★

Aromatisierte Brühe, die als Grundlage zur Herstellung zahlreicher Saucen und anderer Zubereitungen dient. Der Fond kann klar oder gebunden sein und wird aus Knochen, einer aromatischen Garnitur und Wasser hergestellt. Im Gegensatz zum weißen Fond werden die Knochen angeröstet, wodurch Geschmack und Farbe entstehen.

## Zutaten (für 1 Liter)

500 g Knochen
50 g Karotten
50 g Zwiebeln
50 g Lauch
100 g Tomaten
30 g Staudensellerie
1 Kräutersträußchen*
2 Gewürznelken

Die Knochen in Stücke hacken (1). Im auf 220 °C vorgeheizten Backofen anrösten.
Die Gemüse für die aromatische Garnitur putzen, waschen und grob zerkleinern (2).
Die Knochen in einen großen Topf geben und mit 1,5 Liter Wasser bedecken.
Die Gemüse, das Kräutersträußchen und die Gewürznelken hinzufügen und aufkochen. Offen kochen lassen, dabei immer wieder den Schaum abschöpfen.
Die Garzeit hängt von der Größe der Knochen ab (2-4 Stunden).
Durch ein feines Sieb passieren, schnell abkühlen und entfetten.

### ● Tipp

*Brauner Fond (aus Knochen) ist nicht zu verwechseln mit Schmorfond oder Bratensatz (Mischung aus Fett und dem aus dem Fleisch ausgetretenen Saft).*

### ● Gut zu wissen

- *Braune Grundsauce: gebundener Kalbsfond, angereichert mit einer aromatischen Garnitur.*
- *Demiglace: auf die Hälfte eingekochte braune Grundsauce.*
- *Glace: langsam auf ein Zehntel eingekochte ungebundene Garflüssigkeit (brauner Fond, eingekochte Court-Bouillon, Fischfond). Die ausgesprochen geschmacksintensive Glace ist von sirupartiger Konsistenz und erstarrt in kaltem Zustand zu Gelee.*

**Rezepte**

Bœuf bourguignon mit frischen Nudeln ›› S. 363
Kalbskoteletts auf normannische Art ›› S. 371
Nieren in Senfsauce ›› S. 367

1

2

3

# Fischfond ★ 🎬

Fettfreie, klare Brühe zum Garen von Fisch und Meeresfrüchten. Außerdem dient der Fond als Grundlage für Kraftbrühe, Gelee und Chaudfroid*.
Bestimmte Fische (fette Fische wie Sardinen, Aal und Hering sowie Süßwasserfische) sind zur Herstellung von Fischfond nicht geeignet. Manche Fischgerichte werden mit Fischfond auf Rotweinbasis zubereitet.

## Zutaten (für 1 Liter)

600 g Fischgräten
50 g Schalotten
50 g Möhren
50 g Zwiebeln
50 g Lauch
25 g Butter
150 ml Weißwein
1 Kräutersträußchen*
Pfefferkörner

Die Gräten zerkleinern und in kaltem Wasser abspülen.
Die Gemüse putzen, waschen und nach Bauernart (S. 55) schneiden.
Die Butter zerlassen und darin Schalotten, Möhren, Zwiebeln und Lauch anschwitzen* **(1)**. Die Gräten zufügen. Den Wein angießen **(2)** und 2 Minuten einkochen lassen.
Mit 1 Liter Wasser auffüllen und zum Kochen bringen. Den entstehenden Schaum sofort abschöpfen **(3)**.
25-30 Minuten leicht sieden lassen, ohne umzurühren (da der Fond sonst trüb wird).
Durch ein feines Sieb passieren, rasch abkühlen und innerhalb von 3 Tagen verbrauchen.

### ● Tipp

*Die Zutaten müssen nicht unbedingt angeschwitzt werden. Die Zusammenstellung der Gemüse kann variieren.*

### ● Gut zu wissen

*Essenzen sind hocharomatische Fonds, die durch das Auskochen der Basiszutaten in wenig Flüssigkeit hergestellt werden, um eine Konzentration der Geschmacksstoffe zu erzielen.*

**Rezept**
Pollackfilets nach Hausfrauenart >> S. 303

1

2

## Gastrique ★

Süßsaure Reduktion, die als Grundlage für Saucen dient.

### Zutaten (für ¼ l Sauce)

100 ml Essig
80 g Zucker
200 ml Flüssigkeit zum Aufgießen

Essig und Zucker in einen kleinen Topf geben **(1)**.
Bei niedriger Hitze aufkochen und zu einer sirupartigen Konsistenz einkochen (kurz vor dem Karamellisieren).
Mit der gewünschten Flüssigkeit ablöschen **(2)** und glatt rühren.

**● Gut zu wissen**

*Die Flüssigkeit zum Verdünnen kann ganz nach Belieben gewählt werden (etwa Fruchtsaft, Wein, Kokosmilch oder Sojasauce).*
*Der Zucker lässt sich durch Honig, Ahornsirup oder andere süße Substanzen ersetzen.*
*Saucen auf Gastrique-Basis haben eine süßsaure Note, die den Einfluss der angelsächsischen und asiatischen Küche verrät.*

**Rezept**
Ente à l'orange, Kartoffelpfanne mit Artischocken >> S. 333

# Marinaden

Flüssige würzige Zubereitungen, die dazu verwendet werden, um Fisch, Fleisch oder Geflügel zart zu machen, zu aromatisieren und/oder deren starken Eigengeschmack zu mildern (Wild, Süßwasserfische). Außerdem verlängern sie die Haltbarkeit. Sie enthalten immer eine saure Substanz, die das Bindegewebe der Muskeln zersetzt, wodurch das Fleisch weicher wird.
Eine Marinade kann ganz oder zum Teil für die Zubereitung der Sauce verwendet werden oder als Garflüssigkeit dienen. Ob kalt angerührt oder aufgekocht – strikte Hygiene ist erforderlich, weil das eingelegte Produkt roh ist.

Die Dauer des Marinierens hängt von der Beschaffenheit und Größe des eingelegten Produktes ab. Die Marinade dringt pro Tag etwa 1 Zentimeter tief ein. Wie Fonds sollen auch Marinaden nicht gesalzen werden.

# Schnelle Marinade ★

Kleine Stücke (Koteletts, Filets oder Steaks vom Fisch, Gemüse ...) werden in eine Mischung aus aromatisiertem Öl und Zitrone eingelegt und 1–2 Stunden mariniert.
Diese Marinade ist ganz besonders für Grillgut geeignet.

## Zutaten (für 8 Stücke)

300 ml Olivenöl
½ Bund Kräuter, frisch oder getrocknet
Thymian
Lorbeerblatt
2 Zitronen
grob zerstoßener Pfeffer

Das Öl zur Hälfte in eine Schale gießen. Die Kräuter, etwas Thymian und das Lorbeerblatt hinzufügen. Das Mariniergut hineingeben, mit dem restlichen Öl übergießen und mit geschälten Zitronenscheiben und zerstoßenem Pfeffer belegen.
Mit Frischhaltefolie abdecken und kühl stellen.
Die Stücke nach der Hälfte der Marinierzeit wenden.

### ● Tipp

*Dicke Stücke vor dem Einlegen einschneiden oder mit einer Nadel anstechen, damit die Marinade besser eindringen und ihr Aroma entfalten kann.*

### ● Gut zu wissen

*Der Begriff »Marinieren« hat sich aus eau marine (»Meerwasser«) entwickelt, der früher in Frankreich gebräuchlichen Bezeichnung für die Salzlake, in die Fische zur Konservierung eingelegt wurden.*

**Rezept**
Gegrillter Lachs mit geschmortem Fenchel >> S. 308

# Rohe Marinade ★

Marinierflüssigkeit aus Wein, Kokosmilch, Bier ... und einer rohen aromatischen Garnitur (Karotte, Sellerie, Zwiebel, Algen). Gewürze sorgen für die Intensivierung der Basisaromen. Das Mariniergut wird 1–3 Tage eingelegt.

## Zutaten für eine rohe Rotweinmarinade (8 Portionen)

50 g Karotten
50 g Staudensellerie
50 g Fenchel
½ Bund Kräuter, frisch oder getrocknet
Thymian
Lorbeerblatt
Pfefferkörner
1,5 l Rotwein
100 ml Weinessig
50 ml Öl

Die Gemüse in feine Streifen schneiden. Die Hälfte des Gemüses in eine Schüssel geben.
Das Mariniergut darauf verteilen.
Mit den restlichen Gemüsestreifen, den Kräutern und den Pfefferkörnern belegen.
Mit dem Rotwein und dem Essig vollständig bedecken.
Etwas Öl darübergießen.
Mit Frischhaltefolie abdecken und kühl stellen.

**● Gut zu wissen**

*Je nach Verwendung und Rezept kann neben Wein und Essig auch eine Spirituose wie Cognac, Armagnac oder Trester hinzugefügt werden.*
*Foie gras sollte vor dem Marinieren in Alkohol (etwa Portwein, Cognac, Armagnac) in Milch eingelegt werden, um ihr die Bitterstoffe zu entziehen.*
*Auf das Öl kann verzichtet werden, wenn die Frischhaltefolie direkt auf die Marinade gelegt wird.*

# Gekochte Marinade ★

Die Zutaten sind mehr oder weniger die gleichen wie für rohe Marinade. Die aromatische Garnitur anschwitzen, mit Wein aufgießen und 30 Minuten leicht sieden lassen.
Vor der weiteren Verwendung abkühlen lassen.

## Zutaten für eine gekochte Weißweinmarinade (8 Portionen)

50 g Karotten
50 g Staudensellerie
50 g Zwiebeln
50 ml Öl
1,5 l Weißwein
100 ml Weinessig
50 ml Cognac oder Armagnac
4 Knoblauchzehen (20 g)
½ Bund frische oder getrocknete Kräuter
Thymian
Lorbeerblatt
Pfefferkörner

Die Gemüse in feine Streifen schneiden.
In Öl anschwitzen oder leicht Farbe annehmen lassen.
Mit allen flüssigen Zutaten auffüllen. Den Knoblauch, die Kräuter und einige Pfefferkörner hinzufügen.
Etwa 30 Minuten sieden lassen.
Abkühlen lassen.
Mit Frischhaltefolie abdecken und kühl stellen.

**● Tipp**

*Soll die Marinade als Garflüssigkeit verwendet werden, ist die Qualität des Weines für den Geschmack der Speise entscheidend.*

1

2

# Mayonnaise ★

Kalte Sauce mit stabiler Emulsion.

## Zutaten (für 4 Personen)

1 Eigelb
1 gehäufter TL Senf (15 g)
1 TL Weißweinessig (5 ml)
150 ml Sonnenblumenöl
Salz, weißer Pfeffer oder Cayennepfeffer

Eigelb, Senf, Essig, Salz und Pfeffer verrühren (1).
Das Öl unter kräftigem Schlagen nach und nach dazugeben (2).
Die Festigkeit der Mayonnaise überprüfen (3), mithilfe eines Teigschabers umfüllen, mit Frischhaltefolie abdecken und bis zur Verwendung kühl stellen.

### ● Tipp

*Problem: Die Mayonnaise kann brechen, das heißt, fette und wässrige Bestandteile trennen sich.*
*Rettungsversuch: Nach und nach etwas Wasser und/oder Eigelb unter die Mayonnaise rühren und erneut zur Emulsion aufschlagen.*

### ● Gut zu wissen

*Die Mayonnaise nicht erst salzen, wenn sie fertig ist (das Salz löst sich dann nicht mehr auf und hinterlässt weiße Punkte).*
*Ein gegen Ende hinzugefügter Tropfen Essig macht die Mayonnaise heller, intensiviert ihren Geschmack und verringert das Risiko der Bakterienvermehrung (Salmonellen).*
*Mit Frischhaltefolie bedeckt kann frisch zubereitete Mayonnaise bis zu 48 Stunden im Kühlschrank aufbewahrt werden.*

**Rezept**
Frittierte Schollenstreifen mit Tatarensauce ›› S. 315

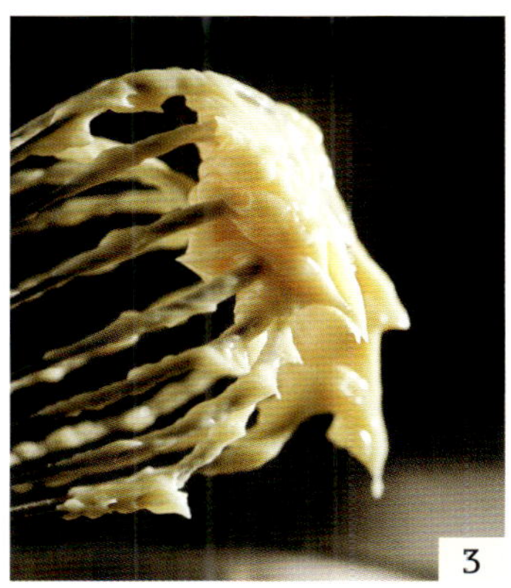

3

1

2

# Pesto und Pistou ★

Kalte Sauce mit instabiler Emulsion.

## Zutaten (für 4 Personen)

3 Zehen von jungem Knoblauch (15 g)
25 g Pinienkerne
¼ Bund Basilikum
40 g Parmesan, gerieben
75 ml Olivenöl
Salz, frisch gemahlener Pfeffer

Die von ihrem Keim befreiten Knoblauchzehen mit den leicht angerösteten Pinienkernen im Mörser zerstoßen **(1, 2)**. Die abgezupften, gewaschenen Basilikumblätter und den Parmesan dazugeben, zerreiben und mit Olivenöl verrühren **(3)**. Würzen.

**● Gut zu wissen**

*Pesto, ursprünglich aus der Gegend um Genua, passt hervorragend zu Teigwaren. Das provenzalische Pistou wird ebenfalls aus Basilikum, Knoblauch und Olivenöl zubereitet, enthält aber weder Pinienkerne noch Parmesan.*
*Beiden Bezeichnungen liegt das lateinische Verb* pistare *mit der Bedeutung »zerstoßen, zerkleinern« zugrunde.*

**Rezept**
Carpaccio mit Parmesan und Pistou ›› S. 252

3

1

2

3

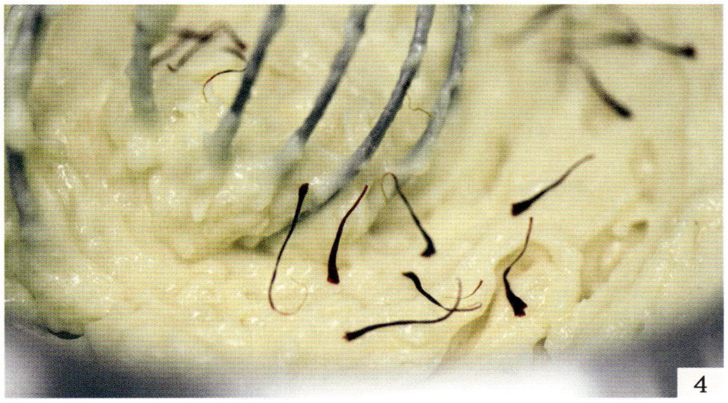

4

# Rouille ★

Kalte Sauce mit stabiler Emulsion.

## Zutaten (für 4 Personen)

75 g Kartoffeln
15 g Knoblauch
1 Eigelb
75 ml Olivenöl
25 ml Erdnussöl
Safran (Fäden oder Pulver)
Salz, frisch gemahlener Pfeffer

Die Kartoffel in der Schale garen.
Pellen und mit dem geschälten, von seinem Keim befreiten Knoblauch zerstampfen.
Das Eigelb einarbeiten **(2)** und mit Öl verrühren (Olivenöl oder Oliven- und Erdnussöl) **(3)**.
Etwas Safran unterziehen **(4)** und abschmecken.
Mithilfe eines Teigschabers umfüllen. Frischhaltefolie direkt auf die Rouille legen und kühl stellen.

**● Gut zu wissen**

*Rouille passt ausgezeichnet zu Fischsuppe.*
*Die Sauce verdankt ihren Namen der rostroten Farbe, die sie durch die Zugabe von Safran erhält.*

**Rezept**
Fischsuppe >> S. 268

1

2

3

4

5

# Sauce américaine ★★

Traditionell wird die Sauce aus Schwimmkrabben hergestellt, sie kann aber auch mit Hummer (Sauce Newburg) oder Flusskrebsen (Nantuasauce) zubereitet werden. Die Sauce wird gebunden.

## Zutaten (für 8 Personen)

800 g Schwimmkrabben
100 ml Olivenöl
100 g Zwiebeln
80 g Schalotten
100 g Karotten
200 g gehackte Tomaten (S. 55)
40 g Tomatenmark
50 ml Cognac
200 ml Weißwein
1,5 l Fischfond
2 Knoblauchzehen
1 Kräutersträußchen*
1 Bund Estragon
1 Messerspitze scharfes Paprikapulver
Salz, frisch gemahlener Pfeffer
Für die Mehlschwitze
30 g Mehl
30 g Butter

Aus Butter und Mehl eine helle Mehlschwitze zubereiten (S. 150). Beiseitestellen und abkühlen lassen.
Die Schwimmkrabben zerkleinern **(1)**. In heißem Olivenöl anbraten, bis sie rot sind **(2)**. Gewürfelte Zwiebeln, Schalotten und Karotten hinzufügen und anschwitzen.
Die Karkassen zerstoßen. Die Tomatenwürfel und das -mark dazugeben **(3)**. Mit Cognac ablöschen, flambieren und den Weißwein angießen **(4)**.
Auf die Hälfte einkochen und mit dem Fischfond auffüllen. Knoblauch, Kräutersträußchen und Estragon dazugeben.
30 Minuten köcheln lassen, Schaum abschöpfen.
Im Mixer pürieren und durch ein feines Sieb passieren.
Die Flüssigkeit zu der erkalteten Mehlschwitze gießen und erneut aufkochen, damit eine Bindung entsteht **(5)**.
Abschmecken und beiseitestellen.

### ● Gut zu wissen

*Häufig wird behauptet, der richtige Name dieser Sauce sei* Sauce armoricaine *(bretonische Sauce), während eine andere Hypothese die Kreation dem französischen Koch Pierre Fraise zuschreibt, der nach einem langen Aufenthalt in den Vereinigten Staaten nach Paris zurückkehrte, wo er 1860 das Restaurant Peter's eröffnete.*

**Rezept**
Seeteufelmedaillons in Sauce américaine, Pilawreis ›› S. 323

1

2

# Béarner Sauce ★★★

Warme Sauce mit stabiler Emulsion.

## Zutaten (für 4 Personen)

1 Schalotte
40 ml trockener Weißwein
40 ml Estragonessig
1 Stängel Estragon
3 Eigelb
120 g Butter
einige Kerbelblättchen
8 Pfefferkörner, grob zerstoßen
Salz

Die Schalotte schälen, waschen und in sehr feine Würfel schneiden.
Aus Weißwein, Essig, Schalottenwürfeln und etwas Estragon bei niedriger Hitze eine Reduktion herstellen (1).
Die Flüssigkeit nicht vollständig einkochen lassen, aber lange genug, damit die Säure verdampft.
Abkühlen und durchziehen lassen.
Die Eigelbe dazugeben und im Wasserbad oder bei sehr niedriger Hitze zu einer dickschaumigen Masse aufschlagen (2).
Die Butter unterziehen (3).
Durch ein feines Sieb streichen.
Abschmecken und den restlichen Estragon sowie die Kerbelblättchen, beides fein gehackt, unterrühren.

**● Gut zu wissen**

*In der klassischen französischen Küche bezeichnet* fines herbes *eine Mischung aus Petersilie, Kerbel, Schnittlauch und Estragon. Von diesen vier Kräutern besitzt Estragon das ausgeprägteste Aroma (anisartig).*

**Rezept**

Gegrilltes Rinderkotelett mit Béarner Sauce >> S. 356

3

# Holländische Sauce ★★

Warme Sauce mit stabiler Emulsion.

## Zutaten (für 4 Personen)

3 Eigelb
120 g Butter
20 ml Zitronensaft
Salz
Cayennepfeffer oder Piment d'Espelette

Die Eigelbe mit drei Teelöffeln Wasser verschlagen (1).
Im Wasserbad oder bei sehr niedriger Hitze weiterschlagen, bis eine dickschaumige Masse entstanden ist.
Die geschmolzene Butter unterrühren (2).
Würzen und mit Zitronensaft abschmecken.

### ● Tipp

*Problem: Die Eigelbe sind zu stark erhitzt und flocken aus.*
*Rettungsversuch: Etwas Wasser hinzufügen und erneut kräftig aufschlagen. Ist der Garprozess allerdings zu weit fortgeschritten, muss man neu beginnen.*
*Problem: Die Sauce bricht, sie zerfällt in ihre Wasser- und Fettbestandteile.*
*Rettungsversuch: Etwas kaltes Wasser oder einen Eiswürfel hineingeben und erneut zur Emulsion aufschlagen.*

### ● Gut zu wissen

*Wie die Béarner Sauce kühlt auch die Holländische Sauce schnell ab. Daher ist es wichtig, sie erst unmittelbar vor dem Servieren aufzuschlagen oder sie im Wasserbad warm zu halten.*
*Die Sauce ist eine Hommage an die Qualität holländischer Milchprodukte.*

**Rezept**
Pochierter Steinbutt mit Holländischer Sauce ›› S. 319

1

2

# Tatarensauce ★

Kalte Sauce mit stabiler Emulsion.

**Zutaten (für 4 Personen)**
2 Eigelb, hart gekocht
1 EL Senf
1 TL Weinessig
150 ml Sonnenblumenöl
einige Stängel Schnittlauch
50 g Frühlingszwiebeln
Salz, weißer Pfeffer oder Cayennepfeffer oder Piment d'Espelette

Eine Mayonnaise herstellen (S. 143), dabei die rohen durch die hart gekochten Eigelbe ersetzen.
Den Schnittlauch in Röllchen schneiden, die Zwiebeln sehr fein würfeln und unter die Mayonnaise rühren.
Würzen.
Mithilfe eines Teigschabers umfüllen, mit Frischhaltefolie abdecken und kühl stellen.

**Rezept**
Frittierte Schollenstreifen mit Tatarensauce >> S. 315

1

2

# Tomatensauce ★★

Ein Rezept für Tomatensauce (gebunden) wird erstmals zu Beginn des 19. Jahrhunderts in Kochbüchern erwähnt.

**Zutaten (für 8 Personen)**
100 g durchwachsener geräucherter Speck
40 g Butter
80 g Karotten
80 g Zwiebeln
60 g Mehl
1,5 kg vollreife Tomaten
2 Knoblauchzehen
1 Kräutersträußchen*
40 g Tomatenmark (nach Belieben)
10 g Zucker (nach Belieben)
Salz, frisch gemahlener Pfeffer

Den Speck in feine Würfel schneiden und blanchieren*. Karotte und Zwiebel ebenfalls würfeln (Mirepoix*). Den Speck in einem ofenfesten Topf in Butter anbraten, Karotten und Zwiebeln dazugeben. Anbräunen und mit Mehl bestäuben (1).
Im heißen Backofen goldgelb rösten.
Die Tomaten waschen, häuten, entkernen und würfeln.
In den Topf zu den übrigen Zutaten geben.
Die Knoblauchzehen von ihren Keimen befreien, zerdrücken und mit dem Kräutersträußchen und dem Tomatenmark hinzufügen (2).
Mit 1 Liter Wasser aufgießen und würzen. Mit geschlossenem Deckel bei 140 °C im Backofen 60 Minuten garen.
Durch ein feines Sieb passieren, auf die richtige Konsistenz einkochen und abschmecken (nach Bedarf den Zucker dazugeben).

**● Tipp**
*Wird die Tomatensauce »natur« gereicht (Bandnudeln auf neapolitanische Art), rechnet man einen halben Liter Sauce für etwa zehn Portionen. Diese Grundsauce kann mit einer aromatischen Garnitur angereichert werden (etwa Basilikum, Sellerie, Schinken).*

**● Gut zu wissen**
*Tomatensauce dient als Basis für zahlreiche Zubereitungen wie die Bologneser Sauce (mit gebratenem Hackfleisch), Teufelssauce, Zigeunersauce, Tomaten-Chaudfroid-Sauce, Husarensauce (fein geschnittene Zwiebeln und Schalotten, abgelöscht mit Weißwein und aufgegossen mit einer tomatisierten Demiglace*).*

# Samtsauce (Velouté) ★

Weiße Grundsauce aus einer Flüssigkeit (Fond, Fischfond), die mit einer Mehlschwitze gebunden wird. Sie ist von cremig-samtiger Konsistenz.
Die Sauce wird nach dem verwendeten Grundfond benannt (Fisch-Velouté, Geflügel-Velouté, Kalbs-Velouté).

## Zutaten (für 1 Liter)

60 g Butter
60 g Mehl
1 l Flüssigkeit (weißer Fond oder Fischfond)
100 g Crème fraîche (nach Belieben)
etwas geriebene Muskatnuss (nach Belieben)
Salz, frisch gemahlener Pfeffer

Für eine weiße Mehlschwitze die Butter bei niedriger Hitze zerlassen.
Den Topf vom Herd ziehen und das Mehl dazugeben. Mit einem Schneebesen kräftig verrühren und kurz anschwitzen.
500 Milliliter kalte Flüssigkeit angießen.
Bei starker Hitze aufkochen, dabei stetig rühren.
Die restliche Flüssigkeit und gegebenenfalls die Crème fraîche einrühren. Die Sauce erneut zum Kochen bringen. Würzen.
Vom Herd nehmen und Frischhaltefolie direkt auf die Sauce legen, damit sich keine Haut bildet.

### ● Tipp

*Genau nach Anweisung vorgehen, um die Bildung von Klümpchen zu vermeiden.*
*Lässt man die Mehlschwitze abkühlen und gießt sie mit heißer Flüssigkeit auf, entstehen keine Klümpchen.*

### ● Gut zu wissen

*Eine blonde Mehlschwitze entsteht, wenn man das Mehl etwas länger anschwitzt, bis es eine goldgelbe Farbe angenommen hat. Sie ist bekömmlicher, weil die Stärke durch das etwas längere Anschwitzen bereits besser aufgeschlossen ist.*

### ● Einige Abwandlungen

*Kardinalsauce (Fisch-Velouté, Trüffel, Hummercoulis), Deutsche Sauce (mit Eigelb gebundene weiße Grundsauce), Aurorasauce (Geflügel-Velouté mit eingekochtem Tomatenpüree), Chivry-Sauce (Geflügel-Velouté mit Kräutern), Currysauce (Zwiebeln, Äpfel, Curry, Kokosmilch), Normannische Sauce (Seezungen-Velouté, Champignonfond, Austernwasser).*

# Vinaigrette ★

Kalte Sauce mit instabiler Emulsion.

## Zutaten (für 4 Personen)

40 ml Essig
125 ml Öl
Salz, frisch gemahlener Pfeffer

Den Essig mit etwas Salz verrühren. Den Pfeffer darübermahlen. Mithilfe eines Schneebesens mit dem Öl zu einer Emulsion aufschlagen.

### ● Tipp

*Etwas Senf intensiviert den Geschmack und stabilisiert die Vinaigrette gleichzeitig. Zur Abwechslung kann aromatisiertes Öl verwendet werden (S. 155).*

### ● Gut zu wissen

*Essig wird durch Fermentation von Wein mit Essigbakterien gewonnen. Sie wandeln den Alkohol in Essigsäure um. Echter Weinessig hat einen Säuregehalt zwischen 6 und 10 % (gemäß der deutschen Verordnung über den Verkehr mit Essig und Essigessenz von 1972). Balsamico besteht aus dicklich eingekochtem Traubenmost, der mehrere Jahre in unterschiedlichen Holzfässern reifen muss. Sherryessig wird aus Sherry hergestellt; er reift sechs Monate in Eichenfässern.*

**Rezepte**
Bunter Salat >> S. 391
Kaninchenleber im Sesammantel auf Blattsalat >> S. 276

# Buttermischungen

Die Qualität der verwendeten Butter und der untergemischten Würzzutaten (Aroma, Farbe, Geschmack) bestimmen die sensorischen Eigenschaften der jeweiligen Mischung.
Butter hat die Fähigkeit, Fremdaromen zu binden, daher muss sie mit äußerster Sorgfalt behandelt und nach jeder Verwendung gut abgedeckt zurück in den Kühlschrank gestellt werden (2–4 °C).
Bereits verarbeitete Butter wird schneller ranzig.

## Butter

Diese Bezeichnung darf ausschließlich für ein Produkt aus Kuhmilch oder -sahne verwendet werden. Ihr Fettanteil muss mindestens 80 %, ihr Wasseranteil darf nicht mehr als 16 %, die fettfreie Trockenmasse (Milcheiweiß, Milchzucker, Mineralstoffe, Lecithin und Vitamine) nicht mehr als 2 % betragen.
Abgesehen von Salz darf Butter weder Zusatz- noch Konservierungsstoffe enthalten; liegt der Salzgehalt über 0,1 %, muss das Produkt gemäß der deutschen Butterverordnung mit dem Zusatz »gesalzen« gekennzeichnet sein.

Weitere Bezeichnungen wie Land-, Bauern-, Alm- oder Sennereibutter sind zugelassen für Produkte, die nicht in einer Molkerei, sondern direkt auf dem Hof erzeugt werden.
Verschiedene Faktoren wie die Kuhrasse, das Futter, die Region und die Jahreszeit beeinflussen die sensorischen Eigenschaften der Butter.
Das älteste Schriftstück, das Butter erwähnt, stammt aus der Zeit um 2500 v. Chr. Bereits in der Antike war Butter bekannt, die Griechen und Römer verwendeten sie aber in erster Linie für medizinische Zwecke.
Bis zum ausgehenden Mittelalter galt Butter als das »Fett der Armen«.
In der Folgezeit eroberte sie nach und nach die vornehme Küche.
In den 60er-Jahren des 20. Jahrhunderts nahm die industrielle Butterproduktion stark zu und verdrängte mehr und mehr die handwerkliche Herstellung auf dem Bauernhof.
Heute ist Frankreich der führende Butterproduzent Europas, unmittelbar gefolgt von Deutschland. Der Pro-Kopf-Verbrauch in Deutschland liegt bei etwa 7 Kilogramm pro Jahr.
Ausschlaggebend für den typischen Buttergeschmack ist die organisch-chemische Verbindung Diacetyl.
Buttermischungen werden separat zu einer Speise serviert (25–30 Gramm pro Person) oder als emulgierende Zutat in einer Sauce verwendet (5–10 Gramm pro Person).
Sie können zubereitet werden aus
- kalter Butter mit rohen Zutaten,
- kalter Butter mit gegarten Zutaten,
- zerlassener Butter.

### Buttermischungen aus kalter Butter und rohen Zutaten

| BEZEICHNUNG | ZUTATEN (für 250 g Butter) |
|---|---|
| Algenbutter | 50 g frische Nori und/oder Dulse und/oder Meeressalat |
| Käse-Butter-Mischungen (Roquefort, Frischkäse) | 100–125 g Käse (je nach Geschmacksintensität)<br>Salz, Pfeffer aus der Mühle |
| Knoblauchbutter (S. 153) | 25 g Schalotten, gehackt<br>4 g Knoblauch, vom Keim befreit und durchgepresst<br>Salz, frisch gemahlener Pfeffer |
| Lachsbutter (mit Lachs oder anderen Räucherfischen) | 100 g Räucherfisch (Lachs, Forelle, Aal, Stör, Hering)<br>Salz, frisch gemahlener Pfeffer |
| Mandel-, Haselnuss- oder Pistazienbutter | 150 g Mandeln, Haselnüsse oder Pistazien, zerstoßen |
| Meerrettichbutter | 50 g Meerrettich, gerieben<br>Salz, frisch gemahlener Pfeffer |
| Sardellenbutter | 100 g Sardellen in Öl oder Salz |
| Schalentierbutter | 100 g Muscheln, roh ausgelöst, mit ihrem Saft<br>20 g Zitronensaft<br>Salz, frisch gemahlener Pfeffer |
| Seeigelbutter | 25 g Seeigelrogen, 5 g Zitronensaft<br>Salz, frisch gemahlener Pfeffer |
| Senfbutter | 80 g grobkörniger Senf<br>Salz, frisch gemahlener Pfeffer |
| Würzbutter | 10 g Petersilie, gehackt<br>60 g Zitronensaft, Salz, frisch gemahlener Pfeffer |

### Buttermischungen aus kalter Butter und gegarten Zutaten

| BEZEICHNUNG | ZUTATEN (für 250 g Butter) |
|---|---|
| Aromatisierte Butter<br>(mit Estragon, Petersilie, Schalotte) | 125 g Estragon oder Petersilie oder Schalotte,<br>blanchiert* und gehackt<br>Salz, frisch gemahlener Pfeffer |
| Bercy-Butter | 80 g fein gewürfelte Schalotten, eingekocht mit<br>80 ml trockenem Weißwein<br>5 g Petersilie, gehackt<br>50 g Zitronensaft<br>25 g gewürfeltes Rückenmark vom Stör (Vesiga)<br>Salz, frisch gemahlener Pfeffer |
| Fischmilchbutter | 125 g Fischmilch (Hering, Karpfen, Makrele), pochiert<br>10 g Senf<br>Salz, frisch gemahlener Pfeffer |
| Garnelenbutter | 250 g graue Garnelen, in Salzwasser gegart und ausgelöst<br>Salz, frisch gemahlener Pfeffer |
| Hotelier-Butter | 170 g Würzbutter (S. 151) anstelle von 250 g einfacher Butter<br>trockene Duxelles aus 125 g Champignons, 20 g Schalotten, 10 g Butter |
| Kräuterbutter | 200 g Kräuter (Estragon, Kerbel, Petersilie, Pimpernelle, Schnittlauch),<br>blanchiert* und ausgedrückt<br>50 g Schalotten, fein gewürfelt und blanchiert<br>Salz, frisch gemahlener Pfeffer |
| Krustentierbutter<br>(Flusskrebse, Langusten) | 200 g ausgelöstes Fleisch von Krustentieren, gegart<br>Salz, frisch gemahlener Pfeffer |
| Marseille-Butter | 170 g Würzbutter (S. 151) anstelle von 250 g einfacher Butter<br>80 g geschmolzene Tomaten<br>3 Knoblauchzehen<br>1 g Fenchel- oder Anissamen, pulverisiert |
| Montpellier-Butter | je 5 g Spinat-, Kresse-, Petersilien-, Kerbel-, Estragonblätter,<br>Schnittlauchhalme und Schalotte,<br>blanchieren und pürieren mit<br>je 15 g Cornichons, Kapern, Sardellenfilets<br>1 Knoblauchzehe<br>1 hart gekochtes Eigelb<br>1 rohes Eigelb<br>Salz, Cayennepfeffer<br>100 ml Öl (zum leichteren Passieren durch ein Sieb) |
| Paprikabutter | 80 g Zwiebeln, fein gewürfelt und angeschwitzt<br>4 g Paprika<br>Salz, frisch gemahlener Pfeffer |

### Buttermischungen mit zerlassener Butter

| BEZEICHNUNG | ZUTATEN (für 250 g Butter) |
|---|---|
| Hummerbutter | 250 g Corail aus dem Brustpanzer eines Hummers<br>Salz, Pfeffer aus der Mühle |
| Krebsbutter (S. 154) | 250 g Karkassen von Krustentieren (Flusskrebse, Langusten, Krabben)<br>Salz, Pfeffer aus der Mühle |

## Knoblauchbutter ★

Zubereitung aus kalter Butter und rohen Zutaten, die gehackt oder püriert und mit der weichen Butter vermischt werden. Eine Küchenmaschine ist dabei sehr hilfreich. Wird die Kräuterbutter separat gereicht, rechnet man 15–20 Gramm pro Person.

### Zutaten (für 8 Personen)

250 g weiche Butter
25 g Schalotten, gehackt
4 g Knoblauch, vom Keim befreit und durchgepresst
20 g Petersilie, gehackt
Salz, frisch gemahlener Pfeffer
etwas Zitronensaft

Alle festen Zutaten zu einer glatten, homogenen Masse verrühren. Mit Zitronensaft abschmecken.
In die gewünschte Form bringen, mit Frischhaltefolie abdecken und bis zur weiteren Verwendung beiseitestellen.

**● Tipp**
*Die Verwendung einer Butter mit feinen Salzkristallen verleiht der Mischung einen angenehmen Biss.*

**● Gut zu wissen**
*Für eine längere Aufbewahrung (im Kühlschrank oder im Tiefkühlgerät) muss die Buttermischung fest in Frischhaltefolie eingewickelt werden, damit sie keine fremden Aromen annimmt. Alufolie ist nicht geeignet, weil sie in Kontakt mit Salz und Säure (Zitronensaft, Essig) oxidiert und der Butter einen metallischen Geschmack verleiht.*
*Die ursprünglich für die Zubereitung von Schnecken kreierte Buttermischung passt ebenfalls zu Schalen- und Krustentieren und selbst zu Froschschenkeln ganz ausgezeichnet.*

## Mehlbutter ★

Zu gleichen Teilen mit Mehl verknetete Butter, die stückweise kalt in eine heiße Sauce gerührt wird, um sie zu binden. Anschließend muss die Sauce noch eine Zeit lang kochen, bis der Mehlgeschmack vollkommen verschwunden ist.

**● Tipp**
*Mehlbutter kann einige Stunden im Voraus zubereitet werden. Fest in Frischhaltefolie verpackt hält sie 2–3 Tage im Kühlschrank.*

**Rezept**
Eier auf Artischockenböden, Auberginenkaviar ›› S. 392

## Rotweinbutter ★

Zubereitung aus gegarten, abgekühlten Zutaten, die mit der Butter vermischt werden. Durch ein Sieb gestrichen erhält die Rotweinbutter eine feinere Textur.

### Zutaten (für 8 Personen)

200 ml Rotwein
80 g Schalotten, fein gewürfelt
250 g weiche Butter
Salz, frisch gemahlener Pfeffer

Den Rotwein und die Schalottenwürfel bei niedriger Hitze aufkochen.
Langsam einkochen, bis die Flüssigkeit vollkommen verdampft ist. Abkühlen lassen.
Die Reduktion mit der weichen Butter sorgfältig vermischen und würzen.
Mithilfe eines Teigschabers umfüllen, mit Frischhaltefolie abdecken und bis zur weiteren Verwendung beiseitestellen.

**Tipp**
*Die Qualität des Weines ist entscheidend für den Geschmack der Butter. Diese Buttermischung wurde im Bordelais, dem Weinbaugebiet um Bordeaux, kreiert und ursprünglich nur mit lokalem Rotwein zubereitet.*

## Krebsbutter ★★

Eine Zubereitung mit zerlassener Butter. Die gegarten Zutaten ziehen langsam in der heißen Butter und geben ihre Aromen ab. Anschließend wird alles püriert, durch ein Sieb passiert und zum Erstarren in den Kühlschrank gestellt. Diese Buttermischung ist relativ trocken und dient in erster Linie dazu, Saucen für Krustentiere unmittelbar vor dem Servieren anzureichern und abzurunden.

### Zutaten (für 8 Personen)

250 g Butter
300 g Karkassen von Krebsen oder anderen Krustentieren
20 ml Zitronensaft
Salz
etwas Piment d'Espelette oder scharfes Paprikapulver

Alle Zutaten im Mixer pürieren.
In einem Topf auf maximal 60 °C erhitzen und 1 Stunde ziehen lassen.
Durch ein feines Sieb passieren, die Oberfläche mit Frischhaltefolie belegen und im Kühlschrank erstarren lassen.

**● Tipp**
*Mischungen mit zerlassener Butter weisen eine weniger feine Textur auf, dafür ist der Geschmack intensiver. Sie werden trockener und härter, vor allem durch den Wasserverlust und die Anreicherung mit Proteinen. Während die Mischung zieht, kann eine aromatische Garnitur dazugegeben werden.*

# Aromatisierte Öle ★

Aromatisiertes Öl dient dem Würzen kalter und warmer Speisen, wird aber auch zum Konservieren und zum Garen verwendet (Confit, Frittüre oder Fettfondue). Ausschlaggebend für die Wahl des Basisöls (Oliven-, Sonnenblumen-, Traubenkernöl) sind seine spätere Verwendung (Garen oder Würzen), seine Geschmackseigenschaften (neutral oder ausgeprägt) und seine Konsistenz (flüssig oder fest).

Eines oder mehrere Geschmackselemente werden in das Öl (oder die Ölmischung) gegeben. Es kann auf bis zu 60 °C erwärmt werden, um die Diffusion der fettlöslichen Aromastoffe zu beschleunigen.

Beispiele: Knoblauchöl, Trüffelöl, Kräuteröl (angesetzt mit frischen oder getrockneten Kräutern), Hummeröl (angesetzt mit gerösteten Hummerkarkassen), Vanilleöl, Peperoniöl, Zimt-Sternanis-Öl.

Aromatisierte Öle luftdicht verschließen und an einem dunklen Ort aufbewahren, damit sie nicht ranzig werden.

Öle sind pflanzlichen Ursprungs und tragen zu einer gesunden Ernährung bei: Sie senken die Cholesterinwerte, beugen Herz-Kreislauf-Erkrankungen vor, verbessern die Fließeigenschaften des Blutes.

| ÖLSORTEN | EIGENSCHAFTEN | VERWENDUNG |
|---|---|---|
| Arganöl | starkes Aroma, kräftig rote Farbe, moschusartig | kalt |
| Erdnussöl | neutrales Aroma, klar, vielseitig verwendbar | kalt und heiß |
| Hanföl | Aromen von Heu und frischen Kräutern, grün bis braun | kalt |
| Haselnuss-, Walnussöl | parfümiert, mildes bis kräftiges Nussaroma | kalt |
| Kokosnussöl | festes, weißes Fett, milder Geschmack | kalt und heiß |
| Maiskeimöl | neutral, Anklänge an Getreide; zum Frittieren geeignet | kalt und heiß |
| Olivenöl (»nativ« oder »nativ extra« je nach Säuregehalt) | helle bis dunklere Grüntöne | kalt und heiß |
| Palmkernöl (aus den Kernen) | festes, weiß- bis gelbliches Fett | kalt und heiß |
| Palmöl (aus dem Fruchtfleisch) | orangerote Farbe | kalt und heiß |
| Rapsöl | neutrales Aroma mit Anklängen an Grüngemüse | kalt und heiß |
| Sesamöl | würziger Geschmack, von heller oder dunkler Farbe | kalt |
| Sojaöl | neutrales Aroma mit Anklängen an Grüngemüse | kalt und heiß |
| Sonnenblumenöl | neutrales Aroma, goldgelb | kalt und heiß |
| Süßmandelöl | dezenter Mandelgeschmack, sehr hell | kalt |
| Traubenkernöl | mild-aromatisch, hellgrün | kalt und heiß |

# Farcen

Eine Farce ist eine Masse aus verschiedenen rohen oder gegarten, mehr oder weniger fein gehackten oder pürierten Zutaten (pflanzlichen und/oder tierischen Ursprungs), die als Füllung dient oder auch separat serviert wird. Die Farce soll eine Speise zart und saftig halten und deren Geschmack mit ihren Aromen ergänzen.

## Trockene Duxelles ★

Für diese Farce können Schalotten und/oder Zwiebeln verwendet werden. Zitronensaft verhindert, dass sich die Champignons verfärben, sollte aber sparsam eingesetzt werden. Eine Duxelles ist die Grundlage vieler Gerichte. Sie kann mit aromatischen Zutaten angereichert werden (wie Schinken, Knoblauch oder Petersilie).

### Zutaten (für 8 Personen)

40 g Schalotten, fein gewürfelt
40 g Zwiebeln, fein gewürfelt
30 g Butter
250 g Champignons, gehackt
5 g Petersilie, gehackt
Salz, frisch gemahlener Pfeffer

Die Schalotten- und Zwiebelwürfel in der Butter anschwitzen. Die Champignons dazugeben und ohne Deckel garen, bis die Pilzflüssigkeit vollkommen verdampft ist.
Würzen und die Petersilie hinzufügen.

**● Gut zu wissen**

*Eine trockene Duxelles kann für Buttermischungen, als Farce für Gemüsebeilagen oder als Garnitur zu warmen Austern dienen.*

**Rezept**
Gratinierte gefüllte Crêpes mit Béchamelsauce ›› S. 400

## Duxelles-Farce ★

### Zutaten (für 8 Personen)

250 g trockene Duxelles (Rezept siehe rechts)
50 ml trockener Weißwein
50 g Glace* (Fisch-, Fleisch-, Gemüsebrühe)
25 g frisches Weiß- oder Toastbrot, fein gerieben

Die trockene Duxelles heiß mit Weißwein ablöschen, die Flüssigkeit einkochen.
Die Glace hinzufügen und mit dem geriebenen Brot binden.

**● Gut zu wissen**

*Die Duxelles-Farce kann als Füllung für Gemüsebeilagen, Fisch, Geflügelbrust oder Hähnchenkeulen verwendet werden.*
*Dem 1739 herausgegebenen Kochbuch »Les dons de Comus« zufolge geht diese Champignonkreation auf François Pierre de la Varenne zurück, den Leibkoch des Marquis d'Uxelles, der sie nach seinem Dienstherrn benannte.*

1

2

3

4

# Schaumfarce mit Sahne ★

Feine, homogene, schaumige Masse zum Füllen von Fleisch und Fisch.

## Zutaten (für 8 Personen)

250 g Fleisch (Geflügel, Seezunge, Kalb)
1 Eiweiß
180 ml Sahne
Salz, Pfeffer oder Chili

Das Fleisch würzen (1).
In der Küchenmaschine fein zerkleinern (2). Das Eiweiß hinzugeben.
Die Masse in eine Edelstahlschüssel geben, auf Eiswürfel setzen und nach und nach die Sahne einarbeiten (3).
Abschmecken und durch ein feines Sieb streichen (4).
Mithilfe eines Teigschabers umfüllen, die Oberfläche mit Frischhaltefolie belegen und kühl stellen.

### ● Tipp

*Schlagsahne ist hier besser geeignet als Crème fraîche, weil sie weniger Säure enthält.*
*Bei Fisch (wegen des Wassergehalts) weniger Sahne verwenden, bei trockenem Fleisch (Geflügel, Kaninchen) die Menge erhöhen.*
*Während des Garens intensiviert sich der Geschmack der Gewürze.*
*Eine Farce kann je nach Verwendung mit fein geschnittenen Garnituren (Brunoise, Julienne, Gemüsestifte) oder Gewürzen angereichert werden – der Kreativität sind keine Grenzen gesetzt.*

### ● Gut zu wissen

*Als Mousseline- oder Schaummasse bezeichnet man alle Zubereitungen, die schaumig, luftig und leicht sind, neben Farcen auch Saucen oder Cremes.*
*Ein Püree aus Gemüse, hergestellt nach demselben Prinzip wie die Schaumfarce mit Sahne, kann (mit Sahne und Eiern) zu einem Flan oder (mit Eischnee) zu einer Mousse verarbeitet werden.*
*Eine Terrine mit Schichten verschiedenfarbener Gemüsepürees (aus Karotten, weißen Rüben, grünen Bohnen) wirkt ausgesprochen dekorativ.*
*Schaumfarcen finden vielfach Verwendung, beispielsweise als Füllung für dünne Fleischscheiben, für Fisch, Timbalen, in Fischsoufflés oder Blätterteigtaschen.*

**Rezept**
Gefüllte Hähnchenkeule mit Maronen >> S. 344

# Schaumfarce mit Butter ★

Feine Füllung mit cremiger Konsistenz.

**Zutaten(für 8 Personen)**
250 g Fleisch (Seezunge, Kalb, Geflügel)
2 Eier
1 Eigelb
200 g Butter
Salz, Pfeffer oder Chili

Das Fleisch in der Küchenmaschine fein zerkleinern und durch ein Sieb streichen.
Die Eier, das Eigelb und die weiche Butter hinzufügen. Gründlich vermengen.
Würzen.
Mithilfe eines Teigschabers umfüllen, die Oberfläche mit Frischhaltefolie belegen und in den Kühlschrank stellen.

**● Tipp**
*Die Feinheit der Farce hängt davon ab, wie feinmaschig das Sieb ist.*
*Eine Schaumfarce mit Butter sollte nicht auf Eis gestellt werden, weil dann die Butter zu schnell hart wird. Diese Farce wird in erster Linie zum Füllen von Fleisch verwendet und muss sanft gegart werden.*
*Mit den natürlichen Farben der Zutaten wie Lachs (orange) oder chlorophyllhaltiges Gemüse (grün) lassen sich dekorative Effekte erzielen.*

# Farce mit Panade ★★

Die sogenannte Panade wird ähnlich wie Brandteig (S. 20) hergestellt und verleiht der Farce Bindung.

**Zutaten (für 8 Personen)**
250 g Fleisch (Geflügel, Kalb, Fisch, Krustentiere)
2 Eiweiß
200 g Sahne (nach Belieben)
1 reichliche Prise Salz
1 Prise Pfeffer

Panade
125 ml Fischfond, Milch oder Wasser
90 g Butter
125 g Mehl
4 Eier

Eine Panade herstellen: Die Flüssigkeit mit der Butter aufkochen. Das Mehl dazugeben und unter ständigem Rühren mit einem Spatel abbrennen*. Vom Herd ziehen und die Eier einzeln unterrühren.
Das Fleisch in der Küchenmaschine fein zerkleinern und nach und nach die Eiweiße, anschließend die kalte Panade untermengen.
Würzen und durch ein feines Sieb streichen.
Die Farce, falls nötig, mit Sahne geschmeidiger machen.

**Rezept**
Hechtklößchen in Krebssauce >> S. 263

1

2

3

# Geflügelleberfarce ★

Fein gehackte Geflügelleber, serviert auf gerösteten Brotscheiben zu Geflügel und Federwild.

## Zutaten (für 8 Personen)

100 g fetter Speck
300 g Geflügel- oder Wildleber
50 g Schalotten
30 ml Cognac
Thymianblüten
Salz, frisch gemahlener Pfeffer

Den Speck fein würfeln und in einer Pfanne auslassen. Die gesäuberten Lebern dazugeben (1).
Nach der Hälfte der Garzeit die fein gewürfelten Schalotten hinzufügen (2) und mit Cognac flambieren (3).
Würzen und mit Thymianblüten bestreuen.
Alles fein pürieren und durch ein Sieb streichen.
Mithilfe eines Teigschabers umfüllen, die Oberfläche mit Frischhaltefolie belegen und in den Kühlschrank stellen.

**● Tipp**

*Die Lebern sollen außen gebräunt, aber im Kern rosa bleiben, damit die Farce nicht trocken und bröckelig wird.*

**● Gut zu wissen**

*Eine Geflügelleberfarce wird traditionell aus gegarten Geflügellebern hergestellt.*
*Üblicherweise wird sie auf geröstete Brostscheiben gestrichen und zu Geflügel gereicht.*

**Rezept**
Gebratenes Perlhuhn auf Geflügelleber-Kanapee >> S. 330

# Herzoginkartoffeln ★

Ein feines Kartoffelpüree, das mit Butter und Eigelb verrührt zum Füllen von Gemüse dient oder gebacken als Beilage serviert wird.

### Zutaten (für 6 Personen)

500 g festkochende Kartoffeln
3 Eigelb
80 g Butter
etwas Muskatnuss, gerieben
Salz, frisch gemahlener Pfeffer

Die Kartoffeln in der Schale garen.
Pellen und durch eine Kartoffelpresse drücken.
Gegebenenfalls im offenen Topf bei geringer Hitze kurz ausdampfen lassen. Mit den Eigelben und der Butter vermengen.
Würzen.

**Rezept**
Lammnüsschen mit Süßholzmilch, Herzoginkartoffeln >> S. 382

# Kartoffelsorten und ihre Verwendung

Kartoffeln sollen unmittelbar nach dem Schälen in kaltes Wasser gelegt werden, damit sie sich nicht braun verfärben.

Für manche Zubereitungen (Pommes frites, Kartoffelwaffeln, Strohkartoffeln) werden sie kurz abgespült, um die Stärke zu entfernen, für andere wiederum ist die Stärke wichtig, um beim Garen nicht zu zerfallen (Kartoffelgratin, Annakartoffeln).

Grüne Stellen müssen großzügig entfernt werden, da sie die giftige Substanz Solanin enthalten.

Kartoffeln sollte man an einem dunklen, gut belüfteten Ort lagern, um die Bildung von Keimen zu vermeiden, die gegebenenfalls mit dem Keimansatz ausgestochen werden.

Kartoffeln werden nach ihren Kocheigenschaften unterschieden: Sorten mit mehligem Fruchtfleisch eignen sich für Püree, Suppe und Pommes frites, festkochende Sorten für alle anderen Zubereitungen.

| SORTE | AUSSEHEN | EIGENSCHAFTEN |
|---|---|---|
| Amandine | glatte Schale, längliche Form, cremefarbenes Fleisch | festkochend bis vorwiegend festkochend |
| Agata | glatte Schale, rundliche, regelmäßige Form, gelbes Fleisch | vorwiegend festkochend bis mehligkochend |
| Belle de Fontenay | glatte Schale, hörnchenförmig, gelbes Fleisch | festkochend bis vorwiegend festkochend |
| Bintje | raue Schale, längliche Form, große Knollen, helles Fleisch | vorwiegend festkochend bis mehligkochend |
| BF 15 | gefleckte Schale, mittelgroße Knollen, gelbes Fleisch | festkochend |
| Charlotte | länglich, sehr regelmäßige Form, festes, gelbes Fleisch | festkochend bis vorwiegend festkochend |
| Monalisa | glatte Schale, sehr regelmäßige Form, gelbes Fleisch | vorwiegend festkochend bis mehligkochend |
| Nicola | mittelgroße Knolle, länglich, gelbes Fleisch gut lagerfähig | festkochend bis vorwiegend festkochend |
| Ratte | nicht sehr produktiv, festes Fleisch, hörnchenförmig | festkochend bis vorwiegend festkochend |
| Rosabelle | sehr regelmäßig geformt, länglich, rot | Frühkartoffel |
| Roseval | glatte rote Schale, längliche, regelmäßig geformte Knollen | festkochend bis vorwiegend festkochend |
| Samba | länglich, mittlere Größe, kupferfarbene Schale, gelbes Fleisch | vorwiegend festkochend bis mehligkochend |
| Vitelotte (Trüffelkartoffel) | kleine, lang gestreckte Knollen mit buckliger Oberfläche, fast schwarze Schale und violettes Fleisch | festkochend |

# Süße Zubereitungen und Grundsaucen

# Früchtecoulis ★

Zubereitung aus fein pürierten, gegebenenfalls mit etwas Zucker und Zitronensaft geschmacklich abgerundeten reifen Früchten. Eine Coulis sollte möglichst bald verzehrt werden, da sie nach spätestens 1 Tag zu fermentieren beginnt. Als Beispiel folgt das Rezept für eine Himbeercoulis.

## Zutaten (für 8 Personen)

500 g Himbeeren
Saft von 1 Zitrone
50 g Puderzucker

Die Früchte, falls nötig, waschen und die Stielansätze entfernen.
Mit dem Zitronensaft und dem Zucker fein pürieren **(1)**.
Je nach Verwendung durch ein feines Sieb passieren **(2)**.
Mit Frischhaltefolie abdecken und kühl stellen.

### ● Tipp

*Früchte, die nach dem Entfernen des Stielansatzes einen Hohlraum aufweisen, sollten vorher gewaschen werden (Himbeeren, Erdbeeren, Brombeeren).*
*Zitronensaft nicht vor dem Pürieren dazugeben, um eine vorzeitige Oxidation der Früchte zu vermeiden.*
*Nur reifes Obst der Saison verwenden (Tabelle S. 222). Manche Früchte werden allerdings als qualitativ hochwertige Tiefkühlware das ganze Jahr über angeboten.*
*Eine Coulis aus Obst mit relativ trockenem Fruchtfleisch (Aprikose, Banane, Kokosnuss) wird mit etwas kaltem Zuckersirup geschmeidiger. Dagegen kann sehr saftigen Früchten ein wenig Gelee oder Konfitüre aus derselben Frucht zugesetzt werden.*
*Mit einer passenden Spirituose wird die Coulis geschmacklich intensiviert und abgerundet.*

**Rezept**
Cassata mit Himbeercoulis >> S. 505

1

2

# Dekormasse ★

Ein Teig, wie er auch für dünne Waffelröllchen verwendet wird; er kann gefärbt oder ungefärbt sein. Man verwendet ihn, um eine gemusterte Oberfläche für Biskuit herzustellen. Die Muster entstehen mithilfe eines Teigkamms, einer Spritztüte aus Backpapier, einer Schablone oder einem Dekorschaber mit Holzrelief.

## Zutaten

50 g Puderzucker
2 Eiweiß
50 g Mehl
50 g Butter
einige Tropfen eines farbigen Extrakts (Kaffee) oder Lebensmittelfarbe

Puderzucker und Eiweiße mit dem Schneebesen glatt rühren.
Das gesiebte Mehl einarbeiten.
Die zerlassene, etwas abgekühlte Butter dazugeben und alles zu einer glatten Masse verrühren.
Den Teig, falls gewünscht, einfärben.
Mit Frischhaltefolie abdecken und im Kühlschrank ruhen lassen, damit die enthaltene Butter fest wird.
Den Teig mit einem Spatel dünn auf Backpapier oder eine Silikonmatte streichen und nach Belieben Motive eindrücken oder -ritzen.
Zum Aushärten für 4-5 Minuten flach in das Tiefkühlgerät legen.
Anschließend mit einer rohen Biskuitmasse überziehen und in den Backofen schieben.
Den gebackenen Biskuit stürzen und das Backpapier abziehen.

1

2

3

## Schokoladendekormasse ★

**Zutaten**
50 g Puderzucker
2 Eiweiß
35 g Mehl
15 g Kakaopulver
50 g Butter

Puderzucker und Eiweiße mit dem Schneebesen glatt rühren.
Das mit dem Kakao gesiebte Mehl einarbeiten.
Die zerlassene, etwas abgekühlte Butter dazugeben und alles zu einer glatten Masse verrühren.
Mit Frischhaltefolie abdecken und im Kühlschrank ruhen lassen, damit die enthaltene Butter fest wird.
Den Teig mit einem Spatel dünn auf Backpapier oder eine Silikonmatte streichen (1).
Nach Belieben Motive eindrücken oder -ritzen (3). Eine Schablone leistet dabei gute Dienste.
Die Schablone abnehmen (2) und die Dekormasse auf dem Backpapier für 4-5 Minuten flach in das Tiefkühlgerät legen, um die Motive auszuhärten.
Anschließend mit einer rohen Biskuitmasse überziehen und in den Backofen schieben.
Den gebackenen Biskuit stürzen und das Backpapier abziehen.

**● Gut zu wissen**

*Ein Schriftzug muss spiegelverkehrt geschrieben werden, weil er auf die Biskuitmasse übertragen wird. Es empfiehlt sich, ihn auf einer vorgefertigten Schablone anzubringen, die ebenfalls spiegelverkehrt unter das Backpapier gelegt wird.*
*Man kann die Teigmenge teilen und verschieden einfärben, um lebendige Muster zu erzielen.*
*Aus dem Teig können auch Katzenzungen, Russische Zigarretten, Eishörnchen und vieles mehr hergestellt werden.*

1

2

# Karamellsauce ★★

Karamellisierter Zucker, der mit Sahne und/oder Butter abgelöscht wird. Die Sauce kann nach Belieben mit Kaffee-, Vanille-, Haselnuss- oder anderen Extrakten aromatisiert werden.

## Zutaten (für 8 Personen)

125 g feiner Zucker
100 g Sahne (Fettgehalt 30 %)
50 g Butter

Den Zucker bei starker Hitze in einer beschichteten Pfanne oder in einem Kupfertopf zu goldgelbem Karamell kochen (etwa 180 °C).
Den Kochvorgang durch langsames Angießen der Sahne unterbrechen (1).
Wieder aufkochen, um die Sauce glatt zu rühren und zu verflüssigen. Sie soll geschmeidig sein und einen Löffelrücken gleichmäßig überziehen.
Die Butter unterziehen (2).

**● Tipp**

*Der Kochvorgang kann auch unterbrochen werden, indem man den Topf vom Herd zieht und die Butter einrührt, die auf diese Weise einen leicht nussigen Geschmack annimmt. Geeignet ist auch leicht gesalzene Butter oder Butter mit Salzkristallen.*
*Der Bräunungsgrad lässt sich mit einem weißen Stück Pergamentpapier überprüfen, das mit einer Ecke in den Karamell getaucht wird. Zum Ablöschen ist auch Fruchtsaft geeignet.*

# Schokoladensauce ★

Je nach Flüssigkeitszufuhr mehr oder weniger sämige Sauce, die zu verschiedenen Desserts gereicht wird oder sie überzieht (Profiteroles, Eisbecher, pochierte Früchte, Tartes und andere Süßspeisen). Die Textur der Sauce wird durch die Beschaffenheit der Schokolade bestimmt.

## Zutaten (für 8 Personen)

250 g Milch und/oder Sahne
180–200 g Schokolade mit 64 % Kakaoanteil

Die Flüssigkeit bei niedriger Hitze auf 55–60 °C erwärmen.
Vom Herd ziehen und die gehackte Schokolade hinzufügen (1, 2) und mit einem Holzspatel oder dem Schneebesen unter die Sauce rühren (3).
Je nach Verwendung im Wasserbad warm halten oder abkühlen lassen.

1

2

● **Tipp**

*Die Schokoladensauce kann nach Belieben mit löslichem Kaffee, Vanilleextrakt, Gewürzen, Honig oder getrockneten Früchten aromatisiert werden.*
*Soll die Sauce warm serviert werden, kann man sie mit Butter oder gekochtem Zuckersirup verrühren.*



# Fruchtsauce ★

Im Unterschied zu einer Coulis werden die Früchte mit etwas Zucker und Zitronensaft gegart.
Als Beispiel folgt das Rezept für eine Aprikosensauce.

## Zutaten (für 8 Personen)

650 g Aprikosen
80 g feiner Zucker
1 Vanilleschote
Saft von 1 Zitrone

Die Aprikosen von ihren Kernen befreien und in Spalten schneiden (1).
Mit dem Zucker und der aufgeschlitzten Vanilleschote im geschlossenen Topf unter Zugabe von etwas Wasser oder Zitronensaft (für die Dampfbildung) weich kochen (2).
Pürieren und durch ein feines Sieb passieren (3).
Bis zur weiteren Verwendung beiseitestellen.

● **Tipp**

*Gewürze (Vanille, Zimt, Ingwer) oder frische Kräuter (Eisenkraut, Zitronenthymian, Melisse, verleihen Fruchtsaucen eine individuelle Note.*
*Soll die Konsistenz weniger fein sein, wird das Fruchtfleisch grob mit einer Gabel zerdrückt.*

1

2

3

# Sirup ★

Eine flüssige, mehr oder weniger konzentrierte Zuckerlösung, die je nach Konzentration für unterschiedliche Zwecke verwendet wird (zum Befeuchten oder Tränken, für die Herstellung von Meringenmasse oder Buttercreme).

## Die verschiedenen Siruparten

Man unterscheidet sie nach ihrer Verwendung.

| VERWENDUNG | MENGENVERHÄLTNIS | BEISPIELE |
|---|---|---|
| Befeuchten, Garen | 1 l Wasser<br>300–500 g Zucker<br>Aroma | Savarins<br>Babas<br>pochiertes Obst |
| Tränken | 1 l Wasser<br>1–1,350 kg Zucker<br>Aroma | Süßspeisen<br>Biskuit<br>kleine Kuchen |
| Kandieren | 1 l Wasser<br>2,5 kg Zucker<br>In einem geschlossenen Behälter auf 25 °C abkühlen lassen.<br>Den Sirup über die auf ein Gitter verteilten Früchte gießen.<br>16 Stunden einwirken lassen. | kandierte Früchte<br>Dekorteile<br>Marzipankonfekt |

## Zucker kochen

Zur Kontrolle empfiehlt sich ein elektronisches (weil präziseres) Zuckerthermometer, andernfalls mit den Fingern überprüfen (Vorsicht, Verbrennungsgefahr).

| KOCHSTADIUM | TEMPERATUR | VERWENDUNG |
|---|---|---|
| Schwacher Faden | 103 °C | Konfitüre, Gelee |
| Starker Faden | 106 °C | Fruchtpaste |
| Schwacher Flug | 110 °C | Florentiner, Krokant |
| Starker Flug | 113–115 °C | weicher Karamell |
| Kleiner Ballen | 118 °C | weiches Fondant/Marzipan |
| Starker Ballen | 121 °C | italienische Meringenmasse/Buttercreme/festes Fondant |
| Schwacher Bruch | 135–145 °C | weißer Nougat/Marshmallows |
| Starker Bruch | 145–155 °C | gesponnener, gegossener, gezogener und geblasener Zucker |
| Heller Karamell | 165 °C | gesponnener, gegossener, gezogener und geblasener Zucker |
| Dunkler Karamell | 180 °C | Karamellsauce mit gesalzener Butter |
| Karbonisierter Zucker | 190–200 °C | Färbemittel für Cremes und Glasuren |

### Grundrezept

330 g Wasser
1 kg Würfelzucker

Das Wasser in einem einwandfrei sauberen Stieltopf aus Kupfer oder Edelstahl erhitzen.
Sobald es zu sieden beginnt, den Würfelzucker hineingeben. Ständig kontrollieren, um die gewünschte Konzentration exakt zu erreichen.

**● Tipp**

*Falls der Zucker während des Kochens rekristallisiert (kleine Klumpen bildet), einige Tropfen Zitronenwasser, eventuell sogar etwas Essig dazugeben.*
*Ein Kupfertopf zeichnet sich durch eine gleichmäßige Wärmeverteilung aus und verhindert auf diese Weise die Klumpenbildung.*
*Zuckerkristalle, die sich immer wieder am Topfrand absetzen, sollten regelmäßig mit einem feuchten Pinsel entfernt werden.*
*Zucker kann auch trocken (ohne Wasser) gekocht werden, braucht dann aber starke Hitze.*

# Süße Grundcremes

1

2

# Englische Creme ★★

Eine kalte Dessertsauce, die zu den Grundzubereitungen der klassischen Küche gehört. Sie dient als Basis für zahlreiche Süßspeisen wie Bayerische Creme, Eiscreme oder Charlotte.

## Zutaten

1 l Milch
1 Vanilleschote
10 Eigelb
250 g feiner Zucker

Die Milch in einen Topf gießen und mit der aufgeschlitzten Vanilleschote und dem ausgekratzten Mark erhitzen.
Die Eigelbe mit dem Zucker in einer Schüssel cremig aufschlagen.
Sobald die Milch zu sieden beginnt, zur Hälfte auf die Ei-Zucker-Masse gießen und gut verrühren **(1)**.
Durch ein feines Sieb in den Topf mit der restlichen Milch gießen und behutsam erhitzen, mit Thermometer auf maximal 85 °C, ansonsten, bis die Creme eindickt und einen Rührlöffel überzieht **(2)**, sodass eine deutliche Spur zurückbleibt, wenn man mit dem Finger über den Löffel fährt.
Den Topf hin und wieder vom Herd ziehen, damit die Eigelbe nicht durch zu starke Wärmeeinwirkung gerinnen.
In eine Schüssel geben und auf Eiswürfeln abkühlen lassen.

### ● Tipp

*Die Creme soll rasch abkühlen, um das Risiko einer Bakterienvermehrung so weit wie möglich auszuschließen.*
*Die Masse darf nicht kochen, weil die Eigelbe sonst gerinnen und die Creme zerfällt. In diesem Fall sofort in ein sehr kaltes Gefäß geben und mit einem Stabmixer durchmixen.*
*Wenn die Sauce während des Erhitzens an der Oberfläche keinen Schaum mehr bildet, hat sie die richtige Konsistenz erreicht.*

### ● Gut zu wissen

*Traditionell wird die englische Creme mit Vanille aromatisiert, die aber ganz oder teilweise durch Schokolade, verschiedene Spirituosen oder Liköre, Karamell, Nugat, Zitronen- oder Orangenzesten ersetzt werden kann. Im Unterschied zur Vanille werden diese Aromen in die fertige Sauce gerührt.*

**Rezepte**
Schneeklößchen mit Karamell auf Vanillesauce ›› S. 463
Schokoladen-Mokka-Torte ›› S. 480

1

2

# Echte Buttercreme ★★★

Emulsion aus Butter, einer Masse aus Eiern und Sirup sowie Aromen. Verschiedene Varianten sind möglich, beispielsweise auf der Basis von englischer Creme, Biskuitmasse oder italienischer Meringenmasse.

## Zutaten

200 g feiner Zucker
2 Eier
2 Eigelb
250 g Butter
einige Tropfen eines natürlichen Aromas (etwa Kaffee, Rose, Bittermandel, Karamell, Nugat, Schokolade)

Den Zucker mit 70 Milliliter Wasser zu Sirup kochen (S. 169). Eier und Eigelbe in der Küchenmaschine schaumig rühren. Wenn der Sirup auf dem Zuckerthermometer 117 °C erreicht hat, zu den Eiern gießen. Die Küchenmaschine zum Abkühlen der Masse einige Minuten langsam weiterlaufen lassen.
Die weiche Butter (Zimmertemperatur) stückweise mit dem Schneebesen (1) oder in der Küchenmaschine (mittlere Geschwindigkeit) (2) unter die Masse rühren.
Aromatisieren.

### ● Tipp

*Die Konsistenz wird noch feiner, wenn ausschließlich Eigelbe verwendet werden (fünf Eigelb für die oben angegebenen Mengen). Die Buttercreme verarbeiten, solange sie noch weich ist (etwa 20 °C warm).*

### ● Gut zu wissen

*Mit Buttercreme füllt man Torten aller Art. Sie ist auch ein fester Bestandteil der Bûche de Noël. Die in Frankreich zu Weihnachten gebackene Biskuitrolle ist der symbolische Ersatz für die Holzscheite, die früher in Ländern mit keltischer Tradition zur Weihnachtszeit im Kamin verbrannt wurden.*
*Mitte des 19. Jahrhunderts kreierte der Pariser Patissier Guignard seinen berühmt gewordenen Moka, einen Biskuitboden, überzogen von einer mit Kaffee aromatisierten Buttercreme. Sein Vorgänger Quillet dagegen hat die Buttercreme kreiert.*
*Der Mokka, eine spezielle Art der Kaffeezubereitung, trägt seinen Namen nach dem einstigen Exporthafen für jemenitischen Kaffee.*

**Rezepte**
Baisertörtchen mit Maronencreme ›› S. 471
Schokoladen-Mokka-Torte ›› S. 480

# Chantilly-Sahne ★

Mit Vanille und Zucker aromatisierte Schlagsahne, die zum Füllen, Garnieren, Überziehen und Dekorieren verwendet und zu Gebäck, Desserts oder Speiseeis gereicht wird.

## Zutaten

500 g Schlagsahne mit 35 % Fettgehalt
75 g Puderzucker
einige Tropfen Vanilleextrakt

Die gekühlte Sahne in eine kalte Schüssel oder in die kalte Rührschüssel der Küchenmaschine gießen **(1)**.
Kräftig schlagen (Küchenmaschine: mittlere Geschwindigkeit), bis sie anfängt, steif zu werden **(2)**.
Den Puderzucker durch ein Sieb **(3)** dazugeben, anschließend mit der Vanille aromatisieren.
Ein paar Sekunden kräftig weiterschlagen, damit die Schlagsahne so luftig wie möglich wird.

### ● Tipp

*Für das Gelingen der Schlagsahne ist es wichtig, dass sie gut gekühlt oder auf Eis geschlagen wird und einen Mindestfettgehalt von 30 % hat. Es empfiehlt sich, auch die Schüssel vorher in den Kühlschrank zu stellen.*
*Bei Verwendung von Kristallzucker ist darauf zu achten, dass er sich in der Sahne vollkommen auflöst. Puderzucker ist besser geeignet.*
*Die Sahne hält sich im Kühlschrank nicht länger als 1 Tag.*
*Es ist ratsam, sie erst unmittelbar vor dem Servieren zu schlagen, damit sie nicht wieder zusammenfällt.*

### ● Gut zu wissen

*Chantilly-Sahne findet vor allem in der Patisserie häufig Verwendung. Durch kräftiges Schlagen wird Luft unter die Sahne gemischt, wodurch sie ihr Volumen annähernd verdoppelt. Anschließend werden 15–20 % ihres Gewichts an Zucker und das Vanillearoma dazugegeben.*
*Die Erfindung wird François Vatel zugeschrieben, einem der bedeutendsten Küchenmeister des 17. Jahrhunderts. Er war Koch und Haushofmeister des Prinzen von Condé auf Schloss Chantilly nahe Paris.*

**Rezepte**
Sahnebaiser mit Brombeersorbet ›› S. 498
Waffeln Tuttifrutti ›› S. 464

1

2

3

# Chiboust-Creme ★★

Zubereitung aus Konditorcreme mit Gelatine und italienischer Meringenmasse. Chiboust-Creme wird zum Füllen der Saint-Honoré-Torte verwendet.

## Zutaten

500 ml Milch
1 Vanilleschote
3 Eier + 5 Eiweiß
625 g feiner Zucker
55 g Puddingpulver, Mehl oder Maisstärke
einige Tropfen natürliches Aroma (Kaffee-, Rosen-, Bittermandel-, Karamell-, Nugat-, Schokoladenaroma)
5 Blatt Gelatine (10 g)
1 Prise Salz

Die Milch mit dem ausgekratzten Vanillemark erhitzen.
Die drei Eier trennen und die Eigelbe in einer Schüssel mit 125 Gramm Zucker und Puddingpulver, Mehl oder Maisstärke weißcremig aufschlagen.
Sobald die Milch zu sieden beginnt, die Hälfte auf die Eiermasse gießen und glatt rühren. Das gewählte Aroma hinzufügen (mit Ausnahme alkoholhaltiger Aromen, die unter die abgekühlte Zubereitung gerührt werden).
Durch ein feines Sieb zu der restlichen Milch in den Topf gießen und erneut aufkochen. 2-3 Minuten kochen lassen, dabei ständig mit dem Schneebesen schlagen.
Den Topf von der Kochstelle nehmen, die in kaltem Wasser eingeweichte und gut ausgedrückte Gelatine dazugeben und mit dem Schneebesen glatt rühren.
Die Creme in eine Schale füllen und mit Frischhaltefolie belegen. Auf etwa 15 °C abkühlen.

Für die Meringenmasse (S. 49) 165 Milliliter Wasser mit 500 Gramm Zucker aufkochen. Wenn die Temperatur des Sirups auf 110 °C gestiegen ist (mit einem Thermometer überprüfen), die acht Eiweiß mit einer Prise Salz in der Küchenmaschine steif schlagen.
Sobald der Sirup 117–120 °C erreicht hat, in den Eischnee einlaufen lassen. Weiterschlagen, bis die Masse nur noch lauwarm ist. Sie ist jetzt fest und glänzend und bildet steife Spitzen.

Die Meringenmasse mithilfe eines Teigschabers vorsichtig unter die abgekühlte, aber noch nicht fest gewordene Konditorcreme heben.

### ● Tipp

*Die Gelatineblätter in kaltem Wasser einweichen und anschließend gut ausdrücken. Die fertige Chiboust-Creme rasch verarbeiten, bevor sie zu fest wird. Die Meringenmasse wird lauwarm unter die Konditorcreme gehoben.*

### ● Gut zu wissen

*Die Verwendung einer italienischen Meringenmasse hat mehrere Vorzüge: einerseits verringert der heiße Sirup das Risiko einer bakteriellen Infektion. Darüber hinaus verleiht die Meringenmasse der Konditorcreme Konsistenz, Textur und einen schönen Glanz. Chiboust-Creme hält sich im Kühlschrank nicht länger als 12 Stunden, kann aber eingefroren werden.*
*Die Creme geht auf einen Patissier namens Chiboust zurück, der sich 1840 in Paris niederließ und höchstwahrscheinlich zu Ehren des Schutzpatrons der Bäcker die Saint-Honoré-Torte kreiert hat. Dieser köstliche Kuchen aus Brandteig wird mit der nach ihm benannten Creme gefüllt.*

**Rezept**
Saint-Honoré-Torte >> S. 451

# Mandelcreme ★

Kalt zubereitete Mischung aus geriebenen Mandeln, Eiern, Butter und feinem Kristallzucker zu gleichen Teilen. Mehl kann, muss aber nicht hinzugefügt werden.
Mandelcreme ist Bestandteil zahlreicher Klassiker der französischen Patisserie wie Dreikönigskuchen oder Pithiviers-Torte.

## Zutaten

100 g Butter
100 g feiner Zucker
100 g Mandeln, gerieben
2 Eier
einige Tropfen Vanilleextrakt
1 EL Rum

Die Butter mit dem Zucker cremig rühren.
Die geriebenen Mandeln, anschließend die Eier einzeln untermischen.
Die Masse aromatisieren und mit dem Schneebesen glatt rühren.

**● Tipp**
*Mandelcreme wird grundsätzlich mit dem Teig gebacken (Kuchen, Plundergebäck).*

**Rezept**
Aprikosentorteletts >> S. 428

# Diplomatencreme ★

Eine Variante der Konditorcreme, der Gelatine untergerührt und geschlagene Sahne untergezogen wird. Diplomatencreme ist die Grundlage der gleichnamigen Süßspeise und wird darüber hinaus für die Herstellung von Diplomatenpudding, Mille-Feuille, gefüllten Crêpes und Obsttartes verwendet.

## Zutaten

500 ml Milch
1 Vanilleschote
3 Eigelb
125 g feiner Zucker
55 g Puddingpulver oder Maisstärke
einige Tropfen eines Aromas (Kaffee-, Rosen-, Bittermandel-, Karamell-, Nugat-, Schokoladenaroma)
5 Blatt Gelatine (10 g)
750 ml Schlagsahne

Die Milch mit dem ausgekratzten Vanillemark erhitzen.
Eigelbe, Zucker und Puddingpulver oder Maisstärke mit dem Schneebesen weißcremig aufschlagen.
Sobald die Milch zu sieden beginnt, zur Hälfte auf die Eiermasse gießen und glatt rühren. Das gewählte Aroma hinzufügen (mit Ausnahme alkoholhaltiger Aromen, die unter die abgekühlte Zubereitung gerührt werden).
Durch ein feines Sieb zu der restlichen Milch in den Topf gießen und erneut aufkochen. 2-3 Minuten kochen lassen, dabei ständig mit dem Schneebesen schlagen.
Vom Herd ziehen, die in kaltem Wasser eingeweichte und gut ausgedrückte Gelatine dazugeben und mit dem Schneebesen glatt verrühren.
Die Creme in eine Schale füllen, mit Frischhaltefolie belegen und auf etwa 15 °C abkühlen.
Die Sahne steif schlagen.
Die abgekühlte, aber noch nicht fest gewordene Creme glatt rühren und die gut gekühlte, geschlagene Sahne behutsam mit einem Teigschaber unterziehen.

### ● Tipp

*Die Gelatineblätter in kaltem Wasser einweichen und anschließend gut ausdrücken.*
*Die geschlagene Sahne soll steif und glatt sein.*
*Die Sahne vorsichtig von unten nach oben unter die Creme heben, damit sie durch starkes Rühren nicht zerfällt.*
*Wird die Eiermischung in die kochend heiße Milch gegeben, dickt die Diplomatencreme sofort ein, wodurch die Gefahr des Ansetzens am Topfboden gemindert wird.*
*Wird die Sahne unter die noch heiße Creme gemischt, schmilzt sie, anstatt der Creme eine luftige Konsistenz zu verleihen.*

### ● Gut zu wissen

*Diplomatencreme hält sich im Kühlschrank nicht länger als 24 Stunden, man kann sie aber einfrieren.*
*Die fertiggestellte Creme sollte rasch verarbeitet werden, bevor sie fest wird; anschließend sofort kühl stellen.*
*Wird die Diplomatencreme ohne Gelatine zubereitet, kann die Sahnemenge erhöht werden.*

**Rezept**
Mille-Feuille mit Diplomatencreme ›› S. 479

# Sahne

Sahne wird ausschließlich aus Milch gewonnen. Das Hinzufügen jeglicher Fettstoffe ist ausdrücklich untersagt. Laut Milcherzeugnis-Verordnung müssen als »Sahne« bezeichnete Milchprodukte einen Mindestfettgehalt von 10 %, Schlagsahne von 30 % aufweisen. Fettreduzierte Sahne hat in der Regel einen Fettgehalt von 15–20 %. Sahne wird nach verschiedenen Kriterien unterteilt: Art und Dauer der Wärmebehandlung (für die Haltbarkeit), Fettgehalt sowie Konsistenz (fest oder flüssig).

| BEZEICHNUNG | KONSISTENZ | FETTGEHALT | VERWENDUNG |
| --- | --- | --- | --- |
| Crème fraîche | fest | mindestens 30 % | zum Kochen/für Süßspeisen |
| Crème double | cremig | mindestens 40 % | Zum Kochen/für Süßspeisen |
| Schlagsahne | flüssig | mindestens 30 % | zum Kochen/für Süßspeisen |
| Crème légère | flüssig | 12–29 % | kalte Zubereitungen |
| Saure Sahne | yoghurtähnlich | 10–18 % | kalte Zubereitungen |
| Schmand | sämig | 19–24 % | kalte Zubereitungen, Saucen |

## Frangipane-Creme ★

Eine Füllcreme, die zu gleichen Teilen aus Konditor- und Mandelcreme besteht.

### Zutaten

Für die Konditorcreme
250 ml Milch
½ Vanilleschote
2 Eigelb
65 g feiner Zucker
25 g Puddingpulver oder Maisstärke
einige Tropfen Bittermandelextrakt oder Amaretto

Für die Mandelcreme
100 g Mandeln, gerieben
100 g Butter
2 Eier
100 g feiner Zucker

Eine Konditorcreme herstellen (S. 182) und rasch abkühlen.
Währenddessen die Mandelcreme zubereiten (S. 176).
Die Konditorcreme mit dem Bittermandelextrakt oder dem Amaretto geschmeidig rühren.
Die Mandelcreme dazugeben und sorgfältig mit dem Schneebesen unterziehen.

**● Gut zu wissen**

*Der Name der Creme geht zurück auf den italienischen Parfümeur Frangipani, der sich im 17. Jahrhundert in Paris niederließ. Er hatte ein Parfüm für Handschuhe auf Bittermandelbasis kreiert, von dem sich die Patissiers inspirieren ließen.*
*Der Begriff* crème frangipane *wurde mit der bis heute gültigen Definition bereits 1732 im »Dictionnaire de Trévoux« erwähnt. In einigen älteren Büchern wird eine mit Mandeln angereicherte Konditorcreme als* franchipane *bezeichnet (mit Mandelcreme und zerstoßenen Pistazien gefüllte Pastete, laut einer Niederschrift aus dem Jahr 1674). Bisweilen wurde sie auch als Konditorcreme mit Makronensplittern beschrieben.*

**Rezept**
Dreikönigskuchen >> S. 445

1

2

# Ganache ★

Die im deutschen Sprachraum als Pariser Creme bekannte Zubereitung wird in der Regel aus Schokolade und Sahne, teilweise aber auch mit Butter oder Milch hergestellt. Sie dient zum Füllen und Überziehen von Trüffelpralinen, Süßspeisen, Tartes, Mousses.

### Zutaten für Sahneganache (Konfekt)

250 g flüssige Sahne
250 g Schokolade mit 64 % Kakaoanteil

### Zutaten für Butterganache (für Tartes)

230 ml flüssige Sahne
250 g Schokolade mit 64 % Kakaoanteil
90 g Butter

### Zutaten für Milchganache (geschmeidig)

125 ml flüssige Sahne
125 ml Milch
250 g Schokolade mit 64 % Kakaoanteil

Die Sahne und/oder die Milch erhitzen.
Die Schokolade hacken (1) und mit der kochend heißen Sahne und/oder Milch übergießen. Gegebenenfalls die Butter unterziehen und glatt rühren (2), dabei nicht erhitzen.
Die Ganache abkühlen lassen, dabei gelegentlich umrühren. Die Creme kann nach Belieben aromatisiert werden.

### ● Tipp

*Zum Aromatisieren der Ganache kann man beliebige Gewürze, frische oder getrocknete Kräuter in der Sahne und/oder Milch ziehen lassen, die anschließend durch ein feines Sieb über die gehackte Schokolade gegossen wird.*
*Je höher der Anteil der flüssigen Zutaten ist, desto geschmeidiger und streichfähiger wird die Ganache.*
*Die Art der Schokolade (dunkle, weiße, Milchschokolade) und ihr Kakaoanteil bestimmen den geschmacklichen Charakter der Creme.*
*Aromatische Massen wie Nugat oder Nusspaste können ebenfalls untergerührt werden.*
*Die Sahne lässt sich durch ungezuckerte Kondensmilch ersetzen.*

### ● Gut zu wissen

*Die Ganache wurde 1850 von dem Pariser Patissier Siraudin entwickelt.*

**Rezept**
Schokoladen-Mokka-Torte >> S. 480
Tarte mit Himbeerganache >> S. 460

1

2

# Mousseline-Creme ★

Schon der Name verrät, dass es sich um eine leichte, luftige Schaumcreme handelt. Sie wird aus einer mit Butter angereicherten Konditorcreme hergestellt. Man kann sie beispielsweise mit Nugat aromatisieren (wie für den Paris-Brest-Kuchen). Auch eine Erdbeertorte kann mit Mousseline-Creme zubereitet werden.

## Zutaten

500 ml Milch
1 Vanilleschote
3 Eigelb
125 g feiner Zucker
55 g Puddingpulver oder Maisstärke
250 g Butter

Die Milch mit dem ausgekratzten Vanillemark erhitzen.
Die Eigelbe mit dem Zucker und dem Puddingpulver oder der Maisstärke in einer Schüssel weißcremig aufschlagen.
Sobald die Milch zu sieden beginnt, die Hälfte unter die Eiermasse rühren.
Durch ein feines Sieb zu der restlichen Milch in den Topf gießen und erneut aufkochen. 2–3 Minuten kochen lassen, dabei ständig mit dem Schneebesen schlagen.
Vom Herd ziehen, die Hälfte der Butter dazugeben (1) und mit einem Schneebesen glatt rühren.
Die Creme in eine Schüssel umfüllen, die Oberfläche mit Frischhaltefolie belegen und rasch abkühlen.
Mit dem elektrischen Handrührgerät die restliche, weiche Butter unter die abgekühlte Creme rühren.
Kräftig schlagen (2), damit die Creme an Volumen zunimmt und dadurch leicht und luftig wird.

### ● Tipp

*Wird die Schüssel vor der Zugabe der restlichen Butter leicht angewärmt, lässt sich die Creme besser glatt rühren.*
*Falls gewünscht, kann gegen Ende der Fertigstellung ein Aroma hinzugefügt werden. Aromatische Massen wie Nugat werden allerdings zunächst mit der weichen Butter vermengt und anschließend unter die abgekühlte Konditorcreme gezogen.*

### ● Gut zu wissen

*Eine Mousseline-Creme hält sich im Kühlschrank nicht länger als 24 Stunden, kann aber eingefroren werden.*
*Die Creme sorgfältig mit Frischhaltefolie belegen, weil die enthaltene Butter die Aufnahme von fremden Aromen begünstigt.*
*Die Feinheit der Konsistenz und der Geschmack der Mousseline-Creme wird maßgeblich durch die verwendete Butter bestimmt.*

# Konditorcreme ★

Eine der am häufigsten verwendeten Cremes in der Patisserie. Sie dient zum Füllen und Garnieren von Eclairs, Windbeuteln, Schaumrollen und Tarteböden.

## Zutaten

500 ml Milch
1 Vanilleschote
3 Eigelb
125 g feiner Zucker
55 g Puddingpulver oder 65 g Mehl oder 60 g Maisstärke
einige Tropfen eines Aromas (Kaffee-, Rosenwasser-, Bittermandel-, Karamell-, Nugat-, Schokoladenaroma ...)

Die Milch mit dem ausgekratzten Vanillemark erhitzen **(1)**.
Die Eigelbe mit dem Zucker und dem Puddingpulver (beziehungsweise Mehl oder Stärke) in einer Schüssel weißcremig rühren **(2)**.
Sobald die Milch zu sieden beginnt, die Hälfte zu der Eiermasse gießen **(3)** und alles glatt rühren.
Das gewählte Aroma hinzufügen (mit Ausnahme alkoholhaltiger Aromen, die unter die abgekühlte Zubereitung gemischt werden).
Durch ein feines Sieb in den Topf zu der restlichen Milch gießen, erneut aufkochen und 2-3 Minuten kochen lassen, dabei ständig mit dem Schneebesen rühren.
Die Creme in eine Schale füllen, die Oberfläche mit Frischhaltefolie belegen, damit sich keine Haut bildet, und rasch abkühlen.

### ● Tipp

*Wird die Creme zu dünnflüssig, wurde die erforderliche Kochzeit nicht eingehalten oder zu wenig Verdickungsmittel dazugegeben. Die fertige Konditorcreme soll sehr dickflüssig sein.*
*Als Verdickungsmittel für Konditorcreme eignet sich Puddingpulver besonders gut (es enthält Stärke, Vanillearoma und Lebensmittelfarbe). Das Vanillemark kann man dann weglassen.*
*Wird die Eiermischung in kochend heiße Milch gegeben, dickt sie sofort ein, wodurch die Gefahr des Ansetzens am Topfboden gemindert wird.*
*Die Creme hält sich im Kühlschrank nicht länger als 24 Stunden, kann aber eingefroren werden.*

### ● Gut zu wissen

*Konditorcreme, auch »gekochte Creme« genannt, dient als Basis für zahlreiche süße Speisen. Um jegliches Risiko einer Bakterienvermehrung auszuschließen, wird sie stets frisch hergestellt. Einige Varianten: Mousseline-, Diplomaten-, Chiboust- und Frangipane-Creme.*

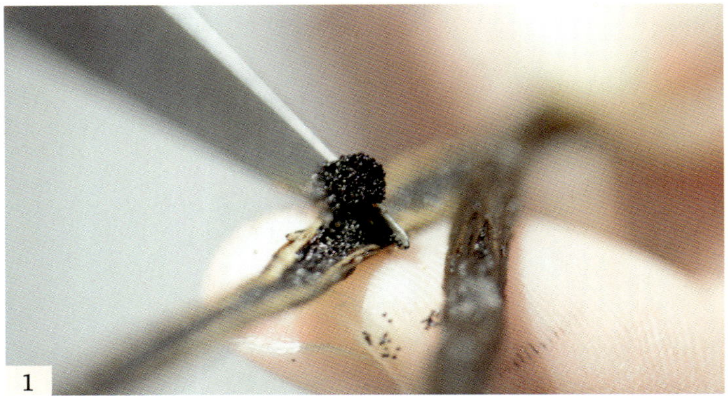
1

2

**Rezepte**
Beerentarte >> S. 446
Soufflé mit Orangenlikör >> S. 438

3

# Süße Massen und Mousses, Patisserieböden

# Süße Eiercreme ★

Masse aus Milch und Eiern, die während des Garens stockt. Sie dient beispielsweise der Zubereitung von süßen Tartes oder Flans.

## Zutaten (für eine süße Tarte)

100 ml Milch
100 ml flüssige Sahne
1 Vanilleschote
2 Eier
2 Eigelb
40 g feiner Zucker
Alkohol nach Belieben

Milch und Sahne mit dem ausgekratzten Vanillemark erhitzen.
Die restlichen Zutaten verrühren, aber nicht schaumig schlagen.
Die lauwarm abgekühlte Sahnemilch zu der Eiermasse gießen und glatt rühren (1).
Nach Belieben mit Alkohol aromatisieren.
Durch ein Sieb passieren, mit Frischhaltefolie abdecken und bis zur weiteren Verwendung in den Kühlschrank stellen.

**● Tipp**

*Nicht bei zu starker Hitze backen, sonst bildet die Masse auf der Oberfläche eine trockene, verfärbte Haut.*
*Wird die Tarte mit wasserreichen Früchten garniert, kann die Eiermenge erhöht werden.*

**Rezept**
Mirabellentarte >> S. 476

1

**Dessertkompositionen der klassischen Küche**

| BEZEICHNUNG | TEIG | GARNITUR |
|---|---|---|
| Bûche de Noël | gerollter Biskuit | aromatisierte Buttercreme, Konfitüre, Konditorcreme |
| Charlotte, warm | Weißbrot | gegarte Früchte |
| Charlotte mit Früchten, kalt | Löffelbiskuits (S. 188) | Bayerische Creme (S. 190, 191) |
| Fraisier (Erdbeertorte) | Wiener Masse (S. 193) | Mousseline-Creme (S. 181) |
| Mascotte | Wiener Masse | Nugat-Buttercreme (S. 173) |
| Mokkatorte | Wiener Masse | Mokka-Buttercreme |
| Montmorency (Kirschtorte) | Wiener Masse | Kirsch-Buttercreme |
| Omelette, norwegisches | Biskuit | Eiscreme, Biskuit |
| Opéra | Mandelbiskuit (S. 194) | Ganache (S. 180), Buttercreme (S. 173) |
| Pudding | Löffelbiskuits | süße Eiercreme (S. 186) |
| Schwarzwälder Kirschtorte | Kakaobiskuit | Schlagsahne, Sauerkirschen |
| Singapur | Wiener Masse | Konditorcreme (S. 182), Ananaskompott |

# Savoyer Biskuit ★

Feiner, lockerer Biskuit, der seine schöne, goldbraune Farbe den reichlich enthaltenen Eiern verdankt.

## Zutaten (für 8 Personen)

4 Eier
125 g feiner Zucker
65 g Mehl + Mehl für die Form
45 g Maisstärke
Butter für die Form

Die Eier trennen.
Die Eigelbe mit dem Zucker weißschaumig aufschlagen.
Die Eiweiße zu festem Eischnee schlagen und vorsichtig unter die Eigelb-Zucker-Masse heben.
Das Mehl und die Stärke sieben und nach und nach mithilfe eines Teigschabers unterheben.
Die Masse in eine ausgebutterte und mit Mehl ausgestreute Form füllen. Die Form darf nur zu zwei Dritteln gefüllt sein.
Im auf 160-170 °C vorgeheizten Backofen 30-35 Minuten backen.

**● Tipp**

*Die Eiweiße nicht zu lange schlagen, sonst fällt der Schnee wieder auseinander und wird flüssig.*
*Mehl und Stärke (gesiebt) können auch unter die schaumig geschlagene Eigelbmasse gezogen und anschließend mit dem Eischnee vermischt werden.*

**● Gut zu wissen**

*Das Wort Biskuit (vom französischen* bis-cuit*) bedeutet »zweifach gebacken« (Zwieback). Auf diese Weise wurde früher Brot für längere Zeit haltbar gemacht.*
*Savoyer Biskuit soll das erste Mal um die Mitte des 14. Jahrhunderts von dem Leibkoch König Amadeus' VI. von Savoyen gebacken worden sein.*

# Löffelbiskuits ★

Sehr luftiger Biskuit mit einer knusprigen Hülle.
Löffelbiskuits trocknen schnell aus.

## Zutaten (für 8 Personen)

3 Eier + 1 Eiweiß
100 g feiner Zucker
50 g Mehl
50 g Speisestärke
Puderzucker

Aus vier Eiweiß und dem Zucker eine französische (gewöhnliche) Meringenmasse herstellen (S. 49).
Die Eigelbe dazugeben und cremig rühren **(1, 2)**.
Das Mehl und die Maisstärke durch ein Sieb auf die Masse rieseln lassen **(3)** und behutsam mit einem Teigschaber unterheben.
Auf ein mit Backpapier oder einer Silikonmatte ausgelegtes Backblech mit einem Spritzbeutel 8-10 Zentimeter lange und 1,5 Zentimeter breite Teigstreifen spritzen **(4)**.
Eine dünne Schicht Puderzucker über die Teigstreifen sieben und schmelzen lassen.
Erneut mit Puderzucker bestäuben **(5)**, sofort in den Ofen schieben und bei 200 °C 10-15 Minuten backen.

### ● Tipp

*Löffelbiskuits können gefärbt und/oder aromatisiert werden. Sie werden zu verschiedenen Cremespeisen, aber auch zu einem Glas Schaumwein oder zu heißen Getränken serviert.*
*Für eine Charlotte die Löffelbiskuits am Rand der Form entlang aufrecht hinstellen. Den Boden nur zu zwei Dritteln auskleiden, damit auf der gestürzten Speise noch etwas von der Füllmasse zu sehen ist (Mousse, Creme oder Früchte).*

### ● Gut zu wissen

*Ursprünglich wurden Löffelbiskuits mithilfe eines Löffels auf das Backblech gesetzt. Im 19. Jahrhundert perfektionierten der französische Patissier Lasne und der große Koch Antonin Carême die Form des Gebäcks mithilfe eines Spritzbeutels. Das in früheren Zeiten sehr beliebte Gebäck ist heute etwas aus der Mode gekommen.*
*Rosa Biskuits, eine Spezialität der Stadt Reims, werden traditionsgemäß zu Champagner gereicht. Sie sind rechteckig geformt, außen knusprig und haben einen leichten Vanillegeschmack.*

**Rezept**
Himbeercharlotte >> S. 456

1

2

3

4

5

1

2

3

# Bayerische Creme mit Früchten ★★

Mit Gelatine oder einem anderen Geliermittel eingedicktes Fruchtpüree, dem steif geschlagene Sahne und/oder italienische Meringenmasse untergehoben wird.

## Zutaten (für 10 Personen)

5 Blatt Gelatine (10 g)
400 g Fruchtpüree
50 g feiner Zucker
400 ml Schlagsahne
4 ml Obstbrand

Die Gelatine in kaltem Wasser einweichen **(1)**.
Das Fruchtpüree mit dem Zucker aufkochen und die gut ausgedrückte Gelatine unterrühren **(2)**.
Abkühlen lassen.
Die Sahne steif schlagen.
Den Obstbrand zu dem auf etwa 20 °C abgekühlten Fruchtpüree geben und mit einem Schneebesen glatt rühren.
Die steif geschlagene Sahne nach und nach mit einem Teigschaber unterheben **(3)**.
Die fertiggestellte Creme sofort in eine Form füllen.

### ● Gut zu wissen

*Eine echte Bayerische Creme wird auf der Basis einer Englischen Creme zubereitet, die mit Gelatine eingedickt und anschließend aromatisiert wird. Stellt man sie her wie weiter oben beschrieben, hat sie eine mousseartige Konsistenz.*
*Die Creme kann mit kleinen Fruchtstücken angereichert werden.*

### ● Gelatine

*Geliermittel tierischen Ursprungs (Schwein, Rind).*
*Auch aus Pflanzen (Algen) werden Geliermittel gewonnen. In der Regel wird Gelatine in Form von festen, durchsichtigen Blättern angeboten, die 1–2 Gramm wiegen. Sie werden einige Minuten in kaltem Wasser eingeweicht und anschließend gut ausgedrückt in einer warmen oder heißen Flüssigkeit aufgelöst.*
*Für gemahlene Gelatine entfällt das Einweichen.*
*Ananas, Feigen, Kiwis, Mangos und Papayas enthalten ein eiweißspaltendes Enzym, das die Gelatine auflöst. Ein Püree aus diesen Früchten muss eine Zeit lang kochen, bevor die aufgelöste Gelatine eingerührt werden kann.*

**Rezept**
Himbeercharlotte ›› S. 456

# Bayerische Creme mit Eiern ★★

Aromatisierte, mit einem Geliermittel eingedickte Creme, die mit Schlagsahne und/oder italienischer Meringenmasse gelockert wird.

### Zutaten (für 10 Personen)

5 Blatt Gelatine (10 g)
500 ml Milch
½ Vanilleschote
5 Eigelb
125 g feiner Zucker
400 ml Schlagsahne

Die Gelatine in kaltem Wasser einweichen.
Die Milch in einen Topf gießen und mit dem ausgekratzten Vanillemark erhitzen.
Die Eigelbe und den Zucker in einer Schüssel weißcremig aufschlagen.
Sobald die Milch zu sieden beginnt, die Hälfte zu der Eiermasse gießen und gründlich verrühren.
Durch ein feines Sieb zu der restlichen Milch in den Topf gießen und erneut erhitzen, entweder mithilfe eines Thermometers auf maximal 85 °C, oder bis die Creme eindickt und einen Löffel überzieht (wenn man mit dem Finger über den Löffel fährt, muss eine sichtbare Spur zurückbleiben).
Den Topf von Zeit zu Zeit vom Herd ziehen, um zu vermeiden, dass die Eigelbe durch zu viel Hitzezufuhr gerinnen.
Die Masse in eine Schale füllen, die ausgedrückte Gelatine unterrühren, mit Frischhaltefolie abdecken, abkühlen lassen.
Die Sahne steif schlagen.
Die auf etwa 20 °C abgekühlte Creme mit dem Schneebesen glatt rühren. Nach und nach die steif geschlagene Sahne vorsichtig unterheben.
Die fertiggestellte Creme sofort in eine Form füllen.

**● Gut zu wissen**

*Den Ursprung der Bayerischen Creme vermutet man am Hof Herzog Stephans III. von Bayern-Ingolstadt. Seine Tochter Elisabeth (1371–1435), spätere Königin von Frankreich, soll eine verfeinerte Variante der in ihrer Heimat bekannten Rahmsulz in der französischen Küche etabliert haben.*
*Für eine salzige Variante (mit Fisch, Krustentieren oder Gemüse) wird eine flüssige Zubereitung (Fischsuppe, Gemüsepüree) mit Gelatine eingedickt und mit Schlagsahne gelockert.*

**Rezept**
Schoko-Minze-Dessert >> S. 431

# Blancmanger ★

Auch Mandelsulz genannte Geleespeise, die traditionsgemäß aus rein weißen Zutaten hergestellt wird.

Zutaten (für 8 Personen)
150 g ganze Mandeln, gehäutet
150 g feiner Zucker
500 ml Schlagsahne
5 Blatt Gelatine (10 g)
einige Tropfen Bittermandelextrakt

Die Mandeln in einem Mörser zerstoßen und mit dem Zucker zerreiben.
Mit der Hälfte der Sahne verrühren und aufkochen. Durch ein feines Sieb passieren.
Die Gelatine in kaltem Wasser einweichen, gut ausdrücken und in die Mandelsahne geben. Abkühlen lassen.
Die restliche, gut gekühlte Sahne steif schlagen.
Mit dem Bittermandelextrakt aromatisieren.
Die Sahne vorsichtig unter die Mandelmischung heben.
In acht Förmchen oder in eine ausreichend große Servierschale füllen und im Kühlschrank fest werden lassen.

**● Tipp**

*Die Mandeln können kurz im heißen Ofen angeröstet werden. Man kann sie nach Belieben ganz oder teilweise durch geriebene Kokosnuss oder andere Schalenfrüchte (Walnüsse, Haselnüsse, Erdnüsse) ersetzen.*
*Blancmanger ist eine Variante der italienischen Panna cotta. Eine Fruchtcoulis passt ausgezeichnet dazu.*

**● Gut zu wissen**

*In Deutschland war Mandelsulz bereits im Mittelalter bekannt.*

# Flan-Tarte ★

Blätter- oder Mürbeteigboden, gefüllt mit Konditorcreme, die mit Flan- oder Vanillepuddingpulver zubereitet wird. Der Boden kann nach Belieben zunächst blindgebacken werden.

## Zutaten (für 10 Personen)

1 l Milch
5 Eigelb
200 g feiner Zucker
95 g Flanpulver oder Vanillepuddingpulver

Die Milch in einen Topf gießen und aufkochen.
Die Eigelbe in eine Schüssel geben und mit dem Zucker und dem Flanpulver weißcremig aufschlagen.
Sobald die Milch zu sieden beginnt, die Hälfte zu der Eiermasse gießen und glatt rühren.
In die restliche Milch geben und erneut aufkochen.
2-3 Minuten kochen lassen, dabei ständig mit dem Schneebesen schlagen.
In die mit dem gewählten Teig ausgelegte Form füllen und im Ofen etwa 20 Minuten bei 180-200 °C backen (die Dauer der Backzeit hängt von der Höhe der Form ab).
Abkühlen lassen.

**● Tipp**

*Die Zusammensetzung des Puddingpulvers überprüfen und die Packungsanweisung genau befolgen. Anstelle von Flan- oder Puddingpulver kann auch Maisstärke verwendet werden; in diesem Fall etwas ausgekratzte Vanilleschote oder Vanilleextrakt hinzufügen.*

# Biskuit ★

Leichte, locker-schaumige Biskuitmasse, die als Basis für zahlreiche Süßspeisen dient. Der Biskuitboden wird garniert und/oder mit einer aromatischen Flüssigkeit getränkt.

## Zutaten (für 8 Personen)

4 Eier
125 g feiner Zucker
125 g Mehl Type 450 + Mehl für die Form
Butter für die Form

Besonders locker wird der Biskuit, wenn man die Masse auf dem Wasserbad zubereitet: Die Eier mit dem Zucker in einer Schlagschüssel* auf ein 60 °C heißes Wasserbad setzen und schaumig aufschlagen (1), sodass die Masse bandartig vom Schneebesen fällt.
Das Mehl portionsweise durch ein Sieb dazugeben (2) und mit einem Teigspatel vorsichtig einarbeiten.
Die Form mit Butter einfetten, mit Mehl ausstreuen (3) und zu drei Vierteln mit der Biskuitmasse füllen (4).
Sofort in den auf 180 °C vorgeheizten Ofen geben und 15-20 Minuten backen.
Die Garprobe machen, aus dem Ofen nehmen und auf ein Kuchengitter stürzen.

### ● Tipp

*Für einen dünnen Biskuitboden wird die Masse auf ein mit Backpapier ausgelegtes Blech gestrichen. Die Backzeit ist dann entsprechend kürzer.*
*Für eine sogenannte Wiener Masse fügt man vor dem Backen 40 Gramm zerlassene Butter hinzu.*
*Eier und Zucker können auch in der Küchenmaschine schaumig aufgeschlagen werden.*
*Die Wahl des Aromas bleibt dem persönlichen Geschmack überlassen (Gewürze, Kakao, Alkohol).*
*Das Mehl lässt sich teilweise durch Mais- oder eine andere Speisestärke ersetzen.*

### ● Gut zu wissen

*Die sogenannte Wiener Masse, eine Biskuitmasse mit Butter, ist auch als Genueser Biskuit bekannt.*

**Rezepte**
Norwegisches Omelett >> S. 502
Orangen-Maracuja-Torte >> S. 441

1

2

3

# Mandelbiskuit ★

Leichter, feiner Biskuit, der als Basis für zahlreiche Süßspeisen und Torten dient.

## Zutaten (für 8 Personen)

140 g Mandeln, gemahlen
190 g feiner Zucker
4 Eier + 4 Eiweiß
45 g Mehl
25 g Butter, zerlassen

Die Mandeln mit 140 Gramm Zucker sieben.
Mit den ganzen Eiern zu einer schaumigen Masse aufschlagen, die bandartig vom Schneebesen fließt.
Das gesiebte Mehl einarbeiten **(1)**.
Anschließend die zerlassene Butter unterrühren.
Die vier Eiweiß zu steifem Schnee schlagen, dabei den restlichen Zucker einrieseln lassen. Den Eischnee vorsichtig unter die Eiermasse heben **(2, 3)**.
Die Biskuitmasse mit einer Palette 3-5 Millimeter dick auf ein mit Backpapier belegtes Backblech streichen **(4)**.
In den auf 180 °C vorgeheizten Ofen schieben und 8-10 Minuten backen.
Aus dem Ofen ziehen und auf ein Kuchengitter stürzen.

**● Tipp**

*Vor dem Backen können kleine Fruchtstücke unter die Biskuitmasse gehoben werden.*
*Biskuit für die Ummantelung von Süßspeisen lässt sich mit einer Butter- oder Schokoladendekormasse (S. 164) kreativ verzieren.*

**Rezepte**
Schoko-Minze-Dessert ›› S. 431
Schokoladen-Mokka-Torte ›› S. 480

4

1

2

3

# Macarons ★★

Kleines, rundes, luftig-leichtes Gebäck auf der Basis von Eischnee und Mandeln. Macarons gibt es in zahlreichen Varianten (mit glatter oder rissiger Oberfläche, mit Nüssen, Schokolade, gefüllt ...).

## Zutaten (für 16 große oder 40 kleine Schalen für gefüllte Macarons)

150 g Mandeln, gemahlen
150 g Puderzucker
55 g Eiweiß
150 g feiner Zucker
50 g Eischnee

Die gemahlenen Mandeln und den Puderzucker in einem Universalzerkleinerer sehr fein mahlen (1).
Die ungeschlagenen Eiweiße dazugeben und zu einer festen Masse verarbeiten (2).
Den feinen Zucker mit 50 Milliliter Wasser aufkochen (auf 117-121 °C) und mit dem Eischnee zu einer italienischen Meringenmasse verarbeiten (S. 49). Abkühlen lassen.
Die Meringenmasse nach und nach vorsichtig unter die Mandelmasse heben (3).
Die Masse mit einem Teigschaber von unter nach oben durchrühren und die Oberfläche glatt streichen. Den Vorgang so lange wiederholen, bis die Masse glänzt und bandartig vom Schaber fließt.
In einen Spritzbeutel mit Lochtülle füllen und gleichmäßige Tupfen auf ein mit Backpapier oder einer Silikonmatte ausgelegtes Backblech spritzen.
Die Macarons 20 Minuten antrocknen lassen.
In den auf 150 °C vorgeheizten Backofen schieben und 8-10 Minuten backen.
Abkühlen lassen und vom Blech lösen.

**● Tipp**

*Für die Füllung gibt es zahllose Möglichkeiten, man kann seiner Fantasie freien Lauf lassen.*

**● Gut zu wissen**

*Katharina von Medici brachte das Gebäck aus Florenz mit an den französischen Hof. Sein Name kommt von macarone, dem venezianischen Wort für »feinen Teig«.*

**Rezept**

Zweierlei Macarons ›› S. 442

1

# Schokoladenmousse ★

Klassische französische Nachspeise, gehaltvoll und schaumig. Sie dient nicht als Basis für die Herstellung von Süßspeisen, sondern ist ein eigenständiges köstliches Dessert.

## Zutaten (für 8 Personen)

250 g dunkle Schokolade mit 64 % Kakaoanteil
80 g Butter
3 Eier + 3 Eiweiß
100 g feiner Zucker

Die Schokolade hacken und mit der in Stückchen geschnittenen Butter auf einem etwa 50 °C heißen Wasserbad schmelzen (1).
Vom Wasserbad nehmen, drei Eigelb dazugeben und glatt rühren. Auf etwa 28 °C abkühlen lassen.
Die sechs Eiweiß zu steifem Schnee schlagen, dabei den Zucker nach und nach einrieseln lassen (französische Meringenmasse, S. 49).
Die Meringenmasse mithilfe eines Teigschabers vorsichtig unter die Schokoladenmasse heben, damit der Eischnee nicht zusammenfällt (2).
Die Mousse in eine Schüssel füllen und mindestens 60 Minuten im Kühlschrank fest werden lassen.

2

**● Gut zu wissen**

*Für die Zubereitung von Süßspeisen wird häufig eine als* pâte à bombe *bezeichnete Grundmasse (S. 210) hergestellt, der anschließend eine italienische Meringenmasse und eine mit geschlagener Sahne aufgelockerte Ganache untergehoben wird. Eine Schokoladenmousse sollte nach Möglichkeit am selben Tag verzehrt werden.*

**Rezept**

Schoko-Minze-Dessert >> S. 431

1

2

# Früchtemousse ★★

Schaummasse für die Herstellung zahlreicher Süßspeisen auf Fruchtbasis. Sie wird häufig zum Garnieren von Biskuit verwendet.

## Zutaten (für 12 Personen)

7 Blatt Gelatine (14 g)
500 g Fruchtpüree
10 Eiweiß
150 g feiner Zucker
500 ml Schlagsahne
einige Tropfen Obstbrand (nach Belieben)

Die Gelatine in kaltem Wasser einweichen.
Das Fruchtpüree aufkochen, anschließend die gut ausgedrückte Gelatine darin auflösen.
Abkühlen lassen.
Die Eiweiße, den Zucker und 50 Milliliter Wasser zu einer italienischen Meringenmasse verarbeiten (S. 49).
Die Sahne sehr steif schlagen.
Das auf 20 °C abgekühlte Fruchtpüree mit einem Schneebesen glatt rühren, dabei gegebenenfalls den Alkohol hinzufügen.
Die Meringenmasse, anschließend die steif geschlagene Sahne vorsichtig mit einem Teigschaber unter das Fruchtpüree heben (**1, 2**).
Zum Gelieren für 60-90 Minuten in den Kühlschrank stellen.

### ● Tipp

*Wird anstelle von Gelatine ein anderes Geliermittel wie beispielsweise Agar-Agar verwendet, ist das auf der Packung angegebene Mengenverhältnis zu beachten.*
*Die besten Ergebnisse erzielt man mit frischen Früchten der Saison.*
*Wird der mit Gelatine verrührten Fruchtmasse ausschließlich steif geschlagene Sahne untergehoben, ist die Mousse zwar schneller fertig, im Geschmack deutlich weniger abgerundet.*
*Man kann verschiedene Früchtemousses dekorativ kombinieren, indem man sie übereinanderschichtet, eine mit der anderen überzieht oder in eine Mousse Vertiefungen drückt und mit der/den anderen füllt.*

**Rezept**
Orangen-Maracuja-Torte >> S. 441

## Mandelküchlein ★

Schwere Biskuitmasse, angereichert mit gemahlenen Mandeln.
Der Biskuit kann für sich allein gereicht werden oder zur Herstellung von Petit Fours, als Boden für Süßspeisen usw. dienen.

### Zutaten (für 8 Personen)

5 Eier
125 g Mandeln, gemahlen
125 g feiner Zucker
Vanilleextrakt oder Orangenblütenwasser
75 g Mehl
75 g Butter + Butter für die Förmchen

Zwei Eier, drei Eigelb, Mandeln, Zucker und Aroma schaumig aufschlagen.
Das Mehl darübersieben und unterheben.
Drei Eiweiß sehr steif schlagen und unter die Masse ziehen.
Die goldbraun zerlassene, abgekühlte Butter unterrühren.
Acht Förmchen mit gewelltem Rand ausbuttern und mit Mehl ausstreuen. Zu zwei Dritteln mit der Biskuitmasse füllen und bei 170 °C 30-40 Minuten backen.
Auf ein Kuchengitter stürzen und auskühlen lassen.

**● Tipp**

*Das Mehl kann teilweise durch Speisestärke ersetzt werden.*
*Soll der Biskuitteig dünn auf Backpapier gestrichen werden, empfiehlt es sich, zum Auflockern etwas Backpulver unterzumischen. Die Backzeit muss der Teigdicke entsprechend verkürzt werden.*
*Es gibt zahlreiche Rezepte für Mandelbiskuit, die geschmacklich und je nach Verwendungszweck variieren.*

## Milchreis ★

In Milch gegarter Rundkornreis, mit Vanille aromatisiert und nach Belieben mit Eigelb gebunden.

### Zutaten (für 6 Personen)

140 g Rundkornreis
1 l Milch
1 Vanilleschote
1 Prise Salz
3 Eigelb
125 g feiner Zucker

Den Reis waschen.
In kaltes Wasser geben und erhitzen. Sobald es zu sprudeln beginnt, den Reis in ein Sieb abgießen unter kaltem Wasser abspülen. Abtropfen lassen.
Die Milch mit der aufgeschlitzten Vanilleschote, dem ausgekratzten Mark und dem Salz aufkochen.
Den Reis in die kochende Milch geben und mit aufgelegtem Deckel 30 Minuten im Backofen bei 160 °C garen.
Für die Garprobe ein Reiskorn zwischen den Fingern zerdrücken.
Die Eigelbe mit dem Zucker weißcremig aufschlagen.
Unter den Milchreis ziehen und erneut kurz erhitzen.
In eine Schüssel füllen und schnell abkühlen.

**● Tipp**

*Der abgekühlte Milchreis kann mit steif geschlagener Sahne aufgelockert werden.*
*Rundkornreis nimmt während des Garens sehr viel Flüssigkeit auf.*

**Rezept**
Milchreis mit Zimt >> S. 469

# Grießbrei ★

In Milch gegarter Grieß, mit Vanille aromatisiert und nach Belieben mit Eigelb gebunden.

## Zutaten (für 8 Personen)

1 l Milch
1 Vanilleschote
140 g feiner Weichweizengrieß
180 g feiner Zucker

Die Milch mit der aufgeschlitzten Vanilleschote und dem ausgekratzten Mark aufkochen.
Den Grieß unter Rühren in die siedende Milch rieseln lassen.
Bei niedriger Hitze 7-10 Minuten sanft köcheln lassen, dabei ständig mit dem Schneebesen rühren.
Gegen Ende der Garzeit den Zucker hinzufügen.
In Portionsförmchen oder eine Servierschale füllen, die Oberfläche mit Frischhaltefolie belegen und den Grießbrei abkühlen lassen.

**● Gut zu wissen**

*Die Grießmenge hängt davon ab, wie cremig der Brei werden soll. Anstelle von Weizengrieß kann dieselbe Menge feiner Maisgrieß verwendet werden; die Speise wird dann als »süße Polenta« bezeichnet.*
*Eingeweichte Rosinen verleihen dem Grießbrei eine zusätzliche Geschmacksnote.*

1

# Makronen ★

Kleines Gebäck aus Eiweiß, Zucker und gemahlenen oder geraspelten Schalenfrüchten wie Haselnüssen, Mandeln oder Kokosnuss.

## Zutaten (für 25 Kokosmakronen)

3 Eiweiß
200 g feiner Zucker
200 g Kokosraspel

Eine Schweizer Meringenmasse (S. 50) herstellen: Die Eiweiße mit dem Zucker in einer Schlagschüssel* auf einem Wasserbad aufschlagen **(1)**.
So lange mit dem Schneebesen oder mit dem elektrischen Handrührgerät schlagen, bis die Mischung heiß wird (mit dem Finger überprüfen). Vom Wasserbad nehmen und mit dem Handrührgerät 5 Minuten weiterschlagen **(2)**.
Die Kokosraspel dazugeben **(3)** und mit einem Teigschaber unterheben.
Die Masse in einen Spritzbeutel füllen und kleine Häufchen auf ein mit Backpapier oder einer Silikonmatte ausgelegtes Backblech spritzen **(4)**.
Im Ofen bei 90 °C etwa 60 Minuten backen.

2

3

# Süßes Soufflé ★★

Warme, luftig-zarte Süßspeise, die durch die Verbindung mit steif geschlagenem Eiweiß im Backofen aufgeht.

## Zutaten (für 8 Personen)

60 g Branntwein nach Wahl
2 Eier + 6 Eiweiß
1 Prise Salz (2 g)
60 g feiner Zucker

Für die Konditorcreme
500 ml Milch
1 Vanilleschote
4 Eigelb
125 g feiner Zucker
55 g Vanillepuddingpulver

Für die Förmchen
30 g Butter
30 g Zucker

Eine Konditorcreme (S. 182) herstellen: Die Milch mit der aufgeschlitzten Vanilleschote und dem ausgekratzten Mark aufkochen.
Die Eigelbe mit dem Zucker und dem Puddingpulver in einer Schüssel weißcremig aufschlagen.
Sobald die Milch zu sieden beginnt, die Hälfte zu der Eiermasse gießen und sorgfältig glatt rühren.
Durch ein feines Sieb in den Topf zu der restlichen Milch gießen und erneut aufkochen. 2-3 Minuten kochen lassen, dabei ständig mit dem Schneebesen schlagen.
Die fertige Creme in eine Schale füllen, mit Frischhaltefolie abdecken und rasch abkühlen.

Die Soufflèförmchen mit flüssiger Butter auspinseln **(1)** und mit Zucker ausstreuen.
Rundherum verteilen und den überschüssigen Zucker wieder herausklopfen **(2)**.
Die Konditorcreme mit dem Branntwein etwas verdünnen.

Die acht Eiweiß mit dem Salz steif schlagen, dabei nach und nach den Zucker einrieseln lassen.
Die beiden restlichen Eigelbe unter die Konditorcreme rühren.
Den Eischnee vorsichtig mit einem Teigschaber unterheben.
Die Förmchen bis zum Rand mit der Soufflémasse füllen und die Oberfläche glatt streichen.
Den Backofen auf 200 °C vorheizen, dabei ein Backblech mit erhitzen.

1

2

Die Förmchen auf das heiße Backblech stellen und, je nach Größe, etwa 20 Minuten garen.
Die Soufflés sollen eine goldbraune Kruste haben und innen cremig-zart sein.
Aus dem Ofen nehmen und sofort servieren.

### ● Tipp

*Man kann die Förmchen auch zur Hälfte füllen, dann getränkte Löffelbiskuitstücke auf die Soufflémasse legen und mit der restlichen Masse bedecken.*
*Mit dem Daumen oder einem Messer rundherum zwischen Masse und Rand entlangfahren, damit das Soufflé gleichmäßig aufgeht.*
*Die Eiweiße erst unmittelbar vor dem Backen steif schlagen.*

**Rezept**
Soufflé mit Orangenlikör >> S. 438

1

2

# Süßes Soufflé mit Früchten ★★

Warme, luftig-zarte Süßspeise mit Früchten, die durch steif geschlagenes Eiweiß im Backofen aufgeht.

## Zutaten (für 8 Personen)

360 g feiner Zucker
6 Eiweiß
1 Prise Salz
350 g Fruchtpüree

Für die Förmchen
30 g Butter
30 g Zucker

Die Soufflèförmchen mit zerlassener Butter auspinseln und mit dem Zucker ausstreuen.
Eine italienische Meringenmasse (S. 49) herstellen:
120 Milliliter Wasser mit dem Zucker aufkochen. Wenn der Sirup 110 °C erreicht hat (mit einem Thermometer kontrollieren), die Eiweiße in der Küchenmaschine mit einer Prise Salz steif schlagen.
Den auf 117-120 °C erhitzten Zuckersirup in den Eischnee einlaufen lassen. Weiterschlagen, bis die Meringenmasse vollständig abgekühlt ist. Sie soll sehr fest und glänzend sein und beim Herausziehen des Schneebesens Spitzen bilden.
Das Fruchtpüree langsam dazugeben und unterziehen **(1)**.
Die Förmchen bis zum Rand mit der Soufflémasse füllen **(2)** und die Oberfläche glatt streichen.
Den Backofen auf 200 °C vorheizen, dabei ein Backblech mit erhitzen.
Die Förmchen auf das heiße Blech stellen und je nach Größe etwa 20 Minuten garen.
Die Soufflés sollen eine goldbraune Kruste haben und innen cremig-zart sein.
Aus dem Ofen nehmen und sofort servieren.

**● Tipp**

*Mit dem Daumen oder einem Messer rundherum zwischen Masse und Rand entlangfahren, damit das Soufflé gleichmäßig aufgeht. Die Innenwände der Förmchen bis zum Rand ausbuttern und ausstreuen, damit die Soufflémasse ungehindert steigen kann.*

## Baiserboden ★

Sie bestehen aus einer Meringenmasse, angereichert mit gemahlenen Mandeln. Die Böden werden in der Patisserie mit verschiedenen Füllungen garniert.

### Zutaten (für 10 Personen)

5 Eiweiß
125 g feiner Zucker
25 g Mehl
125 g Mandeln, gemahlen

Die Eiweiße mit 15 Gramm Zucker sehr steif schlagen.
Den restlichen Zucker, das Mehl und die gemahlenen Mandeln sieben. Vorsichtig unter den Eischnee heben, sodass eine homogene Masse entsteht.
In einen Spritzbeutel füllen und spiralförmig auf ein mit Backpapier ausgelegtes Backblech spritzen.
Im Ofen bei 200 °C je nach Form und Größe 8-12 Minuten backen.
Aus dem Ofen nehmen und auf einem Kuchengitter auskühlen lassen.

**● Tipp**

*Die Böden werden knuspriger, wenn man zerstoßene Baisers unter die Masse hebt.*
*Die Masse kann im Voraus zubereitet und aufgespritzt, gegebenenfalls auch eingefroren werden.*
*Die Böden mithilfe einer großen Lochtülle in dichten Spiralen aufspritzen.*

**● Gut zu wissen**

*Ein Succès ist ein Törtchen aus zwei Baiserböden, gefüllt mit Nugatbuttercreme (wie ein großer Macaron).*
*Die Dacquoise, eine Spezialität aus dem südwestfranzösischen Dax, wird wie der Succès hergestellt, enthält aber anstelle der Mandeln geriebene Haselnüsse.*
*Eine Japonais-Masse stellt man ebenso her, sie ist aber weniger süß.*

**Rezept**
Baisertörtchen mit Maronencreme ›› S. 471

1

2

3

# Mandel-Tuiles ★

Knusprige, leicht zerbrechliche Teigblätter in Dachziegelform, die zum Kaffee oder zu Süßspeisen gereicht werden.

## Zutaten (für etwa 30 Tuiles)

3 Eiweiß
125 g feiner Zucker
25 g Mehl
10 g Butter, zerlassen
1 TL Vanilleextrakt
60 g Mandelblättchen

Die Eiweiße mit dem Schneebesen kurz anschlagen.
Alle Zutaten mit Ausnahme der Mandelblättchen hinzufügen und gründlich untermischen (1, 2).
Die Masse etwa 20 Minuten kühl stellen.
In walnussgroßen Portionen auf das mit Backpapier oder einer Silikonmatte ausgelegte Blech geben und mit einem Löffelrücken sehr dünn rund ausstreichen (3).
Mit Mandelblättchen bestreuen.
Im Ofen bei 180 °C backen, bis der gewünschte Bräunungsgrad erreicht ist.
Das Blech aus dem Ofen ziehen, die Tuiles noch heiß mit einem Spatel ablösen, über eine Teigrolle legen, damit sie die typische gebogene Form annehmen, und auskühlen lassen.

### ● Tipp

*Zwischen den Teigscheiben ausreichend Platz lassen, da sie im Ofen leicht zerlaufen.*

### ● Gut zu wissen

*Es gibt viele Varianten, unter anderem die besonders knusprigen Tuiles dentelle, hauchzarte, spitzenähnlich durchbrochene Tuiles (80 g zerlassene Butter, 100 g feiner Zucker, 50 ml Orangensaft, 100 g gehackte Mandeln, 30 g Mehl, 20 ml Cointreau).*

**Rezept**
Tuile-Variationen >> S. 483

# Eiscreme, Sorbet, geeiste Süßspeisen

Viele Menschen meinen, man solle sein Eis lieber in einer Konditorei oder Eisdiele kaufen. Aber wäre es nicht reizvoll, sich einmal selber in der Kunst der Herstellung dieses köstlich kühlen Desserts zu versuchen, dieses Inbegriffs von Tafelfreuden und Genuss?

Auch ohne Eismaschine kann man relativ leicht gute Ergebnisse erzielen, mit einer Eismaschine geht es schneller.

Seit Jahrzehnten erfreut sich Speiseeis größter Beliebtheit, ist aber keineswegs eine Erfindung unserer Tage. Bereits um das Jahr 350 vor unserer Zeitrechnung gab es am Hof Alexanders des Großen abgeseihte Mischungen aus zerstoßenen Früchten und ihrem Saft, die mit Honig gesüßt, aromatisiert und mit Schnee vermischt wurden.

Der geschmacklichen Gestaltung der kalten Köstlichkeit mit Frucht-, Blüten- oder Gewürzaromen sind heute kaum Grenzen gesetzt. Dank dieser Vielfalt kann man immer wieder eine neue Überraschung auftischen. Die traditionsgemäß zur Tarte Tatin servierte Kugel Vanilleeis könnte also schon bald Konkurrenz bekommen.

Warum nicht einmal ein Melonensorbet zu Parmaschinken, ein Zitronen-Dill-Sorbet zu mariniertem Lachs oder eine Süßwein-Granita zu einer Scheibe gebratener Stopfleber servieren?

Grundsätzlich wird zwischen zwei Kategorien unterschieden:
- unter Rühren gefrorene Zubereitungen (in der Eismaschine),
- stehend gefrorene Zubereitungen (ohne Eismaschine).

Für den optimalen Genuss sollte Speiseeis zwischen –10 °C und –13 °C kalt sein. Daher muss es einige Minuten vor dem Auftragen aus dem Tiefkühlfach genommen werden.

# Zubereitungen in der Eismaschine

In der Eismaschine werden Sorten hergestellt, die während des Gefrierens ständig durchgerührt werden müssen:
- Sorbets
- Cremeeis
- Sahneeis

Die Bezeichnungen variieren je nach den Zutaten und deren Mengenverhältnis. So muss ein Fruchtsorbet mindestens 25 % Früchte enthalten, bei Früchten mit viel Säure 15 %; Sahne- oder Rahmeis enthält mindestens 60 % Schlagsahne, Cremeeis mindestens 270 Gramm Vollei oder 90 Gramm Eigelb, bezogen auf 1 Liter Milch.

Professionelle Eishersteller mischen ihre jeweiligen Rezepte wie Chemiker und setzen nach Bedarf Stoffe wie Stabilisatoren*, Glukosepulver* oder Invertzucker* zu.

In diesem Buch werden nur Rezepte vorgestellt, die man mit einfachen Mitteln in der heimischen Küche zubereiten kann. Da auf Stabilisatoren verzichtet wird, sollte das Eis innerhalb von 24 Stunden verbraucht werden.

Ohne Zucker ist Speiseeis undenkbar, er ist maßgeblich für die Textur verantwortlich, weil er den Gefrierpunkt von Wasser senkt und dadurch verhindert, dass das Eis zu hart gefriert. Das Gleiche gilt für Alkohol, der als Zutat einiger Rezepte dem Eis ebenfalls eine cremige Konsistenz verleiht.

## Sorbet ★

Gefrorene Zubereitung aus Wasser, Zucker und Früchten oder Wein, Branntwein oder Likör.

### Zutaten (für ein Erdbeersorbet)
250 g feiner Zucker
650 g Erdbeerfruchtfleisch

Aus dem Zucker und 100 Milliliter Wasser einen Sirup herstellen (S. 169), abkühlen lassen und unter die pürierten Erdbeeren rühren. Die Masse 4-6 Stunden im Kühlschrank durchkühlen lassen, bevor sie in die Eismaschine gegeben und nach Herstelleranweisung gefroren wird.

**Rezept**
Sahnebaiser mit Brombeersorbet >> S. 498

## Milcheis ★

### Zutaten (für Vanilleeis)
1 Vanilleschote
400 ml Vollmilch
100 ml Schlagsahne mit 35 % Fettgehalt
6 Eigelb
100 g feiner Zucker

Die Vanilleschote der Länge nach aufschlitzen.
Die Milch mit der Sahne und der Vanilleschote aufkochen.
In einer Rührschüssel die Eigelbe mit dem Zucker weißschaumig aufschlagen.
Die Milch durch ein feines Sieb zu der Eiermasse gießen, unterrühren und zurück in den Topf geben.
Erneut erhitzen wie eine Englische Creme (auf 85 °C).
Rasch abkühlen, in die Eismaschine füllen und nach Herstelleranweisung gefrieren lassen.

**Rezepte**
Norwegisches Omelett >> S. 502
Profiteroles mit Rum-Rosinen-Eis >> S. 494

## Cremeeis ★

Geeiste Speise mit hohem Anteil an Eigelb und Milch.

### Zutaten (Mokkaeis)
1 l Vollmilch
100 ml Schlagsahne mit 35 % Fettgehalt
10 g löslicher Kaffee
10 Eigelb (200 g)
300 g feiner Zucker

Die Milch mit der Sahne und dem Kaffee verrühren. Aus den angegebenen Zutaten eine Englische Creme (S. 172) herstellen.
Die bei 85 °C eingedickte Masse rasch abkühlen und für 4-6 Stunden in den Kühlschrank stellen, bevor sie zur weiteren Verarbeitung in die Eismaschine gefüllt wird.

**● Tipp**
*Für einen aromatischeren Kaffeegeschmack geröstete, grob zerstoßene Kaffeebohnen in der Sahnemilch ziehen lassen. Der für Mokkaeis typische bräunliche Farbton wird allerdings nur mit löslichem Kaffee erreicht.*

# Zubereitungen ohne Eismaschine

Die vorbereitete Eismasse wird einfach in das Gefrierfach gestellt, um fest zu werden. In der Regel hat sie einen hohen Fett- und Zuckergehalt und wird mit steif geschlagener Sahne oder Meringenmasse aufgelockert. Die Eiscreme wird in kleinen Mengen in Portionsgläsern, Eisschalen oder auf einem nicht geeisten Dessert serviert (etwa Vanilleparfait zu einer Erdbeertarte).

## Eisparfait ★

Das auch als Halbgefrorenes bezeichnete Dessert wird durch den hohen Anteil von Sahne und Eigelb geschmeidig.

### Zutaten für ein Parfait auf Fruchtbasis (für 10 Personen)

10 Eigelb
1,5 kg feiner Zucker
250 g Fruchtpüree
750 g Schlagsahne

Eigelbe und Zucker schaumig schlagen und mit dem Fruchtfleisch sowie 50 Milliliter Wasser im Wasserbad auf 85 °C erhitzen (wie für die Pâte à bombe, Rezept nebenstehend), anschließend weiterschlagen, bis die Masse abgekühlt ist. Die steif geschlagene Sahne unterheben. Im Gefrierfach fest werden lassen.

### Zutaten für ein Parfait auf Milchbasis (für 8 Personen)

260 ml Milch
8 Eigelb (160)
250 g feiner Kristallzucker
425 g Schlagsahne

Aus Milch, Eigelben und Zucker eine Englische Creme zubereiten (S. 172). Im Wasserbad erhitzen (wie für die Pâte à bombe, Rezept nebenstehend), anschließend weiterschlagen, bis die Masse abgekühlt ist. Die steif geschlagene Sahne unterheben. Im Gefrierfach fest werden lassen.

**Rezepte**
Cassata mit Himbeercoulis ›› S. 505
Haselnuss-Eisparfait ›› S. 496

## Grundzubereitung (Pâte à bombe) ★

Grundlage für zahlreiche Süßspeisen, die auf zwei verschiedene Arten hergestellt werden kann. Bei beiden Zubereitungen werden die Eigelbe erhitzt.

### Mit Zuckersirup

Den auf 118-121 °C erhitzten Zuckersirup unter ständigem Rühren in die verschlagenen Eigelbe einlaufen lassen. Mit dem Schneebesen weiter schlagen, bis die Masse vollständig abgekühlt ist.

### Im Wasserbad

Die Eigelbe mit dem Zucker im Wasserbad erhitzen, bis sie am Rand zu stocken beginnen (55 °C).
Kräftig schlagen, bis eine schaumige Masse entstanden ist, die bandartig vom Schneebesen fällt (nach Art einer Biskuitmasse, S. 193).

**● Gut zu wissen**
*Die Grundmasse wird mit untergehobener geschlagener Sahne zur Eisbombenmasse, die wiederum als Basis zur Herstellung der halbkugelförmigen Eisbombe dient.*

## Geeiste Mousse ★★

Eine geeiste Mousse auf Milchbasis besteht aus einer Englischen Creme und geschlagener Sahne. Nach Belieben kann zusätzlich eine italienische Meringenmasse untergezogen werden.
Eine geeiste Mousse auf Fruchtbasis besteht aus Fruchtpüree, dem geschlagene Sahne und eine Meringenmasse untergehoben werden.

### Zutaten für eine geeiste Himbeermousse (für 8 Personen)

500 g Himbeerfruchtfleisch
250 g geschlagene Sahne

Für die Meringenmasse (550 g)
300 g feiner Zucker
5 Eiweiß (150 g)

Aus 100 Milliliter Wasser, dem Zucker und den Eiweißen eine italienische Meringenmasse herstellen (S. 49).
Die pürierten Früchte untermischen.
Die geschlagene Sahne vorsichtig unterheben.
Im Gefrierfach fest werden lassen.

# Geeistes Soufflé ★

Zubereitung aus einem Parfait, dem eine italienische Meringenmasse untergezogen wird. Das Aussehen eines gebackenen, aufgegangenen Soufflés wird mit einem einfachen Trick erreicht.

## Zutaten für geeistes Soufflé mit Alkohol (für 10 Personen)

10 Eigelb (200 g)
150 g Zucker
750 g geschlagene Sahne
60-75 ml Alkohol

Für die italienische Meringenmasse (200 g)
120 g feiner Zucker
40 ml Wasser
2 Eiweiß (60 g)

Aus 40 Milliliter Wasser und dem Zucker einen Sirup herstellen und noch heiß mit den Eigelben vermischen (wie auf S. 210 für die Pâte à bombe beschrieben).
Die Meringenmasse herstellen (S. 49) und unterziehen, anschließend vorsichtig die geschlagene, mit Alkohol aromatisierte Sahne unterheben.

**● Gut zu wissen**
*Geeistes Soufflé kann auch aus Fruchtfleisch oder -saft, vermischt mit italienischer Meringenmasse und geschlagener Sahne, zubereitet werden, nach Belieben mit mazerierten Früchten (halbkandierte oder getrocknete, in Alkohol eingelegte Früchte).*

**Rezept**
Geeistes Bananensoufflé >> S. 501

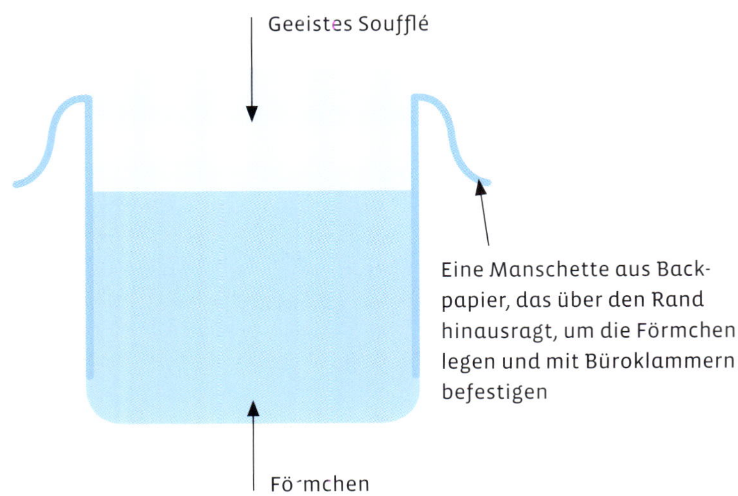

# Eisspezialitäten

### Eisbome
Dessertkomposition aus Eiscreme und/oder Sorbet. Sie wird in mehreren Schichten in einer halbrunden Schüssel gefroren und anschließend gestürzt.

### Geeiste Bûche de Noël
In Anlehnung an das klassische französische Weihnachtsgebäck werden die Bûches aus Eiscreme und/oder Sorbet sowie Biskuit hergestellt. Die geeiste, länglich geformte Süßspeise wird in vielen äußerst kreativen Varianten angeboten (in Form, Dekoration und Aroma).

### Geeiste Charlotte
Eine hohe Form mit konischen Wänden wird zunächst mit Löffelbiskuits ausgekleidet. Die Füllung besteht aus Eiscreme, Sorbet oder Halbgefrorenem (Parfait, geeistem Soufflé, geeister Mousse). Die Charlotte kann zusätzlich mit Chantilly-Sahne dekoriert werden.

### Geeiste Windbeutel
Kleine Windbeutel, mit Eiscreme gefüllt und mit etwas warmer oder kalter Coulis beträufelt. In der Regel werden sie mit Vanilleeis und warmer Schokoladensauce zubereitet. Nach Belieben kann Schlagsahne oder Chantilly-Sahne dazu gereicht werden.

### Geeister Vacherin
Dessertkomposition aus einem oder mehreren Meringenböden oder -schalen, die mit Eiscreme oder Sorbet zusammengesetzt werden. Man garniert sie mit steif geschlagener, mit Vanille oder einem anderen passenden Aroma abgerundeter Sahne.

### Mit Eis gefüllte Früchte
Ausgehöhlte Früchte, deren Fruchtfleisch zu Eiscreme oder Sorbet verarbeitet und wieder in die leere Schale gefüllt wird. Das Eis kann zusätzlich aromatisiert werden.

**Norwegisches Omelett**
Geeiste Süßspeise aus zwei getränkten Biskuitböden, gefüllt mit Eiscreme, Sorbet oder Halbgefrorenem und dekorativ mit Meringenmasse überzogen. Die Speise wird kurz unter dem heißen Backofengrill, mit einem Karamellisiereisen oder einem Gasbrenner rasch gebräunt, ohne dass das Eis schmilzt.
Bei Tisch kann auf Wunsch flambiert werden.
Das klassische Norwegische Omelett wird mit Biskuit und Vanilleeis zubereitet und flambiert.

**Plombières-Eis**
Süßspeise aus mit Vanille oder Kirschwasser aromatisiertem Speiseeis (Creme- oder Sahneeis) und in Sirup oder Kirschwasser eingelegten kandierten Früchten.
Eine andere Version wird mit Mandelmilch und geschlagener Sahne hergestellt.



## Die beliebtesten Eisbecher

| BEZEICHNUNG | ZUSAMMENSETZUNG | GESCHICHTE |
|---|---|---|
| **Bananensplit** | 1 Banane, der Länge nach halbiert<br>3 Kugeln Vanille- oder Schokoladeneis<br>Schokoladensauce<br>Schlagsahne | Ein amerikanischer Klassiker, der Anfang des 20. Jahrhunderts erfunden wurde. |
| **Birne Helene** | 2 Kugeln Vanilleeis<br>in Zuckersirup pochierte Birnenhälften<br>lauwarme Schokoladensauce<br>Schlagsahne<br>geröstete Mandelblättchen | 1864 anlässlich der Uraufführung von Jacques Offenbachs Operette »Die schöne Helena« in Paris kreiert. |
| **Colonel** | Zitronensorbet<br>Wodka | |
| **Dame Blanche** | 2 Kugeln Vanille- oder Mandelmilch-Eis<br>Schokoladensauce | Um 1825 zu Ehren der gleichnamigen Oper entwickelt. |
| **Eiskaffee** | 2 Kugeln Eis, gekühlter Kaffee<br>Schlagsahne | |
| **Pfirsich Melba** | 2 Kugeln Vanilleeis<br>pochierte Pfirsichhälften<br>Johannisbeergelee<br>Schlagsahne<br>geröstete Mandelblättchen | Zu Ehren der australischen Sängerin Nelly Melba 1893 von Auguste Escoffier erfunden. |

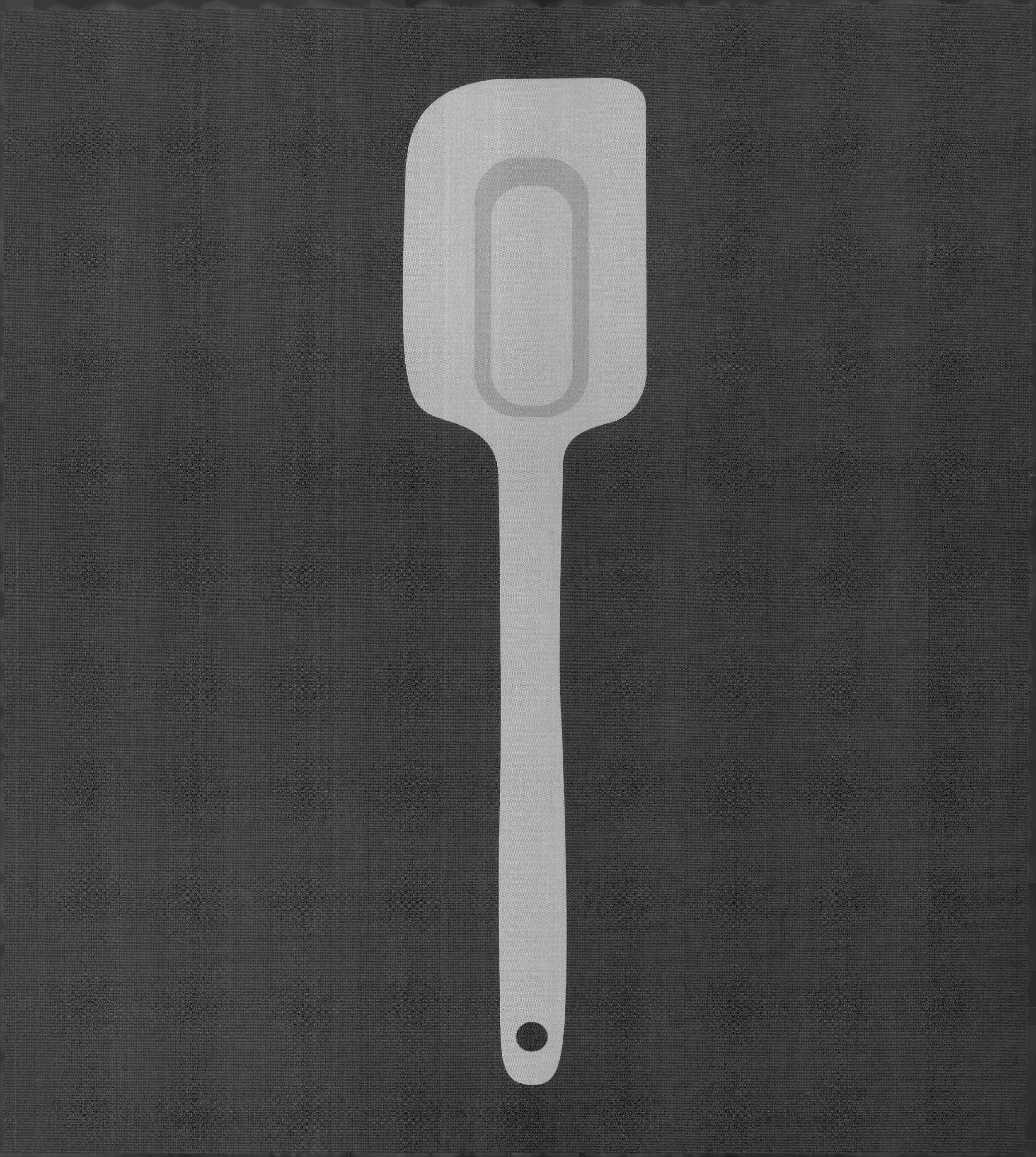

# Praktischer Ratgeber

a
b
c
c
a
a

5
6
7
8
9

4
3
2
1

d

e

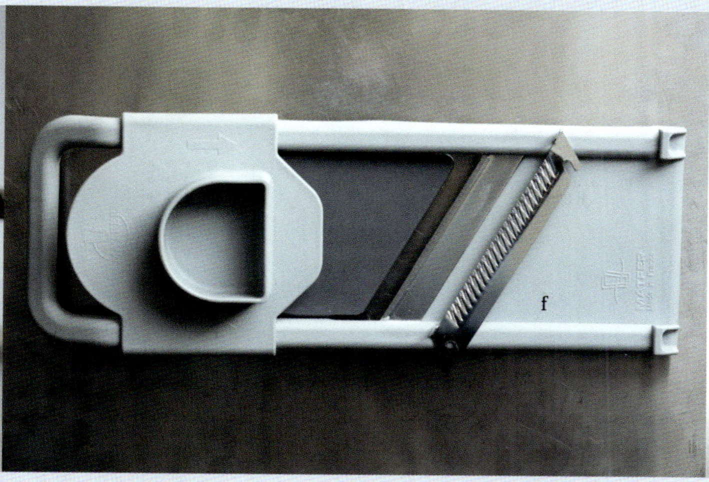
f

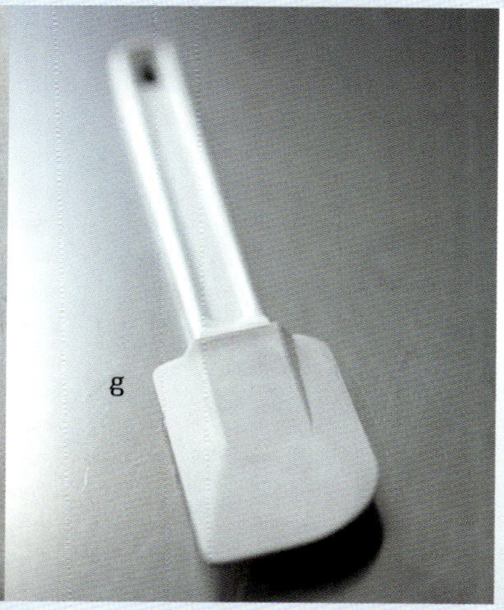
g

h

# Ausstattung

### Dekorkamm
Linealartig geformtes Hilfsmittel aus Metall oder Kuntstoff mit gezahnter Kante, das zur Herstellung von Mustern auf Patisserieprodukten verwendet wird.

### Eismaschine
Elektrisches Gerät, das die eingefüllte Masse während des Gefrierens kontinuierlich durchrührt. Für den Hausgebrauch gibt es Geräte, die im Tiefkühlfach vorgekühlt werden müssen. Eismaschinen für die Profiküche besitzen ein Kühlaggregat und sind sofort einsatzbereit.

### Kandierwanne
Gefäß mit passendem Gitter zum Eintauchen von Früchten in Zuckersirup, um sie zu kandieren.

### Schlagschüssel
Halbkugelförmige Schüssel aus Edelstahl oder Kupfer. Besonders geeignet, um die Zutaten für Massen oder Cremes zu verrühren, Eiweiß oder Sahne steif zu schlagen.

### Stielkasserolle
Topf mit hohem Rand, der rechtwinklig zur Bodenplatte steht. Sie dient zum Sautieren, Dünsten, der Zubereitung von Saucen und zum Erwärmen kleinerer Mengen.

### Schmortopf
Ein ofenfester Topf mit schwerem Boden, hohem Rand und Deckel, in der Regel aus Gusseisen. Der Deckel kann eine Vertiefung haben, in die man Eiswürfel füllt, damit die Schmorflüssigkeit besser kondensiert.

### Siphonflasche
Gerät zum Aufschäumen von Flüssigkeiten (etwa Sahne) mithilfe eingesetzter, mit Stickstoff gefüllter Kapseln.

### Teigkarte
Halbmondförmiger, flexibler Kunststoffschaber zum sauberen Ausschaben von Rühr- und Schlagschüsseln und zum Glattstreichen von Massen.

### Teigschaber
Weich-elastischer, an einer Ecke abgerundeter Schaber mit Griff zum Ausschaben von Schüsseln und Töpfen und zum vorsichtigen Vermischen zähflüssiger Massen.

---

1. Office- oder Gemüsemesser
2. Ausbeinmesser
3. Filetiermesser
4. Kochmesser
5. Austernmesser
6. Kannelier- oder Dekormesser
7. Sparschäler
8. Kugelausstecher
9. Schälmesser

a. Dessertringe
b. Dariole- oder Becherform
c. Kuchenringe
d. Stielkasserolle
e. Spitzsieb
f. Mandoline (Gemüsehobel)
g. Teigschaber
h. Spritztülle

# Fleischschnitte

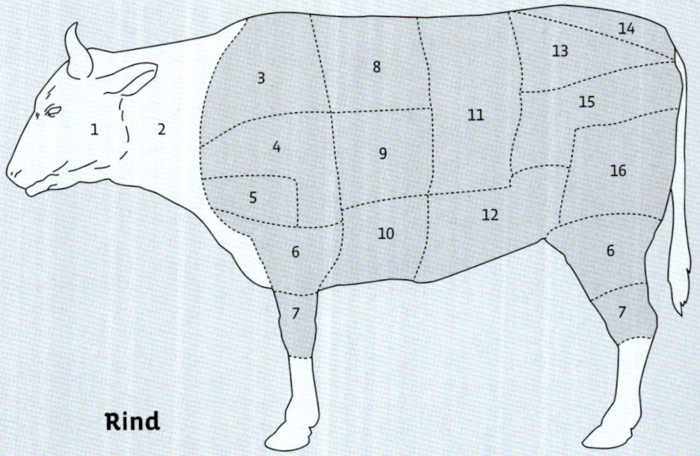

**Rind**

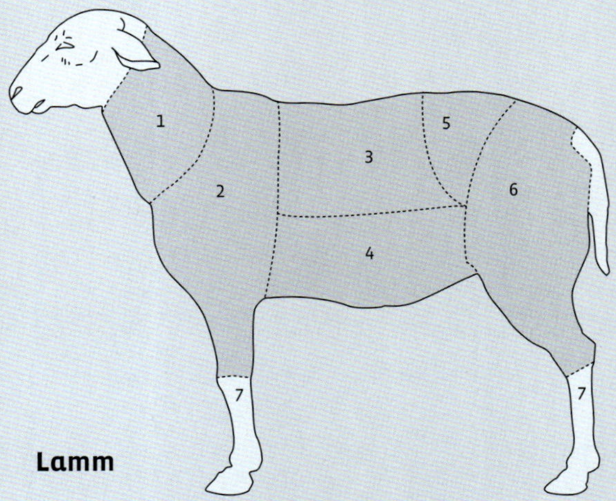

**Lamm**

**Französischer Schnitt** (Rind)

1 – Bäckchen/Joue
2 – Hals/Collier
3 – Schaufelstück/Paleron
4 – Dickes Bugstück/Macreuse
5 – Schaufelstück/Veine grasse
6 – Unteres Schulterstück/Gîte
7 – Beinscheibe/Crosse
8 – Hohe Rippe/Côtes couvertes
9 – Spannrippe/Plat de côtes
10 – Brust/Poitrine
11 – Filet
12 – Dünnung/Flanchet
13 – Hüftdeckel/Culotte
14 – Hüfte/Rumsteck
15 – Oberschale/Tranche
16 – Unterschale /Gîte à la noix

**Französischer Schnitt** (Lamm)

1 – Hals, Nacken/Collet
2 – Schulter/Épaule
3 – Kotelettstück, Rücken/Carré
4 – Brust/Poitrine
5 – Sattel, Hüfte/Selle
6 – Keule/Gigot
7 – Füße/Pieds

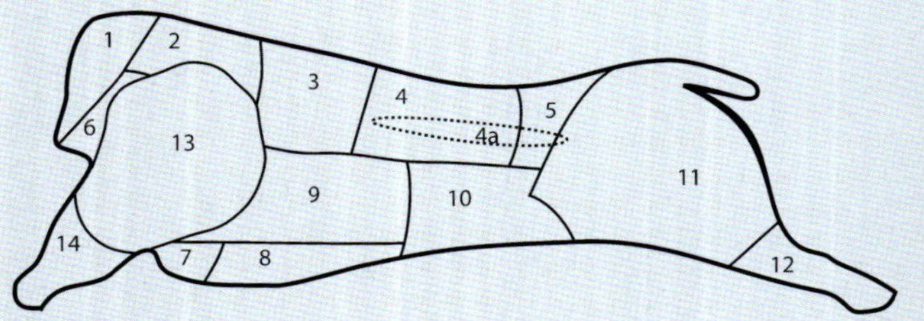

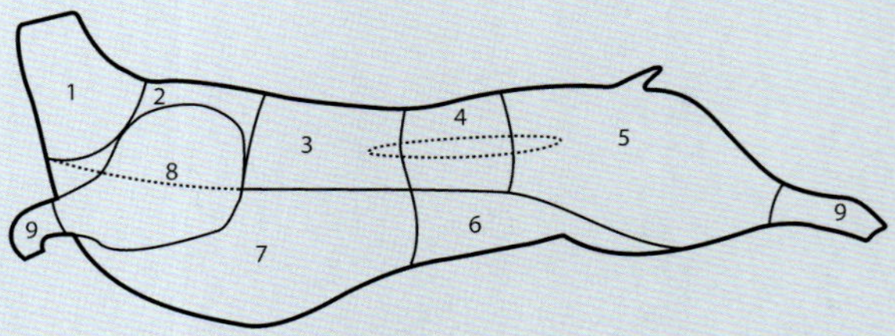

**Deutscher Schnitt** (Rind)

1 – Hals, Nacken
2 – Kamm
3 – Hohe Rippe
4 – Lende, Roastbeef
4a – Filet
5 – Hüfte, Blume, Rose
6 – Brustspitze
7 – Brust
8 – Brustkern
9 – Querrippe, Spannrippe
10 – Dünnung, Bauchlappen
11 – Keule (bestehend aus Oberschale, Unterschale mit Schwanzrolle, Kugel oder Nuss)
12 – Hinterhesse
13 – Bug (bestehend aus dem dicken Bugstück, Schaufelstück und Falschem Filet)
14 – Vorderhesse

**Deutscher Schnitt** (Lamm)

1 – Hals
2 – Nacken
3 – Rippenstück (Stielkotelett)
3, 4 – Rücken, Karree
4 – Lendenkotelett
5 – Keule, Schlegel
6 – Dünnung, Bauchlappen
7 – Brust
8 – Bug, Schulter
9 – Haxe

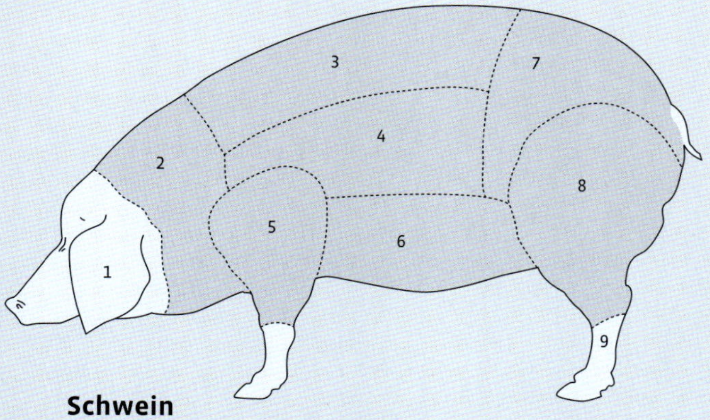

**Schwein**

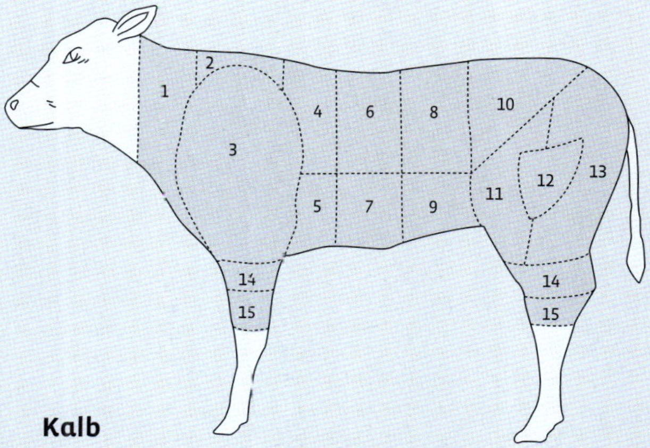

**Kalb**

**Französischer Schnitt**

1 – Schweinskopf/Tête
2 – Nacken/Collier
3 – Kotelettstück, Rücken/Carré
4 – Rippchen/Travers
5 – Schulter/Épaule
6 – Bauch, Wamme/Poitrine
7 – Filet
8 – Schinken, Keule/Jambon
9 – Füße/Pieds

**Französischer Schnitt**

1 – Nacken/Collier
2 – Kammkotelett/Côtes découvertes
3 – Schulter/Épaule
4 – Mittleres Kotelettstück/Côtes secondes
5 – Brust/Poitrine
6 – Hinteres Kotelettstück/Côtes premières
7 – Brust/Tendron
8 – Lende, Nierenstück/Longe
9 – Dünnung/Flanchet
10 – Hüfte/Quasi
11 – Oberschale/Noix patissière
12 – Nuss, Kugel/Noix
13 – Unterschale/Sous-noix
14, 15 – Haxe/Jarret

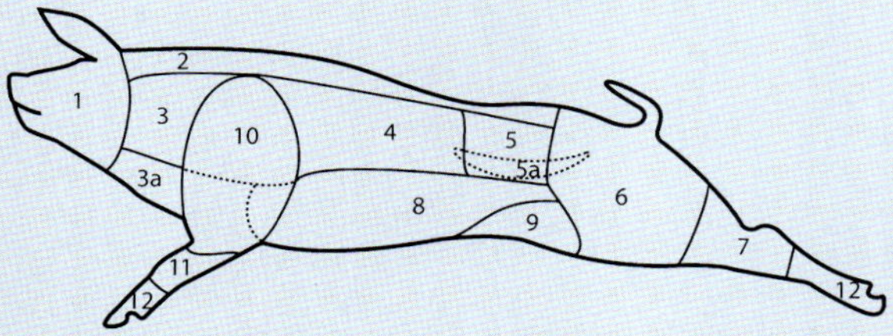

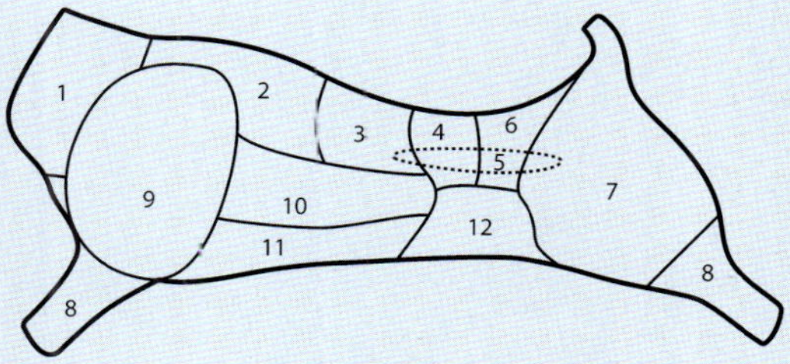

**Deutscher Schnitt**

1 – Schweinskopf
2 – Rückenspeck
3 – Kamm, Nacken, Halsgrat
3a – Brustspitze
4 – Rippenkotelett, Stielkotelett
5 – Lendenkotelett
5a – Filet
6 – Schinken, Schlegel, Keule (bestehend aus Nussschinken, Schinkenspeckstück, Oberschale, Unterschale)
7 – Schinkeneisbein, Hinterhaxe
8 – Bauch, Wamme
9 – Flomen

**Deutscher Schnitt**

1 –Hals, Nacken
2, 3, 4 – Rücken, Kotelett
5 – Filet
6 – Hüfte, Blume
7 – Keule, Schlegel (bestehend aus Oberschale, Unterschale, Nuss)
8 – Hinter-/Vorderhaxe
9 – Bug, Schulter (bestehend aus dem dicken Bugstück, Schaufelstück und Falschem Filet)
10 – Querrippe
11 – Brust
12 – Dünnung, Bauchlappen

4
3
2
1

# Vergessene Gemüse

1. Topinambur
2. Pastinake
3. Schwarzer Rettich
4. Knollenziest
5. Weißer Rettich
6. Schwarzwurzel
7. Steckrübe

# Saisonkalender der Früchte

| | Jan. | Febr. | März | April | Mai | Juni | Juli | Aug. | Sept. | Okt. | Nov. | Dez. |
|---|---|---|---|---|---|---|---|---|---|---|---|---|
| Ananas | | **** | **** | **** | ** | | | | | | | |
| Äpfel | **** | **** | **** | | | | **** | **** | **** | **** | **** | **** |
| Aprikosen | | | | | | | **** | ** | | | | |
| Avocados | **** | **** | **** | **** | **** | | ** | ** | ** | **** | **** | **** |
| Backpflaumen | *** | *** | *** | *** | *** | *** | *** | *** | *** | *** | *** | *** |
| Bananen | **** | **** | **** | | | | **** | **** | **** | | | **** |
| Birnen | **** | **** | **** | | | **** | **** | **** | **** | **** | **** | **** |
| Brombeeren | | | | | | | | **** | **** | | | |
| Blutorangen | **** | | | | | | | | | | **** | **** |
| Clementinen | **** | **** | | | | | | | | | | |
| Datteln | **** | **** | **** | **** | **** | **** | **** | **** | **** | **** | **** | **** |
| Erdbeeren | | | | | **** | **** | **** | *** | | | | |
| Erdnüsse | **** | **** | **** | **** | **** | **** | **** | **** | **** | **** | **** | **** |
| Feigen | | | | | | | | **** | **** | | | |
| Grapefruit | **** | **** | | | | | **** | **** | | | | |
| Granatäpfel | | | | | | | | | | **** | **** | **** |
| Guaven | **** | **** | *** | | | | | | | | | |
| Haselnüsse | | | | | | | | ** | **** | **** | | |
| Heidelbeeren | | | | | | ** | **** | **** | ** | | | |
| Himbeeren | | | | | | ** | **** | **** | **** | | | |
| Holunder | | | | | | | | **** | **** | | | |
| Johannisbeeren | | | | | | ** | **** | ** | | | | |
| Kaktusfeigen | ** | | | | | | | | | | *** | *** |
| Karambolen | *** | *** | *** | *** | *** | *** | *** | *** | *** | *** | *** | *** |
| Kastanien | **** | | | | | | | | | ** | **** | **** |
| Kirschen | | | | | ** | **** | ** | | | | | |
| Kiwis | **** | **** | **** | | | | | | | | | **** |
| Kokosnüsse | *** | *** | *** | *** | *** | *** | *** | *** | *** | *** | *** | *** |
| Kumquats | **** | | | | | | | | | | **** | **** |

| | Jan. | Febr. | März | April | Mai | Juni | Juli | Aug. | Sept. | Okt. | Nov. | Dez. |
|---|---|---|---|---|---|---|---|---|---|---|---|---|
| Kürbis | | | | | | | | | ** | **** | **** | **** |
| Limetten | ** | ** | ** | ** | ** | ** | ** | ** | ** | **** | **** | **** |
| Litschis | **** | | | | | | | | | | ** | **** |
| Mandarinen | **** | **** | | | | | | | | | | ** |
| Mandeln | | | | | | ** | **** | **** | ** | | | |
| Mangos | | | **** | **** | **** | **** | **** | **** | | | | |
| Mangostanen | | | | | **** | **** | **** | ** | ** | ** | ** | |
| Maracujas | **** | **** | **** | **** | **** | **** | **** | **** | **** | **** | **** | **** |
| Melonen | | | | | | ** | **** | **** | ** | | | |
| Mirabellen | | | | | | | | **** | **** | | | |
| Mispeln | | | | | | | | | | | **** | **** |
| Orangen | **** | **** | **** | | | | | | | | **** | **** |
| Papayas | **** | **** | **** | **** | **** | **** | **** | ** | ** | ** | ** | ** |
| Pinienkerne | **** | **** | **** | **** | **** | **** | **** | **** | **** | **** | **** | **** |
| Pistazien | **** | **** | **** | **** | **** | **** | **** | **** | **** | **** | **** | **** |
| Pfirsiche | | | | | | | **** | **** | | | | |
| Pflaumen | | | | | | | **** | **** | **** | | | |
| Physalis | | | | | | | | **** | **** | **** | | |
| Preiselbeeren | | | | | | | **** | **** | **** | | | |
| Quitten | | | | | | | | | ** | **** | **** | ** |
| Rhabarber | | | | | **** | **** | **** | **** | | | | |
| Schw. Johannisbeeren | | | | | | | **** | ** | | | | |
| Sharonfrüchte | **** | | | | | | | | | ** | **** | **** |
| Tomaten | | | | | | | **** | **** | **** | ** | | |
| Walderdbeeren | | | | | | | | **** | | | | |
| Walnüsse | **** | | | | | | | | | **** | **** | **** |
| Wassermelonen | | | | | | | **** | **** | **** | | | |
| Weintrauben | | | | | | | | **** | **** | | | |
| Zitronatzitronen | | | | | | | | | **** | **** | **** | |
| Zitronen | *** | *** | *** | *** | *** | *** | *** | *** | *** | *** | *** | *** |

# Beeren

Erdbeeren
Brombeeren
Himbeeren
Heidelbeeren
Johannisbeeren

# Salate

1. Eiskraut
2. Rucola
3. Spinat
4. Rote Bete
5. Mangold
6. Senfblatt
7. Mizuna
8. Portulak

1
2
3
4
5
6

# Kräuter

1. Schnittlauch
2. Rosmarin
3. Minze
4. Basilikum
5. Krause Petersilie
6. Dill
7. Kerbel
8. Lorbeer
9. Glatte Petersilie
10. Estragon
11. Thymian

# Käse

**Historisches**
Die Geschichte des Käses nahm ihren Anfang etwa 10 000 Jahre vor unserer Zeitrechnung, als die Menschen allmählich ihr Dasein als Jäger und Sammler aufgaben und begannen sesshaft zu werden. Mit der Domestizierung von Ziegen, Schafen und Rindern war zum ersten Mal Milch im Überfluss vorhanden. Man entdeckte, dass Milch sauer wird und stockt, wenn sie in der Sonne oder nahe am Feuer steht: Der erste Käse war entstanden.

Die ältesten bildlichen Darstellungen der Käseherstellung auf einem Tempelfries im Zweistromland stammen aus dem sechsten Jahrtausend vor Christus. In ägyptischen Gräbern wurde Käse entdeckt, und eine Abhandlung des Aristoteles belegt, dass die alten Griechen Käse als Nahrungsmittel und Opfergabe schätzten. Die Römer kannten bereits unterschiedliche Sorten und verbreiteten ihr Wissen in ihren Provinzen. Im Mittelalter schließlich waren in Europa vor allem Klöster Zentren der Käseherstellung.

**Was genau ist Käse?**
Seine Herstellung beginnt mit der Gerinnung, der sogenannten Dicklegung, von Milch oder Rahm. Die gallertartige Masse wird zum Abtropfen der Molke in Formen geschöpft. Je nach Sorte muss der Käse eine bestimmte Zeit reifen. Meistens wird er aus Kuhmilch hergestellt, aber auch Schaf-, Ziegen- und Büffelmilch werden zu Käse verarbeitet.

Käse wird mit der Angabe der Fettgehaltstufe angeboten:
- Doppelrahmstufe: 60–85 %
- Rahmstufe: mindestens 50 %
- Vollfettstufe: mindestens 45 %
- Fettstufe: mindestens 40 %
- Dreiviertelfettstufe: mindestens 30 %
- Halbfettstufe: mindestens 20 %
- Viertelfettstufe: mindestens 10 %
- Magerstufe: bis 10 %

.

Mit »Bauernkäse« werden Sorten bezeichnet, die direkt auf dem Hof aus der dort gemolkenen Milch der eigenen Herde hergestellt werden. Für die Herstellung von Rohmilchkäse darf die Milch auf maximal 40 °C erhitzt, also nicht pasteurisiert werden.

# Käsearten

**Frischkäse**
Gewonnen durch Dicklegung der Milch mithilfe von Milchsäurebakterien. Frischkäse muss nicht reifen. Sein Wasseranteil liegt bei 60-80 %. Er wird leicht gesalzen oder mit Sahne angereichert angeboten.
*Beispiele: Quark, Schichtkäse, Frischkäse mit Kräutern*

**Weichkäse mit Schimmelrinde**
Der Käse darf aus pasteurisierter Milch und aus Rohmilch hergestellt werden. Er wird nur selten geknetet und vor allem nicht erhitzt. Während der Reifung bildet sich auf der Oberfläche eine weiße, samtige Schimmelrinde (der sogenannte Edelschimmelflaum).
*Beispiele: Brie de Meaux, Camembert, Chaource*

**Weichkäse mit gewaschener Rinde**
Während seiner Reifung wird der Käse regelmäßig mit einer Mischung aus Salzwasser und Rotschmierekulturen abgewaschen, wodurch er sich mit einer orangefarbenen, schmierigen Rinde überzieht.
*Beispiele: Limburger, Livarot, Maroilles, Münster*

**Blauschimmelkäse**
Der Käsebruch wird zerteilt und zum Ablaufen der Molke in perforierte Formen geschöpft. Dann wird eine Kultur von Edelschimmel zugesetzt. Einige Tage später werden die Laibe mit langen feinen Nadeln »pikiert«. Dadurch entstehen luftgefüllte Kanäle, in denen der Schimmelpilz während der Reifung von innen nach außen wachsen kann und dem Käse seinen typischen, ausgeprägt würzigen Geschmack verleiht.
*Beispiele: Cabrales, Gorgonzola, Roquefort, Stilton*

**Käse mit gepresstem Teig**
Der Käsebruch wird gepresst, damit die Molke ablaufen kann, wodurch der Teig fester, aber nicht hart wird. Deshalb werden diese Käse als halbfest bezeichnet. Sie haben eine lange Reifezeit.
*Beispiele: Cheddar, Edamer, Gouda, Reblochon, Tomme de Savoie*

**Käse mit gepresstem und erhitztem Teig**
Der Käsebruch wird ebenfalls gepresst, aber zusätzlich etwa eine Stunde erhitzt, damit er mehr Molke abgeben kann. Je mehr Wasser er verliert, desto haltbarer wird der Käse. Sein Teig ist dementsprechend trockener, daher wird er als Hartkäse bezeichnet.
*Beispiele: Appenzeller, Comté, Gruyère, Parmesan, Pecorino, Sbrinz*

**Schmelzkäse**
Gewonnen aus Hart- oder Halbhartkäse, der gerieben und mit Milch und/oder Sahne vermischt und geschmolzen wird. Häufig werden dem Teig Gewürze, Kräuter oder andere Zutaten beigemischt. Schmelzkäse wird häufig in kleine Portionen verpackt angeboten.
*Beispiele: Cancaillotte, Walnusskäse, La Vache qui rit*

**Ziegenkäse**
Häufig als Frisch- oder Weichkäse hergestellt, zum Teil mit einer in pflanzlicher Asche gewälzten Rinde und/oder von einer Schicht aus Edelschimmel überzogen.
*Beispiele: Caprino, Sainte-Maure-de-Touraine, Crottin de Chavignol, Picodon de la Drôme*

---

1. Roquefort de Baragnaude
2. Comté, 18 Monate gereift
3. Ossau-Iraty (Napoléon)
4. Saint-Nicolas
5. Camembert de Normandie
6. Crottin de Chavignol
7. Boulette d'Avesnes
8. Sainte-Maure-de-Touraine
9. Saint-Nectaire
10. Mâconnais sec
11. Epoisses

# Käsesorten

## Frankreich

| BEZEICHNUNG | MILCH |
|---|---|
| Abondance | Kuh |
| Banon | Ziege |
| Beaufort | Kuh |
| Bleu d'Auvergne | Kuh |
| Bleu de Gex Haut-Jura | Kuh |
| Bleu des Causses | Kuh |
| Bleu du Vercors-Sassenage | Kuh |
| Brie de Meaux | Kuh |
| Brie de Melun | Kuh |
| Brocciu | Ziege und/oder Schaf |
| Camembert de Normandie | Kuh |
| Cantal | Kuh |
| Chabichou du Poitou | Ziege |
| Chaource | Kuh |
| Chavignol | Ziege |
| Chevrotin | Ziege |
| Comté | Kuh |
| Epoisses | Kuh |
| Fourme d'Ambert | Kuh |
| Fourme de Montbrison | Kuh |
| Gruyère (AOC) | Kuh |
| Laguiole | Kuh |
| Langres | Kuh |
| Livarot | Kuh |
| Mâconnais (AOC) | Ziege |
| Maroilles | Kuh |
| Mont-d'Or | Kuh |
| Morbier | Kuh |
| Münster | Kuh |
| Neufchâtel | Kuh |
| Ossau-Iraty | Schaf |
| Pélardon | Ziege |
| Picodon | Ziege |
| Pont-l'Évêque | Kuh |
| Pouligny-Saint-Pierre | Ziege |
| Reblochon | Kuh |
| Rigotte de Condrieu (AOC) | Ziege |
| Rocamadour | Ziege |
| Roquefort | Schaf |
| Saint-Nectaire | Kuh |
| Sainte-Maure-de-Touraine | Ziege |
| Salers | Kuh |
| Selles-sur-Cher | Ziege |
| Tome des Bauges | Kuh |
| Valençay | Ziege |

## Übriges Europa

| BEZEICHNUNG | MILCH | HERKUNFT |
|---|---|---|
| Allgäuer Emmentaler (AOP) | Kuh | Deutschland |
| Asiago (AOP) | Kuh | Italien |
| Azeitão (AOP) | Schaf | Portugal |
| Cabrales (AOP) | Schaf, Ziege oder Kuh | Spanien |
| Caciocavallo silano (AOP) | Kuh | Italien |
| Cantabria (AOP) | Kuh | Spanien |
| Cheddar | Kuh | England |
| Danablu (AOP) | Kuh | Dänemark |
| Edamer, | Kuh | Niederlande |
| Feta (AOP) | Schaf und/oder Ziege | Griechenland |
| Fiore sardo (AOP) | Schaf | Italien |
| Fontina (AOP) | Kuh | Italien |
| Gloucester | Kuh | England |
| Gorgonzola (AOP) | Kuh | Italien |
| Gouda | Kuh | Niederlande |
| Grana padano (AOP) | Kuh | Italien |
| Gruyère (AOP) | Kuh | Schweiz |
| Herve (AOP) | Kuh | Belgien |
| Idiazábal (AOP) | Schaf | Spanien |
| Kasseri (AOP) | Schaf | Griechenland |
| Lancashire (AOP) | Kuh | England |
| Mahón (AOP) | Kuh | Spanien |
| Mainzer Handkäse | Kuh | Deutschland |
| Majojero (AOP) | Ziege | Spanien |
| Manchego (AOP) | Schaf | Spanien |
| Montasio (AOP) | Kuh | Italien |
| Mozzarella di bufala campana (AOP) | Büffel | Italien |
| Nieheimer Käse | Kuh | Deutschland |
| Parmiggiano Reggiano (AOP) | Kuh | Italien |
| Pecorino (AOP) | Schaf | Italien |
| Provolone Valpadana (AOP) | Kuh | Italien |
| Quark | Kuh | Deutschland |
| Quartirolo lombardo (AOP) | Kuh | Italien |
| Raclette du Valais (AOP) | Kuh | Schweiz |
| Roncal (AOP) | Schaf | Spanien |
| São Jorge (AOP) | Kuh | Portugal |
| Serpa (AOP) | Schaf | Portugal |
| Serra-da-Estrela (AOP) | Schaf | Portugal |
| Stilton (AOP) | Kuh | England |
| Taleggio (AOP) | Kuh | Italien |
| Tetilla (AOP) | Kuh | Spanien |
| Tilsit oder Tilsiter | Kuh | Deutschland |
| Vacherin Mont-d'Or (AOP) | Kuh | Schweiz |
| Vorarlberger Bergkäse (AOP) | Kuh | Österreich |
| Weißlacker | Kuh | Deutschland |

# Umrechnungstabellen

| LITER | DEZILITER | ZENTILITER | MILLILITER | KILOGRAMM |
|---|---|---|---|---|
| 1 Liter | 10 dl | 100 cl | 1000 ml | 1 kg |
| ½ Liter | 5 dl | 50 cl | 500ml | 0,500 kg |
| ¼ Liter | 2,5 dl | 25 cl | 250 ml | 0,250 kg |
| ⅛ Liter | 1,25 dl | 12,5 cl | 125 ml | 0,125 kg |

| | 1 ESSLÖFFEL | 1 TEELÖFFEL |
|---|---|---|
| Mehl | 10 Gramm | 3 Gramm |
| Zucker | 18 Gramm | 5 Gramm |
| Puderzucker | 10 Gramm | 3 Gramm |
| Backpulver | 10 Gramm | 6 Gramm |
| Salz | 20 Gramm | 6 Gramm |
| Pfeffer, gemahlen | 8 Gramm | 2,5 Gramm |
| Öl | 8 Gramm | 4 Gramm |
| Butter | 15 Gramm | 5 Gramm |

# Gargrad und Kerntemperaturen

| GARGUT | GARGRAD | KERNTEMP. |
|---|---|---|
| Fisch | glasig, durchscheinend | 55–56 °C |
| | leicht roh an der Mittelgräte | 56–62 °C |
| | halb durch | 62–68 °C |
| | durch | über 68 °C |
| Geflügel (Brust) | halb durch | 62–68 °C |
| | durch | über 68 °C |
| Geflügel (Keulen) | halb durch | 71–72 °C |
| | durch | über 72 °C |
| Gemüse allgemein | bissfest | über 80 °C |
| Kalb | rosa | 60–62 °C |
| | halb durch | 62–68 °C |
| | durch | über 68 °C |
| Lamm | rosa | 60–62 °C |
| | halb durch | 62–63 °C |
| | durch | über 63 °C |

| GARGUT | GARGRAD | KERNTEMP. |
|---|---|---|
| Rind | stark blutig (blau) | 56–58 °C |
| | blutig | 58–60 °C |
| | rosa | 60–62 °C |
| | halb durch | 62–68 °C |
| | durch | über 68 °C |
| Schwein | halb durch | 62–68 °C |
| | durch | über 68 °C |
| Wildbret (gebraten) | rosa | 60–62 °C |
| | halb durch | 62–68 °C |
| Wildbret (geschmort, kurzgebraten) | halb durch | 62–68 °C |
| | durch | über 68 °C |

# Speisepilze

Streng genommen gelten Pilze nicht als Pflanzen, sondern bilden ein eigenes Reich in der Natur. Von den Pflanzen unterscheidet sie, dass sie kein Chlorophyll besitzen und keine Blüten bilden. In der Natur wachsen Pilze in Wäldern und auf Wiesen, unsere Speisepilze werden aber zum größten Teil in Kulturen gezüchtet. Pilze enthalten viel Wasser und sind entsprechend kalorienarm.
Zu den wichtigsten Speisepilzen in Europa zählen Austernseitlinge, Champignons, Maronenröhrlinge, Morcheln, Pfifferlinge, Steinpilze sowie schwarze und weiße Trüffeln.

### Vorsicht ist geboten
Man sollte nur Pilze verzehren, von denen man genau weiß, woher sie stammen. Selbst gesammelte Pilze sollten zur Sicherheit von einem Fachmann begutachtet werden, von dem man auch viel über die einzelnen Arten lernen kann.

### Lagerung
In ein feuchtes Tuch gewickelt halten sich die meisten Pilze einige Tage im Kühlschrank.
Je nach Art werden Pilze das ganze Jahr über angeboten, entweder frisch, getrocknet, tiefgefroren oder in Konserven.

### Verwendung
Viele Pilze können nicht nur gegart, sondern auch roh verzehrt werden. Man verwendet sie separat oder als Teil einer Garnitur.
Beispiele: Gefüllte Champignonköpfe, Champignons griechische Art, Pilzcremesuppe, Pilzrahmsauce ...

**● Tipp**
*Erdige und wurmstichige Teile abschneiden.*
*Pilze nach Möglichkeit nicht waschen, da sie sich mit Wasser vollsaugen; zumeist reicht es aus, wenn man sie mit einer weichen Bürste von Schmutz befreit.*
*Die meisten Pilze lassen sich mit einem Messer in die gewünschte Form schneiden, nur Austernpilze und Totentrompeten werden mit der Hand zerpflückt.*
*Pilze immer erst zum Ende der Garzeit salzen, da sie sonst viel Wasser ziehen. Pilzgerichte lassen sich hervorragend mit gehackten Kräutern, Schalotten oder Knoblauch verfeinern (Duxelles, S. 156).*

# Speisefette

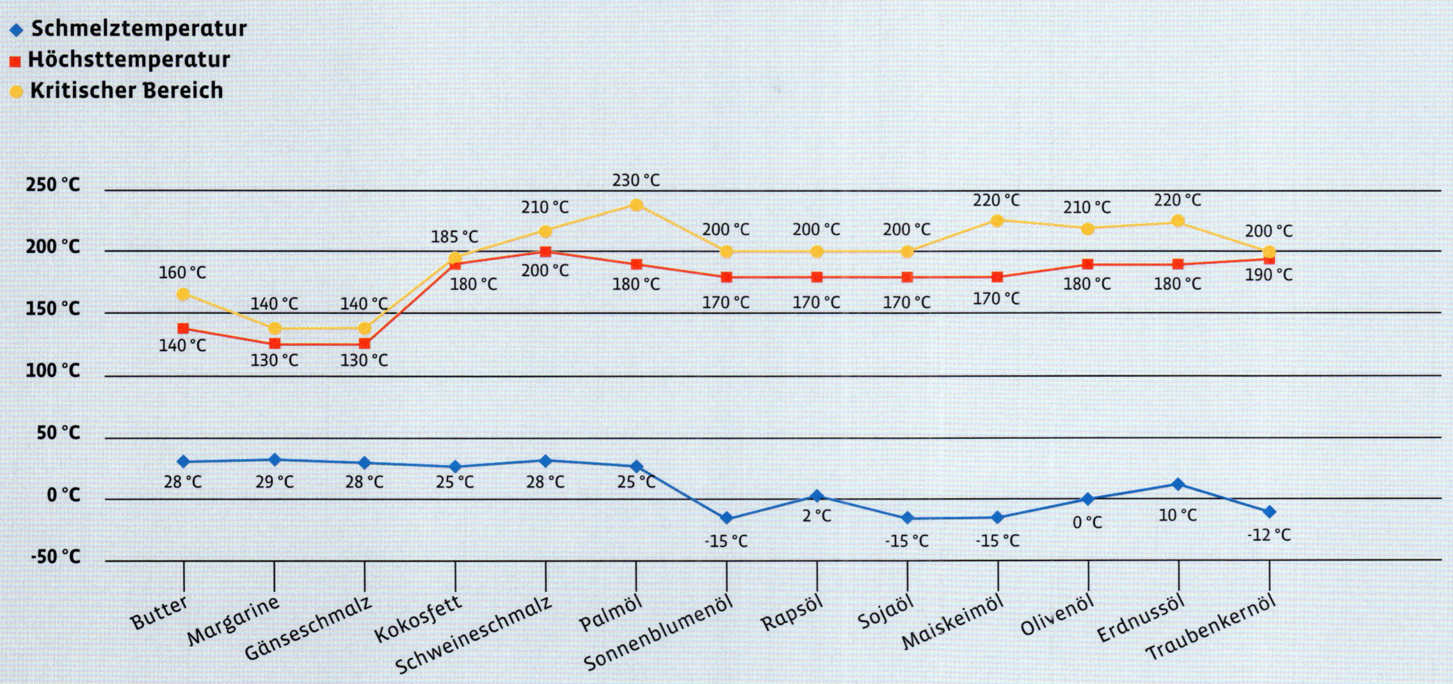


| SPEISEFETT | VERWENDUNG |
|---|---|
| Butter | zum Garen |
| Margarine | zum Garen |
| Gänseschmalz | zum Garen |
| Kokosfett | zum Garen |
| Schweineschmalz | zum Garen |
| Palmöl | zum Garen |
| Sonnenblumenöl | zum Garen/für Salate |
| Rapsöl | zum Garen/für Salate |
| Sojaöl | zum Garen/für Salate |
| Maiskeimöl | zum Garen/für Salate |
| Olivenöl | zum Garen/für Salate |
| Erdnussöl | zum Garen/für Salate |
| Traubenkernöl | zum Garen/für Salate |

Currypulver
Grüner Pfeffer
Chilischote
Safran
Sternanis
Kardamom
Zimt
Koriander
Schwarzer Pfeffer
Rosa Pfeffer
Paprika
Weißer Pfeffer

Spaghetti
Serpentini
Farfalle
Penne rigate
Tofarelli
Chifferi
Fusilli
Tagliatelle
Graminia
Diavolini

Dinkel
Mais
geschälter Hafer
Rundkornreis
Quinoa
Weizen
Basmatireis
Risotto-Naturreis

Kidney-Bohnen
Grüne Puy-Linsen
Dicke Bohnen
Spalterbsen
Gelbe Linsen
Kichererbsen
Weiße Bohnen
Rote Linsen

# Glossar





## A

**Abbrennen**
Arbeitsschritt bei der Herstellung von Brandteig: Nach dem Unterrühren des Mehls muss die Masse unter starker Hitzezufuhr und ständigem Rühren von überschüssiger Flüssigkeit befreit werden. Der Vorgang ist beendet, wenn sich der Teig vom Topf löst.

**Abschlagen**
Arbeitsschritt bei der Herstellung von Hefeteig: Wenn der Teig nach dem Aufgehen sein Volumen verdoppelt hat, wird er zusammengedrückt und noch einmal gut durchgeknetet, um die entstandenen Luftbläschen zu entfernen.

**Anschwitzen**
In wenig Fett bei milder Hitze braten, sodass das Gargut weich wird, aber keine Farbe annimmt.

**AOC/AOP**
Appellation d'origine contrôlée/protegée; geschützte Herkunftsbezeichnung für landwirtschaftliche Produkte, die nach bestimmten Kriterien erzeugt werden, vor allem für Wein, Käse, Butter, aber auch für Fleisch, Obst und Gemüse.

## B

**Ballotine**
Rollpastete aus entbeintem Fleisch, Geflügel oder Fisch. Das entsprechende Stück wird mit einer Farce bestrichen, aufgerollt, in ein Mulltuch gewickelt, mit Küchengarn gebunden, pochiert oder geschmort und warm oder kalt mit Aspik überzogen.

**Blanchieren**
Bezeichnung für
· das kurzzeitige Eintauchen von Gemüse in kochendes Wasser, um Bitterstoffe zu entfernen, das Volumen zu reduzieren (Spinat) oder das Enthäuten zu erleichtern,
· das Aufkochen in kaltem Wasser, um überschüssiges Salz (gepökeltes Fleisch) oder Stärke (Kartoffeln) zu entfernen, getrocknete Hülsenfrüchte vorzuquellen oder um Innereien von Unreinheiten zu befreien.

**Blankett**
Weißes Ragout aus hellem Fleisch (meist Kalb, Huhn oder Kaninchen).

**Blindbacken**
Das Vorbacken eines Teiges, damit die Füllung den Boden nicht durchweicht. Der Teig wird mit Backpapier ausgelegt und mit getrockneten Hülsenfrüchten beschwert.

**Bouquet garni**
*siehe* Kräutersträußchen

**Brechen**
Man spricht vom Brechen einer Emulsion, wenn sich Fett- und Wasserbestandteile, aus denen die Mischung besteht, voneinander trennen.

**Bridieren**
*siehe* dressieren

## C

**Chartreuse**
Zubereitungsart mit Gemüse, insbesondere geschmortem Kohl, das abwechselnd mit Fleisch oder Wild in eine kuppelartige Form eingeschichtet, im Wasserbad pochiert, anschließend gestürzt und heiß serviert wird.

**Chaudfroid**
(Wörtlich: »heiß-kalt«) Bezeichnung für heiß zubereitete und kalt verzehrte Speisen (Fleisch, Geflügel, Wild, Fisch), die nach dem Abkühlen mit einer sogenannten Chaudfroid-Sauce überzogen und mit Gelee überglänzt werden.

**Corail**
Bezeichnung für den Rogen von weiblichen Hummern, großen Flusskrebsen und anderen Krustentieren sowie für den Rogensack der Jakobsmuschel. Ungekocht ist er grün bis grünschwarz und verfärbt sich beim Garen leuchtend rot, daher der Name (franz. für Koralle).

**Court-Bouillon**
Aromatischer Sud, der ausschließlich zum Blanchieren und Pochieren von Fleisch, Fisch, Innereien (Hirn oder Bries) und Gemüse verwendet wird.

## D

**Demiglace**
Konzentrierter, sämiger Fond auf der Basis von Fleisch, Fisch oder Geflügel. Basis für viele Saucen.

**Dekorkamm**
*siehe* Ausstattung (S. 217)

**Dressieren**
1. Geflügel mithilfe einer speziellen Nadel und Küchengarn in eine bratfertige Form bringen.
2. Cremes oder Massen mithilfe eines Spritzbeutels in Form bringen.

## E

**Einbrenne**
*siehe* Mehlschwitze

**Essenz, Extrakt**
*siehe* Glace

## F

**Fines Herbes**
Klassische französische Kräutermischung aus Petersilie, Schnittlauch, Kerbel sowie Estragon, die frisch gehackt oder fein geschnitten zum Aromatisieren oder Garnieren verwendet wird.

**Flan**
1. Süße oder salzige Teigkruste, die mit einer Mischung aus Sahne und Eiern gefüllt wird, unter die man Früchte, Rosinen, Geflügelleber, Meeresfrüchte usw. mischen kann.
2. Feste, gestürzte oder in Förmchen gefüllte Creme, oft mit Karamell aromatisiert.

**Foie gras**
*siehe* Stopfleber

**Fond**
Fette oder magere aromatisierte Brühe, die als Grundlage verwendet wird, um eine Sauce herzustellen oder ein Schmorgericht abzulöschen. Für braunen oder dunklen Fond müssen Fleisch und Knochen zunächst angeröstet werden; dieser Arbeitsschritt entfällt für weißen Fond. Gebundener Fond wird mit Stärke hergestellt.

**Fondant**
Auch Schmelzglasur genannt. Eine dickflüssige Glasur aus Zuckersirup, die mit Lebensmittelfarbe eingefärbt und mit Aromen versetzt werden kann. Sie dient der Verzierung von Torten und Pralinen.

## G

**Galantine**
Roh entbeintes Geflügel wird mit einer Farce gefüllt, in ein Tuch gewickelt oder in eine Form gegeben und pochiert. Nach dem Erkalten wird sie garniert und überglänzt.

**Garprobe**
Um zu prüfen, ob ein Kuchen fertig gebacken ist, sticht man eine Messerklinge oder ein Hölzchen hinein. Wenn es sauber wieder herauskommt, ist der Kuchen fertig.

**Geklärte Butter**
Butter wird geklärt, indem man sie vorsichtig erhitzt und den entstehenden, aus Eiweißbestandteilen und Wasser bestehenden Schaum so lange immer wieder abschöpft, bis sich kein neuer mehr bildet. Geklärte Butter verträgt hohe Temperaturen (bis 180 °C).

**Glace (Extrakt, Essenz)**
Sirupartig eingekochter, ungebundener Fond aus Fleisch, Geflügel, seltener auch aus Fisch oder Wild. Die Glace wird bei der Fertigstellung von Saucen zur Intensivierung des Geschmacks oder zum Überziehen von Zubereitungen verwendet, die im Ofen glaciert werden sollen.

**Glacieren (Glasieren)**
Die Oberfläche eines Lebensmittels oder einer Zubereitung mit einer glänzenden Oberfläche überziehen.
Gemüse glacieren: Das Gemüse wird in einer Mischung aus Wasser, Salz, Butter und Zucker gegart, bis der Sud eine sirupartige Konsistenz annimmt und das Gemüse mit einer glänzenden Schicht überzogen ist. Je nach der Farbe des Zuckers kann weiß, hellbraun oder braun glaciert werden.
Fleisch glacieren: Ein Fleischstück mit Sauce übergießen und unter den Backofengrill stellen, wo sich unter der Hitzeeinwirkung eine dünne glänzende Haut bildet.
Gebäck (Tarte, Blätterteig, Süßspeisen) glacieren: Die noch heiße oder abgekühlte Oberfläche ganz oder teilweise mit Glasur (Schokolade, Zucker- oder Wasserglasur, Sirup) überziehen.

**Glukose**
Die chemische Bezeichnung für Traubenzucker, ein Einfachzucker und Baustein vieler Zwei- und Mehrfachzucker. Als Pulver und Glukosesirup für die Herstellung von Süßspeisen verwendet.

**Grundteig**
Ein Teig zur Weiterverarbeitung von Patisseriewaren aus Mehl, Wasser und Salz.

## H

### Hippe
Dünnes Gebäck, das in einem speziellen Eisen oder im Backofen gebacken und noch heiß zu Röllchen oder Hörnchen geformt wird. Beigabe zu Eiscreme oder anderen Desserts, mitunter auch gefüllt.

## I

### Invertzucker
Mischung aus Traubenzucker und Fruchtzucker.

## K

### Kannelieren
Mit einem Messer in regelmäßigen Abständen schmale Rillen in die Schale von Früchten oder Gemüse schneiden, um ihnen ein dekoratives Aussehen zu verleihen.

### Klären
Vorgang, bei dem aus Brühen oder Kraftbrühen Trübstoffe und andere schwebende, nicht erwünschte Bestandteile entfernt werden. Gelegentlich wird auch der Begriff »klarifizieren« verwendet.

### Kräutersträußchen
Das klassische Kräutersträußchen besteht aus drei Petersilienstängeln, einem Thymianzweig und einem Lorbeerblatt, mit Küchengarn zusammengebunden.

## M

### Macédoine
Mischung aus gewürfeltem Gemüse oder Obst.

### Mehlieren
Ein Lebensmittel in Mehl wenden oder mit etwas Mehl bestäuben.

### Mehlschwitze
Die Grundlage für viele Saucen. Sie besteht aus Butter und Mehl zu gleichen Teilen, die entweder farblos angeschwitzt oder braun geröstet und mit Flüssigkeit aufgegossen werden.

### Mirepoix
Schnittform für aromatische Garnituren. Die Größe der Würfel ist je nach Garzeit unterschiedlich.

### Montieren
In der Regel der letzte Arbeitsschritt beim Herstellen von Saucen: das Aufschlagen der Sauce oder das Unterziehen von kaltem Fett, um die Sauce zu binden.

## O

### Orangeat
Die in Zuckersirup kandierten Schalen von Orangen.

## P

### Parieren
Fleisch, Fisch und Geflügel vor dem Garen von allen unerwünschten oder nicht essbaren Teilen (Haut, Sehnen, Fett usw.) befreien.

### Parüren
Teile von Gemüse, Fleisch oder Fisch, die beim Parieren abfallen und nicht für die Zubereitung des Gerichts, aber zur Herstellung von Fonds, Suppen oder Saucen verwendet werden können.

### Pissalat
Provenzalische Würzpaste aus pürierten Sardellen, aromatisiert mit Nelken, Thymian, Lorbeer und Pfeffer sowie Olivenöl.

### Plattieren
Ein Stück Fleisch oder Fisch mithilfe eines Plattiereisens oder eines Topfes mit schwerem Boden flach klopfen, um ihm eine gleichmäßige Stärke zu geben. Das geht am besten zwischen zwei Lagen Klarsichtfolie.

## R

### Rillette
Französische Spezialität, für die das Fleisch (meist Gans, Ente, Kaninchen, Schwein) so lange in gut gewürztem Schmalz gekocht wird, bis es so weich ist, dass es zerfällt.

## S

### Salamander
Ein Grill mit starker Oberhitze, der in der Profiküche verwendet wird, um Speisen warm zu halten oder zu gratinieren. Wird stattdessen der Backofengrill verwendet, sollte man die Tür geöffnet lassen.

**Salpikon**
Zubereitung aus einer oder mehreren klein gewürfelten, mit einer Sauce gebundenen Zutaten (Gemüse, Fleisch, Fisch).

**Schlagschüssel**
*siehe* Ausstattung (S. 217)

**Schweinenetz**
Feines, netzartiges Fettgewebe aus dem Bauchfell von Schweinen. Es löst sich beim Garen fast vollständig auf und sorgt dafür, dass damit eingwickelte Speisen nicht auseinanderfallen und nicht austrocknen. Man muss es beim Metzger vorbestellen.

**Soufflieren**
Eine Speise aufgehen, sich aufblähen lassen.
Soufflierte Kartoffeln sind Kartoffeln, die beim Backen an Umfang zunehmen, also wie aufgeblasen erscheinen.

**Siphonflasche**
*siehe* Ausstattung (S. 217)

**Stabilisatoren**
Stoffe, die Lebensmitteln zugesetzt werden, um Konsistenz, Aroma oder sonstige Eigenschaften zu erhalten.

**Stopfleber**
Die Leber von gemästeten Enten oder Gänsen. Die Stopfleber ist frisch und konserviert im Handel und fester Bestandteil vieler klassischer Rezepte der französischen Küche. Sie kann auch roh verzehrt werden.

## T

**Tian**
Provenzalische Gratinform, die auch anderen überbackenen Gerichten ihren Namen gegeben hat.

**Tomaten-Concassé**
Enthäutete und entkernte, in Würfel geschnittene Tomaten.

**Tomatisieren**
Mit Tomatenmark versetzen. Kurz vor dem Ablöschen etwas Tomatenmark einrühren und mitrösten lassen. Damit erhalten dunkle Fonds und Saucen eine noch kräftigere Farbe.

**Tourieren**
Bei der Herstellung von Blätterteig das schichtweise Einarbeiten der Butter in einen Grundteig aus Mehl, Salz und Wasser.

**Tuile**
*siehe* Hippe

## U

**Überglänzen**
Eine Speise mit einer Substanz, etwa flüssiger Butter oder Gelatine, überziehen, um ihr Oberflächenglanz zu verleihen.

## V, W

**Verjus**
Auch Agrest genanntes Würzmittel, das durch das Auspressen unreifer Trauben gewonnen und anstelle von Essig verwendet wird.

**Weinstein**
Ein Treibmittel für Backwaren. Es besteht im Westentlichen aus Kaliumhydrogentartrat und Calciumtartrat.

## Z

**Zesten**
Hauchdünne Streifen aus der äußeren Fruchtschale von Zitrusfrüchten.

**Ziselieren**
1. In sehr feine Würfel schneiden.
2. Das Einschneiden der Fettschicht bzw. Haut von Fleisch oder Fisch zur Vorbeugung von Formveränderungen beim Garen.

**Zitronat**
In Zuckersirup kandierte Schalen von Zitronen.

**Zuckerthermometer**
Thermometer, das beim Zuckerkochen Verwendung findet. Erfahrene Köche können den Zustand des Zuckers auch mit den Fingern überprüfen, die man aber zuvor in Eiswasser kühlen sollte, um Verbrennungen zu vermeiden.

# Die Rezepte

# Goldene Küchenregeln

**Die Rezepte stets vor Beginn vollständig durchlesen, damit Sie**
• genau wissen, was zu tun ist (Begriffe, die im Glossar erklärt werden, sind mit Sternchen gekennzeichnet);
• die erforderlichen Utensilien zur Hand haben;
• genügend Zeit haben, um die benötigten Zutaten zu besorgen und/oder gegebenenfalls auf die richtige Temperatur zu bringen;
• die Zutaten eventuell von Ihrem Metzger, Fischhändler … entsprechend vorbereiten lassen können;
• die genaue Reihenfolge der einzelnen Arbeitsschritte kennen (immer mit den Zubereitungen beginnen, die eine lange Garzeit haben).

**Es empfiehlt sich außerdem,**
• bestimmte Grundzutaten, etwa Öl, Gewürze oder Mehl, stets vorrätig zu haben, damit man keine böse Überraschung erlebt und unter Umständen einen Ersatz für fehlende Zutaten findet;
• möglichst Rezepte mit saisonalen Zutaten auszuwählen. Denn nur dann wird das Gericht zu einem vollkommenen Genuss;
• den Garprozess sorgfältig zu überwachen, denn die Temperaturen und Zeiten können in Ihrem Herd von den Angaben im Buch leicht abweichen.

**Wichtig ist auch die Hygiene**
• Sorgen Sie unbedingt dafür, dass Küchenutensilien und Hände stets makellos sauber sind.
• Bei rohen und gekochten Zutaten auf die richtige Lagerung achten. Gegarte Speisen in Frischhaltefolie verpacken, damit sich im Kühlschrank keine Gerüche auf andere Lebensmittel übertragen.
• Stets das auf der Verpackung angegebene Haltbarkeitsdatum beachten.

**Und denken Sie daran:**
• Ein gelungenes Gericht beruht auf einer subtilen Kombination von handwerklichem Können, Erfahrung und Kreativität – aber eine kleine Prise Verrücktheit kann auch nicht schaden.

# Vorspeisen

# Anne-Sophie Pic

## präsentiert ihr Rezept

Ich möchte Ihnen in diesem Buch ein Vorspeisenrezept – ein Soufflé mit altem Gouda und schwarzer Trüffel – vorstellen. Ich habe ein Soufflé gewählt, weil es ein Klassiker der feinen Küche ist und die Zubereitung ein gewisses Geschick erfordert. Das Neue an meiner modernen Variante ist der weiche, schaumige Käsekern. Trüffeln gehören in meiner Küche einfach dazu, denn schließlich lebe und arbeite ich in einer Region, die zu den größten Trüffellieferanten Frankreichs zählt. So sind Trüffeln für mich eine unerschöpfliche Quelle der Inspiration, und ich kombiniere sie gern mit Käse.
Bei meinen Menüs gehe ich stets mit der Jahreszeit. Im Winter stehen bevorzugt sahnige Gerichte mit kräftigen Aromen auf der Karte, im Sommer darf es eher frisch und pikant sein.
Die Vorspeise bestimmt den gesamten weiteren Ablauf eines Menüs, deshalb ist hier ein hohes Maß an Präzision gefordert. Aber es bleibt auch viel Spielraum für fantasievolle Kreationen – und das nicht nur in geschmacklicher, sondern ebenso in optischer Hinsicht.

# Soufflé mit altem Gouda, schwarzer Trüffel und Goudaschaum

**Für 4 Personen**
Vorbereitung: 45 Minuten
Backzeit: 11 Minuten

**Zutaten**
130 g geklärte Butter*
20 g Semmelbrösel
40 ml Milch
60 g alter Gouda (etwa Reypenaer VSOP), klein geschnitten
55 g Eigelb
30 ml Trüffeljus
Scheiben von schwarzer Trüffel zum Garnieren
Salz

**Für die Soufflémasse**
50 g Butter
50 g Mehl
500 ml Milch
5 Eier + 3 Eiweiß
1 Messerspitze gemahlener Kreuzkümmel
1 Messerspitze geriebene Muskatnuss
Salz
100 g alter Gouda (etwa Reypenaer VSOP), gerieben
½ TL Weinstein*
1 TL Kartoffelstärke

### Die Soufflémasse herstellen
Aus Butter, Mehl und Milch eine Béchamelsauce herstellen (S. 131), in eine Schüssel füllen und abkühlen lassen. Die Eier trennen, die Eigelbe mit Kreuzkümmel, Muskat und Salz würzen und unter die erkaltete Sauce rühren. Die Mischung kalt stellen.

### Die Formen vorbereiten
Für dieses Rezept benötigt man Souffléförmchen mit losen Einsätzen. Die gekühlten Förmchen mit einem Backpinsel gleichmäßig mit der geklärten Butter einpinseln und danach erneut kalt stellen. Mit Semmelbröseln ausstreuen und überschüssige Semmelbrösel abklopfen. Den Vorgang zweimal wiederholen und die Formen danach wieder kalt stellen.

### Die Einsätze vorbereiten
Die ebenfalls vorgekühlten Einsätze mit geklärter Butter einpinseln. Die Einsätze mit Backpapier umkleiden. Das Papier sollte ein wenig über den Rand der Form hinausragen und glatt anliegen. Das Backpapier anschließend mit geklärter Butter einpinseln.

### Die Goudacreme zubereiten
Die Milch mit dem Gouda erhitzen, die Mischung durchmixen, durch ein Sieb passieren und kalt stellen.

### Den Goudaschaum herstellen
Die Eigelbe mit der Trüffeljus zu einem Sabayon aufschlagen. Nach und nach 100 Gramm geklärte Butter und danach 40 Gramm Goudacreme unterrühren. Abschmecken, in einen Siphon* füllen und im 56 °C (Umluft 36 °C) warmen Backofen warm halten.

### Die Soufflés backen
Die Soufflémasse in eine Schlagschüssel* füllen und den geriebenen Gouda locker unterziehen.
Souffléformen und Einsätze aus dem Kühlschrank nehmen. Die Einsätze in die Mitte der Formen stellen.
In einer zweiten Schlagschüssel die Eiweiße nicht zu steif schlagen. Sobald sie schaumig sind, den Weinstein hinzufügen. Wenn der Eischnee fest zu werden beginnt, die Kartoffelstärke unterrühren. Den Eischnee anschließend unter die Soufflémasse heben und dabei mit dem Schneebesen Viertelkreise beschreiben.
Die Soufflémasse, sobald sie homogen ist, in einen Spritzbeutel füllen und die Formen fast vollständig damit füllen. Dabei darauf achten, mit den Fingern weder die Innenseite der Formen noch die Einsätze zu berühren. Die Soufflés anschließend 11 Minuten im 200 °C (Umluft 180 °C) heißen Backofen backen.

### Fertigstellung
Die Soufflés aus dem Ofen nehmen und die Einsätze sofort aus den Förmchen lösen. Die so entstandenen Löcher bis oben mit Goudaschaum aus dem Siphon füllen. Die Soufflés mit den Trüffelscheiben garnieren und sofort in den Förmchen servieren.

## Blini mit Räucherlachs ★

**Zutaten**
160 g Crème fraîche
Fleur de Sel
frisch gemahlener Pfeffer
etwas geriebene Muskatnuss
8 Scheiben Räucherlachs
Saft von 1 Zitrone
etwas bunter Pfeffer
1 EL Lachsrogen (zum Garnieren)
½ rote Zwiebel (zum Garnieren)
¼ Bund Dill (zum Garnieren)

Für die Blini
125 g Mehl
1 Prise Salz
2 Eier, getrennt
250 ml Milch
80 g geklärte Butter*

### Für 8 Personen
Zubereitung: 40 Minuten
Garzeit: 10 Minuten

Das Mehl mit dem Salz in eine Schüssel sieben und in die Mitte eine Mulde drücken. Die Eigelbe hineingeben, nach und nach die Milch hinzufügen und die Zutaten mit dem Schneebesen verrühren.
Die Eiweiße steif schlagen und vorsichtig unter die Mehlmischung heben. Die geklärte Butter in einer Crêpepfanne erhitzen und darin acht kleine, 4-5 Millimeter dicke Blini ausbacken.

Die Crème fraîche mit dem Schneebesen oder dem Handrührgerät aufschlagen, bis sie beim Herausziehen der Rührbesen Spitzen bildet, und mit Salz, Pfeffer und Muskat abschmecken.

Die Blini jeweils mit einer Scheibe Räucherlachs belegen. Den Fisch mit Zitronensaft beträufeln und mit Pfeffer würzen. Mit etwas Crème fraîche bestreichen und mit Lachsrogen, Zwiebelringen und Dill garnieren.
Die Blini anschließend aufrollen und nach Belieben mit Schnittlauchstängeln zubinden.

● **Variation**
*Traditionell werden Blini mit Hefe zubereitet. Die Eiweiße dann nicht steif schlagen und den Teig 60 Minuten bei 35 °C gehen lassen.*

# Thunfisch-Rillette mit Meerrettich ★

Zutaten
480 g Filet vom Roten Thunfisch
1 Messerspitze scharfes Paprikapulver
Salz
Saft von 1 Zitrone
40 g Tomatenmark
40 g geriebener Meerrettich (zum Garnieren)
¼ Bund Kerbel (zum Garnieren)

## Für 6 Personen

Zubereitung: 30 Minuten

Den Thunfisch parieren* und verbliebene Gräten entfernen.
Mit den Gewürzen und dem Zitronensaft in der Küchenmaschine fein zerkleinern. Zum Schluss etwas Tomatenmark hinzufügen, damit die Rillette eine schöne rote Farbe bekommt.

Die Rillette auf Kanapees oder Löffeln mit geriebenem Meerrettich und Kerbel garniert servieren.

**● Tipp**

*Für Rillette eignen sich am besten fette Fische wie Thunfisch, Lachs, Sardine oder Makrele. Die Zugabe von Zitronensaft – oder Essig – ist wichtig, weil die Säure die Entstehung von Keimen hemmt.*

# Carpaccio mit Parmesan und Pistou ★

## Zutaten

300 g Rinderfilet
40 g Parmesan (zum Garnieren)
4 Prisen Fleur de Sel
frisch gemahlener Pfeffer
½ Bund Basilikum (zum Garnieren)

### Für das Pistou

4 Knoblauchzehen
½ Bund Basilikum
50 ml Olivenöl
Saft von 1 Zitrone

## Für 4 Personen

Zubereitung: 30 Minuten
Kühlzeit: 30 Minuten

Für das Pistou den Knoblauch gegebenenfalls von den Keimen befreien und mit den Basilikumblättern im Mörser zerstoßen.
Das Olivenöl in einem feinen Strahl einlaufen lassen und dabei stetig weiterrühren. Zum Schluss den Zitronensaft unterrühren.

Das Rinderfilet parieren*, in hauchdünne Scheiben schneiden und auf einem Teller anrichten. Mit Pesto besprenkeln und 30 Minuten kalt stellen.

Parmesanspäne und Fleur de Sel aufstreuen, das Carpaccio mit etwas Pfeffer übermahlen und mit Basilikumblättern garnieren.

**● Tipp**

*Damit das Carpaccio auch zu einem Augenschmaus wird, die Fleischscheiben beim Anrichten schön regelmäßig anordnen. Das Fleisch nach dem Auftragen des Pestos 30 Minuten bis maximal 2 Stunden durchziehen lassen. Danach verliert das Basilikum an Aroma und das Pesto entwickelt einen leicht bitteren Geschmack.*

**Kochschule**

Pesto und Pistou >> S. 144

# Miesmuscheln in Weißweinsud ★

**Zutaten**
1 kg Miesmuscheln
2 Schalotten
¼ Bund glatte Petersilie
90 g Butter
100 ml trockener Weißwein
80 g Crème fraîche
10 g Currypulver
frisch gemahlener Pfeffer

**Für 4 Personen**
Zubereitung: 30 Minuten
Garzeit: 25 Minuten

Die Muschelschalen mit einem Messer sauber kratzen, gründlich waschen und die Bärte entfernen. Muscheln, die sich bei Berührung nicht schließen, wegwerfen.

Die Schalotten fein würfeln und die Petersilie hacken.
Die Schalotten in einem großen Topf in 50 Gramm Butter anschwitzen.
Den Weißwein angießen und die Muscheln mit der Hälfte der Petersilie hinzufügen.
Den Deckel auflegen und die Muscheln kurz bei starker Hitze garen. Dabei den Topf immer wieder kräftig rütteln.
Die Muscheln, sobald sie sich geöffnet haben, mit einem Schaumlöffel aus dem Topf heben.
Die Kochflüssigkeit durch ein mit einem Seihtuch ausgelegtes Sieb in einen sauberen Topf gießen, um Sandreste auszufiltern.

Die Garflüssigkeit um die Hälfte einkochen lassen, die Crème fraîche einrühren, die Sauce nochmals reduzieren, bis sie schön sämig ist, und danach mit 40 Gramm Butter montieren*.
Mit der Hälfte des Currypulvers bestreuen und kurz ziehen lassen. Zum Schluss mit Pfeffer abschmecken.

Jeweils eine Schalenhälfte der Muscheln entfernen und die Muscheln in einer Schüssel oder in tiefen Tellern anrichten.
Mit der restlichen Petersilie bestreuen, mit der kochend heißen Sauce begießen und mit dem restlichen Curry bestäuben.

**● Tipp**
*Miesmuscheln haben traditionell in den Monaten mit »r« Saison. Die frischen Muscheln kommen vakuumiert oder in Plastikschalen eingeschweißt in den Handel und sind im Kühlschrank einige Tage haltbar.*

**Kochschule**
Im Weinsud garen >> S. 104

# Gratinierte Austern ★★

**Zutaten**
36 Austern Nr. 3
150 g Karotten
150 g Knollensellerie
150 g Lauch (nur der weiße Teil)
180 g Butter
4 Eigelb
50 ml trockener Sekt
200 ml Fisch-Samtsauce (S. 150)
Cayennepfeffer
250 g grobes Meersalz
Salz, frisch gemahlener Pfeffer

## Für 6 Personen

Zubereitung: 45 Minuten
Garzeit: 25 Minuten

Die Austern öffnen (S. 72), das Wasser auffangen und das Fleisch aus den Schalen lösen.
Das Fleisch 2-3 Sekunden im Austernwasser aufkochen und danach sofort abkühlen lassen.
Die Schalen gründlich säubern und in kochendem Wasser sterilisieren.

Karotten und Sellerie schälen und waschen. Den Lauch der Länge nach halbieren und waschen. Das Gemüse in Julienne-Streifen schneiden (S. 59) und nach Möglichkeit getrennt (damit der Geschmack nicht verfälscht wird) in 60 Gramm Butter und 50 Milliliter Wasser dünsten. Das Gemüse anschließend mit Salz und Pfeffer abschmecken.

Für die Sauce zunächst ein Sabayon zubereiten (S. 50). Dazu die Eigelbe mit dem Sekt in einen kleinen Topf geben und kurz mit dem Schneebesen verrühren.
Auf dem Herd bei milder Temperatur oder auf dem Wasserbad langsam erhitzen, bis eine schaumige Masse entstanden ist. Dabei stetig mit dem Schneebesen schlagen.
Das Sabayon vom Herd nehmen, 120 Gramm Butter in kleinen Stücken unterrühren und mit Salz und Cayennepfeffer abschmecken.
Das Sabayon anschließend mit der Samtsauce verrühren.

Sechs flache, ofenfeste Teller mit grobem Meersalz bestreuen, jeweils drei Austernschalen daraufsetzen, mit etwas Gemüse füllen und je zwei Austern darauf anrichten.
Mit der Sauce überziehen, kurz unter dem Backofengrill gratinieren und sofort servieren.

**● Tipp**

*Verwenden Sie für dieses Gericht am besten mittelgroße Austern. Die Größe erkennt man an der Nummer: 2 = groß, 3 = mittelgroß und 4 = klein. Die Samtsauce verleiht dem Sabayon Stabilität.*

**Kochschule**

Austern und Schalentiere aufbrechen ›› S. 72
Julienne ›› S. 59
Sabayon ›› S. 50

## Zutaten
150 g Champignons
90 g Butter
15 Eier
Salz, frisch gemahlener Pfeffer
½ Bund Schnittlauch (zum Garnieren)

# Omelett mit Champignons ★

## Für 6 Personen
Zubereitung: 30 Minuten
Garzeit: 10 Minuten

Die Champignons kurz unter fließendem Wasser waschen und vierteln (S. 58). 30 Gramm Butter erhitzen, die Pilze in der sehr heißen Butter braten und danach mit Salz und Pfeffer würzen.

Die Eier in eine Schüssel aufschlagen, mit Salz und Pfeffer würzen und kräftig mit dem Schneebesen verrühren.
In einer beschichteten Pfanne etwas Butter erhitzen. Die Eier hineingießen und bei starker Hitze stocken lassen. Sobald die Eier am Rand zu stocken beginnen, so lange vom Rand zur Mitte schieben, bis das Omelett eine cremige Konsistenz, aber noch keine Farbe angenommen hat. Anschließend einen Teil der Pilze darauf verteilen.
Die Pfanne schräg anheben, sodass der Griff nach oben zeigt, das Omelett mithilfe einer Gabel zusammenklappen und nach Belieben mit zerlassener Butter überglänzen*.

Mit den restlichen Champignons auf Tellern anrichten und mit Schnittlauchröllchen bestreuen.

**● Tipp**
*Entgegen der landläufigen Meinung darf ein gutes Omelett gar nicht oder nur ganz leicht gebräunt sein, denn nur dann ist es auch schön weich.*
*Die Champignons können durch Steinpilze oder Pfifferlinge oder eine Pilzmischung (frisch oder tiefgekühlt) ersetzt werden.*

**Kochschule**
Champignons vierteln ›› S. 58
Omelett ›› S. 46

# Kaninchenterrine mit Pistazien und exotischem Chutney ★★

## Für 6 Personen

Zubereitung: 90 Minuten
Garzeit: 40 Minuten
Ruhezeit: 3 Stunden

### Zutaten

400 g Kaninchenfleisch
150 g Schweinenacken
25 g Pistazienkerne
2 cl Cognac
1 Ei
30 g Mehl
60 g Schweinenetz*
3 Lorbeerblätter
100 ml Aspik aus Brühe und Gelatine
Salz, frisch gemahlener Pfeffer

**Für das Chutney**

¼ Ananas
½ Mango
60 g Zucker
Saft von 1 Orange

Das Kaninchenfleisch gegebenenfalls von Haut und Sehnen befreien und mit dem Schweinefleisch in Würfel oder Streifen (à etwa 50 Gramm) schneiden.
Beides anschließend hacken, würzen (15 Gramm Salz und 2 Gramm Pfeffer pro Kilogramm) und mit den ganzen Pistazienkernen, Cognac, Ei und Mehl vermengen.
Eine Terrinenform mit Schweinenetz auskleiden und die Fleischmasse einfüllen. Die Masse dabei immer wieder andrücken, damit die Luft entweicht. Die Lorbeerblätter darauf verteilen, mit Schweinenetz abdecken und die Terrine 30-40 Minuten im 140 °C (Umluft 120 °C) heißen Backofen garen. Für die Garprobe ein Kochthermometer hineinstecken. Es muss eine Kerntemperatur von 68-70 °C anzeigen.

Die Terrine aus dem Ofen nehmen und mit dem flüssigen Aspik begießen (damit sie schön glänzt, nicht austrocknet und saftiger wird).

Die fertige Terrine 3 Stunden im Kühlschrank ruhen lassen.

Für das Chutney Ananas und Mango in 5 Millimeter große Würfel schneiden.
Den Zucker in einem kleinen Topf zu hellem Karamell kochen, mit Orangensaft ablöschen. Die Fruchtwürfel hinzufügen, bei geringer Hitze sehr weich kochen und anschließend abkühlen lassen.

Die Terrine in Scheiben (à 70-90 Gramm) schneiden, mit dem Chutney anrichten und mit Landbrot servieren.

**● Tipp**

*Dieses Rezept eignet sich für alle hellen Fleischsorten. Da Kaninchen wenig Fett enthält, würde es beim Garen austrocknen. Deshalb fügt man etwas Schweinefleisch hinzu.*

**Kochschule**

Fleisch hacken >> S. 83
Terrinen und Pasteten herstellen >> S. 90

# Hechtklößchen in Krebssauce ★★

**Zutaten**
250 g Hechtfilet
3 Eier + 1 Eiweiß
150 g Sahne
90 g Butter
130 g Mehl
½ Bund glatte Petersilie (zum Garnieren)
Salz, frisch gemahlener Pfeffer

**Für die Krebssauce**
25 g Butter
25 g Mehl
250 g Flusskrebse
40 ml Olivenöl
1 Zwiebel
1 Schalotte
½ Karotte
100 g Tomaten
30 g Tomatenmark
4 cl Cognac
100 ml Weißwein
1 Kräutersträußchen*
Salz, frisch gemahlener Pfeffer

**Für 8 Personen**
Zubereitung: 75 Minuten
Garzeit: 45 Minuten

Zunächst für die Hechtklößchen eine feine Farce herstellen. Dazu das Hechtfilet in der Küchenmaschine fein zerkleinern, durch ein Sieb streichen, wieder in die Küchenmaschine geben und mit dem Eiweiß verrühren.
Die Mischung in eine Edelstahlschüssel füllen, auf Eis stellen und nach und nach die Sahne unterrühren.
Mit Salz und Pfeffer würzen, mit Frischhaltefolie abdecken (die Folie direkt auf die Masse legen, damit sich keine Haut bildet) und kalt stellen.

250 Milliliter Wasser mit der Butter aufkochen, das Mehl in die kochende Flüssigkeit schütten, unterrühren und die Mischung abbrennen*. Dabei stetig mit einem Spatel rühren.
Den Topf vom Herd nehmen, die Eier einzeln unterrühren und die Masse anschließend mit der Hechtfarce vermengen.

In einem großen Topf Salzwasser zum Kochen bringen.
Mit zwei Esslöffeln von der Hechtmasse Klößchen abstechen, in das siedende Wasser gleiten lassen, 4–5 Minuten pochieren, mit einem Schaumlöffel herausheben, abtropfen lassen und warm halten.

Für die Sauce zunächst aus Butter und Mehl eine helle Mehlschwitze (S. 150) herstellen und abkühlen lassen.
Die Krebse im heißen Olivenöl anbraten, bis sie sich rot färben.
Zwiebel, Schalotte und Karotte würfeln, zu den Krebsen geben und anschwitzen*. Die Krebse zerstoßen. Zurück in den Topf geben, die gewürfelten Tomaten und das Tomatenmark hinzufügen.
Mit dem Cognac ablöschen und den Weißwein angießen.
Die Flüssigkeit um die Hälfte reduzieren und 500 Milliliter Wasser hinzufügen.
Das Kräutersträußchen dazugeben, das Ganze 30 Minuten köcheln lassen und dabei gegebenenfalls abschäumen.
Die Sauce im Mixer pürieren, durch ein Sieb passieren, zur erkalteten Einbrenne geben und aufkochen lassen, um die Sauce zu binden.
Mit Salz und Pfeffer abschmecken.

Die Hechtklößchen auf einer tiefen Platte oder in Suppentellern anrichten, mit etwas Sauce überziehen und mit der gehackten Petersilie bestreuen.

**Kochschule**
Farce mit Panade ›› S. 158
Samtsauce ›› S. 150

# Stopfleberterrine ★

## Zutaten

500 g rohe Stopfleber (Foie gras) am Stück
500 ml Vollmilch
6 g Salz
2 g Zucker
1 g frisch gemahlener Pfeffer
5 cl Armagnac
1 Toastbrot oder Brioche (S. 24)
Fleur de Sel, frisch gemahlener Pfeffer

**Für 6 Personen**
Zubereitung: 1 Stunde
Kühlzeit: 8 Stunden
Marinierzeit: 2 Stunden
Garzeit: 15-25 Minuten
Ruhezeit: mindestens 5 Stunden

Die Stopfleber von Blutgefäßen und Nervensträngen befreien (S. 80). In eine Schale legen, mit der Milch übergießen, mit Frischhaltefolie abdecken und 12 Stunden an einem kühlen Platz ruhen lassen. Die Milch entzieht der Leber Bitterstoffe. Dieser Arbeitsschritt kann nach Belieben entfallen.

Die Leber abtropfen lassen und trocken tupfen.
Salz, Zucker und Pfeffer mischen und die Leber damit würzen.
Mit dem Armagnac begießen, zudecken und 2 Stunden durchziehen lassen.

Die Leberstücke in eine Terrinenform geben, sorgfältig hineindrücken, damit keine Luftblasen entstehen, und je nach Größe und Material der Terrine 15-25 Minuten im 85 °C (Umluft 65 °C) heißen Backofen garen. Dabei darauf achten, dass die Kerntemperatur 57 °C nicht übersteigt.

Die fertige Terrine mindestens 5 Stunden ruhen lassen, am besten über Nacht kühl stellen.

Toastbrot oder Brioche in Scheiben schneiden, toasten und in einer Serviette warm halten.

Die Terrine in Portionsstücke teilen, mit etwas Fleur de Sel bestreuen, mit Pfeffer übermahlen und mit dem gerösteten Brot servieren.

**● Tipp**
*Entenstopfleber ist in der Regel leichter zu bekommen als Gänsestopfleber. Die Lebern sind etwas kleiner (etwa 500 Gramm) und haben einen intensiveren Geschmack. Beim Einkauf darauf achten, dass die Leber keine rötlichen oder grünlichen Flecken aufweist.*

**Kochschule**
Stopfleber vorbereiten >> S. 80
Terrinen und Pasteten herstellen >> S. 90

## Zutaten
2 Eier
30 ml Öl
220 g Mehl
½ Bund glatte Petersilie
2 Schalotten
50 g Butter
24 Weinbergschnecken, gegart und ausgelöst
¼ Bund Kerbel (zum Garnieren)
Salz, frisch gemahlener Pfeffer

Für die Knoblauchsahne
150 g Knoblauch
500 ml Milch
200 g Sahne
10 g Kartoffelstärke
Salz, frisch gemahlener Pfeffer

# Schneckenravioli in Knoblauchsahne ★

## Für 8 Personen
Zubereitung: 50 Minuten
Ruhezeit: 45 Minuten
Garzeit: 15 Minuten

Für den Nudelteig (S. 15) die Eier mit dem Öl und etwas Salz verrühren. Das Mehl in eine Schüssel sieben, in die Mitte eine Mulde drücken und die Eier hineingießen.
Die Zutaten rasch zu einem Teig verarbeiten, zu einer Kugel formen und 30-45 Minuten im Kühlschrank ruhen lassen.
Anschließend den Teig flach drücken und portionsweise durch die Nudelmaschine drehen, bis er die gewünschte Stärke hat.
Mit einer runden Ausstechform 24 Kreise ausstechen.

Die Petersilie hacken, die Schalotten fein würfeln.
Die Butter vorsichtig erhitzen, bis sie goldbraun ist. Die Schnecken darin anbraten, Petersilie und Schalotten dazugeben und mit Salz und Pfeffer würzen.

Auf jede Teigscheibe eine Schnecke setzen.
Die Teigscheiben zu Halbmonden zusammenklappen und die Ränder gut andrücken.
In einem großen Topf Salzwasser zum Kochen bringen, die Ravioli hineingeben und etwa 3 Minuten garen.
Mit einem Schaumlöffel herausheben, gut abtropfen lassen und sofort servieren.
Wenn die Ravioli im Voraus zubereitet werden, die vollständig erkalteten Teigtaschen vor dem Servieren noch einmal kurz in der Knoblauchsahne erhitzen.

Für die Knoblauchsahne den Knoblauch schälen und gegebenenfalls die Keime entfernen. Die Zehen in 250 Milliliter kalte Milch geben, aufkochen lassen und kurz blanchieren. Abgießen und mit der restlichen Milch wiederholen. Die Milch wegschütten.
Die Sahne mit Kartoffelstärke, Salz und Pfeffer erhitzen, den Knoblauch hinzufügen, das Ganze bei geringer Hitze unter Rühren einkochen lassen und danach im Mixer pürieren.

Die Sauce auf tiefe Teller, Pfännchen oder kleine Formen verteilen, die Ravioli darauf anrichten und mit Kerbelblättchen garnieren.

**Kochschule**
Nudelteig >> S. 15

# Fischsuppe ★★

## Zutaten

1,8 kg Fisch (etwa Streifenbarbe, Drachenkopf, Petermännchen, Meeraal)
200 g Zwiebeln
200 g Karotten
150 g Lauch
300 g Tomaten
100 g Stangensellerie
100 g Fenchel
100 ml Olivenöl oder 100 g Butter
300 ml trockener Weißwein
1 Kräutersträußchen*
60 g Knoblauch
50 g Tomatenmark
8 Safranfäden
½ Baguette
150 g Gruyère, gerieben
200 g Rouille (Rezept S. 145)
Salz, frisch gemahlener Pfeffer

### Für 8 Personen

Zubereitung: 55 Minuten
Garzeit: 50 Minuten

Die küchenfertig vorbereiteten Fische mit kaltem Wasser abspülen und in Stücke schneiden.

Das Gemüse fein würfeln und in Olivenöl oder Butter anschwitzen.
Den Fisch dazugeben, 2 Liter Wasser und den Wein angießen, das Kräutersträußchen, Knoblauch, Tomatenmark und Safran hinzufügen, aufkochen und 30-40 Minuten bei starker Hitze kochen lassen. Bei Bedarf gelegentlich abschäumen.
Das Kräutersträußchen herausnehmen, die Suppe im Mixer pürieren, durch ein Sieb passieren und mit Salz und Pfeffer abschmecken.

Die Suppe in eine Terrine füllen oder in Suppenschalen servieren. Das Baguette in Scheiben oder Würfel schneiden, mit Olivenöl beträufeln, rösten, mit Knoblauch einreiben und mit dem geriebenen Gruyère und der Rouille zur Fischsuppe reichen.

**● Tipp**

*Die Fische können auch filetiert werden, sollten dann allerdings in einem Fischfond gegart werden. Das Filetieren erfordert zwar etwas mehr Zeit, die Suppe kann dann aber auch als Hauptgericht serviert werden.*

**Kochschule**

Rouille >> S. 145

# Quiche Lorraine ★

### Zutaten
200 ml Milch
200 g Sahne
2 Eier + 1 Eigelb
etwas geriebene Muskatnuss
200 g durchwachsener Räucherspeck
120 g Gruyère, gerieben
Salz, frisch gemahlener Pfeffer

### Für den Mürbeteig
250 g Mehl
1 Eigelb
125 g weiche Butter + Butter für die Form
Salz

### Für 8 Personen
Zubereitung: 40 Minuten
Kühlzeit: 20 Minuten
Backzeit: 25–30 Minuten

Für den Mürbeteig (S. 12) das Mehl in eine Schüssel oder auf die Arbeitsfläche sieben. In der Mitte eine Mulde formen. Salz hineingeben, dann 50 Milliliter Wasser sowie das Eigelb.
Alles rasch mit den Händen vermischen.
Nun die Butter in Stückchen dazugeben und schnell unterkneten.
Den Teig mit dem Handballen mehrfach walken, bis er homogen ist.
Zu einer Kugel formen und mit Frischhaltefolie bedeckt etwa 20 Minuten im Kühlschrank ruhen lassen.
Anschließend den Teig auf einer bemehlten Arbeitsfläche etwa 3 Millimeter dick rund ausrollen.
Eine gebutterte Tarteform oder einen Kuchenring mit der Teigscheibe auslegen und den Rand dekorativ verzieren.

Die Milch mit Sahne, Eiern, Eigelb und Muskat verrühren. Mit Salz und Pfeffer abschmecken, durch ein feines Sieb passieren.

Den Speck von der Schwarte befreien und in feine Streifen schneiden.
In kaltes Wasser legen, aufkochen lassen und kurz blanchieren. Unter fließendem kaltem Wasser abspülen, anschließend trocken tupfen.

Die Speckstreifen auf dem Teig verteilen und die Milchmischung darübergießen.
Mit dem geriebenen Käse bestreuen und die Quiche 25–30 Minuten im 160 °C (Umluft 140 °C) heißen Ofen backen, bis der Teig knusprig und der Rand leicht gebräunt ist.

Die Quiche heiß servieren und wenn möglich erst am Tisch aufschneiden.

**● Tipp**

*Nach diesem Grundrezept kann man zahllose Varianten entwickeln (mit Gemüse, Fisch oder Fleisch).*
*Die Quiche kann bereits am Vortag zubereitet werden. Der Boden wird knuspriger, wenn man den Teig zunächst blindbäckt*.*

**Kochschule**
Mürbeteig >> S. 12
Salzige Eiercreme >> S. 130

# Blätterteigpastetchen mit Kalbsbries, Cidre und Apfel ★★

**Zutaten**
800 g Kalbsbries
40 g Karotte
½ Zwiebel
30 g Lauch (nur der weiße Teil)
70 g Butter
1 Kräutersträußchen*
150 ml herber Cidre
200 ml gebundener brauner Kalbsfond
300 g Wirsing
200 g Äpfel
2 TL Calvados
20 g Zucker
250 g Blätterteig (Rezept S. 16)
1 Ei
Salz, frisch gemahlener Pfeffer

Für 8 Personen
Zubereitung: 55 Minuten
Garzeit: 2 Stunden 10 Minuten

Das Kalbsbries in kaltes Wasser legen, aufkochen lassen und 5 Minuten blanchieren*. Anschließend die weißliche Haut entfernen.

Das Gemüse würfeln (Mirepoix*).
Das Kalbsbries in einem ofenfesten Topf in der Hälfte der Butter rundherum anbräunen, herausnehmen und abtropfen lassen.
Das Gemüse und das Kräutersträußchen in den Topf geben und anschwitzen*. Den Cidre zugießen und bei starker Hitze um die Hälfte reduzieren.
Das Kalbsbries dazugeben und so viel Kalbsfond angießen, dass die Zutaten zur Hälfte bedeckt sind.
Das Kalbsbries 60 Minuten im 180-200 °C (Umluft 160-180 °C) heißen Backofen garen und nach der Hälfte der Garzeit wenden.

Das fertig gegarte Kalbsbries aus dem Topf nehmen, mit Alufolie abdecken und warm halten.
Die Garflüssigkeit mithilfe einer kleinen Schöpfkelle entfetten und bei starker Hitze einkochen lassen, bis sie leicht eindickt.
Die Sauce durch ein feines Sieb passieren und mit Salz und Pfeffer abschmecken.

Die Blätter vom Wirsingkopf ablösen, waschen, aufrollen und in Streifen schneiden (S. 56). In der restlichen Butter dünsten und mit Salz und Pfeffer abschmecken.
Mit einem Kugelausstecher kleine Kugeln aus den Äpfeln ausstechen (S. 60), in heißer Butter anbraten, mit dem Calvados flambieren, mit etwas Zucker bestreuen und zur Seite stellen.

Aus dem Blätterteig mit einer Ausstechform 16 Scheiben mit 8-9 Zentimeter Durchmesser ausstechen.
Mit einer kleineren Ausstechform (5-6 Zentimeter Durchmesser) aus der Hälfte der Scheiben in der Mitte einen Kreis ausstechen.
Die acht intakten Scheiben auf ein Backblech legen und mit dem verquirlten Ei bepinseln. Die Teigringe darauflegen, ebenfalls mit Ei bepinseln und die Pastetchen 20 Minuten im 185 °C (Umluft 165 °C) heißen Backofen backen. Anschließend die Deckel backen. (Achtung! Die Backzeit ist hier kürzer.)

Das Kalbsbries in Würfel schneiden und mit den Apfelkugeln mischen.
Die Pastetchen mit Wirsingstreifen auslegen, das Kalbsbries mit den Äpfeln hineinfüllen und mit dem Fond beträufeln. Die Deckel auflegen und servieren.

**● Tipp**
*Füllen Sie die Pastetchen zur Abwechslung einmal mit gebratenen Pilzen, mit Früchten oder Wurzelgemüse.*

**Kochschule**
Blätterteig ›› S. 16
Braunes Ragout ›› S. 117
Kugeln ausstechen ›› S. 60
Chiffonade schneiden ›› S. 56

## Zutaten
18 Jakobsmuscheln in der Schale
200 g Lauch (nur die weißen Teile)
200 g Karotten
40 g Butter
60 g Queller (Salicornia), gegart oder aus dem Glas
1 Ei, verquirlt
250 g grobes Meersalz
Salz, frisch gemahlener Pfeffer

### Für die Samtsauce
1 Schalotte
80 g Lauch (nur der weiße Teil)
20 g Butter
500 g Fischgräten
150 ml trockener Weißwein
1 Kräutersträußchen*
Mehlschwitze aus 20 g Butter und 20 g Mehl
100 g Crème fraîche
Salz, frisch gemahlener Pfeffer

# Gebackene Jakobsmuscheln im Gemüsebett ★★

## Für 6 Personen
Zubereitung: 45 Minuten
Garzeit: 45 Minuten

Die Muscheln öffnen (S. 73), die Nüsschen und die Bärte auslösen und mehrmals waschen (insbesondere die Bärte), um sie vom Sand zu befreien. Sechs Schalen ebenfalls waschen und kurz in Wasser auskochen.

Für die Samtsauce (S. 150) Schalotte und Lauch fein würfeln und in 20 Gramm Butter anschwitzen. Die Bärte der Jakobsmuscheln und die Fischgräten dazugeben, den Wein angießen und um die Hälfte reduzieren. 200 Milliliter Wasser angießen (die Zutaten sollten vollständig bedeckt sein), das Kräutersträußchen hinzufügen und 30 Minuten köcheln lassen. Dabei gelegentlich abschäumen.
Die Brühe durch ein Spitzsieb in einen sauberen Topf seihen und auf 250 Milliliter einkochen lassen. Aus 20 Gramm Butter und 20 Gramm Mehl eine Mehlschwitze herstellen (S. 150) und damit den Fond binden. Die Crème fraîche einrühren und mit Salz und Pfeffer abschmecken.

Den Lauch der Länge nach halbieren und waschen. Die Karotten schaben, waschen und in Julienne-Streifen schneiden (S. 59). In der Butter dünsten (S. 98), mit Salz und Pfeffer würzen und mit dem Queller mischen.

Etwas von der Gemüsemischung in die Muschelschalen füllen, in jede Schale drei Nüsschen setzen (große in Scheiben schneiden) und die Muscheln verschließen.
Aus dem Blätterteig sechs etwa 20 Zentimeter lange und 3 Zentimeter breite Streifen zurechtschneiden, auf beiden Seiten mit Ei bepinseln und so um die Ränder der Muschelschalen legen, dass sie hermetisch verschlossen sind.

Das grobe Meersalz in sechs Häufchen auf einem Backblech verteilen, die Muscheln daraufsetzen (sie sollen vollkommen waagerecht liegen) und etwa 10 Minuten im 180 °C (Umluft 160 °C) heißen Backofen garen.

Die verschlossenen Muscheln auf Tellern anrichten, sodass jeder Tischgenosse seine Muschel selbst öffnen kann. Die Sauce getrennt dazu reichen.

**● Tipp**
*Frische Jakobsmuscheln haben von November bis April Saison. Den orangefarbenen Corail (Rogen) kann man ebenfalls mitverwenden.*

**Kochschule**
Dünsten ›› S. 98
Jakobsmuscheln aufbrechen ›› S. 73
Julienne ›› S. 59
Versiegeln ›› S. 103
Samtsauce ›› S. 150

# Kaninchenleber im Sesammantel auf Blattsalat ★

**Zutaten**

320 g Kaninchenleber
40 g Sesamsamen
150 g gemischte Salatblätter (etwa Kopfsalat, Eichblattsalat, Radicchio, Feldsalat)
40 g Walnusskerne
20 ml Rotweinessig
40 ml Öl
30 g geklärte Butter*
Salz, frisch gemahlener Pfeffer

**Für 4 Personen**
Zubereitung: 40 Minuten
Garzeit: 10 Minuten

Die Kaninchenlebern parieren*, mit Salz und Pfeffer würzen und in den Sesamsamen wenden.

Die Salatblätter sorgfältig waschen und trocken schleudern. Die Nüsse grob hacken und mit den Salatblättern in einer Schüssel mischen.

Etwas Salz im Essig auflösen, etwas Pfeffer hinzufügen und nach und nach das Öl unterschlagen.

Die geklärte Butter in einer Pfanne erhitzen und die Kaninchenlebern darin braten (sie sollten innen noch leicht rosa sein).

Die Salatblätter kuppelförmig auf vier Tellern anrichten, die heißen Kaninchenlebern darauf verteilen und den Salat mit der Vinaigrette beträufeln.

**● Tipp**
*Probieren Sie statt der Kaninchenlebern auch einmal Croûtons, geräucherte Entenbrust oder Gemüsestifte als Beigabe zu Blattsalaten.*
*Kaninchenleber ist feiner als Hühnerleber und hat einen leicht süßlichen Geschmack.*

**Kochschule**
Vinaigrette ›› S. 150

# Käsestangen ★

**Zutaten**
400 g Blätterteig (Rezept S. 16)
200 g Gruyère, gerieben

Für die Mornaysauce
30 g Butter
30 g Mehl
300 ml Milch
etwas geriebene Muskatnuss
2 Eigelb
40 g Gruyère, gerieben
Salz, frisch gemahlener Pfeffer

## Für 8 Personen

Zubereitung: 35 Minuten
Garzeit: 45 Minuten

Für die Sauce aus Butter und Mehl eine weiße Mehlschwitze (S. 150) herstellen. Die Hälfte der kalten Milch und etwas geriebene Muskatnuss hinzufügen und bei starker Hitze unter Rühren aufkochen lassen. Die restliche Milch angießen, unter Rühren noch einmal aufkochen lassen und mit Salz und Pfeffer abschmecken.

Die Sauce vom Herd nehmen, die Eigelbe und den Käse unterrühren. Die Oberfläche mit Frischhaltefolie abdecken, damit sich keine Haut bildet.

Den Blätterteig 3 Millimeter dick ausrollen, gleichmäßig mit der Sauce bestreichen und mit dem Käse bestreuen.
Den Teig in 14 Zentimeter lange und 4 Zentimeter breite Streifen schneiden. (Sie sollten pro Person zwei Stück rechnen.)

Die Käsestangen 25–30 Minuten im 190 °C (Umluft 170 °C) heißen Backofen backen und sofort servieren.

**Kochschule**
Blätterteig >> S. 16
Béchamelsauce >> S. 131

# Gougère mit Champignons ★★

## Zutaten
160 g Champignons
20 g Butter + Butter für das Blech
120 g durchwachsener Räucherspeck
100 g Gruyère, gerieben
Salz, frisch gemahlener Pfeffer

Für den Brandteig
150 ml Milch
100 g Butter in kleinen Stücken
180 g Mehl
4 Eier
Salz, frisch gemahlener Pfeffer

Für die Béchamelsauce
15 g Butter
15 g Mehl
250 ml Milch
etwas geriebene Muskatnuss
Salz, frisch gemahlener Pfeffer

## Für 8 Personen
Zubereitung: 40 Minuten
Garzeit: 50 Minuten

Für den Brandteig (S. 20) die Milch in einem Topf mit 150 Milliliter Wasser, Salz und Butter zum Kochen bringen. Den Topf vom Herd nehmen und das gesiebte Mehl auf einmal hineinrühren.
Den Topf wieder auf den Herd stellen und die Masse abbrennen*. Den Teig anschließend in eine Schüssel geben und leicht abkühlen lassen. Sobald er nur noch lauwarm ist, nacheinander die Eier und etwas Pfeffer unterrühren.

Für die Béchamelsauce (S. 131) aus Butter und Mehl eine weiße Einbrenne herstellen. Die Hälfte der kalten Milch und etwas Muskat hinzufügen und das Ganze bei starker Hitze unter Rühren aufkochen lassen. Die restliche Milch hinzufügen, unter Rühren noch einmal aufkochen lassen und mit Salz und Pfeffer abschmecken.

Die Champignons gegebenenfalls kurz unter fließendem Wasser waschen, in Julienne-Streifen schneiden (S. 59), in der Butter anbraten und mit Salz und Pfeffer würzen.

Ein Backblech leicht mit Butter einfetten. Den Brandteig mit der Sauce, den Pilzen, den Speckwürfeln und dem Käse vermengen, in einen Spritzbeutel füllen und mit einem Drittel der Menge einen großen Kranz von 1 Zentimeter Durchmesser auf das Blech spritzen. Einen weiteren Kranz direkt daneben spritzen und obenauf in die Mitte den letzten.

Die Gougère 25-30 Minuten im 190 °C (Umluft 170 °C) heißen Ofen backen. Auf einer Platte anrichten und heiß servieren.

**Kochschule**
Béchamelsauce ›› S. 131
Brandteig ›› S. 20
Julienne ›› S. 59

# Blätterteigschiffchen mit Sardinen auf provenzalische Art ★★

### Für 8 Personen
Zubereitung: 105 Minuten
Ruhezeit: 60 Minuten
Marinierzeit: 60 Minuten
Garzeit: 45 Minuten

### Zutaten
8 frische Sardinen
40 ml Olivenöl
Saft von 1 Zitrone
1 TL Provencekräuter
1 Zitrone (zum Garnieren)
Fleur de Sel, frisch gemahlener Pfeffer

**Für den Blätterteig**
300 g Mehl
1 kräftige Prise Salz
200 g Butter

**Für die geschmolzenen Tomaten**
800 g Tomaten
1 Schalotte
40 ml Olivenöl
1 TL Provencekräuter
2 Knoblauchzehen, gehackt
Salz, frisch gemahlener Pfeffer

Für den Blätterteig (S. 16) das Mehl mit dem Salz in eine Schüssel sieben, in die Mitte eine Mulde drücken und 150 Milliliter Wasser hineingießen. Die Zutaten rasch zu einem glatten, homogenen Teig verarbeiten, zu einer Kugel formen und etwa 20 Minuten an einem kühlen Platz ruhen lassen. Den Teig zu einem Quadrat ausrollen, das in der Mitte etwas dicker (etwa 8 Millimeter) ist. Die Seiten so ausrollen, dass ein Kreuz entsteht.
Die Butter (sie muss genauso weich sein wie der Teig) zu einem Rechteck formen, in die Mitte des Teigs legen und jeweils die beiden gegenüberliegenden Seiten des Teigs darüberschlagen, sodass das Fett vollständig vom Teig umschlossen ist.
Den Teig zu einem Rechteck ausrollen, das dreimal so lang wie breit ist. Ein Drittel des Rechtecks nach innen umschlagen und das andere Ende darüberschlagen. Den Teig um 90 Grad drehen, erneut ausrollen und umschlagen. Den Vorgang noch sechsmal wiederholen. Den Teig nach jedem zweiten Mal etwa 20 Minuten im Kühlschrank ruhen lassen.
Acht ovale, 14-15 Zentimeter lange Stücke ausschneiden, den Teig mehrfach mit einer Gabel einstechen und die Teigstücke 15 Minuten im 180 °C (Umluft 160 °C) heißen Ofen backen.

Die Tomaten häuten und halbieren. Die Kerne vorsichtig herauspressen und das Fruchtfleisch in Würfel schneiden (S. 61).
Die fein gewürfelte Schalotte im Olivenöl anschwitzen. Tomaten, Kräuter und Knoblauch hinzufügen, bei geringer Hitze 30 Minuten garen, bis sie sehr weich sind, und mit Salz und Pfeffer abschmecken.

Die Sardinen ausnehmen und filetieren (S. 70), mit Fleur de Sel und Pfeffer würzen. Aus Öl, Zitronensaft und Kräutern eine Marinade herstellen und die Filets 60 Minuten an einem kühlen Platz darin ziehen lassen.

Die geschmolzenen Tomaten auf dem Blätterteig verstreichen, die abgetropften Fischfilets darauf anrichten und mit Zitronenschnitzen garnieren.

**Kochschule**
Blätterteig >> S. 16
Fisch filetieren >> S. 70
Blanchieren und häuten >> S. 61

# Fischterrine mit weißer Buttersauce ★★



## Zutaten
300 g Merlanfilet
300 g Lachsfilet
2 Eiweiß
350 g Sahne
etwas gemahlene Kurkuma
20 g Butter
1 Zitrone (zum Garnieren)
Salz, frisch gemahlener weißer Pfeffer

### Für die weiße Buttersauce
2 Schalotten
100 ml Weißwein
100 g Butter
100 g gesalzene Butter

## Für 8 Personen
Zubereitung: 50 Minuten
Garzeit: 50 Minuten

Aus den Fischfilets jeweils mit der Hälfte der übrigen Zutaten zwei Fischfarcen herstellen (S. 157).
Die Fischfilets dazu - getrennt - in der Küchenmaschine fein zerkleinern und anschließend durch ein Sieb streichen. Die Masse wieder in die Küchenmaschine geben und jeweils ein Eiweiß unterrühren.
In zwei Edelstahlschüsseln füllen, auf Eis setzen und nach und nach jeweils die Hälfte der Sahne unterrühren.
Mit Salz und Pfeffer würzen und die Lachsfarce noch mit etwas Kurkuma färben.

Die Farcen abwechselnd (2-4 Schichten) in eine mit Butter eingefettete Terrinenform schichten und etwa 40 Minuten im 120 °C (Umluft 100 °C) heißen Backofen garen. Um die Garprobe zu machen, die Terrine mit einem Messer einstechen. Sie ist fertig, wenn das Messer sauber bleibt.

Für die weiße Buttersauce (S. 132) die fein geschnittenen Schalotten mit dem Weißwein bei geringer Hitze in einem kleinen Topf erhitzen, bis die Flüssigkeit fast vollständig verdampft ist.
Anschließend die kalte Butter in kleinen Stücken mit dem Schneebesen unterschlagen.

Die heiße Terrine in Scheiben schneiden, auf Tellern anrichten, mit etwas Sauce überziehen und mit kannelierten Zitronenscheiben (S. 54) garnieren.

**Kochschule**

Schaumfarce mit Sahne ›› S. 157
Terrinen und Pasteten herstellen ›› S. 90
Weiße Buttersauce ›› S. 132

# Fisch

# Gérald Passédat

## präsentiert sein Rezept

Fisch spielt seit jeher eine große Rolle in der französischen Küche – ist das Land doch auf drei Seiten von Meer umgeben. Eine geografische Besonderheit, die es ohne Zweifel überhaupt erst möglich gemacht hat, dass sich in unserem Land eine richtige eigenständige »Fischküche« entwickeln konnte. Ein wunderbares Beispiel dafür sind die zahllosen Fischsuppen, wie sie die verschiedenen Hafenstädte hervorgebracht haben.
In meiner Küche dominiert das Mittelmeer, das ich auch sonst nicht missen möchte. Denn hier finde ich nicht nur Fische aller Art, sondern auch Entspannung. Und mit den Fischern verbinden mich die Liebe zu den Fischen und das Bestreben, zu ihrer Erhaltung beizutragen. Hier findet man sie noch – Fische wie den Sägebarsch, die Zahnbrasse oder den Wolfsbarsch, die ich mit Begeisterung neu entdecke und die sich so hervorragend für die leichte Küche eignen, in der ihre Vorzüge erst richtig zur Geltung kommen. Die unterschiedlichen Texturen und die ungeheure Geschmacksvielfalt erlauben es den Köchen, ihrer Fantasie freien Lauf zu lassen. Und so schöpfe ich jeden Tag aufs Neue – voller Ehrfurcht und im Bewusstsein, nur ein Glied in der Kette zu sein – aus dem, was Mutter Natur in ihrem Meeresgarten für uns bereithält.

# Wolfsbarsch, wie Lucie Passédat ihn liebte

### Den Fisch vorbereiten

Den Fisch schuppen, ausnehmen, waschen und die Filets auslösen (S. 70). Die Gräten entfernen und für den Fond aufheben. Die Filets in vier gleich große Portionen (à 160 Gramm) teilen und die Haut in regelmäßigen Abständen einritzen.

### Den Fischfond herstellen

Schalotte, Karotte und Lauch waschen, schälen und fein würfeln.
Die Gräten grob zerkleinern und im Olivenöl anbraten. Das Gemüse und das Kräutersträußchen dazugeben, mit 1,5 Liter Wasser bedecken und 20 Minuten kochen lassen. Anschließend durch ein feines Sieb seihen und zur Seite stellen. Sie benötigen insgesamt 1,2 Liter.

### Die Base Lucie herstellen und den Fisch garen

Für die Base Lucie 1 Liter Fischfond mit den grob zerkleinerten Tomaten, Tomatenmark, Zucker und Koriander aufkochen, um die Hälfte reduzieren, durch ein feines Sieb seihen und beiseitestellen.
Inzwischen eine Zitrone dünn abschälen, die Zesten sehr fein würfeln, dreimal blanchieren, abschrecken.
Die Tomaten überbrühen, enthäuten und sehr fein würfeln. Die Koriander- und Basilikumblätter abzupfen, waschen und hacken. Die restlichen Zitronen auspressen.
Die Trüffel in Scheiben schneiden, mit einer runden Ausstechform Kreise daraus ausstechen und diese in sehr feine Würfel schneiden und zur Seite stellen.
Die Gurke schälen, die Kerne entfernen und das Fruchtfleisch der Länge nach in regelmäßige lange, dünne Streifen hobeln. Mit der Schale der Zucchini ebenso verfahren. Die Streifen anschließend blanchieren und abschrecken.
Abwechselnd jeweils sieben Zucchini- und sechs Gurkenstreifen auf ein Stück Pergamentpapier legen.
Einen flachen Edelstahltopf mit geklärter Butter einpinseln und mit Salz und Pfeffer ausstreuen.
Die in Scheiben geschnittene grüne Tomate, die Fischstücke, die Fenchelsamen, das Olivenöl, den geschroteten Pfeffer sowie Fleur de Sel hineingeben, mit dem restlichen Fischfond bedecken und 12 Minuten bei 60 °C im Dampfgarer dämpfen.
Anschließend herausnehmen und etwas ruhen lassen.

### Fertigstellung

Koriandergrün und Basilikum, Zitronenzesten, Tomatenwürfel, Trüffel, Olivenöl, Zitronensaft und Trüffeljus in die Base Lucie geben, mit Salz und Pfeffer abschmecken und das Ganze noch einmal erwärmen, aber nicht zum Kochen kommen lassen.
Den Fisch mit Gurken- und Zucchinistreifen belegen und noch einmal kurz im Dampfgarer erhitzen.
Vier Trüffelscheiben mit Olivenöl bepinseln und mit Salz und Pfeffer würzen. Im 150 °C (Umluft 130 °C) heißen Backofen erhitzen und jedes Fischstück mit einer Trüffelscheibe garnieren.
In jeden Teller etwas von der Base Lucie gießen, den Fisch vorsichtig hineinsetzen, mit Olivenöl beträufeln und mit Fleur de Sel bestreuen.

### Für 4 Personen

Zubereitung: 2 Stunden
Garzeit: 40 Minuten

### Zutaten

1 Wolfsbarsch (1,5 kg)
3 Zitronen
4 reife Strauchtomaten
20 g frisches Basilikum
20 g Koriandergrün
1 Trüffel (20 g)
100 ml Trüffeljus
1 Salatgurke + 2 Zucchini
50 g geklärte Butter*
1 grüne Tomate
2 g Fenchelsamen
Olivenöl
geschroteter Pfeffer
Fleur de Sel

### Für den Fischfond

Fischgräten
1 Schalotte
1 Karotte
½ Stange Lauch
1 Kräutersträußchen*
250 ml Olivenöl

### Base Lucie

400 g Strauch- oder Fleischtomaten
1 TL Tomatenmark
2,5 g Zucker
8 g Korianderkörner

# Ragout vom Katzenhai mit Rosenkohl ★★

## Zutaten

1,6 kg Katzenhai
60 g Mehl (nach Belieben)
120 g durchwachsener Räucherspeck,
300 g Champignons
4 cl Cognac
1 Kräutersträußchen*
30 g Mehlbutter (S. 153)
8 Scheiben Toastbrot, entrindet
4 Knoblauchzehen
60 g Butter
1 kg Rosenkohl
Salz, frisch gemahlener Pfeffer

### Für die Marinade

1 Schalotte
60 g Schnittlauch
4 Knoblauchzehen
60 g Karotten
1 Kräutersträußchen
1 Sträußchen frische Kräuter (glatte Petersilie, Schnittlauch, Thymian, Bohnenkraut)
2 g Pfefferkörner
1 l Rotwein, 10 cl Cognac

### Für den Fischfond

1 Schalotte
600 g Fischgräten
25 g Butter
1 Kräutersträußchen

## Für 8 Personen

Zubereitung: 70 Minuten
Marinierzeit: mindestens 3 Stunden
Garzeit: 50 Minuten

Den Fisch in acht gleich große Stücke teilen (S. 69). Am Rücken mehrfach leicht einschneiden, damit die Stücke beim Garen ihre Form behalten.

Für die Marinade (S. 142) das Gemüse waschen, schälen und fein würfeln.
Die Hälfte des Gemüses in einer Form verteilen und die Fischstücke darauflegen.
Das restliche Gemüse, das Kräutersträußchen und die frischen Kräuter sowie die Pfefferkörner darauf verteilen.
Wein und Cognac angießen, die Form mit Frischhaltefolie abdecken und die Fischstücke mindestens 3 Stunden an einem kühlen Platz durchziehen lassen.

Den Fisch anschließend abtropfen lassen. Die Marinade durch ein feines Sieb gießen und die Flüssigkeit verwenden, um den Fischfond herzustellen (S. 139). Dazu die fein geschnittene Schalotte mit den gut abgespülten Fischgräten in der Butter anschwitzen*. Die Marinade angießen, das Kräutersträußchen hinzufügen und das Ganze 30 Minuten bei starker Hitze kochen lassen und gegebenenfalls gelegentlich abschäumen.

Den Fisch in einer trockenen Pfanne mit den Speckstreifen anbräunen (den Fisch vorher in Mehl wenden, falls er nicht mariniert wurde).
Die geviertelten Champignons (S. 58) dazugeben und kurz mitbraten.
Mit Cognac flambieren und den Fischfond angießen.
Das Kräutersträußchen hinzufügen und den Fisch 20-25 Minuten zugedeckt im 150 °C (Umluft 130 °C) heißen Backofen garen.

Die Fischstücke und das Kräutersträußchen herausnehmen und die Garflüssigkeit um die Hälfte reduzieren. Mit Mehlbutter (S. 153) binden und mit Salz und Pfeffer abschmecken.

Das Toastbrot mit dem Knoblauch einreiben, in Würfel schneiden und die Croûtons in der Hälfte der Butter rösten.

Die äußeren Blätter der Rosenkohlsprossen entfernen, die Röschen in kochendem Salzwasser garen und anschließend in Eiswasser abschrecken.

Den Fisch auf tiefe Teller verteilen, mit der Sauce überziehen und mit den Croûtons garnieren.
Den Rosenkohl in der restlichen Butter schwenken und mit etwas Salz und Pfeffer würzen.

**● Tipp**

*Den Fisch bereits am Vortag in die Marinade einlegen.*
*Auf die gleiche Weise lassen sich auch Aale und Neunaugen zubereiten.*

**Kochschule**

Portionsstücke schneiden >> S. 69
Rohe Marinade >> S. 142
Fischfond >> S. 139
Champignons vierteln >> S. 58
Mehlbutter >> S. 153

## Zutaten
6 Forellen (à 250 g)
100 g Mehl
80 g geklärte Butter*
60 g Butter
90 g Mandelblättchen
Saft von 1 Zitrone
½ Bund Petersilie
Salz, frisch gemahlener Pfeffer

# Forelle mit Mandeln ★

### Für 6 Personen
Zubereitung: 25 Minuten
Garzeit: 20 Minuten

Die Forellen parieren* und sorgfältig mit Küchenpapier trocken tupfen.

Das Mehl mit Salz und Pfeffer würzen, die Forellen darin wenden und überschüssiges Mehl vorsichtig abklopfen.
Die geklärte Butter in einer großen beschichteten Pfanne erhitzen und die Forellen bei geringer Hitze auf beiden Seiten anbräunen.
Die Garprobe machen und den Fisch gegebenenfalls kurz im Backofen fertig garen.

Die Forellen enthäuten.
Die Butter langsam in einer Pfanne erhitzen, bis sie goldbraun ist. Die Mandeln kurz darin rösten und mit dem Zitronensaft ablöschen.

Die Forellen auf Tellern anrichten, mit der Mandelbutter beträufeln und mit der gehackten Petersilie bestreuen.

**Kochschule**
Nach Müllerinart braten >> S. 121

# Goldbrasse, mit Pastis flambiert ★

Zutaten
2 Goldbrassen (à 700 g)
½ Bund Dill
4 Sternanis
etwas Olivenöl
100 ml Pastis
Salz, frisch gemahlener Pfeffer

Für 4 Personen
Zubereitung: 20 Minuten
Garzeit: 25 Minuten

Die Goldbrassen schuppen, ausnehmen und die Flossen abschneiden. Mit dem gehackten Dill und dem zerkrümelten Sternanis füllen und mit Salz und Pfeffer würzen.

Ein Backblech einölen, die Fische darauflegen, ebenfalls mit Öl bepinseln und 20-25 Minuten im 160 °C (Umluft 140 °C) heißen Backofen garen.

Mit dem Pastis flambieren, filetieren (dabei die Gräten sorgfältig entfernen) und heiß mit einer weißen Buttersauce (S. 132) oder Holländischer Sauce (S. 148) servieren.

**● Tipp**
*Dazu passt mit Kurkuma gefärbter Reis oder Bratkartoffeln.*

**Kochschule**
Braten im Backofen ›› S. 118

Zutaten
2 ganze Merlane
400 g Kabeljau
140 g Weiße Rübchen
140 g Karotten
140 g Zucchini
40 ml Olivenöl
1 Eiweiß
¼ Bund Dill
40 ml Fischglace
5 cl Noilly Prat
Fleur de Sel
Salz, frisch gemahlener Pfeffer

# Fisch in der Papierhülle mit Gemüsekugeln ★★

Für 4 Personen
Zubereitung: 45 Minuten
Garzeit: 25 Minuten

Die Fische parieren* und filetieren (S. 70). Restliche Gräten entfernen und den Fisch in Portionen von etwa 80 Gramm teilen.

Das Gemüse waschen. Rübchen und Karotten schälen.
Mit einem Kugelausstecher aus dem Gemüse Kugeln ausschneiden (S. 60) und nochmals waschen. Die Gemüse getrennt in etwas Olivenöl und 50 Milliliter Wasser dünsten und mit Salz und Pfeffer abschmecken.

Mit einer Gabel das Eiweiß mit einer Prise Salz verrühren.
Aus Pergamentpapier vier 35 × 25 Zentimeter große Rechtecke ausschneiden und die langen Seiten halb zusammenfalten.
Je zwei Fischfilets in die Mitte einer Papierhälfte legen und mit Salz und Pfeffer würzen. Jeweils einen kleinen Stängel Dill darauflegen und mit etwas Fischglace und Noilly Prat beträufeln.
Ein paar Gemüsekugeln dazugeben. Den Papierrand rundherum mit dem Eiweiß bepinseln. Das Papier über den Fisch legen, die Ränder doppelt umschlagen und mit Büroklammern verschließen.

Die Päckchen auf ein Backblech legen und den Fisch 8-10 Minuten im 160 °C (Umluft 140 °C) heißen Backofen garen.
Aus dem Ofen nehmen, auf Tellern anrichten und mit einer Schüssel Gemüsekugeln und Fleur de Sel servieren.

**● Tipp**
*Auf diese Weise kann fast jedes Fischfilet zubereitet werden.*
*Das Gemüse kann auch in Julienne-Streifen, kleine Würfel oder dünne Scheiben geschnitten werden.*

**Kochschule**
Fisch filetieren >> S. 70
Kugeln ausstechen >> S. 60
Dünsten >> S. 98
In der Papierhülle garen >> S. 105

# Klippfisch-Kartoffel-Püree ★

**Für 6 Personen**
Zubereitung: 35 Minuten
Wässern: 48 Stunden
Garzeit: 40 Minuten

### Zutaten

1 kg Klippfisch
1 Kräutersträußchen*
60 ml Olivenöl
30 g Sahne
frisch gemahlener Pfeffer

**Für das Kartoffelpüree**
800 g Kartoffeln
2 Knoblauchzehen
150 ml Milch
40 g Butter
etwas geriebene Muskatnuss
1 Messerspitze gemahlener Koriander
frisch gemahlener Pfeffer

Den Klippfisch 48 Stunden in kaltem Wasser oder Milch einlegen, um ihm das Salz zu entziehen. Die Flüssigkeit mehrfach wechseln. Anschließend abtropfen lassen und mit dem Kräutersträußchen 1-2 Minuten in kochendes Wasser geben. Ist der Fisch noch zu salzig, kann der Vorgang wiederholt werden. Den Fisch danach enthäuten, entgräten und klein zupfen.

Die Kartoffeln abbürsten, in kaltes Wasser legen, aufkochen und etwa 35 Minuten kochen lassen. Anschließend pellen und durch die Kartoffelpresse drücken. Den Knoblauch schälen und gegebenenfalls die Keime entfernen. Mit den restlichen Zutaten zu den Kartoffeln geben.

Den Fisch mit einem Spatel kräftig mit dem Olivenöl verrühren, bis ein feines Püree entstanden ist. Mit der Sahne glatt rühren, mit dem Kartoffelpüree mischen und mit Pfeffer abschmecken.

● **Tipp**
*Das Püree kann noch gratiniert werden. Dazu passt Salat und/oder Gemüse.*

**Kochschule**
Kochen in viel Flüssigkeit >> S. 106

Zutaten
1 kg Zanderfilet
40 g geklärte Butter*
480 g Getreide (Weizen, Gerste, Hafer, Quinoa)
40 g Butter
500 ml Fleischjus oder -brühe
Salz, frisch gemahlener Pfeffer

# Gebratener Zander mit Fleischjus ★

Für 6 Personen
Zubereitung: 15 Minuten
Garzeit: 20 Minuten

Das Zanderfilet in quadratische oder rechteckige Stücke (à 140-160 Gramm) teilen.
In eine mit Butter eingefettete ofenfeste Form legen, mit etwas zerlassener geklärter Butter beträufeln, mit Salz und Pfeffer würzen und 12-14 Minuten im 160 °C (Umluft 140 °C) heißen Backofen garen.

Das Getreide in wenig Wasser garen (S. 109), anschließend die Butter unterrühren und mit Salz und Pfeffer abschmecken.

Die Fleischjus einkochen und eindicken lassen.

Die Fischstücke auf Tellern oder einer Servierplatte auf einem Reisbett anrichten und die Sauce getrennt dazu reichen.

**Kochschule**
Absorptionsmethode >> S. 109

Zutaten
12 Scampi (Kaisergranat)
1 Ananas
18 Kleine Pilgermuscheln, ausgelöst
100 g geklärte Butter*
½ Bund Estragon
80 g Butter
Fleur de Sel
bunter Pfeffer
300 g Quinoa
1 Zwiebel
Salz, frisch gemahlener Pfeffer

# Scampispieße mit Ananas ★

## Für 6 Personen

Zubereitung: 40 Minuten
Garzeit: 35 Minuten

Die Scampi schälen. Die Köpfe dabei nicht abtrennen.

Die Ananas schälen und in große Würfel schneiden.
Jeweils zwei Scampi, drei schöne Muscheln und einige Ananaswürfel auf sechs Spieße stecken, mit Salz und Pfeffer würzen und in der geklärten Butter braten.

Den Estragon mit der weichen Butter vermengen (etwas Estragon zum Garnieren zurückbehalten) und mit Fleur de Sel und der Pfeffermischung würzen.

Quinoa mit der fein gewürfelten Zwiebel garen (S. 109) und danach die Estragonbutter unterrühren.

Quinoa kuppelförmig auf sechs Tellern anrichten, jeweils einen Spieß und einige gebratene Ananaswürfel daraufgeben und mit Estragonblättern garnieren.

**Kochschule**
Krustentiere ausbrechen >> S. 67
Absorptionsmethode >> S. 109

# Wolfsbarsch in der Salzkruste ★

## Zutaten

1 Wolfsbarsch (800 g)
Kräuter und Gewürze (Dill, Thymian, Olivenöl)
250 g grobes Meersalz
100 g Mehl
1 Ei + 3 Eiweiß
frisch gemahlener Pfeffer

### Für 8 Personen

Zubereitung: 25 Minuten
Ruhezeit: 15 Minuten
Garzeit: 20 Minuten

Den Fisch schuppen, ausnehmen und die Flossen abschneiden. Den Kopf gegebenenfalls abtrennen. Innen mit Pfeffer und nach Belieben mit Kräutern und Olivenöl würzen.

Das Salz mit dem Mehl mischen, eine Mulde in die Mitte drücken und die verquirlten Eiweiße hineingießen. Alles zu einem homogenen Teig verarbeiten, 15 Minuten ruhen lassen und anschließend mit dem Nudelholz 4 Millimeter dick ausrollen.
Den Fisch in den Teig einschlagen, mit dem verquirlten Ei bepinseln und 17-20 Minuten im 180 °C (Umluft 160 °C) heißen Backofen garen.

Sofort servieren. Die Kruste am Tisch aufbrechen und das Fleisch vorsichtig herauslösen.

**● Tipp**

*Dazu passen die verschiedensten Saucen. Am besten schmeckt der Fisch allerdings, wenn man ihn lediglich mit etwas Zitronensaft beträufelt.*
*Den Fisch keinesfalls länger als eine Viertelstunde liegen lassen, nachdem Sie ihn in den Teig eingeschlagen haben, sonst schmeckt er salzig.*
*Bevorzugen Sie für diese Zubereitung nach Möglichkeit mit der Leine gefangenen Wolfsbarsch.*

**Kochschule**
In der Kruste garen >> S. 99

## Zutaten

1 Pollack (1,6 kg)
1 Schalotte
120 g Champignons
¼ Bund Petersilie
55 g Butter
150 ml Weißwein
1 Kräutersträußchen*
150 g Crème fraîche

### Für den Fischfond

400 g Fischgräten
40 g Lauch (nur der weiße Teil)
1 Schalotte
½ Zwiebel
150 ml Weißwein
1 Kräutersträußchen
2 g Pfefferkörner

# Pollackfilet nach Hausfrauenart ★★

### Für 6 Personen

Zubereitung: 45 Minuten
Garzeit: 50 Minuten

Den Fisch häuten, filetieren (die Mittelgräte für den Fischfond aufheben) und in sechs Stücke von etwa 160 Gramm teilen.
Die Schalotte fein würfeln, die Champignons blättrig schneiden und die Petersilie grob hacken.

Für den Fischfond (S. 139) die Mittelgräte und die übrigen Gräten grob zerkleinern und in kaltem Wasser abspülen.
Das Gemüse schälen, waschen und nach Bauernart schneiden (S. 55).
Mit den übrigen Zutaten und 250 Milliliter Wasser in einem Topf aufkochen, gegebenenfalls abschäumen und 25-30 Minuten bei geringer Hitze köcheln lassen (dabei nicht umrühren).
Den Fond anschließend durch ein feines Sieb gießen und rasch abkühlen lassen.

Den Boden einer Auflaufform mit 15 Gramm Butter einfetten. Schalotte, Champignons und Petersilie darauf verteilen, die Fischfilets darauflegen und so viel Fischfond und Wein angießen, dass die Zutaten zur Hälfte bedeckt sind. Das Kräutersträußchen hinzufügen, auf dem Herd aufkochen lassen, mit Backpapier abdecken und einige Minuten im 120 °C (Umluft 100 °C) heißen Backofen garen.
Den Fisch anschließend herausnehmen und warm stellen.

Die Garflüssigkeit um neun Zehntel einkochen lassen. Die Crème fraîche einrühren, die Sauce nochmals reduzieren und eindicken lassen und danach mit der restlichen kalten Butter binden.

Die Fischfilets auf einer mit Butter eingefetteten Platte anrichten, mit der Sauce überziehen und kurz unter den vorgeheizten Backofengrill schieben.

**● Tipp**

*Wenn Ihnen die Zeit fehlt, den Fischfond selbst zu machen, können Sie auch auf ein gutes Fertigprodukt zurückgreifen.*
*Traditionell serviert man dieses Gericht mit Pilawreis (S. 323).*

**Kochschule**

Fisch filetieren ›› S. 70
Fischfond ›› S. 139
Nach Bauernart schneiden ›› S. 55
Pochieren in wenig Flüssigkeit ›› S. 103

# Schellfischfilet im Salatmantel ★

**Zutaten**
1 Kopfsalat
600 g Schellfischfilet
200 g Basmatireis
40 g Butter
½ Rotkohl
30 ml Rotweinessig
30 g geklärte Butter*
Fleur de Sel
Salz, frisch gemahlener Pfeffer

## Für 4 Personen
Zubereitung: 35 Minuten
Garzeit: 30 Minuten

Den Salat waschen, die großen Blätter ablösen und einige Sekunden blanchieren*. Sofort abschrecken und gut abtropfen lassen, trocken tupfen.
Die Fischfilets von restlichen Gräten befreien, mit Salz und Pfeffer würzen, in die Salatblätter einschlagen und 8-12 Minuten dämpfen (S. 123).

Den Reis in reichlich Salzwasser garen, in ein Sieb abgießen, unter fließendem kaltem Wasser abschrecken, mit etwas Butter verfeinern und mit Salz würzen.

Den Rotkohl vierteln, die äußeren Blätter entfernen und den Rest in feine Streifen schneiden.
Die restliche Butter in einem Topf zerlassen, den Kohl hineingeben und den Essig und 50 Milliliter Wasser hinzufügen. Den Deckel auflegen, den Kohl 20 Minuten dünsten und danach mit Salz und Pfeffer abschmecken.

Die Fischfilets mit geklärter Butter beträufeln.
Den Reis und den Rotkohl auf Tellern oder einer Platte anrichten, die Fischfilets darauflegen und mit etwas Fleur de Sel bestreuen.

**● Tipp**
*Für dieses Gericht eignen sich auch die meisten anderen Fischsorten. Verzichten Sie bei dieser fettarmen Zubereitung nach Möglichkeit auf eine Sauce.*

**Kochschule**
Dämpfen >> S. 123
In der Kruste garen >> S. 99
Kochen in viel Flüssigkeit >> S. 106
Dünsten >> S. 98

# Bouillabaisse ★★★

## Zutaten

400 g Meeraal
2 Knurrhähne
800 g Petersfisch
800 g Drachenkopf
200 g Krustentiere
½ Roggenbaguette

### Für den Fond

½ große Zwiebel
50 g Lauch (nur der weiße Teil)
300 g Tomaten
4 Knoblauchzehen
5 Strandkrabben
50 ml Olivenöl
1 Kräutersträußchen*
2 g Safran
abgeriebene Schale von ½ unbehandelten Orange
Salz, frisch gemahlener Pfeffer

### Für die Rouille

150 g Kartoffeln
4 Knoblauchzehen
2 Eigelb
150 ml Olivenöl
100 ml Sonnenblumenöl
1 g Safran
Salz, frisch gemahlener Pfeffer

## Für 8 Personen

Zubereitung: 60 Minuten
Garzeit: 70 Minuten

Die Fische filetieren (S. 70). Köpfe und Gräten für den Fond beiseitestellen. Die Filets kalt stellen. Die Krustentiere nach Belieben schälen oder mit Schalen weiterverarbeiten.

Für den Fond die Zwiebel schälen und fein würfeln. Den Lauch der Länge nach halbieren, waschen und in feine Streifen schneiden. Die Tomaten blanchieren, enthäuten (S. 61) und die Kerne entfernen. Den Knoblauch schälen und gegebenenfalls die Keime entfernen.
Die Krabben halbieren.
Das Öl in einem großen, flachen Topf erhitzen und sämtliche Zutaten kurz darin anschwitzen*. 2 Liter kaltes Wasser angießen und das Ganze 45 Minuten kochen lassen. Anschließend abseihen und mit Salz und Pfeffer würzen.

Für die Rouille (S. 145) die Kartoffeln mit der Schale kochen. Anschließend pellen und mit dem geschälten Knoblauch zerdrücken. Die Eigelbe untermischen und das Püree mit dem Öl (eine Mischung aus Oliven- und Sonnenblumenöl oder nur Olivenöl) verrühren. Den Safran hinzufügen und die Rouille mit Salz und Pfeffer abschmecken.

Fisch und Krustentiere in den erkalteten Fond legen, zum Kochen bringen und die Wärmezufuhr dann verringern.

Das Brot in dünne Scheiben schneiden und kurz im Backofen rösten.

Die Suppe in einer Schüssel oder in tiefen Tellern anrichten und mit der Rouille und den Croûtons servieren.

### ● Tipp

*Diesen Klassiker der französischen Küche finden Sie zwischen Marseille und Toulon auf jeder Speisekarte. Je nachdem, was die Fischer gerade gefangen haben, wird die Suppe immer wieder abgewandelt.*
*Als Beilage können auch Kartoffeln im Fond mitgekocht werden.*

**Kochschule**
Fisch filetieren >> S. 70
Blanchieren und häuten >> S. 61
Rouille >> S. 145

# Gegrillter Lachs mit geschmortem Fenchel ★★

**Zutaten**
1 Lachs (1,2 kg)
3 Knollen Fenchel
50 g Karotte
½ große Zwiebel
40 g Butter
1 l weißer Kalbsfond (Rezept S. 136 oder Fertigprodukt)
1 Kräutersträußchen*
60 ml Öl
Salz, frisch gemahlener Pfeffer

**Für die Marinade**
200 ml Olivenöl
Thymian, Lorbeer
bunter Pfeffer
1 Zitrone

## Für 6 Personen

Zubereitung: 35 Minuten
Marinierzeit: 2 Stunden
Garzeit: 100 Minuten

Den Lachs schuppen, ausnehmen, die Flossen abschneiden und den Fisch in sechs Steaks à etwa 200 Gramm teilen (S. 68).

Für die Marinade (S. 141) das Olivenöl in eine große Schale gießen, Kräuter, Pfeffer und die dick abgeschälte und in Scheiben geschnittene Zitrone hinzufügen.
Die Lachsscheiben hineinlegen und 2 Stunden im Kühlschrank marinieren lassen. Die Steaks dabei alle 30 Minuten wenden.

Die Fenchelknollen halbieren und die Strünke herausschneiden. Den Fenchel in heißes Wasser legen, aufkochen lassen, kurz blanchieren* und danach abschrecken.
Karotte und Zwiebel würfeln (Mirepoix*) und in einer ofenfesten Form in der Butter anschwitzen. Die halbierten Fenchelknollen darauf verteilen, den Kalbsfond angießen und das Kräutersträußchen hinzufügen.
Mit Backpapier abdecken und 75 Minuten im 150 °C (Umluft 130 °C) heißen Backofen garen. Den Fenchel nach der Hälfte der Garzeit wenden. Anschließend herausnehmen. Die Flüssigkeit durch ein feines Sieb in einen Topf gießen und auf dem Herd reduzieren und eindicken lassen. Den Fenchel dann wieder in die Sauce legen und warm halten.

Den Grill vorheizen und den Grillrost mit Öl einfetten. Die Lachssteaks schräg darauflegen, um sie mit einem Rautenmuster zu verzieren. Die Steaks wenden und den Vorgang auf der anderen Seite wiederholen. Anschließend auf ein Backblech legen und 10-12 Minuten im 150 °C (Umluft 130 °C) heißen Backofen fertig garen.

Die Steaks mit dem Fenchel auf Tellern oder einer Platte anrichten und servieren.

**● Tipp**
*Auf die gleiche Weise können Thunfisch und Sardinen zubereitet werden.*

**Kochschule**
Steaks schneiden >> S. 68
Schnelle Marinade >> S. 141
Gemüse schmoren >> S. 96
Grillen >> S. 102

# Riesenscampi in Estragonsauce ★

## Zutaten
12 große Scampi
60 g geklärte Butter*
300 g Stangensellerie
40 g Butter
¼ Bund Estragon (zum Garnieren)
Salz, frisch gemahlener Pfeffer

### Für die Sauce
1 Schalotte
40 g Stangensellerie
3 cl Cognac
150 g Crème fraîche
½ Bund Estragon
Salz, frisch gemahlener Pfeffer

### Für 4 Personen
Zubereitung: 40 Minuten
Garzeit: 35 Minuten

Die Scampi in kochendem Wasser töten, dann in Portionsstücke schneiden (S. 69). Jedes Stück sollte aus zwei Segmenten bestehen. Die Scheren in zwei Hälften brechen. Die Köpfe für die Sauce aufheben. Die Stücke und die Scheren in einem Topf in der geklärten Butter anbraten, mit Salz und Pfeffer würzen und anschließend aus dem Topf nehmen und warm halten.

Für die Sauce die Köpfe kurz in dem Topf anbraten. Die fein gewürfelte Schalotte und den etwas gröber gewürfelten Sellerie hinzufügen und mit dem Cognac flambieren. Die Crème fraîche und den gehackten Estragon einrühren. Die Sauce um die Hälfte reduzieren, durch ein mit einem Seihtuch ausgelegtes Sieb gießen und mit Salz und Pfeffer abschmecken.

Den Stangensellerie von den Fäden befreien und in 5 Millimeter breite und 5-6 Zentimeter lange Stifte schneiden (S. 62).
Einige Minuten in der Butter und 50 Milliliter Wasser dünsten. Dabei darauf achten, dass das Gemüse bissfest bleibt.

Die Scampistücke mit dem Sellerie auf Suppentellern oder Schalen verteilen, mit der Sauce überziehen und mit Estragonblättern garnieren.

**● Tipp**
*Das Rezept kann auch mit Hummer zubereitet werden.*

**Kochschule**
Portionsstücke schneiden >> S. 69
Stifte schneiden >> S. 62

# Geschmorter Seeteufel im Speckmantel ★★

## Zutaten

1,5 kg Seeteufelschwanz
12 Scheiben durchwachsener Räucherspeck
40 g Karotte
40 g Lauch (nur der weiße Teil)
40 g Stangensellerie
750 ml Fischfond (Rezept S. 139)
1 Kräutersträußchen*

### Für die Sauce

150 g Crème fraîche
50 g Butter
Salz, frisch gemahlener Pfeffer

## Für 6 Personen

Zubereitung: 35 Minuten
Garzeit: 45 Minuten

Den Seeteufelschwanz enthäuten (S. 67). Mit dem Räucherspeck bardieren (S. 76) und mit Küchengarn binden (S. 81).

Das Gemüse schälen, waschen und würfeln (Mirepoix*).
Den Seeteufelschwanz in einem ofenfesten Topf leicht anbräunen.
Das Gemüse dazugeben und mit dem Fischfond aufgießen. Das Kräutersträußchen hinzufügen und den Fisch zugedeckt je nach Größe 20-30 Minuten im 140 °C (Umluft 120 °C) heißen Backofen garen.

Den Seeteufelschwanz aus dem Topf nehmen und warm stellen.
Die Garflüssigkeit reduzieren, die Crème fraîche einrühren, die Sauce nochmals einkochen und eindicken lassen und mit Salz und Pfeffer abschmecken.

Das Küchengarn entfernen. Den Seeteufelschwanz aufschneiden oder im Ganzen mit der Sauce überziehen.

**Kochschule**
Seeteufel häuten >> S. 67
Bardieren >> S. 767
Einen Braten binden >> S. 81

# Gebratene Petersfischfilets mit Seetang ★★

Zutaten
6 Petersfischfilets
60 g geklärte Butter*
1,5 kg Kartoffeln
30 g grobes Meersalz
getrockneter Seetang, in Wasser eingeweicht (zum Garnieren)
1 Zitrone
Salz, frisch gemahlener Pfeffer

Für die Sauce
2 Schalotten
Saft von 2 Zitronen
60 g Crème fraîche
120 g Butter
getrockneter Seetang, in Wasser eingeweicht
1 Prise Zucker (nach Belieben)
Salz, scharfes Paprikapulver

## Für 6 Personen

Zubereitung: 40 Minuten
Garzeit: 45 Minuten

Die Fischfilets mit Salz und Pfeffer würzen. In der geklärten Butter braten und gegebenenfalls einige Minuten im 160 °C (Umluft 140 °C) heißen Backofen fertig garen.

Für die Sauce die Schalotten fein würfeln, mit dem Zitronensaft in einen kleinen Topf geben und den Saft um drei Viertel einkochen lassen.
Die Crème fraîche einrühren und die Butter mit dem Schneebesen unterschlagen.
Die Algen abtropfen lassen, hacken und unterrühren. Die Sauce mit Salz, Paprikapulver und eventuell einer Prise Zucker (um den herben Geschmack der Algen zu mildern) abschmecken.

Die Kartoffeln waschen, schälen, eiförmig tournieren (S. 65), in einem Topf mit kaltem Wasser bedecken, das Meersalz hinzufügen und etwa 20 Minuten bei geringer Hitze garen. Um die Garprobe zu machen, eine Kartoffel mit der Spitze eines Küchenmessers einstechen. Die Kartoffeln sind gar, wenn das Messer mühelos eindringt.

Die Fischfilets mit den Kartoffeln auf Tellern oder einer Servierplatte anrichten und mit Algen und/oder Zitronenscheiben garnieren.

**● Tipp**

*In Salzlake eingelegte Algen müssen vor dem Gebrauch kurz blanchiert und danach sofort in Eiswasser abgeschreckt werden.*

**Kochschule**

In der Pfanne braten ›› S. 121
Tournieren ›› S. 65

# Frittierte Schollenstreifen mit Tatarensauce ★★

## Zutaten

3 Schollen à 600 g
80 g Mehl
3 Eier
10 ml Öl
120 g Semmelbrösel
100 ml Öl zum Frittieren
1 Zitrone
Salz, frisch gemahlener Pfeffer

Für die Tatarensauce
2 Eigelb, hart gekocht
1 EL Senf
1 TL Weinessig
200 ml Sonnenblumenöl
¼ Bund Schnittlauch
80 g Frühlingszwiebeln
1 Prise Cayennepfeffer
Salz

## Für 6 Personen

Zubereitung: 45 Minuten
Garzeit: 5 Minuten

Die Schollen enthäuten, den Flossensaum abschneiden und den Fisch filetieren (S. 71). Waschen und sorgfältig trocken tupfen, schräg in Streifen schneiden (S. 70) und mit Salz und Pfeffer würzen. Die Streifen zunächst im Mehl, danach in den mit dem Öl verquirlten Eiern und zum Schluss in den Semmelbröseln wenden.

Für die Tatarensauce (S. 149) eine Mayonnaise herstellen, wobei die rohen Eigelbe durch hart gekochte ersetzt werden. Den gehackten Schnittlauch und die fein gewürfelte Zwiebel hinzufügen und abschmecken.

Eine Pfanne etwa 1 Zentimeter hoch mit Öl füllen, die Fischstreifen 1-2 Minuten im heißen Öl braten und anschließend auf Küchenpapier abtropfen lassen.
Das Öl gegebenenfalls durch ein Sieb gießen und den Vorgang noch einmal wiederholen.

Die Fischstreifen auf einer Platte oder auf Tellern anrichten, mit Zitronenschnitzen garnieren und die Sauce getrennt dazu reichen.

● **Tipp**
*Das Rezept kann auch mit Seezunge zubereitet werden.*

**Kochschule**
Fisch filetieren ›› S. 71
Streifen schneiden ›› S. 70
Tatarensauce ›› S. 149
Panieren und braten ›› S. 122

# Makrele in Escabèche ★

## Zutaten

6 Makrelen
250 ml trockener Weißwein
60 g Champignons
1 unbehandelte Zitrone
60 g Erbsen
60 g grüne Bohnen
12 Baby-Karotten
60 g Silberzwiebeln
2 Lorbeerblätter
2 g Pfefferkörner
Salz

### Für 6 Personen

Zubereitung: 40 Minuten
Garzeit: 15 Minuten

Die Makrelen filetieren (S. 70) und entgräten. Aufrollen, mit Zahnstochern feststecken und die Röllchen nebeneinander in eine Auflaufform setzen.

Eine Court-Bouillon mit Gemüse (S. 135) herstellen. Dazu den Weißwein mit 500 Milliliter Wasser aufkochen.
Die Champignons würfeln und die Zitrone in Scheiben schneiden.
Erbsen, Bohnen, Karotten und Silberzwiebeln in die Court-Bouillon geben und 3-4 Minuten bei geringer Hitze kochen.
Zitrone, Champignons, Lorbeerblätter und Pfefferkörner hinzufügen und mit Salz würzen.
Noch einmal aufkochen lassen, über die Makrelenröllchen gießen und langsam abkühlen lassen.

Die Fischröllchen auf sechs tiefe Teller verteilen, mit der kalten Court-Bouillon begießen und das Gemüse rundherum anrichten.

**● Tipp**

*Dieses Gericht steht und fällt mit dem Aroma der Court-Bouillon. Je nach Jahreszeit kann sie mit den anderen Gemüsesorten zubereitet und auch mit Algen angereichert werden.*

**Kochschule**

Fisch filetieren ›› S. 70
Court-Bouillon mit Gemüse ›› S. 135

# Pochierter Steinbutt mit Holländischer Sauce ★★



## Zutaten

1 Steinbutt (1,6 kg)
1 unbehandelte Zitrone
1,4 l Vollmilch
30 grüne Kardamomkapseln
30 g grobes Meersalz
2 g Pfefferkörner
1 Zitrone (zum Garnieren)
¼ Bund Dill (zum Garnieren)

### Für die Holländische Sauce

4 Eigelb
140 g geklärte Butter*
Saft von 1 Zitrone
1 Prise Cayennepfeffer
Salz

## Für 6 Personen

Zubereitung: 25 Minuten
Garzeit: 35 Minuten

Den Steinbutt in Portionsstücke teilen (S. 69).

Die Zitrone in Scheiben schneiden. Zusammen mit der Milch, 400 Milliliter Wasser, 12 Kardamomkapseln, Meersalz und Pfefferkörnern in einem Topf aufkochen und 2-3 Minuten bei geringer Hitze köcheln lassen.
Die Court-Bouillon durch ein mit einem Seihtuch ausgelegtes Sieb gießen und abkühlen lassen.

Die Fischstücke in einem Topf mit der Court-Bouillon bedecken und langsam auf 70 °C erhitzen. Die Temperatur 12-15 Minuten halten und die Herdplatte dann ausschalten.

Für die Holländische Sauce (S. 148) die Eigelbe kräftig mit 20 Milliliter kaltem Wasser verrühren. Danach auf einem Wasserbad oder bei sehr geringer Hitze weiterschlagen, bis ein dickes Sabayon entstanden ist. Die heiße geklärte Butter unterschlagen, die Sauce abschmecken und den Zitronensaft unterrühren.

Den Fisch enthäuten und die Mittelgräte entfernen, die Fischstücke auf Tellern anrichten, mit etwas Sauce begießen und mit Zitronenfilets (S. 60), Dill und den restlichen Kardomomkapseln garnieren.

### ● Tipp

*Für diese Zubereitungsart eignet sich auch jeder andere – dicke – Plattfisch, wie Heilbutt, Flunder oder Glattbutt.*
*Die Court-Bouillon kann mit den verschiedensten Aromen (etwa grüner Tee, Rosmarin) gewürzt werden.*

**Kochschule**

Portionsstücke schneiden ›› S. 69
Holländische Sauce ›› S. 148
Zitrusfrüchte filetieren ›› S. 60

# Seezunge Müllerinart mit Butterkartoffeln ★★

## Zutaten
4 Seezungen
800 g Kartoffeln
80 g Butter
50 g Mehl
60 g geklärte Butter*
2 Zitronen
¼ Bund Petersilie (zum Garnieren)
Salz

**Für 4 Personen**
Zubereitung: 40 Minuten
Garzeit: 30 Minuten

Die Seezungen ausnehmen, schuppen, den Flossensaum abschneiden und die dunkle Haut entfernen (dazu die Haut am Kopf etwas einschneiden).

Die Kartoffeln waschen, schälen und die Stärke abspülen. Eiförmig tournieren (S. 65), in einem Topf mit kaltem Wasser bedecken, aufkochen und 2 Minuten köcheln lassen. Abgießen, abkühlen lassen und danach in 40 Gramm Butter goldbraun braten.

Die Seezungen trocken tupfen, salzen und im Mehl wenden. Überschüssiges Mehl abklopfen.
Die geklärte Butter in einer beschichteten Pfanne erhitzen, die Seezungen mit der Hautseite nach unten hineinlegen und bei geringer Hitze anbräunen. Den Fisch wenden und auf der anderen Seite braten.

Die restliche Butter langsam erhitzen, bis sie goldbraun ist. Die Seezungen zunächst mit dem Saft einer Zitrone und danach mit der braunen Butter beträufeln.

Die zweite Zitrone dick abschälen und filetieren (S. 60). Die Petersilie hacken. Die Seezungen mit den Kartoffeln auf großen flachen Tellern anrichten und mit Zitronenfilets und Petersilie garnieren.

**● Tipp**
*Puristen entfernen die Haut erst nach dem Braten, um zu verhindern, dass sich das Fleisch mit Fett vollsaugt.*

**Kochschule**
Tournieren >> S. 65
Nach Müllerinart braten >> S. 121
Zitrusfrüchte filetieren >> S. 60

# Seeteufelmedaillons in Sauce américaine, Pilawreis ★★

## Zutaten

1 Seeteufelschwanz (1,2 kg)
1 Zwiebel
80 g Butter
300 g Langkornreis
1 Kräutersträußchen*
50 ml Olivenöl
1 unbehandelte Zitrone (zum Garnieren)
¼ Bund Estragon (zum Garnieren)
Salz, frisch gemahlener Pfeffer

**Für die Sauce américaine**

6 Schwimmkrabben
40 ml Olivenöl
½ Zwiebel
½ Schalotte
40 g Karotte
100 g Tomate, gehäutet und gewürfelt
20 g Tomatenmark
2 cl Cognac
100 ml Weißwein
300 ml Fischfond (Rezept S. 139 oder Fertigprodukt)
2 Knoblauchzehen
1 Kräutersträußchen
¼ Bund Estragon
25 g Butter, 25 g Mehl

**Kochschule**

Seeteufel häuten >> S. 67
Medaillons schneiden >> S. 68
Sauce américaine >> S. 146
Samtsauce >> S. 150
Absorptionsmethode >> S. 109

## Für 6 Personen

Zubereitung: 45 Minuten
Garzeit: 50 Minuten

Den Seeteufelschwanz enthäuten (S. 67) und die Filets entlang der Mittelgräte auslösen.
In sechs Medaillons schneiden (S. 68), etwas flach klopfen, mit Frischhaltefolie abdecken und kalt stellen

Für die Sauce américaine (S. 146) die Krabben halbieren und in heißem Olivenöl anbraten Zwiebel, Schalotte und Karotte würfeln (Mirepoix*), dazugeben und anschwitzen. Die gehackten Tomaten und das Tomatenmark hinzufügen, mit dem Cognac flambieren und den Wein angießen.
Um die Hälfte reduzieren und den Fischfond angießen.
Den Knoblauch, das Kräutersträußchen und die ganzen Estragonblätter hinzufügen und die Sauce 30 Minuten köcheln lassen. Dabei gegebenenfalls gelegentlich abschäumen. Anschließend im Mixer pürieren und durch ein mit einem Seihtuch ausgelegtes Sieb passieren.
Aus Butter und Mehl eine weiße Mehlschwitze herstellen (S. 150) und erkalten lassen. Die durchgesiebte Flüssigkeit zu der kalten Mehlschwitze gießen und aufkochen lassen, um sie zu binden.
Mit Salz und Pfeffer abschmecken und im Wasserbad warm halten.

Die Zwiebel schälen, fein würfeln und in Butter anschwitzen. Den Reis hinzufügen, in der Butter wenden, bis er damit überzogen ist. 450 Milliliter Wasser angießen. Salz, Pfeffer und das Kräutersträußchen zugeben und auf dem Herd aufkochen lassen, mit Pergamentpapier abdecken und im 120 °C (Umluft 100 °C) heißen Backofen garen, bis der Reis weich und die Flüssigkeit vollständig verdampft ist (S. 109).
Den Reis vor dem Servieren mit einer Gabel auflockern.

In einer beschichteten Pfanne das Olivenöl erhitzen. Die Medaillons mit Salz und Pfeffer würzen und im heißen Öl garen, ohne dass sie Farbe annehmen.

Die Medaillons mit dem Reis auf flachen Tellern oder einer Platte anrichten, mit der Sauce überziehen und mit Zitronenzesten und gehacktem Estragon bestreuen.

**● Tipp**

*Die Sauce kann auch mit anderen Krustentieren zubereitet werden. Man nennt sie dann Krustentiersauce.*
*Seeteufel darf nur kurz gegart werden, weil er sonst trocken und zäh wird.*

# Tagliatelle mit zweierlei Lachs ★

## Zutaten

360 g Tagliatelle
20 g grobes Meersalz
65 ml Olivenöl
250 g frisches Lachsfilet
200 g Räucherlachs am Stück
250 g Tomatensauce mit Basilikum (Rezept S. 149)
¼ Bund Basilikum (zum Garnieren)
Salz, frisch gemahlener Pfeffer

## Für 6 Personen

Zubereitung: 25 Minuten
Garzeit: 15 Minuten

Die Tagliatelle in reichlich Salzwasser kochen und danach abgießen. Mit etwas Öl beträufeln, damit sie nicht zusammenkleben, und warm halten.

Den frischen und den geräucherten Lachs getrennt in Würfel schneiden. Den frischen Lachs in Olivenöl braten, mit Salz und Pfeffer würzen, auf Küchenpapier abtropfen lassen.
Die Tomatensauce erhitzen.

Sämtliche Zutaten vorsichtig vermengen, das Gericht auf einer Platte oder tiefen Tellern anrichten und mit Basilikumblättern garnieren.

**Kochschule**
Kochen in viel Flüssigkeit ›› S. 106
Tomatensauce ›› S. 149

# Rochenflügel mit Oliven und Sardellen ★

**Zutaten**
80 ml Olivenöl
4 Rochenflügel
16 Sardellenfilets in Öl
16 entsteinte schwarze Oliven
2 Zitronen
½ Bund Petersilie
Salz, frisch gemahlener Pfeffer

**Für 4 Personen**
Zubereitung: 35 Minuten
Garzeit: 20 Minuten

Das Öl in einer beschichteten Pfanne erhitzen.
Die Rochenflügel mit Salz und Pfeffer würzen und im heißen Öl rundherum anbraten. Dabei häufig mit der Garflüssigkeit begießen und darauf achten, dass sie nicht zu dunkel werden.
Das Fleisch an der Mittelgräte leicht anheben, um die Garprobe zu machen (es muss schön weiß sein). Den Fisch herausnehmen und warm stellen.

Die Sardellenfilets durch die Oliven stecken, kurz in der Pfanne anbraten und den Bratensatz mit dem Saft einer Zitrone ablöschen.

Das Fleisch von den Rochenflügeln ablösen, auf Tellern anrichten, mit der Sauce überziehen, mit der grob gehackten Petersilie bestreuen und mit Zitronenscheiben garnieren.

**● Tipp**
*Der Rochen, ein Knorpelfisch, ist ausgesprochen empfindlich und verdirbt sehr schnell. Achten Sie deshalb beim Einkauf darauf, dass die Flügel absolut frisch sind.*

# Geflügel

# Jean-François Piège

## präsentiert sein Rezept

Ich kenne den Libanon ein wenig und besuche das Land häufiger. Die Farben, das Gewimmel auf den Märkten, die improvisierten Mezze und Aperitifs, die sich bis in die späte Nacht hinziehen können – dies alles versuche ich in meinem Rezept einzufangen. Das Rot der saftigen, fleischigen Tomaten, die frisch gebackenen Fladenbrote, die vielen aromatischen Kräuter und all die mediterranen Düfte von Zitronen, Oliven, geröstetem Sesam, Knoblauch … das sind die Dinge, die die libanesische Küche ausmachen. Ein hervorragendes Beispiel dafür ist dieses frische, einfache und dennoch opulente und außerordentlich schmackhafte Gericht, das man rechtzeitig vorbereiten muss. Dazu empfehle ich einen Anisschnaps oder einen libanesischen Rotwein.

# Knusprige Pitabrote mit mariniertem Huhn auf libanesische Art

### Am Vortag (beziehungsweise 12 Stunden vorher)

Das Fleisch marinieren.
Dazu die Petersilie hacken und die rote Zwiebel in dünne Scheiben schneiden.
Die Tomaten vierteln, die Kerne entfernen und das Fruchtfleisch in Streifen schneiden.
Die Hähnchenbrust in 5 Millimeter dicke Scheiben schneiden.
Den Boden einer flachen Form mit einem Drittel der Gewürzmischung bestreuen, die Geflügelfilets nebeneinander darauflegen, mit der Hälfte der Zwiebelscheiben, der Tomatenstreifen und der Petersilie und einem weiteren Drittel der Gewürzmischung bestreuen. Den Vorgang so lange wiederholen, bis die Zutaten aufgebraucht sind. Das Ganze mit Zitronensaft und Olivenöl beträufeln, mit Frischhaltefolie abdecken und mindestens 12 Stunden an einem kühlen Platz durchziehen lassen.

### Am folgenden Tag (beziehungsweise 12 Stunden später)

Die Geflügelfilets aus der Marinade nehmen, mit Salz würzen und kurz auf dem Grill oder in einer sehr heißen Pfanne ohne Fett grillen.
Das Gemüse abtropfen lassen, mit Salz und Pfeffer würzen und beiseitestellen.
Die Pitabrote halbieren. Das Tomatenmark mit dem gehackten Knoblauch vermengen und die Brote damit bestreichen. Das Gemüse mit dem Fleisch mischen, die Brote damit belegen und aufrollen.
Auf ein Backblech oder in eine ofenfeste Form legen und 4–5 Minuten im sehr heißen Backofen (etwa 200 °C; Umluft 180 °C) rösten.

### Das Kichererbsenpüree zubereiten (Am Vortag)

Die Kichererbsen 12 Stunden in Wasser einweichen. In einem großen Topf die gehackte Schalotte in einem Esslöffel Olivenöl anschwitzen*. Die abgetropften Kichererbsen dazugeben und so viel Wasser angießen, dass sie zu drei Vierteln damit bedeckt sind. Den ungeschälten Knoblauch und die Petersilienstiele hinzufügen und das Ganze etwa 60 Minuten bei milder Hitze köcheln lassen.
Die Kichererbsen anschließend abgießen. Petersilienstiele und Knoblauch entfernen.
Die Kichererbsen mit etwas Kochflüssigkeit, dem Zitronensaft, etwas Sherryessig und drei Esslöffeln Olivenöl 5 Minuten in der Küchenmaschine pürieren. Gegebenenfalls noch etwas Kochflüssigkeit hinzufügen, damit das Püree schön sämig wird. In eine Schüssel umfüllen und mit Frischhaltefolie abdecken (die Folie direkt auf das Püree legen).

### Den Tomatensalat zubereiten

Die Tomaten achteln, die Petersilie bis auf 20 schöne Blätter hacken. Aus Sumach, Zitronensaft und Olivenöl eine Vinaigrette herstellen. Die Tomaten mit Salz und Pfeffer würzen, mit der Vinaigrette mischen und mit Petersilie und Schnittlauchröllchen bestreuen.

### Fertigstellung

Mit einem Löffel Klößchen vom Kichererbsenpüree abstechen und jeweils ein Klößchen mit vier Tomatenachteln auf jedem Teller anrichten. Die Klößchen mit Petersilienblättchen garnieren und das Ganze mit etwas Marinade umgießen. Die Pitabrote schräg halbieren und kreuzförmig auf den Tellern anrichten.

### Für 4 Personen

Zubereitung: 45 Minuten
Marinierzeit: 12 Stunden
Garzeit: 80 Minuten

### Zutaten

4 Hähnchenbrustfilets
½ Bund glatte Petersilie
1 rote Zwiebel
2 Strauchtomaten
Saft von 1 Zitrone
4 EL Olivenöl
4 Pitabrote
50 g Tomatenmark
1 Knoblauchzehe, gehackt
Salz, frisch gemahlener Pfeffer

### Für die libanesische Gewürzmischung

10 g Kreuzkümmelsamen, zerstoßen
10 g Fenchelsamen, zerstoßen
20 g gemahlener Sternanis
20 g Sumach
20 g gemahlener Piment d'Espelette
10 g Thymianblüten, grob zerkleinert
30 g Kokosfleisch, frisch geraspelt
20 g weiße Sesamkörner, geröstet

### Für das Kichererbsenpüree

400 g getrocknete Kichererbsen
1 große Schalotte
4 EL Olivenöl
2 Knoblauchzehen
Stängel von 1 Bund Petersilie, zusammengebunden
Saft von 1 Zitrone
etwas Sherryessig
Salz, frisch gemahlener Pfeffer

### Für den Tomatensalat

2 Strauchtomaten
½ Bund glatte Petersilie
2 g Sumach
Saft von 1 Zitrone
3 EL Olivenöl
1 Bund Schnittlauch
Salz, frisch gemahlener Pfeffer

# Gebratenes Perlhuhn auf Geflügelleber-Kanapee ★★

**Zutaten**
1 Perlhuhn
6 Lorbeerblätter
60 g Butter
1 dicke Scheibe weißes Kastenbrot (150 g)
etwas Olivenöl
500 g grüne Bohnen
8 dünne Scheiben Räucherspeck
Salz, frisch gemahlener Pfeffer

**Für die Geflügelleberfarce**
80 g gepökelter Schweinebauch
120 g Geflügelleber
1 Schalotte
1 cl Cognac
Salz, frisch gemahlener Pfeffer

## Für 4 Personen

Zubereitung: 40 Minuten
Garzeit: 50 Minuten

Das Perlhuhn vorbereiten und mit den Lorbeerblättern aromatisieren (S. 76). Innen mit Salz und Pfeffer würzen, dressieren (S. 82).
In eine leicht gebutterte ofenfeste Form legen, mit 20 Gramm zerlassener Butter beträufeln, die Haut mit Salz und Pfeffer würzen und das Perlhuhn 15 Minuten im 180 °C (Umluft 160 °C) heißen Backofen garen. Die Temperatur dann auf 160 °C (Umluft 140 °C) verringern und das Perlhuhn weitere 20 Minuten braten.

Die Brotscheibe aushöhlen und rundherum einen 1,5 Zentimeter breiten Rand stehen lassen.
In einer Pfanne in Olivenöl goldbraun rösten und auf Küchenpapier abtropfen lassen.

Für die Geflügelleberfarce (S. 159) das Bauchfleisch in Würfel schneiden. Die Lebern von Adern und Nervensträngen befreien und bei starker Hitze mit dem Bauchfleisch anbraten (die Lebern sollten innen noch rosa sein). Die fein gewürfelte Schalotte hinzufügen und mit dem Cognac flambieren. Die Mischung im Mixer pürieren, durch ein Sieb streichen und mit Salz und Pfeffer abschmecken.

Die Bohnen in kochendem Wasser blanchieren* und danach sofort in Eiswasser abschrecken. Jeweils acht Bohnen mit einer Scheibe Räucherspeck umwickeln, die restliche Butter zerlassen, die Bohnen damit beträufeln und mit Salz und Pfeffer würzen.
In eine ofenfeste Form legen, mit Alufolie abdecken und 10-12 Minuten im 150 °C (Umluft 130 °C) heißen Backofen garen.

Die ausgehöhlte Weißbrotscheibe mit der Farce füllen, das Perlhuhn daraufsetzen und die Bohnen rundherum anrichten.

**Kochschule**
Geflügel unter der Haut aromatisieren >> S. 76
Geflügel bratfertig vorbereiten und dressieren >> S. 82
Geflügelleberfarce >> S. 159
Braten im Backofen >> S. 118

# Ente à l'orange, Kartoffelpfanne mit Artischocken ★★

## Zutaten

1 Jungente
40 ml Öl
100 g fetter Speck in dünnen Scheiben
600 g Kartoffeln
60 g geklärte Butter*
3 Artischocken
Saft von 1 Zitrone
50 g Mehl
¼ Bund Petersilie
1 Orange (zum Garnieren)
Salz, frisch gemahlener Pfeffer

### Für die Sauce

2 unbehandelte Orangen
70 g Zucker
100 ml Weinessig
1 cl Cointreau
300 ml gebundener brauner Kalbsfond (Rezept S. 138 oder Fertigprodukt)
Salz, frisch gemahlener Pfeffer

## Für 4 Personen

Zubereitung: 1 Stunde 45 Minuten
Garzeit: 1 Stunde 15 Minuten

Die Ente parieren*, innen mit Salz und Pfeffer würzen und dressieren (S. 82). In einem Schmortopf in etwas Öl anbräunen, die Haut mit Salz einreiben, die Brust mit dem Speck belegen und den Speck mit Küchengarn befestigen.
Den Topf hermetisch verschließen und die Ente etwa 75 Minuten im 160 °C (Umluft 140 °C) heißen Backofen garen.

Für die Sauce die Orangenschale in feine Julienne-Streifen (S. 59) schneiden und dreimal blanchieren*.
Aus Zucker und Essig eine Gastrique (S. 140) herstellen und zunächst mit dem Orangenlikör und danach mit dem Saft der Orangen ablöschen. Nochmals reduzieren und danach den Kalbsfond angießen. Die Orangenzesten hinzufügen und mit Salz und Pfeffer abschmecken.

Die Kartoffeln waschen, schälen und die Stärke abspülen. In Würfel schneiden, in der geklärten Butter braten und mit Salz würzen.
Die Artischocken tournieren (S. 65), mit Zitronensaft beträufeln und in einem Mehlsud (S. 106) garen. Anschließend in Würfel schneiden, kurz in Butter braten und mit Salz würzen. Mit den Kartoffeln mischen und mit der gehackten Petersilie bestreuen.

Die Entenbrust in schmale Streifen schneiden und die Keulen halbieren. Auf jedem Teller zwei oder drei Filetstreifen und ein Stück Keule anrichten und mit Sauce überziehen. Die Kartoffeln daneben anrichten und mit Orangenfilets (S. 60) garnieren.

### ● Tipp

*Zu Entenfleisch passen besonders gut süßlich-pikante Saucen mit Früchten wie Pfirsich, Ananas oder Kirschen.*

### Kochschule

Geflügel bratfertig vorbereiten und dressieren ›› S. 82
Gastrique ›› S. 140
Julienne ›› S. 59
Tournieren ›› S. 65
Kochen in Mehlsud ›› S. 106
Zitrusfrüchte filetieren ›› S. 60

# Salmi von der Wachtel, Kartoffeln auf Bäckerart ★★

**Für 6 Personen**
Zubereitung: 50 Minuten
Garzeit: 60 Minuten

**Zutaten**
6 Wachteln
2 EL Öl
einige Tropfen Cognac
900 g Kartoffeln
3 große Zwiebeln
100 g geklärte Butter*
300 ml gebundener weißer Geflügelfond (S. 136)
Salz, frisch gemahlener Pfeffer

**Für die Sauce**
2 Schalotten
300 ml Rotwein
1 Kräutersträußchen*
6-8 Pfefferkörner
200 ml gebundener brauner Kalbsfond (Rezept S. 138 oder Fertigprodukt)
40 g Butter
Salz, frisch gemahlener Pfeffer

Die Wachteln bratfertig vorbereiten, innen mit Salz und Pfeffer würzen und dressieren (S. 82). Das Geflügel mit etwas Öl beträufeln und etwas Öl in einen Bratentopf gießen.
Die Wachteln 8-10 Minuten im 190 °C (Umluft 170 °C) heißen Backofen garen, bis sie Farbe annehmen, aber noch nicht vollständig durchgegart sind. Die Wachteln vierteln (2 Bruststücke mit Flügel und 2 Keulen) und die Karkassen für die Sauce aufheben.
Die Geflügelteile mit etwas Cognac beträufeln und warm stellen.

Für die Sauce die Karkassen grob zerkleinern und kurz in dem Bratentopf, in dem zuvor die Wachteln gebraten wurden, anbraten.
Die fein gewürfelten Schalotten hinzufügen und anschwitzen*.
Mit dem Rotwein ablöschen, das Kräutersträußchen und die Pfefferkörner dazugeben und die Flüssigkeit auf ein Viertel reduzieren.
Den Kalbsfond angießen und einige Minuten kochen lassen.
Die Sauce durch ein Sieb passieren, mit Butter binden und mit Salz und Pfeffer abschmecken.

Die Kartoffeln waschen, schälen und abspülen. In 2 Millimeter dicke Scheiben schneiden und nochmals abspülen, um die Stärke zu entfernen.
Die Zwiebeln schälen, in Scheiben schneiden und in der Butter anbräunen.
Die Kartoffeln in einer zweiten Pfanne goldgelb braten.
Kartoffel- und Zwiebelscheiben abwechselnd in eine mit Butter eingefettete Auflaufform schichten (die unterste und die oberste Schicht sollten Kartoffeln sein). Den Geflügelfond angießen und die Kartoffeln etwa 30 Minuten im 160 °C (Umluft 140 °C) heißen Backofen garen.

Die Wachtelteile bei geringer Hitze in der Sauce fertig garen (die Bruststücke benötigen etwa 10, die Keulen etwa 15 Minuten).

Auf jedem Teller eine Wachtel auf einem Bett aus Kartoffelscheiben anrichten und mit der Sauce überziehen.

**● Tipp**
*Diese Art des Garens (kurzes Braten und anschließendes Fertiggaren in einer Sauce) ist das klassische Garverfahren für kleines Wildgeflügel. Dadurch vermeidet man, dass das magere Fleisch austrocknet.*

**Kochschule**
Geflügel bratfertig vorbereiten und dressieren ›› S. 82
Salmi (Ragout vom Federwild) ›› S. 119

# Panierte Putenschnitzel mit roh gebratenen Kartoffeln ★

Zutaten
6 Putenschnitzel
50 g Mehl
2 Eier
40 ml Öl
100 g Semmelbrösel
30 g Butter
250 ml gebundener brauner Kalbsfond (Rezept S. 138 oder Fertigprodukt)
¼ Bund Petersilie (zum Garnieren)
1 Zitrone (zum Garnieren)
Salz, frisch gemahlener Pfeffer

Für die Bratkartoffeln
1,2 kg Kartoffeln
40 ml Öl
40 g Butter
Salz, frisch gemahlener Pfeffer

## Für 6 Personen

Zubereitung: 35 Minuten
Garzeit: 20 Minuten

Die Schnitzel parieren* und flach klopfen (S. 86).
Mit Salz und Pfeffer würzen, in Mehl wenden und überschüssiges Mehl abklopfen. Anschließend durch die mit etwas Öl verquirlten Eier ziehen, zum Schluss in den Semmelbröseln wenden. Die Schnitzel müssen spätestens 30 Minuten nach dem Panieren gebraten werden.

Die Kartoffeln waschen, schälen und die Stärke abspülen. Mit dem Gemüsehobel in 2 Millimeter dicke Scheiben schneiden, nochmals abspülen und sorgfältig trocken tupfen.
In einer beschichteten Pfanne das restliche Öl mit der Butter erhitzen. So viele Kartoffelscheiben darin verteilen, dass sie nicht übereinanderliegen. Goldbraun braten, wenden und auf der anderen Seite braten. Auf Küchenpapier abtropfen lassen und mit Salz und Pfeffer würzen. Mit den restlichen Kartoffelscheiben ebenso verfahren.

In einer zweiten beschichteten Pfanne das restliche Öl mit der Butter erhitzen und die Schnitzel auf beiden Seiten goldbraun braten (gegebenenfalls kurz im 160 °C /Umluft 140 °C heißen Backofen fertig garen). Den Bratensatz mit dem Kalbsfond ablöschen.

Die Schnitzel auf Tellern oder einer Platte anrichten und die Kartoffeln rosettenförmig darum herum verteilen. Mit der gehackten Petersilie bestreuen, mit Zitronenschnitzen garnieren und die Sauce getrennt dazu reichen.

**● Tipp**

*Die Schnitzel möglichst sofort nach dem Panieren braten, damit die Panade nicht aufweicht.*

**Kochschule**

Ein Schnitzel vorbereiten >> S. 86
Panieren und braten >> S. 122

# Konfierte Entenkeulen, Kartoffeln auf Sarlader Art ★

## Zutaten

6 Entenkeulen
1,5 kg Enten- oder Gänseschmalz
6 Knoblauchzehen
2 Lorbeerblätter
8 Pfefferkörner

### Kartoffeln auf Sarlader Art

1,2 kg Kartoffeln
100 g Entenschmalz
½ Bund glatte Petersilie
4 Knoblauchzehen
3 g Abschnitte von schwarzen Trüffeln
Salz, frisch gemahlener Pfeffer

Für 6 Personen
Zubereitung: 25 Minuten
Marinierzeit: mindestens 12 Stunden
Garzeit: 105 Minuten

### Am Vortag

Die Haut der Entenkeulen mit einem scharfen Messer mehrfach leicht einritzen. Die Enden der Knochen abschneiden, damit sich das Fleisch beim Kochen besser zusammenziehen kann. Die Keulen 24 Stunden (mindestens aber über Nacht) in Salzlake legen.

### Am folgenden Tag

Die Entenkeulen abspülen.
Einen Rost auf den Boden eines großen Bratentopfes legen und die Keulen darauflegen.
Mit dem Schmalz bedecken und die übrigen Zutaten hinzufügen.
Langsam aufkochen und 1½ -1 ¾ Stunden köcheln lassen.

Die Kartoffeln waschen, schälen und die Stärke abspülen. Mit dem Gemüsehobel in 2 Millimeter dicke Scheiben schneiden und die rohen Kartoffeln im Entenschmalz anbraten. Petersilie und Knoblauch hacken und unter die Kartoffeln mischen. Die Trüffelabschnitte hinzufügen und mit Salz und Pfeffer würzen.
Die Kartoffeln in eine ofenfeste Form füllen, zudecken und etwa 30 Minuten im 160 °C (Umluft 140 °C) heißen Backofen fertig garen.

In der Zwischenzeit die konfierten Entenkeulen in einer beschichteten Pfanne leicht anbräunen. Mit den Bratkartoffeln auf Tellern anrichten.

**● Tipp**

*Das Entenfett filtern und für die nächsten konfierten Entenkeulen wiederverwenden oder Bratkartoffeln darin garen.*

**Kochschule**
Konfieren >> S. 97

Zutaten
4 Putenschnitzel
2 g Currypulver
30 g Butter
1 große Zwiebel
100 g Sojasahne
Salz, frisch gemahlener Pfeffer

Für die Zucchini
2 Zucchini
30 ml Olivenöl
einige Thymianblüten
Salz, frisch gemahlener Pfeffer

# Geschnetzeltes Geflügelfleisch mit sautierten Zucchini ★

Für 4 Personen
Zubereitung: 25 Minuten
Garzeit: 30 Minuten

Die Schnitzel in Streifen schneiden, mit Salz und Pfeffer würzen und mit Currypulver bestreuen.
In Butter braten, anschließend aus der Pfanne nehmen und warm stellen.

Die fein gewürfelte Zwiebel in der Pfanne anschwitzen*. Mit der Sojasahne ablöschen und die Sauce einkochen lassen, bis sie etwas eingedickt ist. Mit Salz und Pfeffer abschmecken und das Fleisch in die Sauce geben.

Die Zucchini waschen, kannelieren (S. 54) und in 2-3 Millimeter dicke Scheiben schneiden.
In einer beschichteten Pfanne im Olivenöl braten (die Zucchini dürfen dabei durchaus etwas Farbe annehmen). Mit Salz und Pfeffer würzen und mit Thymianblüten bestreuen.

Auf Tellern oder einer Platte anrichten und servieren.

**Kochschule**
Kannelieren >> S. 54

# Kaninchenfrikassee mit Kürbispüree ★★

Für 6 Personen
Zubereitung: 45 Minuten
Garzeit: 70 Minuten

Das Kaninchen zerteilen (S. 77) und mit Salz und Pfeffer würzen.
Die Teile in einem ofenfesten Schmortopf langsam in der Butter anbräunen. Anschließend herausnehmen und abtropfen lassen.
Die blättrig geschnittenen Champignons im Schmortopf anbraten. Die fein gehackte Schalotte und den gehackten Schnittlauch hinzufügen.
Mit dem Cognac flambieren und mit dem Wein ablöschen.
Crème fraîche, Geflügelfond und das Kräutersträußchen dazugeben, das Fleisch wieder einlegen und zugedeckt 60 Minuten im 170 °C (Umluft 150 °C) heißen Backofen garen.
Das Fleisch aus dem Topf nehmen, die Garflüssigkeit durch ein Sieb gießen, zurück in den Topf geben und einkochen und etwas eindicken lassen.
Mit Salz und Pfeffer abschmecken und das Fleisch wieder in die Sauce geben.

Für das Püree Kürbis, Kartoffeln und Karotten schälen und in große Würfel schneiden. In einem Topf mit etwas geriebener Muskatnuss in der Milch kochen, anschließend abgießen und im Mixer pürieren.
Das Püree wieder in den Topf füllen und so lange bei geringer Hitze rühren, bis es vollkommen trocken ist.
Die Butter unterrühren, mit Salz und Pfeffer abschmecken.

Den Lauch in Julienne-Streifen schneiden (S. 59), frittieren und salzen.
Die Trüffelkartoffeln in Wasser kochen, pellen und in dünne Scheiben schneiden.

Das Püree kreisförmig auf den Tellern verstreichen, ein Stück Kaninchen in die Mitte setzen, mit der Sauce überziehen und mit etwas frittiertem Lauch und blauen Kartoffelscheiben garnieren.

**● Tipp**
*Der Kürbis kann durch anderes Gemüse (etwa Brokkoli, Möhren oder Pilze) ersetzt oder damit kombiniert werden.*

**Kochschule**
Ein Kaninchen roh zerteilen ›› S. 77
Julienne ›› S. 59

## Zutaten

1 Kaninchen
40 g Butter
150 g Champignons
1 Schalotte
¼ Bund Schnittlauch
2 cl Cognac, 150 ml Weißwein
100 g Crème fraîche
500 ml gebundener weißer Geflügelfond (Rezept S. 136 oder Fertigprodukt)
1 Kräutersträußchen*
150 g Lauch (nur die weißen Teile)
Frittieröl
100 g blaue Trüffelkartoffeln zum Garnieren
Salz, frisch gemahlener Pfeffer

**Für das Kürbispüree**
800 g Hokkaidokürbis
300 g Kartoffeln
200 g Karotten
1 l Milch
etwas geriebene Muskatnuss
60 g Butter
Salz, frisch gemahlener Pfeffer

## Zutaten

4 Entenbrustfilets
2 unbehandelte Limetten
50 g flüssiger Honig
600 g Zucchini
50 ml Öl
¼ Bund Thymian
Salz, frisch gemahlener Pfeffer

Für die Sauce
40 g Honig
Saft von 1 Limette
50 ml Sojasauce
frisch gemahlener Pfeffer

# Entenbrustfilets mit Limetten-Honig-Sauce auf Zucchini ★

### Für 4 Personen

Zubereitung: 35 Minuten
Garzeit: 30 Minuten

Die Haut der Entenbrüste rautenförmig einschneiden und mit Salz und Pfeffer würzen.
Die Limetten kannelieren (S. 54) und in Scheiben schneiden.
Das Fleisch auf der nicht mit Haut bedeckten Seite mehrfach 0,5 Zentimeter tief einschneiden und in die so entstandenen Schlitze eine halbe Limettenscheibe stecken.
Mit Honig beträufeln und mit Pfeffer würzen.

Eine ofenfeste Pfanne erhitzen.

Die Zucchini waschen, kannelieren (S. 54) und in etwa 3 Millimeter dicke Scheiben schneiden. Kurz in Öl braten und mit Salz und Pfeffer würzen, warm stellen.

Die Entenbrustfilets mit der Hautseite nach unten in die Pfanne legen, bei mittlerer Hitze anbraten und je nach gewünschtem Gargrad 7-10 Minuten im 190 °C (Umluft 170 °C) heißen Backofen fertig garen.

Für die Sauce den Honig mit dem Limettensaft einkochen und etwas eindicken lassen. Mit der Sojasauce ablöschen und mit Pfeffer würzen.

Die Zucchini rosettenförmig auf vier Tellern anrichten und mit Thymian bestreuen. Die Filets daraufsetzen und mit der Sauce beträufeln.

**● Tipp**

*Die Brustfilets von Mastenten bezeichnet man in Frankreich als* magret de canard.
*Entenbrustfilet schmeckt am besten, wenn es innen noch rosa ist.*
*Honig gibt es in unterschiedlichen Qualitäten und Geschmacksrichtungen. Zum Kochen am besten Blütenhonig verwenden.*

**Kochschule**
Kannelieren >> S. 54

# Gefüllte Hähnchenkeule mit Kastanien ★★

**Für 8 Personen**
Zubereitung: 70 Minuten
Garzeit: 45 Minuten

### Zutaten
8 Hähnchenkeulen
300 g Schweinenetz*
50 g Butter
2 Schalotten
100 g Stangensellerie
1 Handvoll Salbeiblätter
1,6 kg Esskastanien
60 g Butter
Ringelblumenblüten (frisch oder getrocknet)
Salz, frisch gemahlener Pfeffer

**Für die Schaumfarce**
1 Eiweiß
200 g Sahne
Salz, frisch gemahlener Pfeffer

Von den Hähnchenkeulen die Oberschenkel- und ein Stück der Unterschenkelknochen auslösen, ohne die Keulen aufzuschneiden (S. 89). dabei etwas Fleisch herauslösen.
250 Gramm Fleisch für die Farce abwiegen und mit Salz und Pfeffer würzen.

Für die Schaumfarce (S. 157) das gewürzte Fleisch im Mixer fein zerkleinern, das Eiweiß hinzufügen, das Ganze einige Sekunden verrühren und danach durch ein Sieb streichen.
In eine Edelstahlschüssel füllen, auf Eis setzen und nach und nach die Sahne unterrühren.

Die Keulen mit der Farce füllen, die Schenkel mit dem anhängenden Fleischlappen verschließen, mit Schweinenetz umwickeln und gegebenenfalls mit Küchengarn festbinden.

Die gefüllten Keulen in einem ofenfesten Schmortopf oder einer Schmorpfanne in Butter anbräunen. Vom Herd nehmen und das fein gewürfelte Gemüse und fünf Salbeiblätter hinzufügen.
Den Deckel auflegen und die Jambonnettes etwa 35 Minuten im 170 °C (Umluft 150 °C) heißen Backofen garen. Anschließend aus dem Topf nehmen und warm stellen.
Die Garflüssigkeit reduzieren und durch ein feines Sieb passieren. Mit Salz und Pfeffer abschmecken und die Keulen wieder einlegen.

Die Kastanien kreuzweise einritzen, 3 Minuten in kochendes Wasser legen und noch heiß schälen. Unmittelbar vor dem Servieren in Butter schwenken und mit Salz und Pfeffer würzen.

Die Jambonnettes auf Tellern oder einer Platte anrichten, mit der Sauce überziehen und die Kastanien rundherum verteilen. Mit Ringelblumenblüten (oder anderen essbaren Blüten) und den restlichen Salbeiblättern garnieren.

**● Tipp**

*Esskastanien haben im Herbst Saison. Zu dieser Zeit sind aber auch andere Früchte reif, die gut zu den gefüllten Hähnchenkeulen passen, etwa Birnen und Äpfel, Lauch oder Kohl.*
*Kastanien können auch im Holzfeuer geröstet werden. Sie bekommen dadurch eine schöne Farbe und einen leichten Rauchgeschmack.*

**Kochschule**
Eine Hähnchenkeule füllen >> S. 89
Schaumfarce >> S. 157

# Taubenfrikassee mit Erbsen auf französische Art ★★

Zutaten
3 Tauben
1 große Zwiebel
100 g Lauch (nur die weißen Teile)
100 g Butter
750 ml gebundener weißer Geflügelfond
(Rezept S. 136 oder Fertigprodukt)
100 g Crème fraîche
1 kg Erbsen
120 g Silberzwiebeln
20 g Zucker
1 Kopfsalat
Salz, frisch gemahlener Pfeffer

## Für 6 Personen
Zubereitung: 50 Minuten
Garzeit: 45 Minuten

Die Tauben halbieren, die freiliegenden Knochen entfernen. Die Tauben mit Salz und Pfeffer würzen.
Die Zwiebel schälen und fein würfeln. Den Lauch der Länge nach halbieren, waschen und nach Bauernart schneiden (S. 55).

Die Tauben in einem ofenfesten Schmortopf mit 50 Gramm Butter anbraten, ohne dass sie Farbe annehmen.
Zwiebel und Lauch dazugeben und zugedeckt anschwitzen*.
Das Ganze mit dem Geflügelfond aufgießen und zugedeckt 30-35 Minuten im 170 °C (Umluft 150 °C) heißen Backofen garen.

Die Tauben aus dem Topf nehmen. Die Garflüssigkeit einkochen und etwas eindicken lassen.
Die Crème fraîche einrühren und die Sauce nochmals reduzieren.
Durch ein feines Sieb passieren und mit Salz und Pfeffer abschmecken.
Die Tauben in die Sauce einlegen und warm halten.

Die Erbsen aus den Schoten lösen und in kochendem Salzwasser garen.
Die Silberzwiebeln schälen und mit 20 Gramm Butter und Zucker glacieren (S. 101).
Den Salat in Chiffonade schneiden (S. 56) und in 30 Gramm Butter und 50 Milliliter Wasser dünsten.
Die Erbsen mit Silberzwiebeln und Salat mischen und mit Salz und Pfeffer abschmecken.

Die Taubenhälften mit dem Gemüse auf sechs Tellern anrichten und servieren.

**● Tipp**
*Auf diese Weise lassen sich auch Stubenküken zubereiten.*

**Kochschule**
Nach Bauernart schneiden ›› S. 55
Schmoren ›› S. 94
Gemüse glacieren ›› S. 101
Chiffonade schneiden ›› S. 56

# Gegrillte Stubenküken mit Teufelssauce ★★

**Für 4 Personen**
Zubereitung: 60 Minuten
Garzeit: 50 Minuten

**Zutaten**
2 Stubenküken
70 ml Öl + Öl zum Frittieren
40 g Senf
60 g Semmelbrösel
600 g Kartoffeln
2 Tomaten
Provencekräuter
4 Knoblauchzehen
4 Lorbeerblätter
4 Champignons
Salz, frisch gemahlener Pfeffer

**Für die Teufelssauce**
2 Schalotten
2 g geschroteter Pfeffer
50 ml Rotweinessig
50 ml trockener Weißwein
250 ml gebundener brauner Kalbsfond
(Rezept S. 138 oder Fertigprodukt)
¼ Bund Estragon

Die Stubenküken am Rücken zu beiden Seiten der Wirbelsäule bis auf die Knochen einschneiden und das Brustbein mit Rippen und Gabelbein auslösen.

Den Backofengrill vorheizen.
Die Stubenküken auf der Hautseite mit Öl bepinseln und rautenförmig einschneiden. Auf der Fleischseite ebenfalls rautenförmig einschneiden.
Die Küken mit der Fleischseite nach unten auf ein Backblech legen.
Die Haut mit Senf bestreichen und mit Semmelbröseln bestreuen.
Die Küken 25-30 Minuten im 170 °C (Umluft 150 °C) unter dem heißen Grill garen.

Die Kartoffeln waschen, schälen und die Stärke abspülen. Mit dem Gemüsehobel zu Waffelkartoffeln verarbeiten (S. 63), zweimal abspülen und sorgfältig trocken tupfen.
Die Tomaten waschen, halbieren und die Stielansätze herausschneiden. Mit Salz und Pfeffer würzen, mit Provencekräutern und gehacktem Knoblauch bestreuen, mit etwas Öl beträufeln, mit einem Lorbeerblatt garnieren und die Hälften in eine Auflaufform setzen.
Die Champignons kurz unter fließendem Wasser waschen und sorgfältig trocken tupfen, die Stiele abschneiden. Die Köpfe mit Öl bepinseln und auf der Hutseite grillen, zwischen den Tomaten verteilen und mit Salz und Pfeffer würzen.

Für die Sauce die Schalotten schälen und fein würfeln.
Mit geschrotetem Pfeffer, Essig und Weißwein bei geringer Hitze in einem kleinen Topf einkochen lassen. Den Kalbsfond angießen und den gehackten Estragon hinzufügen.

Tomaten und Champignons in den 180 °C (Umluft 160 °C) heißen Backofen schieben und etwa 15 Minuten garen.
Die Waffelkartoffeln frittieren.
Die Stubenküken halbieren und mit der Sauce und dem Gemüse servieren.

**● Tipp**
*Das Rezept kann auch mit anderem Geflügel oder Geflügelteilen zubereitet werden.*

**Kochschule**
Waffelartig schneiden >> S. 63
Grillen >> S. 102

Zutaten
6 Hähnchenbrustfilets
40 g Butter
500 ml Gemüsebrühe
20 g Butter und/oder 20 g Stärkemehl
gemischtes junges Gemüse (Karotten, Zucchini, Fenchel, Frühlingszwiebeln)
30 g geklärte Butter*
Salz, frisch gemahlener Pfeffer

# Hähnchenbrustfilets mit jungem Gemüse ★

Für 6 Personen
Zubereitung: 30 Minuten
Garzeit: 35 Minuten

Die Filets parieren*, die Haut mehrfach leicht einschneiden, mit Salz und Pfeffer würzen und die Filets mit der Hautseite nach unten in einer ofenfesten Pfanne in der Butter anbraten. Die Brühe angießen und die Filets 25-30 Minuten im 170 °C (Umluft 150 °C) heißen Backofen fertig garen.

Die Filets aus der Pfanne nehmen.
Die Garflüssigkeit auf ein Viertel reduzieren, nach Belieben mit Butter und/oder Stärkemehl binden und mit Salz und Pfeffer abschmecken.

Das Gemüse getrennt in kochendem Salzwasser garen. Die dünne Schale der Karotten erst nach dem Kochen abstreifen. Das Gemüse anschließend in der geklärten Butter schwenken.

Die Filets in Streifen schneiden und mit dem Gemüse auf Tellern anrichten. Die Sauce separat dazu reichen.

**● Tipp**
*Das Gemüse sollte noch etwas Biss haben. Es kann nach dem Kochen auch noch mariniert werden.*

# Fleisch

# Régis Marcon

## präsentiert sein Rezept

In der Auvergne garte man Fleisch traditionell in einer Bouillon, die mit Heu aromatisiert wurde. Das machte sie, vor allem in den Bergregionen, wo das Heu viele aromatische Kräuter, wie zum Beispiel Bärwurz, und Blüten enthielt, besonders aromatisch. Meine Mutter pflegte Kaninchen mit einer Kruste aus Feldthymian zuzubereiten. Ich habe beide Ideen aufgegriffen und das Lamm im folgenden Rezept in einer aromatischen Kruste mit Heu gegart. Es wird in einer Jus serviert, in der man ebenfalls etwas Heu ziehen lässt. Die Gewürzmischung aus getrocknetem und gemahlenem Knoblauch, Orangenschale, Ingwer, Wacholder und schwarzem Pfeffer stammt von »Margaridou«, einer Köchin aus der Auvergne, die mir ihr handgeschriebenes Kochbuch hinterlassen hat.

# Milchlamm, in der Heukruste gegart, mit Buttergemüse

## Das Lamm und das Gemüse vorbereiten

Die Lammkeule entbeinen, parieren* und mit Salz und Pfeffer würzen. Bei starker Hitze rundherum anbräunen und beiseitestellen.
Das Gemüse garfertig vorbereiten, getrennt in weißem Geflügelfond garen und abgießen.

## Die Jus herstellen

Die Lammjus mit etwas Heu erhitzen und das Heu darin ziehen lassen. Durch ein feines Sieb gießen und mit Salz und Pfeffer abschmecken.

## Das Lamm garen

Den Brotteig ausrollen, das restliche Heu darauf verteilen, die Lammkeule in die Mitte legen, in den Teig einschlagen und etwa 45 Minuten im 200 °C (Umluft 180 °C) heißen Backofen garen.

## Fertigstellung

Das Gemüse mit der fein gewürfelten Pancetta in einen Topf geben und mit der zerlassenen Butter erwärmen.

## Anrichten

Die Kruste öffnen, die Lammkeule herausnehmen und in Scheiben schneiden. Auf jedem Teller eine Scheibe Fleisch mit etwas Gemüse anrichten und mit der Jus begießen. Die Gewürzmischung getrennt dazu reichen.

### Für 4 Personen

Zubereitung: 35 Minuten
Garzeit: 60 Minuten

### Zutaten

1 Milchlammkeule
650 g Gemüse der Saison
2 l weißer Geflügelfond (Rezept S. 136)
400 ml Lammjus
1 Handvoll Heu in Bioqualität
etwa 1 kg Brotteig (Rezept S. 28), nach Belieben mit Kräutern aromatisiert
40 g Butter
4 Scheiben Pancetta arrotolata
Salz, Pfeffer

### Für die Gewürzmischung

Knoblauchpulver
zerstoßene getrocknete Orangenschale
gemahlener Ingwer
zerstoßene Wacholderbeeren
zerstoßene schwarze Pfefferkörner

# Gegrilltes Rinderkotelett mit Béarner Sauce ★★

**Für 8 Personen**
Zubereitung: 30 Minuten
Garzeit: 25 Minuten

## Zutaten
2 Rinderkoteletts (à 1 kg)
40 ml Öl
4 g Fleur de Sel
2 g geschroteter Pfeffer

**Für die Béarner Sauce**
2 Schalotten
2 g geschroteter Pfeffer
50 ml Weinessig
100 ml trockener Weißwein
¼ Bund Estragon
5 Eigelb
220 g geklärte Butter*
Salz

Die Knochen der Koteletts ein Stück weit abschaben.
Das Fleisch binden (S. 81), damit es beim Grillen seine Form behält.
Den Elektro- oder Holzkohlengrill vorheizen.
Die Koteletts mit Öl bepinseln und je nach gewünschtem Gargrad grillen. Das Fleisch dabei schräg auf den Grillrost legen, um es mit einem Rautenmuster zu verzieren. Wenden und den Vorgang auf der anderen Seite wiederholen.
Die Koteletts gegebenenfalls noch einige Minuten bei 180 °C (Umluft 160 °C) im Backofen nachgaren, wenn sie gut durchgegart sein sollen.
Fleur de Sel mit geschrotetem Pfeffer mischen und das Fleisch darauflegen. In Alufolie verpacken und warm halten.

Für die Béarner Sauce (S. 147) die Schalotten schälen und fein würfeln, mit Pfeffer, Essig, Weißwein und dem fein geschnittenen Estragon in einen kleinen Topf geben und bei geringer Hitze einkochen. Abkühlen lassen. Mit den Eigelben und fünf Teelöffeln Wasser über einem Wasserbad zu einem Sabayon aufschlagen. Nach und nach die geklärte Butter unterrühren, die Sauce durch ein feines Sieb passieren und warm halten.

Das Fleisch von den Knochen lösen und in Scheiben schneiden.
Die Fleischstücke so auf den Tellern anrichten, dass die Tischgäste sofort sehen können, wie weit das Fleisch durchgegart ist. Die Sauce in einer Sauciere dazu reichen.

**● Tipp**
*Dazu passt ein Kartoffelgericht oder grünes Gemüse.*

**Kochschule**
Grillen ›› S. 102
Béarner Sauce ›› S. 147

## Zutaten

1 Lammschulter
6 Knoblauchzehen
50 ml Olivenöl
¼ Bund Basilikum
Salz, frisch gemahlener Pfeffer

Für das gratinierte Gemüse
2 große Zwiebeln
2 Tomaten
1 Zucchini
1 Aubergine
50 ml Olivenöl
Provencekräuter
Salz, frisch gemahlener Pfeffer

# Lammschulter provenzalisch mit gratiniertem Gemüs ★★

Für 4 Personen
Zubereitung: 50 Minuten
Garzeit: 65 Minuten

Die Lammschulter auslösen (S. 78). Aus drei Knoblauchzehen, dem Olivenöl und Basilikum Pistou (S. 144) herstellen. Die Innenseite der Lammschulter damit bestreichen und mit Salz und Pfeffer würzen. Aufrollen und binden (S. 81). Mit Öl bepinseln und mit Salz und Pfeffer würzen.
In eine ofenfeste Form legen und 10 Minuten im 220 °C (Umluft 200 °C) heißen Backofen garen. Die Temperatur dann auf 170 °C (Umluft 150 °C) reduzieren, drei ungeschälte Knoblauchzehen hinzufügen und das Fleisch weitere 15-25 Minuten braten.
Anschließend aus der Form nehmen, locker in Alufolie einschlagen und warm stellen.

Die Zwiebeln schälen, das übrige Gemüse waschen und alles in 2-3 Millimeter dicke Scheiben schneiden. Eine Auflaufform mit Öl einfetten und die Gemüsescheiben aufrecht hineinstellen. Mit Provencekräutern bestreuen, mit Olivenöl beträufeln, mit Salz und Pfeffer würzen und 30 Minuten im 170 °C (Umluft 150 °C) heißen Backofen im eigenen Saft weich garen.

Das Fleisch aufschneiden und mit dem Gemüse auf vorgewärmten Tellern anrichten.

**● Tipp**

*Kaufen Sie für dieses Rezept unbedingt Gemüse von gleichem Durchmesser. So sieht das Gratin nicht nur schöner aus, es gart auch gleichmäßiger.*

**Kochschule**

Eine Lammschulter entbeinen >> S. 78
Pesto und Pistou >> S. 144
Scheiben schneiden >> S. 56

# Kalbsmedaillons mit grünen Linsen und Herbsttrompeten ★★

**Für 6 Personen**
Zubereitung: 35 Minuten
Garzeit: 40 Minuten

## Zutaten

900 g Kalbsfilet
¼ Karotte
1 große Zwiebel
2 Knoblauchzehen
400 g grüne Puy-Linsen
40 g durchwachsener geräucherter Speck
2 Lorbeerblätter
2 Gewürznelken
60 g Herbsttrompeten
70 g Butter
Salz, frisch gemahlener Pfeffer

### Für die Sauce

2 Schalotten
2 cl Cognac
250 ml brauner Kalbsfond (S. 138)
40 g Butter
Salz, frisch gemahlener Pfeffer

Das Kalbsfilet in zwölf runde, 1 Zentimeter dicke Scheiben (Medaillons) schneiden und diese mit Salz und Pfeffer würzen.

Karotte und Zwiebel schälen und waschen. Den Knoblauch gegebenenfalls von Keimen befreien.
Die Linsen in einem Topf mit kaltem Wasser bedecken. Karotte und Zwiebel würfeln, zusammen mit dem Speck, den Lorbeerblättern und Gewürznelken dazugeben. Aufkochen und bei geringer Hitze etwa 15 Minuten köcheln lassen (S. 109).

Die Pilze der Länge nach halbieren, falls erforderlich kurz unter fließendem Wasser waschen, in 30 Gramm Butter anbraten und zu den Linsen geben. Den Speck herausnehmen und die Linsen mit Salz und Pfeffer abschmecken.

40 Gramm Butter in einer Pfanne erhitzen und die Kalbsmedaillons auf beiden Seiten braten. Anschließend herausnehmen und warm halten.
Die fein gewürfelten Schalotten in der Pfanne anschwitzen* und mit dem Cognac flambieren.
Den Kalbsfond angießen, die Butter mit dem Schneebesen unterschlagen und die Sauce mit Salz und Pfeffer abschmecken.

Die Linsen auf sechs Teller verteilen, die Medaillons darauf anrichten und mit der Sauce überziehen.

**● Tipp**
*Man kann die Kalbsmedaillons durch Kalbskoteletts ersetzen.*

**Kochschule**
Nüsschen oder Medaillons schneiden ›› S. 91
Absorptionsmethode ›› S. 109

# Bœuf bourguignon mit frischen Nudeln ★★★

## Zutaten
1 l roter Burgunder
½ Karotte
1 große Zwiebel
1,6 kg Rindfleisch (Schulter oder Keule)
60 ml Öl
1,5 l gebundener brauner Kalbsfond (Rezept S. 138 oder Fertigprodukt)
1 Kräutersträußchen*
3 Knoblauchzehen
150 g gepökelter Schweinebauch
50 g Butter
200 g Champignons
150 g Silberzwiebeln
20 g Zucker
Salz, frisch gemahlener Pfeffer

### Für die Nudeln
220 g Mehl
2 Eier
20 ml Öl
Salz

## Für 8 Personen
Zubereitung: 40 Minuten
Ruhezeit: 12 Stunden
Garzeit: 2 Stunden 45 Minuten

### Am Vortag
Für die Nudeln (S. 15) das Mehl in eine Schüssel sieben und eine Mulde hineindrücken. Die Eier mit Öl und Salz verrühren und in die Mulde gießen. Die Zutaten rasch zu einem Teig verkneten, zu einer Kugel formen und 30-45 Minuten an einem kühlen Platz ruhen lassen.
Den Teig mit dem Nudelholz flach drücken und anschließend durch die Nudelmaschine drehen, bis er die gewünschte Stärke hat. In 5 Millimeter breite Streifen schneiden und trocknen lassen.

### Am folgenden Tag
Den Wein bei starker Hitze um die Hälfte reduzieren.
Karotte und Zwiebel schälen. Die Karotte fein würfeln, die Zwiebel etwas gröber. Das Fleisch in 16 Stücke schneiden und mit Küchengarn binden. Etwas Öl in einen ofenfesten Schmortopf geben und das Fleisch bei starker Hitze darin anbräunen. Karotte und Zwiebel dazugeben und anschwitzen*. Rotwein und Kalbsfond angießen, das Kräutersträußchen und den Knoblauch hinzufügen, aufkochen und zugedeckt bei geringer Hitze - oder im 160 °C (Umluft 140 °C) heißen Backofen - 2½ Stunden köcheln lassen.

Den Schweinebauch von Schwarte und Knorpel befreien und in kurze, schmale Streifen schneiden. In kaltes Wasser legen und kurz blanchieren*. Anschließend in wenig Butter anbraten.
Die Champignons kurz waschen und sofort trocken tupfen. Vierteln (S. 58), bei starker Hitze mit einem haselnussgroßen Stückchen Butter anbraten und mit Salz und Pfeffer würzen.
Die Silberzwiebeln mit Zucker, etwas Wasser, Butter und Salz glacieren (S. 101).

Die Nudeln in reichlich Salzwasser kochen.

Das Fleisch aus dem Topf nehmen. Die Sauce nach Belieben durch ein feines Sieb passieren, einkochen und mit Salz und Pfeffer abschmecken. Das Fleisch mit Speckstreifen, Champignons und Zwiebeln in die Sauce geben.

In tiefen Tellern oder einer flachen Schüssel anrichten und servieren.

**Kochschule**
Nudelteig >> S. 15
Champignons vierteln >> S. 58
Gemüse glacieren >> S. 101

# Kalbsbraten mit glacierten Karotten und Backpflaumen ★★

Für 8 Personen
Zubereitung: 35 Minuten
Garzeit: 85 Minuten

Zutaten
1,6 kg Kalbsnuss
40 g geklärte Butter*
150 ml Balsamico-Essig
1,8 kg Karotten
120 g Butter
40 g Zucker
200 g Backpflaumen
100 ml Rotwein
Salz, frisch gemahlener Pfeffer

Die Kalbsnuss parieren* und binden (S. 81).
In einem ofenfesten Schmortopf mit der geklärten Butter begießen und mit Salz und Pfeffer würzen.
Bei geringer Hitze anbräunen und mit dem Essig ablöschen.
Den Braten 1¾ Stunden im 180 °C (Umluft 160 °C) heißen Backofen garen und dabei alle 20 Minuten wenden und begießen.

Die Karotten schaben, waschen und eiförmig tournieren (S. 65).
In einem Topf mit Wasser bedecken, 60 Gramm Butter hinzufügen und mit Salz und Zucker würzen.
Mit Backpapier abdecken und zum Kochen bringen.
Sobald das Wasser verdampft ist, das Gemüse in der Butter und dem Zucker wenden. Die Karotten sind gar, wenn sie sich mühelos einstechen lassen.

Die Backpflaumen mit dem Rotwein langsam in einem kleinen Topf aufkochen lassen und vom Herd nehmen.

Den fertigen Braten aus dem Topf nehmen, locker in Alufolie einschlagen und warm halten.
Den Bratensatz entfetten, mit 60 Gramm Butter binden und mit Salz und Pfeffer abschmecken.

Das Fleisch aufschneiden, mit Karotten und Backpflaumen auf einer Platte anrichten und mit der Sauce überziehen.

**Kochschule**
Einen Braten binden >> S. 81
Tournieren >> S. 65
Gemüse glacieren >> S. 101

## Zutaten

1,8 kg Lammschulter, entbeint
1 große Zwiebel
3 Knoblauchzehen
50 ml Öl
60 g Mehl
100 ml Weißwein
40 g Tomatenmark
1 Kräutersträußchen*
Salz, frisch gemahlener Pfeffer

Für die Weißen Rübchen
1,4 kg Weiße Rübchen
60 g Butter
40 g Zucker
Salz

# Lammragout mit Weißen Rübchen ★★

## Für 8 Personen

Zubereitung: 35 Minuten
Garzeit: 85 Minuten

Die Lammschulter parieren* und in Stücke à 60-70 Gramm zerteilen.
Die Zwiebel fein würfeln.
Den Knoblauch schälen und zerdrücken.

Einen ofenfesten Schmortopf bei starker Hitze heiß werden lassen, das Öl hineingießen und das Fleisch rundherum anbräunen.
Das Fett abgießen. Den Topf dazu schräg halten. Das Fleisch wird durch den Deckel zurückgehalten. Das Fett abkühlen lassen, bevor Sie es entsorgen.
Die Zwiebel in den Topf geben und zugedeckt anschwitzen*.
Das Fleisch mit Mehl bestäuben und für 5 Minuten ohne Deckel in den 180 °C (Umluft 160 °C) heißen Backofen schieben.
Den Wein und so viel Wasser angießen, dass das Fleisch bedeckt ist. Tomatenmark, Kräutersträußchen und Knoblauch hinzufügen und mit Salz und Pfeffer würzen. Den Deckel auflegen und das Ragout 75 Minuten bei 170 °C (Umluft 150 °C) garen.

Die Rübchen schälen, waschen und vierteln. 7-8 Minuten mit Butter, Zucker, Salz und etwas Wasser dünsten. Durch Einstechen mit der Spitze eines Messers prüfen, ob das Gemüse gar ist.

Das Ragout abschäumen und entfetten und das Kräutersträußchen entfernen.

Fleisch und Rübchen getrennt auf Platten anrichten und servieren.

### ● Tipp

*Die Weißen Rübchen schmecken noch besser, wenn man sie in der Schmorflüssigkeit gart.*

**Kochschule**
Dünsten ›› S. 98

# Kalbsnieren in Senfsauce ★

## Zutaten
2 Kalbsnieren
30 g geklärte Butter*
2 cl roter Portwein
50 g Crème fraîche
100 ml gebundener brauner Kalbsfond (Rezept S. 138 oder Fertigprodukt)
20 g körniger Senf
Salz, frisch gemahlener Pfeffer

## Für 4 Personen
Zubereitung: 35 Minuten
Garzeit: 15 Minuten

Die Nieren von der dünnen Haut befreien (S. 88), der Länge nach aufschneiden, Nervenstränge und Fett entfernen. Anschließend in Stücke à 25-30 Gramm schneiden.

Die geklärte Butter bei starker Hitze in einer Pfanne zerlassen und die Nierenstücke darin braten. Auf Küchenpapier abtropfen lassen und danach mit Salz und Pfeffer würzen.

Die Bratflüssigkeit entfetten, mit dem Portwein ablöschen und um die Hälfte reduzieren.
Die Crème fraîche einrühren, den Kalbsfond angießen, die Sauce mit dem Senf binden (sie darf dabei nicht mehr zum Kochen kommen, sonst flockt sie aus) und mit Salz und Pfeffer abschmecken.

Die Nieren auf Tellern anrichten und mit der Sauce überziehen.

**● Tipp**
*Dazu passen Reis, Kartoffeln oder ein Gemüseflan.*
*Kalbsnieren müssen so gebraten werden, dass sie in der Mitte leicht rosa bleiben, sonst werden sie zäh.*

**Kochschule**
Nieren vorbereiten >> S. 88

# Gebratenes Lammkarree, Gemüse auf Gärtnerart ★★

Für 8 Personen
Zubereitung: 50 Minuten
Garzeit: 30 Minuten

Die Knochen der Koteletts ein Stück weit abschaben und die Wirbel auslösen (S. 83).
Die dünne Haut, die die Karrees umgibt, leicht einschneiden und die Karrees binden.
Eine ofenfeste Form mit Öl ausstreichen, die Karrees hineinlegen, mit Öl bepinseln und mit Salz und Pfeffer würzen.
10 Minuten im 220 °C (Umluft 200 °C) heißen Backofen garen. Die Temperatur dann auf 170 °C (Umluft 150 °C) reduzieren und die Karrees weitere 10 Minuten braten.
Das Fleisch herausnehmen, locker in Alufolie einschlagen und warm stellen. Die Bratform zur Seite stellen.

Für die Sauce Karotte und Zwiebel schälen, waschen und würfeln.
Die Bratform bei mittlerer Hitze auf den Herd stellen, damit sich der Bratensatz vom Boden löst.
Die Bratflüssigkeit entfetten, das Gemüse hineingeben und bei geringer Hitze anschwitzen*.
Mit dem Weißwein ablöschen und um die Hälfte reduzieren.
Das Kräutersträußchen dazugeben und das Wasser oder den Fond angießen. Nochmals kurz einkochen lassen, durch ein feines Sieb passieren und mit Salz und Pfeffer abschmecken.

Für das Gemüse auf Gärtnerart Karotten und Rübchen schälen, waschen und in 5 × 30 Millimeter große Stifte schneiden (S. 62). Die Bohnen in 3 Zentimeter lange Stücke schneiden. Die Gemüse getrennt in kochendem Salzwasser garen, sofort in Eiswasser abschrecken und auf Küchenpapier abtropfen lassen.

Alle Gemüse zusammen in der Butter erhitzen.
Auf jedem Teller zwei Koteletts mit etwas Gemüse anrichten und mit der sehr heißen Jus begießen.

**● Tipp**

*Lassen Sie das Lammkarree am besten von Ihrem Metzger vorbereiten.*

**Kochschule**

Ein Karree vorbereiten >> S. 83
Stifte schneiden (Jardinière) >> S. 62

### Zutaten

2 Lammkarrees mit je 8 Koteletts
40 ml Öl
½ Karotte
½ Zwiebel
100 ml Weißwein
1 Kräutersträußchen*
200 ml Wasser oder heller Fond
Salz, frisch gemahlener Pfeffer

Für das Gemüse
400 g Karotten
400 g Weiße Rübchen
300 g grüne Bohnen
300 g Erbsen
60 g Butter
Salz, frisch gemahlener Pfeffer

Zutaten
6 Kalbskoteletts
140 g Butter
800 g grüne Bohnen
12 Scheiben durchwachsener Räucherspeck
Salz, frisch gemahlener Pfeffer

Für die Sauce
150 g Champignons
2 Schalotten
1,5 cl Calvados
100 ml Cidre
120 g Crème fraîche
200 ml gebundener brauner Kalbsfond (Rezept S. 138 oder Fertigprodukt)
Salz, frisch gemahlener Pfeffer

# Kalbskoteletts auf normannische Art ★

Für 6 Personen
Zubereitung: 30 Minuten
Garzeit: 35 Minuten

Die Koteletts parieren*, die Knochen ein Stück weit abschaben und die Spinalnerven durchtrennen. Das Fleisch anschließend mit Salz und Pfeffer würzen.
100 Gramm Butter in einer Pfanne erhitzen. Die Koteletts in die schäumende Butter legen und bei geringer Hitze auf beiden Seiten braten. Dabei immer wieder mit der Butter begießen. Die Koteletts gegebenenfalls im Backofen fertig garen. Anschließend aus der Pfanne nehmen und warm stellen.

Einen Teil des Fettes abgießen. Die blättrig geschnittenen Champignons in der Pfanne anbräunen. Die fein gewürfelten Schalotten hinzufügen und anschwitzen*. Mit dem Calvados flambieren und mit dem Cidre ablöschen. Die Flüssigkeit anschließend auf ein Viertel reduzieren. Die Crème fraîche einrühren und die Sauce nochmals reduzieren. Den Kalbsfond mit dem Schneebesen einrühren und die Sauce mit Salz und Pfeffer abschmecken.

Die Bohnen in Salzwasser kochen, in Eiswasser abschrecken und auf Küchenpapier abtropfen lassen.
Anschließend bündeln und jeweils mit 1 dünnen Scheibe Räucherspeck umwickeln.
Eine ofenfeste Form mit Butter einfetten, die Bündel hineingeben, mit Butter beträufeln und mit Salz und Pfeffer würzen.
Die Bohnen 10 Minuten vor dem Anrichten in den 150 °C (Umluft 130 °C) heißen Backofen schieben.

Die Koteletts mit den Bohnen auf Tellern anrichten und mit der Sauce überziehen.

**● Tipp**
*Das Braten von Kalbskoteletts ist nicht ganz einfach, denn die Butter muss sehr heiß sein, darf aber nicht verbrennen.*

**Kochschule**
Ein Kotelett vorbereiten >> S. 85

# Rinderfilet im Teigmantel ★★

**Für 6 Personen**
Zubereitung: 45 Minuten
Ruhezeit: 1 Stunde 55 Minuten
Garzeit: 30 Minuten

## Zutaten

900 g Rinderfilet
40 ml Öl
100 g Semmelbrösel
¼ Bund Petersilie
¼ Bund Kerbel
50 ml Olivenöl
1 Ei
30 g geklärte Butter*
Salz, frisch gemahlener Pfeffer

### Für den Briocheteig

15 g frische Hefe
220 g Mehl
15 g Zucker
2 Eier
110 g Butter
Salz

Für den Briocheteig (S. 24) die Hefe in 30 Milliliter Wasser auflösen. Das Mehl in eine Schüssel sieben, in die Mitte eine Mulde drücken und die Hefe hineingießen. Den Mehlrand mit Salz und Zucker bestreuen (sie dürfen nicht mit der Hefe in Berührung kommen). Die verquirlten Eier unterrühren und den Teig - am besten mit den Knethaken des Handmixers - kräftig durcharbeiten, bis er elastisch ist.
Die weiche Butter unterkneten, den Teig in eine Schüssel legen, mit Frischhaltefolie abdecken und 30-40 Minuten bei 28-30 °C gehen lassen.
Wenn er sein Volumen verdoppelt hat, den Teig abschlagen*, noch einmal kräftig durchkneten und danach 45 Minuten im Kühlschrank ruhen lassen, damit er fest wird.

Das Filet parieren*, mit Salz und Pfeffer würzen, bei starker Hitze im Öl braten und auf Küchenpapier abtropfen lassen.

Die Semmelbrösel mit den fein gehackten Kräutern und dem Olivenöl vermengen und mit Salz und Pfeffer würzen.

Den Briocheteig zu einem 5-6 Millimeter dicken Rechteck ausrollen, die Kräutermischung darauf verstreichen, das Filet darauflegen und in den Teig einschlagen. Aus Teigresten kleine Motive ausstechen und den Teig damit verzieren.
Nochmals 30 Minuten bei 28-30 °C gehen lassen, bis der Teig sein Volumen fast verdoppelt hat.

Den Teig mit dem verquirlten Ei bepinseln und das Filet etwa 30 Minuten im 190 °C (Umluft 170 °C) heißen Backofen garen.

Mit der geklärten Butter überglänzen* und auf einer Platte servieren.

**● Tipp**
*Die Kräuterkruste kann auch durch eine trockene Duxelles ersetzt werden.*
*Der Zucker im Briocheteig dient lediglich dazu, den Gärungsprozess in Gang zu setzen; der Teig bekommt dadurch keinen süßen Geschmack.*
*Für den Briocheteig können Sie frische oder getrocknete Hefe verwenden.*

**Kochschule**
Briocheteig >> S. 24
In der Kruste garen >> S. 99

# Karamellisierter Schweinebraten ★

Zutaten
1,2 kg Schweinekamm
40 g geklärte Butter*
40 g Zucker
Salz, frisch gemahlener Pfeffer

Für 6 Personen
Zubereitung: 15 Minuten
Garzeit: 75 Minuten

Den Schweinekamm in einem ofenfesten Schmortopf mit der geklärten Butter und dem Zucker anbräunen und mit Salz und Pfeffer würzen.
Den Deckel auflegen und das Fleisch 75 Minuten im 170 °C (Umluft 150 °C) heißen Backofen garen.

Das Fleisch in Scheiben schneiden, mit der Bratflüssigkeit begießen und mit Bandnudeln oder Pellkartoffeln servieren.

**Kochschule**
Braten im Backofen >> S. 118

# Blankett vom Kalb ★

Zutaten
1,8 kg Kalbsschulter
20 g grobes Meersalz
1 große Zwiebel
3 Gewürznelken
1 grünes Lauchblatt
1 Stange Sellerie
1 Kräutersträußchen*
5 Pfefferkörner
60 g Butter
60 g Mehl
120 g Crème fraîche
Salz, frisch gemahlener Pfeffer

## Für 8 Personen
Zubereitung: 25 Minuten
Garzeit: 2 Stunden 30 Minuten

Das Fleisch parieren* und in Stücke à 60-70 Gramm schneiden. In kaltes Wasser legen, aufkochen lassen und das Wasser danach wegschütten.
Das Fleisch in einen sauberen Topf geben, mit kaltem Wasser bedecken und das Meersalz hinzufügen.

Die Zwiebel schälen, halbieren und mit den Gewürznelken spicken. Lauch und Sellerie grob zerkleinern und mit der Zwiebel, dem Kräutersträußchen und den Pfefferkörnern zum Fleisch geben.
Das Ganze langsam zum Kochen bringen und 2-2½ Stunden köcheln lassen. Dabei gegebenenfalls gelegentlich abschäumen.

Das Fleisch aus dem Topf nehmen, die Garflüssigkeit durch ein mit einem Seihtuch ausgelegtes Sieb in einen sauberen Topf gießen und Gemüse und Gewürze wegwerfen.
Aus Butter und Mehl eine weiße Mehlschwitze (S. 150) herstellen (Sie benötigen 55 Gramm Mehlschwitze pro Liter Kochflüssigkeit) und abkühlen lassen.
Die Hälfte der kochenden Garflüssigkeit über die kalte Einbrenne gießen und aufkochen lassen. Dabei stetig mit dem Schneebesen rühren. Die restliche Kochflüssigkeit hinzufügen und dabei weiterrühren.
Die Crème fraîche einrühren und mit Salz und Pfeffer abschmecken. Das Fleisch mit der Sauce mischen.

In tiefen Tellern anrichten. Dazu passt Gemüse, das man in der Garflüssigkeit kocht, oder Reis.

**Kochschule**
Pochieren in viel Flüssigkeit >> S. 113

# Geschmorte Lammkeule auf bretonische Art ★

### Zutaten
1 Lammkeule
500 g Coco-Bohnen (kleine weiße Bohnen)
50 g Butter
200 ml Cidre
1 große Zwiebel
½ Karotte (60 g)
2 Gewürznelken
½ Stange Lauch (nur der grüne Teil)
3 Tomaten
1 Kräutersträußchen*
Pfefferkörner
Salz, frisch gemahlener Pfeffer

### Für 10 Personen
Zubereitung: 40 Minuten
Einweichzeit: 12 Stunden
Garzeit: 90 Minuten

Am Vortag die Bohnen in kaltem Wasser einweichen.

Am folgenden Tag die Lammkeule vorbereiten (S. 84). Die dünne Haut entfernen, die Keule binden (S. 81) und mit Salz und Pfeffer würzen.
In einem ofenfesten Schmortopf in der Butter anbräunen, mit dem Cidre übergießen, den Deckel auflegen und die Keule 30 Minuten im 170 °C (Umluft 150 °C) heißen Backofen schmoren.

Zwiebel und Karotte schälen, waschen und halbieren. Die Zwiebelhälften mit den Gewürznelken spicken.
Den Lauch waschen und mit Küchengarn zusammenbinden.
Die Tomaten überbrühen, enthäuten und die Kerne entfernen. Das Fruchtfleisch würfeln.
Die eingeweichten Bohnen abgießen, in einem Topf mit kaltem Wasser bedecken, Gemüse, Kräutersträußchen und Pfefferkörner hinzufügen, aufkochen und mindestens 60 Minuten bei geringer Hitze köcheln lassen. Gegebenenfalls noch etwas heißes Wasser nachgießen. Die Bohnen anschließend mit Salz und Pfeffer würzen.

Die Lammkeule unmittelbar vor dem Servieren aufschneiden und auf Tellern oder einer Platte anrichten. Mit dem Bratensaft beträufeln und die Bohnen getrennt dazu reichen.

**● Tipp**
*Die Lammkeule mit Rucola oder Salatblättern garnieren.*

**Kochschule**
Eine Lammkeule vorbereiten >> S. 84
Schmoren >> S. 94

# Pot-au-feu ★

## Für 8 Personen

Zubereitung: 35 Minuten
Garzeit: 2 Stunden 30 Minuten

**Zutaten**
1 dickes Bugstück vom Rind (500 g)
500 g Schmorrippe
1 Halsstück vom Rind (500 g)
1 große Zwiebel
1 Karotte
1 Stange Lauch
(nur die grünen Teile)
2 Gewürznelken
1 Kräutersträußchen*
6-8 Pfefferkörner
20 g grobes Meersalz
600 g Markknochen
600 g Kartoffeln
600 g Karotten
400 g Zucchini
Fleur de Sel
Senf

Das Fleisch parieren*, aber nicht klein schneiden.

Zwiebel und Karotte schälen, waschen und halbieren. Den Lauch waschen und ebenfalls halbieren. Die Zwiebelhälften mit den Gewürznelken spicken.

Das Fleisch in kaltes Wasser legen und blanchieren*.
Anschließend in einen sauberen Topf legen und knapp mit kaltem Wasser bedecken. Gemüse, Kräutersträußchen und Pfefferkörner hinzufügen und mit dem Meersalz würzen.
Aufkochen und 2½ Stunden köcheln lassen. In den letzten 30 Minuten die Markknochen dazugeben.
Gemüse, Kräutersträußchen und Pfefferkörner herausnehmen und die Brühe mit Salz und Pfeffer abschmecken.

Kartoffeln und Karotten waschen, schälen und abspülen. Die Zucchini waschen. Das Gemüse anschließend eiförmig tournieren (S. 65).
Von der Garflüssigkeit 1 Liter abmessen und die Gemüse getrennt darin garen.

Das Fleisch mit dem Gemüse und der Bouillon in einer Schüssel servieren, Fleur de Sel und Senf in kleinen Schalen dazu reichen.

**● Tipp**

*Der Pot-au-feu kann auch mit Schweine- oder Kalbfleisch zubereitet werden.
Es eignet sich sowohl frisches als auch gepökeltes oder geräuchertes Fleisch.
Dann darf das Fleisch allerdings nicht zusammen gegart werden.
Auch das Gemüse kann je nach Saison variieren.*

**Kochschule**
Pochieren (in viel Flüssigkeit) ›› S. 113
Tournieren ›› S. 65

## Zutaten

250 g Stopfleber am Stück
4 Tournedos
20 ml Traubenkernöl
Salz, frisch gemahlener Pfeffer

Für die Sauce

100 ml weißer Likörwein
100 ml gebundener brauner Kalbsfond
(Rezept S. 138 oder Fertigprodukt)
5 g Trüffelabschnitte
20 g Butter
Salz, frisch gemahlener Pfeffer

# Tournedos mit Foie gras ★

## Für 4 Personen

Zubereitung: 20 Minuten
Garzeit: 25 Minuten

Die Stopfleber in 1 Zentimeter dicke Scheiben schneiden und mit Salz und Pfeffer würzen.
Die Tournedos im Öl braten, mit Salz und Pfeffer würzen und warm halten. Die Leberscheiben in einer beschichteten Pfanne ohne Fettzugabe kräftig anbraten und anschließend auf Küchenpapier abtropfen lassen.

Für die Sauce die Bratflüssigkeit der Tournedos entfetten und mit dem Likörwein ablöschen. Um die Hälfte reduzieren und den Kalbsfond angießen. Die Trüffelabschnitte hinzufügen, die Sauce mit der Butter binden und mit Salz und Pfeffer abschmecken.

Die Tournedos auf Tellern anrichten, jeweils eine Scheibe Foie gras darauflegen und die Tournedos mit etwas Sauce umgießen.

**● Tipp**

*Dieses einfache, aber köstliche Rezept stammt aus Südwestfrankreich und lässt sich mit den verschiedensten – einfachen wie aufwendigen – Beilagen kombinieren.*

**Kochschule**

Braten in der Pfanne >> S. 121

# Lammnüsschen mit Süßholzmilch, Herzoginkartoffeln ★★

**Zutaten**
2 Lammkarrees mit je 6 Koteletts
1 kg Kartoffeln
3 Eigelb
120 g Butter
Salz, frisch gemahlener Pfeffer

**Für die Sauce**
2 Blatt Gelatine (4 g)
500 ml Vollmilch
2 Stangen Süßholz
Salz, frisch gemahlener Pfeffer

## Für 6 Personen

Zubereitung: 50 Minuten
Garzeit: 90 Minuten

Die Lammkarrees vollständig auslösen und die dünne Haut entfernen. Auf beiden Seiten mit Salz und Pfeffer würzen und die anhängenden Fleischlappen über die Filets schlagen. In regelmäßigen Abständen (3 Zentimeter) mit Küchengarn binden und das Fleisch dazwischen durchschneiden, sodass gleich große Nüsschen entstehen (S. 91). Rechnen Sie drei Nüsschen pro Person.

Für die Sauce die Gelatine in kaltem Wasser einweichen. Die Milch langsam mit dem Süßholz aufkochen und mindestens 60 Minuten bei 50-60 °C ziehen lassen.
Die gut ausgedrückte Gelatine in der Milch auflösen und die Milch durch ein feines Sieb gießen.

Für die Herzoginkartoffeln (S. 161) die Kartoffeln abbürsten, waschen und etwa 30 Minuten mit der Schale kochen.
Anschließend pellen und durch die Kartoffelpresse drücken.
Bei geringer Hitze einige Minuten in einem Topf erhitzen, bis das Püree absolut trocken ist. Dabei stetig mit einem Holzspatel rühren.
Den Topf vom Herd nehmen, die Eigelbe und 80 Gramm Butter in kleinen Stücken unterrühren und mit Salz und Pfeffer abschmecken.
Das Püree in einen Spritzbeutel mit Sterntülle füllen und in Häufchen auf ein mit Backpapier ausgelegtes Backblech spritzen.

40 Gramm Butter in einer Pfanne erhitzen, bis sie schäumt. Die Lammnüsschen auf beiden Seiten in der Butter braten und anschließend warm halten.
Die Bratflüssigkeit mit der Süßholzmilch ablöschen, bei geringer Hitze reduzieren, durch ein feines Sieb passieren und mit Salz und Pfeffer abschmecken.

Die Lammnüsschen auf Tellern anrichten. Die Sauce schaumig aufschlagen und die Nüsschen damit überziehen. Die Herzoginkartoffeln für 5 Minuten in den 200 °C (Umluft 180 °C) heißen Backofen schieben und neben den Nüsschen anrichten.

**● Tipp**
*Die Süßholzmilch eignet sich auch zum Schmoren von Lammkeule oder zum Garen von Gemüse.*
*Statt mit Süßholz kann die Milch auch mit anderen Zutaten aromatisiert werden.*

**Kochschule**
Ein Karree vorbereiten ›› S. 83
Nüsschen oder Medaillons schneiden ›› S. 91
Herzoginkartoffeln ›› S. 161

# Gemüse

# Alain Passard

## präsentiert sein Rezept

Ich finde, man sollte Gemüse wie edle Weine behandeln. Mir gefällt die Vorstellung, man würde von einer Karotte genauso sprechen wie von einem großen Bordeaux. In der Küche wird die Auswahl – und damit die Palette der Aromen – vor allem durch die Jahreszeiten bestimmt. Doch nicht nur der Geschmack und das Aroma, auch die Beschaffenheit des Fruchtfleischs und der Schale, die Farbe und die Form eines Gemüses können etwas ungemein Inspirierendes haben. Ob Sie es glauben oder nicht, selbst die Rundung einer Aubergine kann mich bei der Kreation eines neuen Gerichts beflügeln.

Ich besitze drei Gemüsegärten – einen in der Sarthe, einen in Eure und einen in der Bucht von Mont Saint-Michel –, und in jedem dieser Gärten gedeiht aufgrund der unterschiedlichen Böden (Sand, Lehm und Schwemmland) etwas anderes: In Eure sind es vor allem Knollengemüse wie Knoblauch, rote und gelbe Zwiebeln, graue Schalotten, in der Sarthe sind es Karotten, Spargel und Lauch und in der Bucht von Mont Saint-Michel, wo ein besonderes Mikroklima herrscht, sind es Kräuter. Alles Weitere ist eine Frage des Gaumens und der Nase, damit daraus etwas wirklich Besonderes wird.

# Frühlingsgemüse mit Auberginenkaviar

**Für 4 Personen**
Zubereitung: 40 Minuten
Garzeit: 50 Minuten

## Zutaten
4 gelbe Karotten
4 orange Karotten
2 runde weiße Mairüben
2 runde goldgelbe Mairüben
4 Wirsingblätter
einige Brokkoliröschen
2 schwarze Rettiche
4 grüne Radieschen
4 rote Radieschen
240 g gesalzene Butter
36 Sultaninen
1 Zitrone

### Für den Grieß
200 g extrafeiner Grieß
Olivenöl
2 TL Arganöl
4 Prisen Fleur de Sel

### Für den Auberginenkaviar
4 Auberginen (à 100 g)
4 TL Haselnussöl
2 TL frisch gehackter Ingwer
4 Messerspitzen Quatre-épices (Mischung aus gemahlenem Pfeffer, Muskat, Nelke, Zimt)
4 Prisen Fleur de Sel

### Für die Zwiebelsauce
4 milde, süßliche Zwiebeln (vorzugsweise Doux Saint André)
120 g gesalzene Butter
400 g Sahne
Fleur de Sel

## Das Gemüse garen
Das Gemüse vorbereiten und getrennt garen: Karotten, Mairüben, Wirsing und Brokkoli knapp mit Wasser bedecken und jeweils 40 Gramm Butter hinzufügen. Rettiche und Radieschen ebenfalls mit Wasser bedecken und 60 Gramm Butter hinzufügen. Anschließend 400 Milliliter der Kochflüssigkeit abmessen.

## Den Grieß zubereiten
Den Grieß in einem Topf mit etwas Olivenöl erhitzen. Dabei stetig mit dem Schneebesen rühren und nach und nach 600 Milliliter heißes Wasser unterrühren. Mit Fleur de Sel würzen und beiseitestellen.

## Die Zwiebelsauce zubereiten
Die Zwiebeln schälen, in hauchdünne Scheiben schneiden und in einem Topf mit der Butter und 400 Milliliter Wasser sehr weich garen, ohne dass sie Farbe annehmen. Anschließend mit der Sahne pürieren, durch ein feines Sieb passieren und mit Fleur de Sel abschmecken.

## Den Auberginenkaviar herstellen
Die Auberginen auf ein Backblech legen und 20 Minuten im 210 °C (Umluft 190 °C) heißen Backofen grillen. Dabei regelmäßig wenden. Anschließend die Schale sorgfältig entfernen. Das Fruchtfleisch hacken und mit Öl, Ingwer, Quatre-épices und Fleur de Sel vermengen.

## Fertigstellung
Das Gemüse in Stücke schneiden, mit den Sultaninen, der Kochflüssigkeit, 60 Gramm Butter und ein paar Tropfen Zitronensaft in einem Topf erhitzen. Das Gemüse dabei immer wieder durchheben, bis es mit der Butter überzogen ist. Mit je zwei Klößchen Auberginenkaviar auf vier Tellern anrichten. Den Grieß mit dem Arganöl beträufeln und hauchdünn auf dem Gemüse verteilen. Die Sauce dekorativ in kleinen Tupfen auf den Tellern verteilen.

# Gratinierte Klößchen auf Florentiner Art ★★

**Für 8 Personen**
Zubereitung: 55 Minuten
Garzeit: 40 Minuten

Den Spinat putzen und gründlich waschen. Den Knoblauch schälen, gegebenenfalls die Keime entfernen, die Zehen hacken und langsam mit der Butter erhitzen, bis sie goldbraun ist. Den Spinat in der braunen Knoblauchbutter sautieren, 5 Minuten bei geringer Hitze garen und würzen.

Für die Klößchen einen Brandteig herstellen (S. 20). Dazu 250 Milliliter Wasser mit Butter, Salz und Pfeffer aufkochen.
Den Topf vom Herd nehmen und das gesiebte Mehl auf einmal hineingeben.
Den Topf wieder auf den Herd stellen und die Masse abbrennen*.
Den Teig in eine Schüssel umfüllen und abkühlen lassen. Anschließend die Eier mit einem Spatel einzeln untermischen.

In einem großen Topf etwa 2 Liter Salzwasser zum Kochen bringen.
Den Teig in einen Spritzbeutel mit mittelgroßer runder Tülle füllen und kleine Würstchen ins kochende Wasser spritzen. 4-5 Minuten köcheln lassen, mit einem Schaumlöffel herausheben und abtropfen lassen.

Für die Béchamelsauce (S. 131) aus Butter und Mehl eine weiße Mehlschwitze herstellen.
Die Hälfte der Milch und etwas Muskat hinzufügen und bei starker Hitze aufkochen lassen, dabei stetig mit einem Schneebesen rühren.
Die restliche Milch angießen, noch einmal aufkochen lassen, mit Salz und Pfeffer abschmecken.

Den Boden einer Auflaufform mit etwas Béchamelsauce bedecken. Den Spinat und danach die Klößchen darauf verteilen und mit der Sauce überziehen.
Mit dem geriebenen Käse bestreuen und 15-20 Minuten im 220 °C (Umluft 200 °C) heißen Backofen gratinieren.

**● Tipp**
*Verwenden Sie nach Möglichkeit frischen Spinat, denn tiefgekühlter hat mitunter wenig Geschmack.*

**Kochschule**
Brandteig >> S. 20
Béchamelsauce >> S. 131

## Zutaten
650 g Spinat
3 Knoblauchzehen
50 g Butter
120 g Gruyère, gerieben
Salz, frisch gemahlener Pfeffer

**Für den Brandteig**
90 g Butter in kleinen Stücken
150 g Mehl
3 Eier
Salz, frisch gemahlener weißer Pfeffer

**Für die Béchamelsauce**
60 g Butter
60 g Mehl
1 l Milch
geriebene Muskatnuss
Salz, frisch gemahlener weißer Pfeffer

# Bunter Salat ★

## Zutaten

1 orangefarbene Paprikaschote (150 g)
1 Karotte (150 g)
6 Stangen violetter Spargel
10 Radieschen
200 g Champignons
2 Salatherzen
¼ Bund Kerbel (zum Garnieren)
½ Bund Schnittlauch (zum Garnieren)

Für die Vinaigrette
50 ml Essig
150 ml Öl
Salz, frisch gemahlener Pfeffer

## Für 6 Personen

Zubereitung: 30 Minuten

Das Gemüse waschen. Die Paprikaschote enthäuten (S. 61), die Karotte schälen. Spargel, Radieschen und Champignons der Länge nach in dünne Scheiben schneiden.
Die Paprikaschote halbieren, vierteln und Stielansatz, Kerne und weiße Häutchen entfernen. Die Viertel in schmale Streifen schneiden.
Die Karotte in Julienne-Streifen schneiden (S. 59).
Die Salatblätter ablösen und waschen.

Für die Vinaigrette etwas Salz im Essig auflösen und mit Pfeffer würzen. Das Öl in einem feinen Strahl einlaufen lassen und kräftig unterrühren.

Den Salat auf Tellern anrichten, mit Kerbel und Schnittlauch garnieren und unmittelbar vor dem Servieren mit der Vinaigrette beträufeln.

**● Tipp**

*Der Salat kann je nach Jahreszeit abgewandelt werden. Worauf es ankommt, sind frische Zutaten und ein harmonisches, appetitanregendes Farbenspiel. Die Vinaigrette kann nach Belieben mit aromatisierten Essigen und Ölen abgewandelt werden.*

**Kochschule**

Rösten und häuten ›› S. 61
Julienne ›› S. 59
Vinaigrette ›› S. 150

# Eier im Artischockenbett, Auberginenkaviar ★★

**Für 6 Personen**
Zubereitung: 60 Minuten
Garzeit: 45 Minuten

Wasser zum Kochen bringen, den Essig hinzufügen, die Eier 4½-5 Minuten kochen und danach sofort abschrecken.

Die Artischocken tournieren (S. 65): Die Stiele herausbrechen, die Hüllblätter mit einem kleinen scharfen Messer grob entfernen. Die Böden in eine regelmäßige runde Form bringen und dabei alle grünen Stellen wegschneiden. Die Böden begradigen und das Heu mit einem Kugelausstecher entfernen (das kann man auch nach dem Kochen machen). Die Böden mit Zitronensaft beträufeln, damit sie sich nicht verfärben, und nach Belieben eine Zitronenscheibe darauflegen und mit Küchengarn befestigen. Die Böden bis zum Kochen in Zitronenwasser legen.

Die Artischockenböden in einem Mehlsud (S. 106) garen. Dazu 1,5 Liter Wasser mit dem Saft einer Zitrone, Meersalz und Öl aufkochen. Das Mehl mit kaltem Wasser anrühren und in die kochende Flüssigkeit geben. Die Mischung etwas eindicken lassen, bis sie eine saucenartige Konsistenz angenommen hat. Die Artischockenböden 10 Minuten darin kochen und in der Kochflüssigkeit abkühlen lassen.

Die Auberginen waschen und der Länge nach halbieren. Das Fruchtfleisch mehrfach relativ tief einschneiden, mit Salz und Pfeffer würzen und mit Provencekräutern bestreuen.
Etwas Olivenöl in eine ofenfeste Form gießen, die Auberginenhälften mit der Schnittfläche nach oben hineinlegen, mit Olivenöl beträufeln und 25-30 Minuten im 170 °C (Umluft 150 °C) heißen Backofen garen.
Das Fruchtfleisch aus den Schalen lösen, hacken und mit Salz und Pfeffer abschmecken.

Für die Sauce den Rotwein bei geringer Hitze mit den fein gewürfelten Schalotten reduzieren. Den Kalbsfond angießen, die Sauce mit Butter binden und mit Salz und Pfeffer abschmecken.

Die Artischockenböden mit dem Auberginenkaviar füllen. Jeweils ein Ei daraufsetzen, mit der Sauce überziehen und mit einem Rosmarinzweig garnieren.

**● Tipp**
*Neben der Wahl des richtigen Weins (er sollte wenig Tannin und Säure enthalten) hängt das Gelingen dieses Rezepts davon ab, dass die Eier punktgenau gekocht werden.*
*Das Gericht kann kalt und warm gegessen werden. Wenn Sie es warm servieren wollen, die Eier erst unmittelbar vor dem Servieren kochen oder noch einmal kurz in kochendem Salzwasser erhitzen.*

**Zutaten**
6 Eier
40 ml Essig
6 Artischocken
2 Zitronen
15 g grobes Meersalz
1 EL Öl
30 g Mehl
6 Rosmarinzweige (zum Garnieren)

**Für den Auberginenkaviar**
300 g Auberginen
Provencekräuter
50 ml Olivenöl
Salz, frisch gemahlener Pfeffer

**Für die Rotweinsauce**
300 ml Rotwein
2 Schalotten
200 ml gebundener brauner Kalbsfond
(Rezept S. 138 oder Fertigprodukt)
30 g Butter
Salz, frisch gemahlener Pfeffer

**Kochschule**
Weich gekochte Eier >> S. 40
Tournieren >> S. 65
Kochen in Mehlsud >> S. 106

## Zutaten

6 Tomaten
180 g Stangensellerie
180 g Paprikaschoten
3 kleine Artischocken
4 Frühlingszwiebeln
6 Radieschen
240 g Thunfisch im eigenen Saft
2 Eier
18 schwarze Nizza-Oliven (zum Garnieren)
12 Sardellen (zum Garnieren)
¼ Bund Basilikum (zum Garnieren)

Für die Vinaigrette
2 EL Weinessig
5 EL Olivenöl
Salz, frisch gemahlener Pfeffer

# Nizzaer Salat ★

### Für 6 Personen

Zubereitung: 35 Minuten
Garzeit: 12 Minuten

Das Gemüse nach Belieben in dünne Scheiben, schmale Spalten oder Stifte schneiden.
Den Thunfisch klein zupfen.
Die Eier hart kochen (S. 39), pellen und vierteln.

Für die Vinaigrette das Salz im Essig auflösen, mit Pfeffer würzen und mit dem Olivenöl aufschlagen.

Gemüse und Thunfisch in eine große Schüssel geben, mit Oliven, Sardellen, Basilikum und Eiern garnieren und unmittelbar vor dem Servieren mit der Vinaigrette beträufeln.

**● Tipp**

*Die Schüssel, in der man den Salat anrichtet, kann vorher noch mit Knoblauch ausgerieben werden.*

**Kochschule**

Hart gekochte Eier ›› S. 39
Vinaigrette ›› S. 150

# Salatsamtsuppe ★

**Für 8 Personen**
Zubereitung: 35 Minuten
Garzeit: 40 Minuten

Das Gemüse waschen. Den Lauch in feine Ringe schneiden. Zwei Salatköpfe im Ganzen blanchieren*.
Den Lauch in 80 Gramm Butter anschwitzen und das Mehl mit einem Holzspatel unterrühren.
Den Kalbsfond angießen und unter Rühren aufkochen lassen. Die blanchierten Salatköpfe hineingeben und etwa 30-45 Minuten kochen lassen. Dabei von Zeit zu Zeit prüfen, ob sie schon weich sind.
Die Suppe im Mixer pürieren und durch ein feines Sieb passieren.
Die Crème fraîche mit den Eiegelben verquirlen und unterrühren. Mit Salz und Pfeffer abschmecken. Die Suppe darf nicht mehr aufkochen.

Den halben Salatkopf in Streifen schneiden, in 30 Gramm Butter anschwitzen und zur Suppe geben.

Das Toastbrot in 1 Zentimeter große Würfel schneiden, in heißem Öl frittieren und auf Küchenpapier abtropfen lassen.

Die Suppe auf Suppenschalen verteilen und mit Kerbelblättchen und Croûtons garnieren.

**● Tipp**
*Die Suppe kann auch mit anderem Gemüse wie Brokkoli, Blumenkohl oder Zucchini zubereitet werden.*

**Kochschule**
Chiffonade schneiden ›› S. 56

**Zutaten**
200 g Lauch (nur der weiße Teil)
2½ Kopfsalate
110 g Butter
80 g Mehl
2,25 l klarer weißer Kalbsfond (Rezept S. 136 oder Fertigprodukt)
150 g Crème fraîche
2 Eigelb
8 Scheiben Toastbrot
Öl zum Frittieren
¼ Bund Kerbel (zum Garnieren)

## Zutaten

600 g große Zwiebeln
50 g Butter
2,25 l klarer weißer Fond
(Rezept S. 136 oder Fertigprodukt)
1 Kräutersträußchen*
16 Baguettescheiben, geröstet
140 g Gruyère, gerieben
grobes Meersalz
Salz, frisch gemahlener Pfeffer

# Gratinierte Zwiebelsuppe ★

## Für 8 Personen

Zubereitung: 10 Minuten
Garzeit: 60 Minuten

Die Zwiebeln schälen, in dünne Scheiben schneiden und in der Butter anschwitzen*.

Den Fond angießen, das Kräutersträußchen hinzufügen und mit dem Meersalz würzen. Die Suppe 45-60 Minuten kochen lassen und mit Salz und Pfeffer abschmecken.

Die Suppe auf ofenfeste tiefe Teller oder Suppenschalen verteilen, je zwei geröstete Baguettescheiben darauflegen, mit dem Käse bestreuen und kurz unter dem heißen Backofengrill gratinieren.

### ● Tipp

*Die Qualität des Fonds ist ganz wichtig für das Gelingen des Rezepts. Wenn Sie noch eine Scheibe Räucherspeck mitkochen, bekommt die Suppe eine angenehm rustikale Note.*

**Kochschule**

Scheiben schneiden >> S. 56
Weißer Fond >> S. 136

# Gratinierte gefüllte Crêpes mit Béchamelsauce ★★

**Für 8 Personen**
Zubereitung: 60 Minuten
Ruhezeit: 30 Minuten
Garzeit: 60 Minuten

### Zutaten
50 g Butter
1 Schalotte (50 g) + 1 Zwiebel (80 g)
350 g Champignons
20 g Petersilie
250 g gekochter Schinken am Stück
120 g Gruyère, gerieben
Salz, frisch gemahlener Pfeffer
etwas Öl für die Pfanne

**Für den Crêpeteig**
250 g Mehl
3 Eier
500 ml Milch
100 g Butter
½ Bund Schnittlauch
1 Prise Salz

**Für die Béchamelsauce**
60 g Butter
60 g Mehl
1 l Milch
etwas geriebene Muskatnuss
Salz, frisch gemahlener Pfeffer

Für den Crêpeteig (S. 18) das Mehl mit dem Salz in eine Schüssel sieben. Die Eier hinzufügen und die Zutaten mit etwas zimmerwarmer Milch sorgfältig verrühren.
Die restliche Milch unterrühren und dabei kräftig rühren, bis ein homogener, relativ flüssiger Teig entstanden ist.
Den Teig durch ein Sieb passieren, 80 Gramm flüssige braune Butter und den fein geschnittenen Schnittlauch untermischen und den Teig etwa 30 Minuten ruhen lassen.
Ein Stück Küchenpapier mit etwas Öl beträufeln, eine Crêpepfanne damit ausreiben und die Crêpes bei starker Hitze ausbacken (die Pfanne vor jeder Crêpe erneut einfetten).

Eine Duxelles herstellen (S. 156). Dazu Schalotte und Zwiebel fein würfeln und in der Butter anschwitzen*.
Die gehackten Champignons hinzufügen und ohne Deckel braten, bis sie ihre Flüssigkeit vollständig abgegeben haben. Mit Salz und Pfeffer würzen und die gehackte Petersilie untermischen.

Den Schinken fein würfeln.

Für die Béchamelsauce (S. 131) aus Butter und Mehl eine weiße Mehlschwitze herstellen.
Die Hälfte der kalten Milch und etwas Muskat hinzufügen und bei starker Hitze unter Rühren aufkochen lassen.
Die restliche Milch angießen, noch einmal aufkochen lassen, mit Salz und Pfeffer abschmecken und mit Frischhaltefolie abdecken (die Folie direkt auf die Sauce legen, damit sich keine Haut bildet).

Die Duxelles in einer Schüssel mit den Schinkenwürfeln und etwas Béchamelsauce verrühren und mit Salz und Pfeffer abschmecken.

Die Crêpes mit der restlichen zerlassenen Butter bepinseln, mit der Duxelles füllen und aufrollen. Nebeneinander in eine ofenfeste Form setzen, mit Béchamelsauce überziehen, mit dem Käse bestreuen und 15-20 Minuten im 220 °C (Umluft 200 °C) heißen Backofen überbacken.

**Kochschule**
Crêpeteig >> S. 18
Trockene Duxelles >> S. 156
Béchamelsauce >> S. 131

# Rührei mit Ratatouille ★

## Zutaten

10 Eier
40 g Butter
40 g Sahne
Salz, frisch gemahlener Pfeffer

Für die Ratatouille
100 g Auberginen
100 g Zucchini
1 große Zwiebel
100 g rote Paprikaschote
40 ml Olivenöl
2 Knoblauchzehen
100 g Tomaten
Provencekräuter
Piment d'Espelette oder scharfes Paprikapulver
Salz

## Für 4 Personen

Zubereitung: 35 Minuten
Garzeit: 30 Minuten

Das Gemüse waschen. Auberginen, Zucchini, Zwiebel und Paprikaschote in 5 Millimeter große Würfel schneiden und getrennt in Olivenöl anschwitzen.
Den Knoblauch gegebenenfalls von Keimen befreien und hacken.
Die Tomaten enthäuten (S. 61), die Kerne entfernen und das Fruchtfleisch hacken (S. 55). Die Schalen nach Belieben beiseitestellen. Sie können frittiert und zum Garnieren verwendet werden.
Das Gemüse in einem Schmortopf mischen, mit Provencekräutern bestreuen etwa 30 Minuten garen. Anschließend mit Salz und Piment d'Espelette abschmecken.

Für das Rührei (S. 42) die Eier in eine Schüssel aufschlagen, mit Salz und Pfeffer würzen und kräftig mit einer Gabel oder dem Schneebesen verrühren.
Eine Pfanne mit Butter einfetten und erhitzen. Die Eier hineingießen und bei geringer Hitze stocken lassen (das Rührei sollte eine cremige Konsistenz haben). Dabei stetig mit einem Holzpfannenwender rühren.
Die Pfanne vom Herd nehmen und die restliche Butter in kleinen Stückchen und/oder die Sahne unterrühren. Das Rührei bis zum Servieren bei maximal 50 °C warm halten und mit der Ratatouille auf Tellern oder einer Platte anrichten.

**● Tipp**

*Die Ratatouille kann bereits am Vortag oder einige Stunden im Voraus zubereitet werden.*

**Kochschule**

Blanchieren und enthäuten >> S. 61
Tomaten hacken >> S. 55
Rührei >> S. 42

# Käse

# Xavier Thuret

## präsentiert sein Rezept

Die Erfindung des Käses verdanken wir dem Umstand, dass unsere Vorfahren nach Möglichkeiten suchten, Milch zu konservieren. Die Kunst des Käsers bestand darin, das »weiße Gold« mithilfe einer Säure, dem Lab, in einen festen und haltbaren Zustand zu überführen. Aus diesen ersten Konservierungsversuchen hat sich die Käsevielfalt entwickelt, die wir heute auf unseren Tischen vorfinden.

Seinen typischen Charakter verdankt ein Käse in erster Linie der Milch – Kuhmilch, Ziegenmilch, Schafsmilch oder auch Büffelmilch –, aus der er hergestellt wird. Deren geschmackliche Qualitäten sind wiederum davon abhängig, wo und wie die Tiere aufgezogen wurden. Seinen Charakter verdankt der Käse aber nicht zuletzt dem Affineur. Denn unter seinen Händen reift er heran, er ist es, der dem Teig seine Konsistenz (cremig, elastisch, glatt …) und seinen Geschmack (fruchtig, pikant, rustikal, würzig …) verleiht, und es bleibt sein Geheimnis, wie ihm dies gelingt.

Eine reich bestückte Käseplatte darf in Frankreich nach keinem guten Essen in geselliger Runde fehlen. Eines sollte man dabei allerdings stets beachten: Käse mag kein Wasser! Denn geadelt wird ein guter Käse erst durch den Wein, den man dazu trinkt.

Und auch in der Küche hat er seinen festen Platz und inspiriert uns Köche zu immer neuen Kreationen.

# Rote-Bete-Terrine mit Roquefort und Balsamico-Gelee

## Das Balsamico-Gelee herstellen

Die Gelatine in lauwarmem Wasser einweichen. Den Essig in einem kleinen Topf erwärmen. Die Gelatine mit dem lauwarmen Essig verrühren, bis sie sich aufgelöst hat. Die Mischung in eine Terrinenform füllen und kalt stellen.

## Das Rote-Bete-Püree zubereiten

Die geschälten Roten Beten in der Küchenmaschine zu einem glatten Püree verarbeiten. Die Pinienkerne, Pistazien und den fein gewürfelten Roquefort untermischen und mit Salz und Pfeffer abschmecken.
Die Gelatine in lauwarmem Wasser einweichen. Das Haselnussöl erwärmen, die Gelatine im lauwarmen Öl auflösen und anschließend unter das Rote-Bete-Püree rühren.
Das Püree auf dem erstarrten Balsamico-Gelee verteilen und 3–4 Stunden kalt stellen.

## Anrichten

Die Terrine mit einem Messer (vorher in heißes Wasser tauchen) in dicke Scheiben oder Würfel schneiden. Dazu passt Eichblattsalat, mit Haselnussöl angemacht und mit grob gehackten Nüssen bestreut.

### Für 4 Personen

Zubereitung: 20 Minuten
Ruhezeit: 3–4 Stunden

### Zutaten

300 g Rote Bete, gegart
30 g Pinienkerne
30 g Pistazien, geschält
200 g Roquefort
8 Blatt Gelatine
100 ml Haselnussöl
Salz
frisch gemahlener Pfeffer

### Für das Balsamico-Gelee

4 Blatt Gelatine
120 ml Balsamico-Essig

# Frittierte Brie-de-Meaux-Bällchen, Kirschkompott mit Gewürzen ★

**Für 10 Personen**
Zubereitung: 25 Minuten
Garzeit: 35 Minuten

Zutaten
200 g Mehl
5 g Salz
2 Eier + 3 Eiweiß
20 ml Sonnenblumenöl
200 ml Milch oder Bier
1 kg Brie de Meaux
Öl zum Frittieren

Für das Kirschkompott
200 g schwarze Süßkirschen
150 g Zucker
8 g Sternanis
10 g Zimt
1 Vanilleschote
5 g gemahlener Ingwer

Die Kirschen entstielen und entsteinen.
Mit Zucker und Gewürzen in einen Topf geben, mit Wasser bedecken und langsam weich kochen, bis das Wasser fast vollständig verdampft ist. Das Kompott anschließend abkühlen lassen.

Für den Ausbackteig (S. 23) das Mehl mit dem Salz in eine Schüssel sieben und mit Eiern und Öl verrühren.
Die Milch oder das Bier mit dem Schneebesen unterrühren, bis ein homogener Teig entstanden ist.
Die Eiweiße steif schlagen und vorsichtig mit einem Spatel unterheben.

Den Käse in 2 Zentimeter große Würfel schneiden.
In den Teig tauchen und im 160 °C heißen Öl ausbacken, bis die Krapfen rundherum goldbraun sind. Mit einem Schaumlöffel herausheben und auf Küchenpapier abtropfen lassen.

Die Krapfen heiß mit dem Kirschkompott genießen.

**Kochschule**
Ausbackteig >> S. 23

# Teigtaschen mit Ziegenkäse, Akazienhonig und geröstetem rosa Pfeffer ★

**Zutaten**
10 g rosa Pfefferkörner
4 Blätter Brik- oder Filoteig
8 Scheiben Baguette
80 ml Olivenöl
1 Rolle Ziegenkäse (etwa Sainte-Maure)
100 g Akazienhonig
8 Zweige Rosmarin
8 Stängel Schnittlauch
frisch gemahlener Pfeffer

**Für 8 Personen**
Zubereitung: 25 Minuten
Garzeit: 15 Minuten

Die rosa Pfefferkörner in einer Pfanne rösten, abkühlen lassen und zwischen den Handflächen reiben, um die Häutchen zu entfernen. Grob zerkleinern und zur Seite stellen.

Die Teigblätter halbieren.
In die Mitte jeder Hälfte eine frisch geröstete Baguettescheibe legen und mit etwas Olivenöl beträufeln.
Eine Scheibe Ziegenkäse (1 Zentimeter dick) darauflegen, mit Honig beträufeln und einen Rosmarinzweig darauflegen.
Mit Pfeffer würzen und mit geröstetem rosa Pfeffer bestreuen.

Den Teig so zusammennehmen, dass eine Art Beutel entsteht, und mit einem Zahnstocher verschließen.

Die Teigtaschen etwa 10 Minuten im 160 °C (Umluft 140 °C) heißen Backofen goldgelb backen.

Die Zahnstocher anschließend entfernen und die Beutel mit Schnittlauchstängeln »zubinden«.

Heiß mit einem Salat servieren.

# Sahniger Kräuterquark ★

Für 8 Personen
Zubereitung: 40 Minuten

Zutaten
1,5 kg Quark
1 Schalotte
20 g Schnittlauch + Stängel zum Garnieren
10 g Kerbel
50 ml trockener Weißwein (nach Belieben)
10 ml Weißweinessig
250 g Schlagsahne
Salz, Pfeffer

Den Quark - am besten über Nacht - abtropfen lassen.

Die Schalotte schälen und fein würfeln. Den Schnittlauch in Röllchen schneiden und den Kerbel hacken.

Schalotte und Kräuter mit einem Spatel unter den Quark mischen. Weißwein und/oder Essig hinzufügen, mit Salz und Pfeffer würzen und die Zutaten nochmals vermengen.

Die eisgekühlte Sahne steif schlagen und vorsichtig unterheben.

Den Quark mit Schnittlauchröllchen bestreuen und eisgekühlt mit verschiedenen Brotsorten oder als Dip zu Gemüsestiften servieren.

# Käsefondue aus Savoyen ★

Zutaten
1 Landbrot
1 Knoblauchzehe
500 g Beaufort
400 g Comté oder Appenzeller
300 g Tomme oder Emmentaler
20 g Maisstärke
5 cl Kirschwasser
600 ml Weißwein (vorzugsweise Fendant, Apremont oder Roussette)
frisch geriebene Muskatnuss
frisch gemahlener Pfeffer

## Für 8 Personen

Zubereitung: 30 Minuten
Garzeit: 25 Minuten

Das Brot in Würfel schneiden und trocknen lassen.

Den Fonduetopf mit der halbierten Knoblauchzehe ausreiben.

Den Käse in Würfel schneiden oder - wenn Sie wenig Zeit haben - in der Küchenmaschine raspeln.

Die Stärke mit dem Kirschwasser anrühren.

Den Wein langsam erhitzen, bis er zu köcheln beginnt. Nach und nach den Käse hinzufügen und dabei stetig mit einem Holzlöffel rühren. Sobald der Käse vollständig geschmolzen ist, das Fondue mit der Stärke binden und mit Muskat und Pfeffer abschmecken.

Den Fonduetopf auf dem Rechaud in die Mitte des Tisches stellen, sodass jeder Tischgast die Brotwürfel auf seine Fonduegabel spießen und in den heißen Käse tauchen kann.

● **Tipp**

*Für das Käsefondue eignet sich auch jeder andere trockene Weißwein.*

# Torteletts mit Roquefort und karamellisierten Birnen ★★

**Für 8 Personen**
Zubereitung: 50 Minuten
Ruhezeit: 80 Minuten
Garzeit: 15 Minuten

### Zutaten
4 Birnen (Conference)
Saft von 1 Zitrone (nach Belieben)
125 g Zucker
640 g Roquefort
8 Walnusskerne

**Für den Blätterteig**
250 g Mehl
5 g Salz
185 g Butter

Für den Blätterteig (S. 16) das Mehl mit dem Salz in eine Schüssel sieben, eine Mulde in die Mitte drücken und 125 Milliliter Wasser hineingießen. Die Zutaten rasch zu einem glatten, homogenen Teig verarbeiten, zu einer Kugel formen, kreuzförmig einschneiden und etwa 20 Minuten im Kühlschrank ruhen lassen.
Den Teig zu einem Quadrat ausrollen, das in der Mitte etwas dicker (etwa 8 Millimeter) ist. Die Seiten so ausrollen, dass ein Kreuz entsteht.
Die Butter (sie muss exakt so weich sein wie der Teig) zu einem Quader formen, in die Mitte des Teigs legen und jeweils die beiden gegenüberliegenden Seiten des Teigs darüberschlagen, sodass das Fett vollständig vom Teig umschlossen ist.
Den Teig zu einem Rechteck ausrollen, das dreimal so lang wie breit ist. Ein Drittel des Rechtecks nach innen umschlagen und das andere Ende darüberschlagen. Den Teig um 90 Grad drehen, erneut ausrollen und umschlagen. Den Vorgang noch fünfmal wiederholen. Den Teig nach jedem zweiten Mal etwa 20 Minuten im Kühlschrank ruhen lassen.
Den fertigen Teig dünn ausrollen und acht Scheiben mit etwa 15 Zentimeter Durchmesser ausstechen.

Die ungeschälten Birnen halbieren und nach Belieben mit Zitronensaft beträufeln, damit sich das Fruchtfleisch nicht verfärbt. In schmale Spalten schneiden und fächerförmig auf den Teigscheiben anordnen.

Aus Zucker und 125 Milliliter Wasser einen Sirup kochen (S. 168), abkühlen lassen und die Birnen damit bepinseln.

Die Torteletts mit dem zerkrümelten Roquefort bestreuen und etwa 15 Minuten im 160-180 °C (Umluft 140-160 °C) heißen Backofen backen, bis der Käse geschmolzen und der Teig leicht gebräunt ist.

Mit Walnusskernen verzieren und servieren.

**Kochschule**
Blätterteig >> S. 16
Sirup >> S. 168

Zutaten
500 g Comté
32 weiße Trauben
32 blaue Trauben

# Käse-Trauben-Spieße ★

## Für 8 Personen

Zubereitung: 10 Minuten

Den Käse in Würfel schneiden. Abwechselnd einen Käsewürfel, eine weiße Traube, einen Käsewürfel, eine blaue Traube und so fort auf 16 Holzspieße stecken.

**● Tipp**

*Die fruchtigen Käsespieße eignen sich hervorragend als Häppchen zum Aperitif. Die Spieße sollten dann allerdings kleiner sein.*
*Geeignet ist auch jeder andere Hartkäse, den Sie ganz nach Belieben mit Früchten der Saison (Erdbeeren, Himbeeren, Brombeeren, Schwarzen Johannisbeeren) kombinieren können.*
*Und setzen Sie ruhig auf geschmackliche Kontraste, das heißt, wählen Sie zu mildem Käse eine säuerliche und zu pikantem Käse eine süße Frucht.*

# Gegrillte Champignons mit Kräuterfrischkäse ★

## Zutaten

8 weiße Riesenchampignons
6 Knoblauchzehen
½ Bund Schnittlauch
¼ Bund Dill
600 g Quark
Fleur de Sel, frisch gemahlener Pfeffer

### Für die Marinade

120 ml Olivenöl
2 Zweige Thymian
2 Lorbeerblätter
¼ Bund Petersilie
1 Zitrone
20 g geschroteter Pfeffer

**Für 8 Personen**
Zubereitung: 40 Minuten
Marinierzeit: 20 Minuten
Garzeit: 5 Minuten

Eine schnelle Marinade herstellen (S. 141). Dazu die Hälfte des Öls in eine Schale gießen. Die Kräuter dazugeben, die Champignonköpfe hineinlegen und mit Olivenöl bedecken.
Die Zitrone dick abschälen, in Scheiben schneiden und mit dem geschroteten Pfeffer zur Marinade geben.
Das Ganze mit Frischhaltefolie abdecken und etwa 20 Minuten kalt stellen. Die Champignonköpfe nach 10 Minuten wenden.

Den Knoblauch schälen und gegebenenfalls die Keime entfernen.
Den Schnittlauch in Röllchen schneiden, den Dill fein hacken und unter den abgetropften und gewürzten Quark mengen. Den Quark anschließend in den Kühlschrank stellen.

Die Champignonköpfe aus der Marinade nehmen und auf der Hutseite grillen. Die Köpfe dabei so auf den Grillrost legen, dass ein Rautenmuster entsteht.

Die Champignonköpfe mit dem Kräuterquark füllen, nach Belieben mit Dillspitzen, Pfefferkörnern und etwas Fleur de Sel garnieren.

**Kochschule**
Schnelle Marinade >> S. 141
Grillen >> S. 102

## Zutaten

1 Baguette
80 ml Olivenöl
10 Knoblauchzehen
1 Vacherin Mont d'Or
60 ml Vin Jaune
frisch gemahlener Pfeffer

# Gebackener Vacherin mit Vin Jaune ★

### Für 8 Personen

Zubereitung: 15 Minuten
Garzeit: 35 Minuten

Das Baguette in Scheiben schneiden, mit Olivenöl beträufeln und im Backofen rösten.

Den Knoblauch schälen und gegebenenfalls die Keime entfernen.
Die gerösteten Baguettescheiben mit dem Knoblauch einreiben und beiseitestellen.

Den Käse in der Mitte etwas aushöhlen, in die Vertiefung Vin Jaune nach Geschmack gießen, einige Knoblauchstücke hineinstecken und das Loch mit dem zuvor herausgeschabten Käse verschließen.

Die Käseschachtel mit Alufolie umwickeln und für etwa 35 Minuten in den 150-160 °C (Umluft 130-150 °C) heißen Backofen stellen; nach Belieben bräunen und schmelzen lassen.

Mit Pfeffer würzen, mit den Baguettescheiben servieren und sofort mit einem Löffel direkt aus der Schachtel genießen.

**● Gut zu wissen**

*Der Vacherin Mont d'Or, ein Weichkäse aus Kuhmilch, ist eine Spezialität aus dem französischen Jura, die traditionell in Fichtenholzschachteln angeboten wird. Unter der rotbraunen Rinde verbirgt sich ein cremiger, gelblich weißer Teig mit mildem, leicht süßlichem Geschmack und einem Fettgehalt von etwa 50 Prozent.*
*Aus dem Jura kommt auch der Vin Jaune, ein Weißwein aus der Rebsorte Savagnin. Die Trauben werden spät geerntet und der Wein reift sechs Jahre im Holzfass. Er enthält etwa 16 % Alkohol und wird temperiert getrunken.*

# Desserts

# Yves Thuriès

## präsentiert sein Rezept

Große Teller mit vielen kleinen Kostproben – das ist ein Konzept, von dem Gäste wie Gastronomen profitieren. Die Gäste, weil sie zu einem moderaten Preis in den Genuss gleich mehrerer ganz unterschiedlicher Geschmackserlebnisse kommen, und die Gastronomen, weil es – beherrscht man diese Technik erst einmal – die Arbeit in der Küche wie im Service erheblich vereinfacht.

Wertvolle Dienste leisten den Patissiers und Küchenchefs dabei die Foodstylisten, die es so hervorragend verstehen, die Speisen so zu präsentieren, dass der Gast auf einen Blick erkennen kann, was die Kunst dieses oder jenes Patissiers oder Kochs ausmacht.

Und ist es nicht genau das, was der Gast von heute erwartet? Und genau auf ihn, den Gast, der wenig Zeit hat, hohe Ansprüche stellt und stets neue Geschmackserlebnisse sucht, ist dieses Konzept zugeschnitten.

# Degustationsteller mit drei verschiedenen Desserts

## Gewürzcreme mit knusprigen Schokoladenröllchen

### Die Gewürzcreme zubereiten

Die Milch aufkochen und die Gewürze etwa 15 Minuten darin ziehen lassen. Die Milch anschließend abseihen und daraus mit Eigelb und Zucker eine Englische Creme (S. 172) herstellen. Die Gelatine unterrühren, die Creme in Dessertschalen füllen und im Kühlschrank fest werden lassen.

### Die Schokoladenröllchen herstellen

Die Kuvertüre im Wasserbad schmelzen. Den Krokant und danach den zerkrümelten Blätterteig untermischen und die Masse zwischen Backpapier 2 Millimeter dick ausrollen. In Rechtecke schneiden, aufrollen und fest werden lassen.

### Fertigstellen und Anrichten

Einige Schokoladenröllchen auf der Gewürzcreme anrichten und das Ganze mit Minzeblättchen dekorieren.

**Für 10 Personen**

Zubereitung: 45 Minuten
Garzeit: 45 Minuten
Kühlzeit : 3–4 Stunden

**Zutaten**
**Für die Gewürzcreme und die knusprigen Schokoladenröllchen**

200 ml Milch
3 Sternanis
1 Stange Zimt
3 Gewürznelken
1 Vanilleschote, das Mark herausgekratzt
2 Eigelb (50 g)
50 g Zucker
1½ Blatt Gelatine, eingeweicht und ausgedrückt
75 g dunkle Kuvertüre
50 g Krokant
60 g zerkrümelter Blätterteig (ersatzweise Knusperflakes)

## Gratin von Walderdbeeren mit Aprikosencoulis

### Die Gratinmasse herstellen

Den Zitronensaft mit der Crème fraîche aufkochen. Die Eigelbe mit Zucker und Maisstärke schaumig schlagen und unter die kochende Zitronensahne rühren. Die Mischung einige Minuten unter Rühren kochen lassen, anschließend vom Herd nehmen und die Gelatine unterziehen.

### Die Meringenmasse herstellen

Die Eiweiße steif schlagen. Den Zucker mit 100 Milliliter Wasser auf 120 °C erhitzen und in den Eischnee gießen. Dabei stetig mit dem Schneebesen rühren.

### Das Gratin zubereiten

Die heiße Meringenmasse nach und nach vorsichtig unter die warme Gratinmasse rühren. Die Hälfte der Mischung in flache Portionsförmchen füllen, die Erdbeeren darauf verteilen, mit der restlichen Gratinmasse bedecken und glatt streichen. Die Formen anschließend für einige Stunden in die Gefriertruhe stellen.

### Fertigstellung

Die gefrorenen Gratins auf ofenfeste Teller stürzen, mit Puderzucker bestäuben und 10–12 Minuten im 200 °C (Umluft 180 °C) heißen Backofen gratinieren. Sofort mit einer heißen Aprikosencoulis servieren.

### Zutaten Gratin von Walderdbeeren mit Aprikosencoulis

**Für die Gratinmassee**

260 ml Zitronensaft
260 g Crème fraîche
12 Eigelb (240 g)
100 g Zucker
40 g Maisstärke (oder Mehl)
4 Blatt Gelatine (8 g), eingeweicht und ausgedrückt

**Für die italienische Meringenmasse**

12 Eiweiß (360 g)
300 g Zucker

Walderdbeeren
etwas Puderzucker
Aprikosencoulis (Rezept S. 164)

## Karamellisierte Hohlhippen mit Ganache gefüllt, Schokoladen-Kokos-Sauce

### Zubereitung

Sahne und Milch aufkochen, über die zerkleinerte dunkle Kuvertüre gießen und gut verrühren. Die Butter und das Eigelb untermischen. Die Ganache beiseitestellen.
Den Filoteig in etwa 6 Zentimeter breite Streifen schneiden, mit der geklärten Butter bepinseln und einen Streifen Ganache auftragen. Zu »Zigarren« aufrollen, mit Zucker bestreuen und etwa 5 Minuten im 180 °C (Umluft 160 °C) heißen Backofen backen. Das Gebäck gegebenenfalls anschließend noch unter dem Grill karamellisieren.
Die Kokosmilch zum Kochen bringen, über die zerkleinerte weiße Kuvertüre gießen, glatt rühren und den auf 60 °C erhitzten Fondant unterrühren.

### Anrichten

Je drei Hippen mit einem Schälchen Sauce auf Tellern anrichten.

### Zutaten Karamellisierte Hohlhippen mit Ganache gefüllt, Schokoladen-Kokos-Sauce

100 g Sahne
40 ml Milch
100 g Zartbitterkuvertüre (64 % Kakaoanteil)
10 g weiche Butter
1 Eigelb (20 g)
Filoteig
10 g geklärte Butter*
Zucker zum Bestreuen
90 ml Kokosmilch
125 g weiße Kuvertüre
50 g Fondant*

# Aprikosentorteletts mit Mandelcreme ★

Für 8 Personen
Zubereitung: 45 Minuten
Ruhezeit: 20 Minuten
Backzeit: 25 Minuten

Zutaten
4 Aprikosen
125 g Aprikosenkonfitüre

Für den Mürbeteig
250 g Mehl
5 g Salz
125 g weiche Butter + Butter für die Form
1 Eigelb
40 g feiner Zucker

Für die Mandelcreme
100 g Butter
100 g feiner Zucker
100 g gemahlene Mandeln
2 Eier
einige Tropfen Vanilleextrakt
1 EL Rum

Für den Mürbeteig (S. 12) das Mehl in eine Schüssel sieben. In der Mitte eine Mulde formen. Zucker und Salz hineingeben, dann 50 Milliliter Wasser sowie das Eigelb. Alles rasch mit den Händen vermischen.
Nun die Butter in Stückchen dazugeben und schnell unterkneten.
Den Teig mit der Handfläche mehrfach walken, bis er homogen ist.
Zu einer Kugel formen und mit Frischhaltefolie bedeckt im Kühlschrank 20 Minuten ruhen lassen.
Acht kleine Dessertringe einfetten und auf ein mit Backpapier ausgelegtes Blech setzen. Den Teig etwa 3 Millimeter dick ausrollen und acht Kreise ausstechen, die etwas größer als die Ringe sein sollten. Die Ringe damit auslegen und einen kleinen Rand formen.

Für die Mandelcreme (S. 176) Butter und Zucker cremig rühren, die Mandeln hinzufügen, die Eier einzeln unterrühren und mit Vanilleextrakt und Rum aromatisieren. Die Mischung mit dem Schneebesen glatt rühren und sofort auf den Böden verteilen.

Die Aprikosen waschen, halbieren und die Kerne entfernen.
Jeweils eine Aprikosenhälfte in die Mitte der Torteletts setzen und leicht in die Creme drücken.

Die Torteletts 20–25 Minuten im 180 °C (Umluft 160 °C) heißen Backofen backen. 5 Minuten vor Ende der Backzeit die Ringe entfernen, damit auch die Ränder schön gebräunt werden.

Die fertigen Aprikosentorteletts aus dem Ofen nehmen, auf ein Kuchengitter setzen und mit der erwärmten Aprikosenkonfitüre bepinseln.

**Kochschule**
Mürbeteig ›› S. 12
Mandelcreme ›› S. 176

Am Vortag zubereiten

**Für 8 Personen**
Zubereitung: 110 Minuten
Backzeit: 10 Minuten
Kühlzeit: 3-4 Stunden

## Zutaten

5 Blatt Gelatine (10 g)
1 Vanilleschote
500 ml Milch
½ Bund Minze
5 Eigelb
125 g feiner Zucker
400 g Schlagsahne
2 cl Pfefferminzlikör
150 g klarer Tortenguss

Für den Mandelbiskuit
190 g feiner Zucker
140 g gemahlene Mandeln
4 Eier + 4 Eiweiß
45 g Mehl
25 g Butter, zerlassen

Für die Mousse au Chocolat
125 g Zartbitterschokolade (64 % Kakaoanteil)
25 g Butter
150 g feiner Zucker
3 Eigelb
200 g Schlagsahne

**Kochschule**
Mandelbiskuit >> S. 194
Französische Meringenmasse >> S. 49
Bayerische Creme mit Eiern >> S. 191
Pâte à bombe >> S. 210

# Schoko-Minze-Dessert ★★★

Für den Biskuitteig (S. 194) 140 Gramm Zucker mit den Mandeln in eine Schüssel sieben und mit den ganzen Eiern schaumig aufschlagen. Das gesiebte Mehl und danach die Butter unterrühren. Die Eiweiße steif schlagen und dabei 50 Gramm Zucker einrieseln lassen. Zum Schluss vorsichtig unter die Mandelmischung heben. Ein Backblech mit Backpapier auslegen, den Teig 3-5 Millimeter dick darauf verstreichen und 8-10 Minuten im 180 °C (Umluft 160 °C) heißen Backofen backen.
Auf einem Kuchengitter auskühlen lassen und acht Kreise daraus ausstechen.

Die Gelatine in kaltem Wasser einweichen. Für die Bayerische Creme (S. 191) die Vanilleschote aufschlitzen und das Mark herausschaben. Die Milch mit Vanilleschote und -mark und den Minzeblättern erhitzen und ziehen lassen.
Die Eigelbe sorgfältig mit dem Zucker verrühren.
Die Hälfte der kochenden Milch unter die Eigelb-Zucker-Mischung rühren. Zur restlichen Milch gießen und die Mischung bei geringer Hitze so weit eindicken lassen, dass sie einen Löffelrücken überzieht. Den Topf von Zeit zu Zeit von der Herdplatte nehmen, damit die Eigelbe nicht zu sehr erhitzt werden und womöglich gerinnen.
Die Creme durch ein feines Sieb in eine Schüssel passieren, die ausgedrückte Gelatine einrühren und die Creme abkühlen lassen.
Die Sahne steif schlagen.
Sobald die Creme auf 20 °C abgekühlt ist, den Likör mit dem Schneebesen unterrühren.
Anschließend die geschlagene Sahne vorsichtig mit einem Teigschaber unterheben.
Die Minzecreme auf acht halbrunde Schälchen verteilen und im Kühlschrank fest werden lassen.

Für die Mousse au Chocolat die zerkleinerte Schokolade mit der Butter auf einem Wasserbad (50 °C) schmelzen.
Den Zucker mit 150 Milliliter Wasser aufkochen.
Die Eigelbe in die Küchenmaschine geben und unter Rühren nach und nach den heißen Sirup hinzufügen (Pâte à bombe, S. 210). Die Mischung so lange weiterschlagen, bis sie vollständig erkaltet ist.
Die Sahne steif schlagen.
Anschließend zunächst die geschmolzene Schokolade und danach die Sahne vorsichtig unterheben.

Die Mousse au Chocolat auf der Minzecreme verteilen, aus dem Mandelbiskuit Scheiben in passender Größe ausstechen und darauflegen. Das Ganze 2-3 Stunden im Kühlschrank fest werden lassen. Die Desserts aus den Formen stürzen, mit klarem Tortenguss überziehen und nach Belieben verzieren.

# Früchtekuchen mit Ingwer ★

## Für 8 Personen

Zubereitung: 20 Minuten
Backzeit: 40-50 Minuten

Für den Rührteig (S. 33) Butter, Zucker und Salz in einer Schüssel cremig rühren. Anschließend die Eier unterrühren.
250 Gramm Mehl mit dem Backpulver darübersieben und untermischen. Mit Vanilleextrakt aromatisieren.
Die abgeriebenen Zitrusschalen und den geriebenen Ingwer hinzufügen.
Die kandierten Früchte in dem restlichen Mehl wenden, damit sie beim Backen nicht nach unten sinken.
Den Teig in eine gefettete Kastenform füllen und dabei die kandierten Früchte nach und nach untermischen.
Den Kuchen 40-50 Minuten im 140-160 °C (Umluft 120-140 °C) heißen Ofen backen. Am Ende der Backzeit mit einem Spieß hineinstechen. Bleibt er sauber, ist der Kuchen durchgebacken.
Den Kuchen anschließend zum Auskühlen auf ein Gitter stürzen.

**Kochschule**
Teig für Früchtekuchen >> S. 33

### Zutaten

175 g weiche Butter + Butter für die Form
125 g feiner Zucker
1 Prise Salz (3 g)
3 Eier
350 g Mehl
½ Päckchen Backpulver (5 g)
5 ml Vanilleextrakt
abgeriebene Schale von 1 unbehandelten Orange
abgeriebene Schale von 1 unbehandelten Zitrone
3 g frischer Ingwer
50 g getrocknete Feigen
50 g Cocktailkirschen
50 g kandierte Ananas
50 g kandierte Aprikosen
50 g Orangeat und Zitronat

# Zitronentorteletts mit Baiserhaube ★

**Für 8 Personen**
Zubereitung: 45 Minuten
Ruhezeit: 20 Minuten
Garzeit: 70 Minuten

Zutaten
2 unbehandelte Zitronen
200 g feiner Zucker

Für den Zuckerteig
250 g Mehl
5 g Salz
125 g weiche Butter
125 g feiner Zucker
1 Ei

Für die Zitronencreme
200 g feiner Zucker
300 ml Zitronensaft
1 unbehandelte Zitrone
3 Eier + 4 Eigelb
35 g Maisstärke
60 g Butter
200 g Schlagsahne

Für die italienische Meringenmasse
210 g feiner Zucker
4 Eiweiß
1 Prise Salz

**Kochschule**
Zuckerteig >> S. 13
Kandieren >> S. 97
Italienische Meringenmasse >> S. 49

Eine Zitrone in dünne Scheiben schneiden und etwa 30 Minuten im 100 °C (Umluft 80 °C) heißen Backofen trocknen.

Für den Zuckerteig (S. 30) das Mehl und das Salz auf die Arbeitsfläche sieben und mit der in Stücke geschnittenen Butter zu feinen Krümeln verreiben. In die Mitte eine Mulde drücken, den Zucker und das Ei hineingeben und rasch mit den Fingern einarbeiten.
Den Teig anschließend 20 Minuten im Kühlschrank ruhen lassen.
Den Teig mit dem Nudelholz etwa 3 Millimeter dick ausrollen, acht Kreise daraus ausstechen. Acht kleine Dessertringe auf ein mit Backpapier bedecktes Blech stellen, mit dem Teig auslegen und einen kleinen Rand formen. Die Böden mit Backpapier und getrockneten Hülsenfrüchten beschwert etwa 15 Minuten im 180 °C (Umluft 160 °C) heißen Backofen blindbacken, bis sie eine goldgelbe Färbung angenommen haben.

Für die Zitronencreme in einem Topf 100 Milliliter Wasser mit 100 Gramm Zucker und dem Zitronensaft zu Sirup kochen.
Die Zitrone waschen, etwas Schale abreiben und beiseitestellen.
In einer Schlagschüssel* Eier, Eigelb, und den restlichen Zucker mit dem Schneebesen schaumig schlagen, die Stärke hinzufügen und das Ganze kräftig mit dem Schneebesen durchrühren.
Den Zitronensirup dazugeben und wie eine Konditorcreme (S. 182) kochen.
Die Butter und die abgeriebene Zitronenschale unter die heiße Creme rühren, die Creme mit Frischhaltefolie abdecken (die Folie direkt auf die Creme legen) und kalt stellen.
Sobald sie auf 20-25 °C abgekühlt ist, vorsichtig die steif geschlagene Sahne unterheben. Die Böden mit der Creme garnieren und kalt stellen.

Die restliche Zitrone mit einem kleinen scharfen Messer dünn abschälen, die Schale in feine Julienne-Streifen schneiden und dreimal blanchieren (das Wasser dabei jedes Mal erneuern).
Aus 200 Milliliter Wasser und 200 Gramm Zucker einen Sirup kochen und die Zitronenzesten darin kandieren (S. 97).

Für die italienische Meringenmasse (S. 49) den Zucker mit 70 Milliliter Wasser zum Kochen bringen.
Sobald der Sirup eine Temperatur von 110 °C erreicht hat (mit einem Küchenthermometer prüfen) die Eiweiße mit einer Prise Salz steif schlagen. Den 117-120 °C heißen Sirup darübergießen und die Mischung so lange weiterschlagen, bis sie vollständig erkaltet ist, sehr fest ist, schön glänzt und kleine Spitzen bildet, wenn man den Schneebesen herauszieht.
Die Masse in einen Spritzbeutel füllen und die Torteletts damit garnieren.

Die Torteletts kurz unter dem vorgeheizten Backofengrill gratinieren und abkühlen lassen. Mit den getrockneten Zitronenscheiben und der kandierten Schale garnieren.

# Bordelaiser Küchlein ★

Am Vortag zubereiten

Für 8 Personen
Zubereitung: 35 Minuten
Ruhezeit: 12 Stunden
Garzeit: 55 Minuten

## Zutaten
½ Vanilleschote
500 ml Vollmilch
50 g Butter + Butter für die Formen
110 g Mehl
10 g Salz
250 g feiner Zucker
2 Eier + 2 Eigelb
abgeriebene Schale von ½ unbehandelten Orange
2 cl Rum

Die Vanilleschote aufschlitzen, das Mark herausschaben und beides mit der Milch aufkochen.

Die Butter in einem kleinen Topf bräunen.

Mehl, Salz und Zucker kräftig mit dem Schneebesen vermengen und dabei Eier und Eigelbe unterrühren.
Die kochende Milch darübergießen, die braune Butter hinzufügen und das Ganze zu einem relativ flüssigen Teig (ähnlich einem Crêpeteig) verrühren. Orangenschale und Rum hinzufügen und den Teig über Nacht im Kühlschrank ruhen lassen.

Den Teig auf acht gefettete Mini-Gugelhupfformen verteilen (die Formen nur zur Hälfte füllen).

Ein Backblech in den Backofen schieben und den Ofen auf 270 °C (Umluft 250 °C) vorheizen.

Die Formen auf das heiße Blech stellen und die Kuchen 5 Minuten backen. Die Temperatur auf 150 °C (Umluft 130 °C) reduzieren und die Küchlein nochmals etwa 40 Minuten backen, bis sie außen eine braune Kruste haben, innen aber noch schön weich sind.

## Zutaten
20 g frische Hefe
500 g Mehl
10 g Salz
375 g leicht gesalzene Butter
250 g feiner Zucker
1 Eigelb

# Bretonischer Butterkuchen ★★★

## Für 8 Personen
Zubereitung: 45 Minuten
Ruhezeit: 1 Stunde 45 Minuten
Backzeit: 30-40 Minuten

Die Hefe in 50 Milliliter lauwarmem Wasser auflösen.
Das Mehl mit dem Salz mischen und die Hefe hinzufügen. Nach und nach 200 Milliliter lauwarmes Wasser unterkneten, bis ein glatter, weicher Teig (ähnlich einem Brotteig) entstanden ist.

Den Teig bei 25-30 °C an einem feuchten Platz (mit einem wassergefüllten Gefäß im Backofen) gehen lassen, bis er sein Volumen verdoppelt hat.

Auf der bemehlten Arbeitsfläche noch einmal kurz durchkneten und den Teig dann zu einem 1,5-2 Zentimeter dicken Rechteck ausrollen. Die Butter in kleine Stücke schneiden und auf dem Teig verteilen. Den Zucker darüberstreuen und den Teig wie einen Blätterteig (S. 16) viermal tourieren*. Den Teig dazwischen jeweils 20 Minuten an einem kühlen Platz ruhen lassen.

Den Teig zu einer Scheibe ausrollen, mit dem Eigelb bepinseln, in eine ungefettete runde Kuchenform legen und 45 Minuten ruhen lassen.

Den Kuchen 30-40 Minuten im 230 °C heißen Backofen backen und dabei darauf achten, dass er nicht zu dunkel wird.

Nicht erschrecken: Der Kuchen schwimmt danach regelrecht in Butter. Das ist normal, und die Butter wird mit der Zeit aufgesogen.

**Kochschule**
Blätterteig >> S. 16

# Soufflé mit Orangenlikör ★★

## Für 8 Personen

Zubereitung: 40 Minuten
Garzeit: 35 Minuten

### Zutaten

30 g Butter
90 g feiner Zucker
6 cl Orangenlikör
2 Eier + 6 Eiweiß
1 Prise Salz (2 g)

Für die Konditorcreme

1 Vanilleschote
500 ml Milch
4 Eigelb
125 g feiner Zucker
55 g Puddingpulver oder 60 g Maisstärke

Für die Konditorcreme (S. 182) die Vanilleschote aufschlitzen, das Mark herausschaben und mit der Milch in einem Topf erhitzen.
Die Eigelbe mit einem Schneebesen kräftig mit dem Zucker und dem Puddingpulver verrühren, bis die Mischung die gewünschte Konsistenz angenommen hat.
Die Hälfte der kochenden Milch unter die Eigelbmischung rühren. Zu der restlichen Milch in den Topf geben, das Ganze noch einmal aufkochen und 2-3 Minuten kochen lassen. Dabei stetig mit dem Schneebesen schlagen.
Die Creme in eine Schüssel füllen, mit Frischhaltefolie abdecken (die Folie direkt auf die Creme legen, damit sich keine Haut bildet) und rasch abkühlen lassen.

Acht Souffléförmchen mit Butter einfetten und mit 30 Gramm Zucker ausstreuen. Überschüssigen Zucker entfernen.

Den Orangenlikör unter die Creme rühren.
Die Eiweiße mit einer Prise Salz steif schlagen und dabei 60 Gramm Zucker einrieseln lassen.
Die rohen Eigelbe unter die Creme rühren und den Eischnee vorsichtig mit einem Teigschaber unterheben.
Die Creme auf die Förmchen verteilen und glatt streichen.

Ein Backblech in den Backofen schieben und den Ofen auf 200 °C (Umluft 180 °C) vorheizen.
Die Soufflés auf das heiße Backblech stellen und etwa 20 Minuten backen.
Das Soufflé sollte eine goldgelbe Kruste haben, innen aber noch weich und cremig sein.
Die Soufflés sofort servieren.

**Kochschule**
Süßes Soufflé ›› S. 202

## Zutaten

300 g feiner Zucker
2 cl Orangenlikör
abgeriebene Schale von ½ unbehandelten Orange
2 g gemahlener Zimt
70 g klarer Tortenguss
1 unbehandelte Orange (zum Verzieren)

### Für den Biskuit

4 Eier
125 g feiner Zucker
125 g Mehl

### Für die Orangenmousse

3 Blatt Gelatine (6 g)
125 g Orangenpüree
3 Eiweiß
40 g feiner Zucker
einige Tropfen Orangenlikör
110 g Schlagsahne

### Für die Maracujamousse

9 Blatt Gelatine (18 g)
500 g Maracujafruchtmark
10 Eiweiß
150 g feiner Zucker
500 g Schlagsahne

# Orangen-Maracuja-Torte ★

**Für 8 Personen**
Zubereitung: 45 Minuten
Garzeit: 35 Minuten
Kühlzeit: 2 Stunden
Gefrierzeit: 1-2 Stunden

Für den Biskuit (S. 193) Eier und Zucker in einer Schlagschüssel* auf einem 60 °C heißen Wasserbad schaumig schlagen.
Mit einem Teigschaber vorsichtig die Hälfte des gesiebten Mehls unterheben. Das restliche Mehl auf einmal hinzufügen und kurz unterheben. Nicht zu lange bearbeiten, damit der Teig nicht zusammenfällt.
Ein Backblech mit Backpapier auslegen, den Teig 4 Millimeter dick darauf verstreichen und 15-20 Minuten im 180 °C (Umluft 160 °C) heißen Backofen backen.
Den Teig anschließend auf ein Kuchengitter stürzen und das Papier abziehen.

Für die Orangenmousse (S. 197) die Gelatine in kaltem Wasser einweichen.
Das Orangenfruchtmark aufkochen und 2 Minuten kochen lassen. Die ausgedrückte Gelatine einrühren und die Mischung abkühlen lassen.
Aus den Eiweißen, dem Zucker und 15 Milliliter Wasser eine italienische Meringenmasse herstellen (S. 49).
Die Sahne steif schlagen.
Sobald das Orangenpüree auf 20 °C abgekühlt ist, den Orangenlikör mit dem Schneebesen unterziehen. Die Baisermasse und danach die Sahne vorsichtig unterheben und die Mousse in den Kühlschrank stellen.

Aus 300 Gramm Zucker, 300 Milliliter Wasser, dem Orangenlikör, der abgeriebenen Orangenschale und etwas Zimt einen Sirup kochen.
Aus dem Biskuit eine 20 Zentimeter große Scheibe ausschneiden, in einen Tortenring mit 22 Durchmesser legen und mit dem lauwarmen Sirup tränken. Den Ring zu einem Viertel mit Orangenmousse füllen und die Creme in der Gefriertruhe fest werden lassen (30-60 Minuten).

Für die Maracujamousse (S. 197) die Gelatine in kaltem Wasser einweichen.
Das Maracujamark aufkochen und 2 Minuten kochen lassen. Die ausgedrückte Gelatine einrühren und die Mischung abkühlen lassen.
Aus den Eiweißen, dem Zucker und 50 Milliliter Wasser eine italienische Meringenmasse herstellen (S. 49).
Die Sahne steif schlagen.
Das Fruchtmark, sobald es auf 20 °C abgekühlt ist, mit dem Schneebesen glatt rühren. Die Baisermasse und danach die Sahne vorsichtig unterheben und die Mousse in den Kühlschrank stellen.
Den Tortenring mit der Maracujamousse auffüllen und die Oberfläche mit einem Dekorkamm* glatt streichen.

Die Torte für weitere 30-60 Minuten in die Tiefkühltruhe stellen und fest werden lassen. Anschließend mit klarem Tortenguss überziehen.

Die Torte auf eine Servierplatte stellen, den Ring mit einem heißen, feuchten Tuch umwickeln und dann abnehmen. Den Rand mit halben Orangescheiben verzieren.

**● Tipp**
*Pulver für klaren Tortenguss findet man im Supermarkt bei den Backzutaten*

**Kochschule**
Biskuit >> S. 193
Früchtemousse >> S. 197
Italienische Meringenmasse >> S. 49
Sirup >> S. 168

# Zweierlei Macarons ★★★

**Für 8 Personen**
Zubereitung: 55 Minuten
Ruhezeit: 20 Minuten
Garzeit: 45 Minuten

**Zutaten**
150 g gemahlene Mandeln
150 g Puderzucker
50 g Eiweiß
150 g feiner Zucker
55 g Eischnee
1 Messerspitze rote Lebensmittelfarbe

**Für die Himbeerkonfitüre**
500 g Himbeeren
500 g feiner Zucker
1 Vanilleschote
2 cl Himbeergeist

**Für den Karamell**
125 g feiner Zucker
45 g leicht gesalzene Butter
100 g Sahne

Für die Macarons (S. 195) Mandeln und Puderzucker in der Küchenmaschine pulverisieren und die Mischung anschließend gegebenenfalls noch sieben. Mit dem Eiweiß zu einem festen Teig (ähnlich wie Marzipan) verarbeiten.
Den Zucker mit 50 Milliliter Wasser zu Sirup kochen (121 °C), mit dem Eischnee zu einer italienischen Meringenmasse (S. 49) verarbeiten und abkühlen lassen.
Die Meringenmasse portionsweise unter die Mandelmischung heben. Dabei von innen nach außen arbeiten und die Schüssel drehen.
Die Hälfte des Teigs mit der Lebensmittelfarbe einfärben.
Ein Backblech mit Backpapier oder einer Silikonmatte auslegen, mit einem Spritzbeutel kleine Teighäufchen aufspritzen und 20 Minuten trocknen lassen.
Die Macarons 8–10 Minuten im 150 °C (Umluft 130 °C) heißen Backofen backen, anschließend abkühlen lassen und vom Blech nehmen.

Für die Himbeerkonfitüre die Himbeeren mit dem Zucker aufkochen. Die Vanilleschote aufschlitzen, das Mark herausschaben und beides zu den Himbeeren geben. Die Mischung langsam auf 107 °C erhitzen, mit Himbeergeist parfümieren und die Früchte mit einer Gabel grob zerkleinern. Abkühlen lassen und die rosa eingefärbten Macarons damit füllen.

Für den Karamell den Zucker erhitzen, bis er mittelbraun karamellisiert ist. Den Topf vom Herd nehmen und die Butter einrühren. Sobald die Butter geschmolzen ist, die flüssige Sahne hinzufügen, den Topf wieder auf den Herd stellen und die Mischung erhitzen, bis sich alles gut verbunden hat. Anschließend abkühlen lassen und die ungefärbten Macarons damit füllen.

**Kochschule**
Macarons >> S. 195
Italienische Meringenmasse >> S. 49

# Dreikönigskuchen ★★

## Zutaten

1 Ei
300 g Zucker

### Für den Blätterteig

250 g Mehl
5 g Salz
185 g Butter

### Für die Konditorcreme

250 ml Milch
½ Vanilleschote
2 Eigelb
65 g feiner Zucker
30 g Maisstärke
einige Tropfen Amaretto

### Für die Mandelcreme

100 g Butter
100 g feiner Zucker
100 g gemahlene Mandeln
2 Eier

### Für 8 Personen

Zubereitung: 90 Minuten
Ruhezeit: 100 Minuten
Garzeit: 50 Minuten

Für den Blätterteig (S. 16) das Mehl mit dem Salz in eine Schüssel sieben, in die Mitte eine Mulde drücken und 125 Milliliter Wasser hineingießen. Die Zutaten rasch zu einem glatten, homogenen Teig verarbeiten, zu einer Kugel formen, kreuzförmig einschneiden und etwa 20 Minuten im Kühlschrank ruhen lassen.
Den Teig zu einem Quadrat ausrollen, das in der Mitte etwas dicker (etwa 8 Millimeter) ist. Die Seiten so ausrollen, dass ein Kreuz entsteht.
Die Butter (sie muss exakt so weich sein wie der Teig) zu einem Rechteck formen, in die Mitte des Teigs legen und jeweils die beiden gegenüberliegenden Seiten des Teigs darüberschlagen, sodass das Fett vollständig vom Teig umschlossen ist.
Den Teig zu einem Rechteck ausrollen, das dreimal so lang wie breit ist. Ein Drittel des Rechtecks nach innen umschlagen und das andere Ende darüberschlagen. Den Teig um 90 Grad drehen, erneut ausrollen und umschlagen. Den Vorgang noch fünfmal wiederholen. Den Teig nach jedem zweiten Mal etwa 20 Minuten im Kühlschrank ruhen lassen.

Für die Frangipane-Creme (S. 178) zunächst aus den angegebenen Zutaten eine Konditorcreme (S. 182) herstellen. Während die Konditorcreme abkühlt, eine Mandelcreme (S. 176) herstellen.
Die Konditorcreme mit Amaretto glatt rühren, die Mandelcreme hinzufügen und beide Cremes sorgfältig verrühren.

Den Blätterteig 3-4 Millimeter dick ausrollen und zwei Kreise daraus ausschneiden: einen 24 Zentimeter großen Kreis für den Boden und einen 26 Zentimeter großen als Deckel.
Die kleinere Scheibe auf ein mit einer Silikonmatte oder Backpapier ausgelegtes Backblech legen und den Rand (1-1,5 Zentimeter) mit dem verquirlten Ei bepinseln.
Die Frangipane-Creme gleichmäßig darauf verstreichen, die zweite Teigscheibe auflegen und am Rand mit den Fingerspitzen gut andrücken.
Den Rand rundherum mit dem Rücken eines Messers einkerben und die Oberseite des Kuchens mit dem verquirlten Ei bepinseln.
Den Kuchen 20 Minuten kalt stellen und danach 35-40 Minuten im 210 °C (Umluft 190 °C) heißen Backofen backen.

Aus 300 Gramm Zucker und 300 Milliliter Wasser einen Sirup kochen. Den Kuchen damit bestreichen und weiterbacken, bis der Zucker gebräunt ist; diesen Vorgang noch zweimal wiederholen. Den Kuchen auf einem Gitter auskühlen lassen.

**Kochschule**
Blätterteig ›› S. 16
Frangipane-Creme ›› S. 178
Konditorcreme ›› S. 182
Mandelcreme ›› S. 176
Sirup ›› S. 168

# Beerentarte ★

**Für 8 Personen**
Zubereitung: 45 Minuten
Ruhezeit: 20 Minuten
Garzeit: 45 Minuten

### Zutaten
500 g Himbeeren
100 g Schwarze Johannisbeeren
100 g Rote Johannisbeeren
300 g Erdbeeren
80 g Aprikosenkonfitüre

Für den süßen Mürbeteig
125 g weiche Butter + Butter für die Form
100 g feiner Zucker
1 Ei
250 g Mehl
5 g Salz

Für die Konditorcreme
1 Vanilleschote
500 ml Milch
3 Eier
125 g feiner Zucker
55 g Puddingpulver oder 60 g Maisstärke

Für den süßen Mürbeteig (S. 14) Butter und Zucker cremig rühren. Das Ei und das gesiebte Mehl mit dem Salz hinzufügen und die Zutaten zu einem glatten Teig verkneten.
Den Teig 20 Minuten kühl stellen und danach etwa 3 Millimeter dick ausrollen.
Eine gefettete Tarteform damit auskleiden und den Rand dekorativ verzieren.
Den Boden mit einer Gabel einstechen, mit Backpapier bedeckt und mit getrockneten Hülsenfrüchten beschwert 20-30 Minuten im 180 °C (Umluft 160 °C) heißen Backofen blindbacken.

Für die Konditorcreme (S. 182) die Vanilleschote aufschlitzen, das Mark herausschaben und mit der Milch zum Kochen bringen.
Eier, Zucker und Puddingpulver kräftig verrühren, bis die Mischung die gewünschte Konsistenz hat.
Die Hälfte der kochenden Milch mit der Eier-Zucker-Mischung verrühren und nach Belieben aromatisieren.
Zur restlichen Milch in den Topf gießen, die Creme zum Kochen bringen und 2-3 Minuten unter stetigem Rühren kochen lassen.
In eine Schüssel füllen, mit Frischhaltefolie abdecken (die Folie direkt auf die Creme legen, damit sich keine Haut bildet) und rasch abkühlen lassen.

Die Konditorcreme in einen Spritzbeutel füllen und gleichmäßig auf dem ausgekühlten Boden verteilen. Die Beeren darauf verteilen, mit der erwärmten Konfitüre überziehen und abkühlen lassen.

**Kochschule**
Süßer Mürbeteig >> S. 14
Konditorcreme >> S. 182

# Apfelbeignets mit Aprikosencoulis ★

## Zutaten
1 kg Äpfel (Golden Delicious)
80 g feiner Zucker
3 g Zimt
1 cl Calvados
Öl zum Frittieren

### Für den Ausbackteig
200 g Mehl (Type 550)
5 g Salz
2 Eier + 3 Eiweiß
20 ml Sonnenblumenöl
200 ml Milch oder Bier

### Für die Aprikosencoulis
700 g Aprikosen
700 g feiner Zucker
1 Vanilleschote

## Für 8 Personen
Zubereitung: 50 Minuten
Ruhezeit: 30 Minuten
Garzeit: 30 Minuten

Für den Ausbackteig (S. 23) das Mehl mit dem Salz in eine Schüssel sieben, die ganzen Eier einzeln unterrühren und das Öl hinzufügen.
Milch oder Bier dazugeben und den Teig mit dem Schneebesen glatt rühren.
Die Eiweiße steif schlagen und den Eischnee vorsichtig mit einem Spatel oder einem Teigschaber unterheben.

Die Äpfel waschen, schälen und die Kerngehäuse ausstechen. Die Früchte in etwa 3 Zentimeter dicke Scheiben schneiden (Sie benötigen drei Scheiben pro Person) und diese etwa 30 Minuten in dem mit Zucker und Zimt verrührten Calvados ziehen lassen.

Für die Aprikosencoulis (S. 164) die Aprikosen entkernen und bei geringer Hitze in 250 Milliliter Wasser mit dem Zucker und der aufgeschlitzten Vanilleschote sehr weich kochen (das Wasser eventuell noch mit etwas Calvados-Marinade aromatisieren). Das Kompott anschließend pürieren, Püree durch ein feines Sieb streichen und zur Seite stellen.

Das Öl in einer Fritteuse erhitzen, die Apfelscheiben durch den Ausbackteig ziehen, in das heiße Öl gleiten lassen und rundherum goldbraun ausbacken. Mit einem Schaumlöffel herausheben und auf Küchenpapier abtropfen lassen.
Die Beignets heiß mit der Aprikosencoulis servieren.

**Kochschule**
Ausbackteig >> S. 23
Früchtecoulis >> S. 164

## Zutaten

200 g Zucker

### Für den Blätterteig

125 g Mehl
1 kleine Prise Salz
95 g Butter

### Für den Brandteig

5 g Salz
15 g feiner Zucker
100 g Butter in kleinen Stücken
125 g Mehl (Type 550)
5 Eier

### Für die Chiboust-Creme

1 Vanilleschote
500 ml Milch
3 Eier + 5 Eiweiß
625 g feiner Zucker
55 g Puddingpulver oder 60 g Maisstärke
5 Blatt Gelatine (10 g)

**Kochschule**

Blätterteig >> S. 16
Brandteig >> S. 20
Chiboust-Creme >> S. 175
Italienische Meringenmasse >> S. 49

# Saint-Honoré-Torte ★★★

## Für 8 Personen

Zubereitung: 55 Minuten
Ruhezeit: 80 Minuten
Garzeit: 50 Minuten

Für den Blätterteig (S. 16) das Mehl mit dem Salz in eine Schüssel sieben, in die Mitte eine Mulde drücken und 70 Milliliter Wasser hineingießen. Die Zutaten rasch zu einem glatten, homogenen Teig verarbeiten, zu einer Kugel formen, kreuzförmig einschneiden und etwa 20 Minuten im Kühlschrank ruhen lassen.
Den Teig zu einem Quadrat ausrollen, das in der Mitte etwas dicker (etwa 5 Millimeter) ist. Die Seiten so ausrollen, dass ein Kreuz entsteht.
Die Butter (sie muss exakt so weich sein wie der Teig) zu einem Quader formen, in die Mitte des Teigs legen und jeweils die beiden gegenüberliegenden Seiten des Teigs darüberschlagen, sodass das Fett vollständig vom Teig umschlossen ist.
Den Teig zu einem Rechteck ausrollen, das dreimal so lang wie breit ist.
Ein Drittel des Rechtecks nach innen umschlagen und das andere Ende darüberschlagen. Den Teig um 90 Grad drehen, erneut ausrollen und umschlagen. Den Vorgang noch fünfmal wiederholen. Den Teig nach jedem zweiten Mal etwa 20 Minuten im Kühlschrank ruhen lassen.
Eine 20 Zentimeter große Scheibe aus dem Teig ausschneiden, mit einer Gabel einstechen und kühl stellen.

Für den Brandteig (S. 20) 250 Milliliter Wasser mit Salz, Zucker und Butter zum Kochen bringen. Den Topf vom Herd nehmen und das gesiebte Mehl auf einmal hineingeben.
Den Topf wieder auf den Herd stellen und die Masse abbrennen*. Den Teig in eine Schüssel umfüllen und nacheinander vier Eier mit einem Spatel einarbeiten.
Die Blätterteigscheibe auf ein mit Backpapier ausgelegtes Blech setzen. Den Brandteig in einen Spritzbeutel füllen und auf den Rand der Blätterteigscheibe einen Kranz aufspritzen.
Mit dem restlichen Teig kleine Windbeutel auf das Backblech spritzen. Den Brandteig mit verquirltem Ei bepinseln.
Das Blech für 20-30 Minuten in den 210 °C (Umluft 190 °C) heißen Backofen schieben. Den Boden und die Windbeutel anschließend auf einem Kuchengitter auskühlen lassen.
Für die Chiboust-Creme (S. 175) die Vanilleschote aufschlitzen, das Mark herausschaben und mit der Milch in einem Topf zum Kochen bringen.
Die Eigelbe mit 125 Gramm Zucker und der Stärke verrühren.
Die Hälfte der kochenden Milch mit der Eigelbmischung verrühren.
Zur restlichen Milch gießen, die Mischung erneut aufkochen und 2-3 Minuten unter stetigem Rühren kochen lassen.
Den Topf anschließend vom Herd nehmen, die eingeweichte und ausgedrückte Gelatine hinzufügen und die Creme mit dem Schneebesen glatt rühren.
In eine Schüssel füllen, mit Frischhaltefolie abdecken (die Folie direkt auf die Creme legen) und auf etwa 15 °C abkühlen lassen.
Aus den acht Eiweißen, 500 Gramm Zucker und 165 Milliliter Wasser eine italienische Meringenmasse (S. 49) herstellen.
Die erkaltete, aber noch nicht erstarrte Creme glatt rühren und die Meringenmasse vorsichtig mit einem Teigschaber unterheben.

Aus 200 Gramm Zucker und 60 Milliliter Wasser Karamell herstellen.

Die Windbeutel mit der Spitze eines Messers aushöhlen und mit der Chiboust-Creme füllen. Mit der Öffnung in den heißen Karamell tauchen, um sie zu verschließen.
Mit der Karamellseite nach unten auf eine Silikonmatte oder Backpapier setzen und den Karamell fest werden lassen.
Die ausgekühlten Windbeutel mit etwas flüssigem Karamell auf dem Brandteigkranz befestigen und die Torte in der Mitte mit der restlichen Creme füllen.

Nach Belieben dekorieren, etwa mit gesponnenem Zucker, und servieren.

# Tarte Tatin ★

## Für 8 Personen

**Zubereitung: 40 Minuten**
**Ruhezeit: 20 Minuten**
**Garzeit: 55 Minuten**

### Zutaten

10 Äpfel (vorzugsweise Golden Delicious)
125 g Butter
200 g feiner Zucker
3 g gemahlener Zimt

**Für den Mürbeteig**

250 g Mehl
5 g Salz
125 g weiche Butter
1 Eigelb

Für den Mürbeteig (S. 12) das Mehl in eine Schüssel sieben. In der Mitte eine Mulde formen. Das Salz hineingeben, dann 50 Milliliter Wasser sowie das Eigelb. Alles rasch mit den Händen vermischen.
Die Butter in Stückchen dazugeben und schnell unterkneten.
Den Teig mit der Handfläche mehrfach walken, bis er homogen ist.
Zu einer Kugel formen und mit Frischhaltefolie bedeckt im Kühlschrank 20 Minuten ruhen lassen.
Den Teig mit dem Nudelholz zu einer etwa 3 Millimeter dicken Scheibe ausrollen.

Die Äpfel schälen, halbieren und die Kerngehäuse vorsichtig herausschneiden.

Eine beschichtete Tarteform mit festem Boden auf den Herd stellen, die Butter darin zerlassen, den Zucker hinzufügen und bei geringer Hitze karamellisieren lassen. Sobald der Zucker Farbe annimmt, die Apfelhälften dicht an dicht auf dem Karamell verteilen und mit einem Spatel hineindrücken, damit sie im Karamell garen.
Mit Zimt bestreuen, die Form vom Herd nehmen und die Teigscheibe auf die Äpfel legen. Die Teigränder gut andrücken, den Teig mehrfach mit einer Gabel einstechen und die Tarte 35-40 Minuten im 180 °C (Umluft 160 °C) heißen Ofen backen.

Die fertige Tarte auf eine Servierplatte stürzen, sodass die Äpfel oben zu liegen kommen, und lauwarm mit leicht gezuckerter Schlagsahne und Vanilleeis servieren.

**Kochschule**
Mürbeteig ›› S. 12

# Didier Stéphan

## präsentiert sein Rezept

Die Verrine, das heißt die Präsentation von Speisen in kleinen Gläsern, erfreut sich zunehmender Beliebtheit. Und das aus mehreren Gründen. Da wäre zunächst einmal ihre Transparenz: Alles ist sichtbar oder lässt sich zumindest erahnen. Ferner bietet sie dem Koch oder Patissier die Möglichkeit, mit den unterschiedlichsten, auch weniger »kompakten« Texturen zu spielen, indem er etwa weiche, schmelzende mit knusprigen Zutaten kombiniert. Was dabei herauskommt, ist ein höchst abwechslungsreiches Geschmackserlebnis, das den Gaumen immer wieder aufs Neue kitzelt.

Die Verrine, die ich für dieses Buch zusammengestellt habe, enthält unter anderem ein Gelee, das mit Pineau des Charentes zubereitet wird, einem Likörwein, den man in Eichenfässern reifen lässt. Wegen seines köstlichen Beerenaromas besonders beliebt ist der Pineau Rosé.

Die Diplomatencreme war vorübergehend etwas in Vergessenheit geraten, erlebt aber gerade wieder eine Renaissance, was sie nicht zuletzt ihrer Leichtigkeit und cremigen Konsistenz verdankt.

# Diplomatencreme mit Pineau-Gelee und Karamellsauce

### Das Pineau-Gelee herstellen

Die Gelatine 3 Minuten in kaltem Wasser einweichen, ausdrücken und 10 Sekunden in der Mikrowelle schmelzen lassen.
Mit dem Pineau verrühren und vier kleine Gläser jeweils 2 Zentimeter hoch damit füllen.

### Die Diplomatencreme zubereiten

Die Milch mit der aufgeschlitzten Vanilleschote und dem herausgekratzten Mark aufkochen und 30 Minuten ziehen lassen.
Die Eigelbe mit dem Zucker schaumig schlagen.
Die Stärke hinzufügen und die Eigelbmischung zur Milch geben.
Die Mischung kochen lassen, bis sie eindickt. Den Topf dann vom Herd nehmen und die Butter einrühren.
Die Creme mit Frischhaltefolie abdecken und für 20 Minuten in den Kühlschrank stellen.
Anschließend mit dem Schneebesen glatt rühren und die steif geschlagene Sahne unterheben.

### Die Streusel herstellen

Butter und Zucker cremig rühren.
Das Salz und danach die Mandeln und das Mehl untermischen.
Den Teig 15 Minuten im Kühlschrank ruhen lassen, auf ein mit Backpapier ausgelegtes Blech krümeln und 5–10 Minuten im 180 °C heißen Ofen goldgelb backen.

### Die Karamellsauce zubereiten

Die Crème fraîche erhitzen. Den Zucker karamellisieren lassen und die heiße Crème fraîche unterrühren, salzen.

### Die Glukoseblasen herstellen

Die Glukose auf ein Stück Backpapier oder eine Silikonmatte streuen und für 50 Minuten in den 150 °C (Umluft 130 °C) heißen Backofen geben.

### Anrichten

Die Diplomatencreme auf das erstarrte Gelee gießen (etwa 3 Zentimeter hoch) und etwas Karamellsauce darauf verteilen.
Mit den Streuseln bedecken und mit den Glukoseblasen dekorieren.

### Für 4 Personen

Zubereitung: 2 Stunden
Garzeit: 100 Minuten

### Zutaten

250 ml Milch
1 Vanilleschote
50 g Eigelb
60 g Zucker
20 g Maisstärke
20 g Butter
200 g Schlagsahne
60 g Glukose

### Für das Pineau-Gelee

100 ml Pineau des Charentes
1 Blatt Gelatine

### Für die Streusel

100 g Butter
100 g Zucker
100 g gemahlene Mandeln
100 g Mehl, 1 Prise Salz

### Für die Karamellsauce

100 g Crème fraîche
100 g Zucker
1 Prise Salz

# Himbeercharlotte ★

**Für 8 Personen**
Zubereitung: 70 Minuten
Kühlzeit: 2 Stunden 30 Minuten
Garzeit: 35 Minuten

Für die Löffelbiskuits (S. 188) aus Eiweißen und Zucker eine französische Meringenmasse (S. 49) herstellen.
Die Eigelbe verquirlen und den Eischnee unterheben.
Das Mehl mit der Maisstärke sieben, auf einmal zur Eiermischung geben und vorsichtig mit einem Teigschaber unterziehen.
Den Teig in einen Spritzbeutel füllen und 8-10 Zentimeter lange und 1,5 Zentimeter breite Streifen auf ein mit Backpapier oder einer Silikonmatte ausgelegtes Blech spritzen.
Mit Puderzucker bestäuben und den Zucker schmelzen lassen.
Die Biskuits erneut mit Puderzucker bestäuben, sofort in den 200 °C (Umluft 180 °C) heißen Backofen schieben und 10-15 Minuten backen.

Aus 40 Milliliter Wasser und 60 Gramm Zucker einen Sirup (S. 168) kochen und den Himbeergeist unterrühren.

Die Wände einer Charlottenform oder mehrerer Portionsförmchen mit Löffelbiskuits auskleiden und die Biskuits mithilfe eines Backpinsels mit dem lauwarmen Sirup tränken.

Für die Bayerische Creme (S. 190) die Gelatine in kaltem Wasser einweichen.
Das Himbeerpüree mit dem Zucker aufkochen, die ausgedrückte Gelatine unterrühren und die Mischung abkühlen lassen.
Die Sahne steif schlagen.
Wenn das Himbeerpüree auf etwa 20 °C abgekühlt ist, den Himbeergeist hinzufügen und das Püree mit dem Schneebesen glatt rühren.
Anschließend die geschlagene Sahne nach und nach vorsichtig mit einem Teigschaber unterheben.

Die Creme in die Form füllen, mit Frischhaltefolie abdecken und 2-2½ Stunden kalt stellen.

Für die Himbeercoulis (S. 164) die Himbeeren verlesen und gegebenenfalls kurz unter fließendem Wasser abspülen. Im Mixer mit Zitronensaft und Zucker pürieren.
Das Püree durch ein feines Sieb passieren, mit Frischhaltefolie abdecken und kalt stellen.

Die Charlotte aus der Form stürzen, mit Himbeeren garnieren und mit der Coulis servieren.

**Zutaten**
60 g feiner Zucker
1 cl Himbeergeist
125 g Himbeeren (zum Garnieren)

**Für die Löffelbiskuits**
3 Eiweiß + 4 Eigelb
100 g feiner Zucker
50 g Mehl
50 g Maisstärke
Puderzucker

**Für die Bayerische Creme**
10 Blatt Gelatine (20 g)
800 g Himbeerpüree
100 g feiner Zucker
800 g Schlagsahne
8 ml Himbeergeist

**Für die Himbeercoulis**
200 g Himbeeren
20 ml Zitronensaft
80 g Puderzucker

**Kochschule**
Löffelbiskuits >> S. 188
Französische Meringenmasse >> S. 49
Sirup >> S. 168
Bayerische Creme mit Früchten >> S. 190
Früchtecoulis >> S. 164

# Arme Ritter mit Rhabarberkompott ★★

**Zutaten**
100 ml Milch
100 g Sahne
2 Eier + 2 Eigelb
40 g feiner Zucker
Vanilleextrakt
einige Tropfen Amaretto
80 g Butter

**Für die Brioche**
15 g Trockenhefe
250 g Mehl (Type 550)
5 g Salz
10 g Zucker
3 Eier
125 g Butter + Butter für die Form

**Für das Rhabarberkompott**
400 g Rhabarber
350 g Zucker
einige Tropfen Vanilleextrakt

**Kochschule**
Briochteteig >> S. 24
Süße Eiercreme >> S. 186
Panieren und braten >> S. 122

## Für 8 Personen
Zubereitung: 50 Minuten
Ruhezeit: 60 Minuten
Garzeit: 60 Minuten

### Am Vortag
Für den Briocheteig (S. 24) die Hefe in etwas lauwarmem Wasser auflösen. Das Mehl in eine Schüssel sieben, eine Mulde hineindrücken, den Rand mit Salz und Zucker bestreuen, damit die Hefe nicht damit in Berührung kommt, und die Hefe in die Mulde gießen.
Die verquirlten Eier hinzufügen und die Zutaten - am besten mit den Knethaken des Handmixers - zu einem elastischen Teig verarbeiten.
Die weiche Butter unterkneten, den Teig in eine Schüssel legen, mit Frischhaltefolie abdecken und 30-40 Minuten bei 25-30 °C gehen lassen.
Sobald er sein Volumen verdoppelt hat, den Teig abschlagen*.
Den Teig in eine gefettete Kastenform geben und erneut gehen lassen, bis er die Form zur Hälfte ausfüllt.
Die Brioche etwa 40 Minuten im 180-200 °C (Umluft 160-180 °C) heißen Ofen backen. Am Ende der Backzeit mit der Spitze eines Messers einstechen, um zu prüfen, ob sie durchgebacken ist (das Messer muss sauber bleiben).

Für die Eiercreme (S. 186) die Milch mit Sahne, Eiern, Eigelben, Zucker, Vanille und Amaretto verrühren, durch ein feines Sieb passieren, mit Frischhaltefolie abdecken und kalt stellen.

Die Enden der Rhabarberstangen abschneiden und die Stangen waschen. Die Fäden abziehen, die Stangen in etwa 2 Zentimeter lange Stücke schneiden und in kochendem Wasser blanchieren.
Abgießen, unter fließendem Wasser abschrecken und bei geringer Hitze mit dem Zucker, 50 Milliliter Wasser und Vanilleextrakt garen, bis die Stücke zerfallen.

### Am folgenden Tag
Die Brioche in 2 Zentimeter dicke Scheiben schneiden, durch die Eiercreme ziehen und in einer Pfanne in Butter rundherum anbräunen.

Die armen Ritter mit dem Rhabarberkompott anrichten. Nach Belieben dazu Vanilleeis servieren.

# Tarte mit Himbeerganache ★

## Für 8 Personen

Zubereitung: 45 Minuten
Ruhezeit: 20 Minuten
Garzeit: 40 Minuten
Kühlzeit: 2-3 Stunden

### Zutaten

225 g Himbeeren
50 g Zucker
50 g Glukose
400 g Sahne
100 g Butter
750 g Schokolade (64 % Kakaoanteil)
7 cl Himbeergeist

**Für den süßen Mürbeteig**

125 g weiche Butter + Butter für die Form
100 g feiner Zucker
1 Ei
250 g Mehl
5 g Salz
50 ml Wasser

Für den Mürbeteig (S. 14) Butter und Zucker in der Küchenmaschine cremig rühren, das Ei und danach das gesiebte Mehl mit dem Salz hinzufügen. Den Teig auf der Arbeitsfläche mit der Handfläche durchwalken, bis er glatt ist, und anschließend für 20 Minuten kühl stellen.
Den Teig mit dem Nudelholz zu einer etwa 3 Millimeter dicken Scheibe ausrollen, eine gefettete Tarteform damit auslegen und den Rand glatt abschneiden.
Den Teig mehrfach mit einer Gabel einstechen, mit Backpapier belegen, mit getrockneten Hülsenfrüchten beschweren und 20-25 Minuten im 180 °C (Umluft 160 °C) heißen Backofen blindbacken.

100 Gramm Himbeeren mit Zucker und Glukose in einem Topf aufkochen und einige Minuten köcheln lassen. Sahne und Butter unterrühren und nochmals aufkochen lassen.
Den Topf vom Herd nehmen und die gehackte Schokolade und den Himbeergeist einrühren. Die Ganache durch ein feines Sieb streichen, auf dem ausgekühlten Boden verteilen und im Kühlschrank fest werden lassen.

Die Tarte vor dem Servieren mit den restlichen Himbeeren dekorieren.

**Kochschule**
Süßer Mürbeteig >> S. 14
Ganache >> S. 180

# Schneeklößchen mit Karamell auf Vanillesauce ★★

**Zutaten**
10 Eiweiß
2 g Salz
440 g feiner Zucker
1 l Milch
80 g Mandelblättchen

**Für die Vanillesauce**
½ Vanilleschote
5 Eigelb
125 g feiner Zucker

## Für 8 Personen

Zubereitung: 40 Minuten
Garzeit: 30 Minuten

Für die Schneeklößchen eine französische Meringenmasse (S. 49) herstellen. Dazu die Eiweiße in einer Schlagschüssel* mit dem Salz verrühren und danach zu Schnee schlagen. Dabei nach und nach 240 Gramm Zucker einrieseln lassen und so lange mit kreisenden Bewegungen weiterschlagen, bis sich der Zucker aufgelöst hat. Die Masse muss glatt und fest sein und am Schneebesen muss sich eine kleine Spitze bilden, wenn man ihn herauszieht.

Die Milch aufkochen.
Aus dem Eischnee mit zwei Esslöffeln (oder mithilfe einer Schöpfkelle und einer Teigkarte) kleine Bälle formen. Die Bällchen portionsweise 1-2 Minuten in der Milch pochieren und dabei stetig wenden.
Auf Küchenpapier abtropfen lassen und kalt stellen.

Für die Vanillesauce (S. 172) die Vanilleschote aufschlitzen und das Mark herausschaben. 500 Milliliter Milch (vom Pochieren der Schneebälle) abmessen, durchseihen und in einem Topf mit Vanilleschote und -mark erhitzen.
Die Eigelbe mit dem Zucker verrühren. Die Vanillemilch unterrühren, die Mischung in den Topf zurückgießen und bei geringer Hitze etwas eindicken lassen.
Den Topf dabei von Zeit zu Zeit von der Herdplatte nehmen, damit das Eigelb nicht zu stark erhitzt wird und womöglich gerinnt.
Die Creme durch ein feines Sieb in eine Schüssel passieren, mit Frischhaltefolie abgedeckt (die Folie direkt auf die Sauce legen) abkühlen lassen.

Acht Dessertschalen zur Hälfte mit der erkalteten Vanillesauce füllen und die Schneeklößchen kuppelförmig darauf anrichten.

Für das Karamellgespinst 200 Gramm Zucker in einem Topf erhitzen, bis ein goldgelber Karamell entstanden ist. Etwas abkühlen lassen, mit einer Gabel Fäden aus dem flüssigen Karamell ziehen und die Gabel über der Rundung einer Schlagschüssel mit schnellen Bewegungen durch die Luft kreisen lassen, bis ein feines Fadengespinst entstanden ist. Den Vorgang so lange wiederholen, bis alle Gläser verziert sind. Den Karamell zwischendurch immer wieder leicht erhitzen.

Die Mandelblättchen rösten und die Schneeklößchen damit bestreuen.

**Kochschule**
Französische Meringenmasse ›› S. 49
Englische Creme ›› S. 172

# Waffeln Tuttifrutti ★

**Für 8 Personen**
Zubereitung: 40 Minuten
Ruhezeit: 30 Minuten
Backzeit: 15 Minuten

**Zutaten**
2 Äpfel
125 g Brombeeren
8 Rispen Rote Johannisbeeren
125 g Walderdbeeren
8 Rispen Schwarze Johannisbeeren
125 g Himbeeren

**Für den Waffelteig**
340 g Mehl
80 g feiner Zucker
1 Prise Salz
1 Päckchen Backpulver
2 Eier
250 ml Milch
100 g Butter, zerlassen
einige Tropfen Orangenblütenwasser

**Für die Chantilly-Sahne**
250 g Sahne
35 g Puderzucker
einige Tropfen Vanilleextrakt

Für den Waffelteig (S. 22) das Mehl mit Zucker, Salz und Backpulver in eine Schüssel sieben. Eine Mulde hineindrücken, die Eier hineinschlagen und mit etwas Milch verrühren.
Nach und nach die restliche Milch unterrühren. Dabei darauf achten, dass keine Klümpchen entstehen.
Butter und Orangenblütenwasser hinzufügen und den Teig etwa 30 Minuten ruhen lassen.

Die Äpfel waschen, schälen und in Spalten schneiden. Brombeeren, Johannisbeerrispen und Erdbeeren waschen. Himbeeren und Erdbeeren mit Puderzucker bestäuben.

Die Waffeln im Waffeleisen backen und auskühlen lassen.

Für die Chantilly-Sahne (S. 174) die eisgekühlte Sahne mit dem Schneebesen oder in der Küchenmaschine (mittlere Stufe) steif schlagen.
Den gesiebten Puderzucker und den Vanilleextrakt hinzufügen und die Sahne noch einmal einige Sekunden kräftig aufschlagen.

Die Sahne in einen Spritzbeutel füllen, die Waffeln damit verzieren und mit den Früchten garnieren.

**Kochschule**
Waffelteig ›› S. 22
Chantilly-Sahne ›› S. 174

# Clafoutis ★

## Zutaten
500 g schwarze Süßkirschen
100 g feiner Zucker
125 g Mehl
1 kräftige Prise Salz (5 g)
3 Eier
300 ml Vollmilch
30 g Butter
1 Vanilleschote
Puderzucker

## Für 8 Personen
Zubereitung: 15 Minuten
Ruhezeit: 40 Minuten
Backzeit: 45 Minuten

Die Kirschen waschen und entstielen, mit 50 Gramm Zucker bestreuen und 30-40 Minuten ruhen lassen.

In einer Schlagschüssel* das Mehl mit 50 Gramm Zucker mischen. Das Salz und die verquirlten Eier hinzufügen und die Zutaten kräftig mit dem Schneebesen verrühren. Dabei darauf achten, dass sich keine Klümpchen bilden.
Die Milch dazugießen und den Teig glatt rühren.
Zum Schluss die Butter und das ausgekratzte Vanillemark unterrühren.

Die Kirschen (mit Kernen) in eine ofenfeste Form füllen, mit dem Teig übergießen und den Clafoutis 40-45 Minuten im 180 °C (Umluft 160 °C) heißen Backofen backen.

Aus dem Ofen nehmen, mit Puderzucker bestäuben und sofort servieren.

**Zutaten**
250 g Zartbitterschokolade (64 % Kakaoanteil)
60 g Butter in kleinen Stücken
3 Eigelb + 6 Eiweiß
100 g feiner Zucker
60 g Schokoladenstreusel (zum Verzieren)

# Mousse au Chocolat ★

**Für 8 Personen**
Zubereitung: 25 Minuten
Kühlzeit: mindestens 60 Minuten
Garzeit: 10 Minuten

Die Schokolade hacken und mit der Butter auf einem Wasserbad (50 °C) schmelzen.
Den Topf vom Wasserbad nehmen, die Eigelbe hinzufügen und die Mischung glatt rühren.
Die Eiweiße steif schlagen und dabei den Zucker einrieseln lassen.
Den Eischnee mit einem Teigschaber vorsichtig unter die Schokoladenmischung heben.
Die Mousse in einen Spritzbeutel füllen, auf Dessertschalen oder kleine Gläser verteilen und mindestens 60 Minuten im Kühlschrank fest werden lassen.

Die Mousse au Chocolat vor dem Servieren mit Schokoladenstreuseln verzieren.

**Kochschule**
Mousse au Chocolat >> S. 196
Französische Meringenmasse >> S. 49

### Zutaten

140 g Rundkornreis
1 Vanilleschote
1 l Milch
1 kleine Stange Zimt (2 g)
1 Prise Salz
4 Eigelb
150 g feiner Zucker

# Milchreis mit Zimt ★

### Für 8 Personen

Zubereitung: 20 Minuten
Garzeit: 40 Minuten

Den Reis waschen, in kaltes Wasser geben und blanchieren. Sobald das Wasser aufkocht, den Topf vom Herd nehmen, den Reis in ein Sieb abgießen, unter fließendem kaltem Wasser abschrecken und abtropfen lassen.
Die Vanilleschote aufschlitzen und das Mark herauskratzen. Die Milch mit Vanilleschote, Vanillemark, der Zimtstange und dem Salz aufkochen.
Den Reis hinzufügen, einen Deckel auflegen und den Reis 30 Minuten im 160 °C (Umluft 140 °C) heißen Backofen garen.
Für die Garprobe prüfen, ob sich ein Reiskorn zwischen den Fingerspitzen leicht zerdrücken lässt.
Eigelbe und Zucker kräftig mit dem Schneebesen verrühren, mit dem Reis vermischen, den Topf wieder auf den Herd stellen und den Reis nochmals erhitzen, aber nicht mehr kochen lassen.
Den Reis anrichten und rasch abkühlen lassen.

**Kochschule**
Milchreis >> S. 198

Zutaten
5 Eiweiß
125 g feiner Zucker
25 g Mehl
125 g gemahlene Mandeln
125 g Walnusskerne

Für den Krokant
300 g Mandeln, gehackt
50 g Glukosesirup
500 g feiner Zucker
70 g Butter

Für die Maronen-Buttercreme
200 g feiner Zucker
2 Eier + 2 Eigelb
250 g Butter
100 g Maronencreme (Fertigprodukt)

# Baisertörtchen mit Maronencreme, gerösteten Walnüssen und Krokantsplittern ★★

## Für 8 Personen
Zubereitung: 50 Minuten
Garzeit: 35 Minuten
Kühlzeit: 2 Stunden

Für die Baisermasse (S. 204) die Eiweiße steif schlagen und dabei 15 Gramm Zucker einrieseln lassen.
Den restlichen Zucker mit Mehl und Mandeln in eine Schüssel sieben. Den Eischnee gleichmäßig unterheben.
Sofort in einen Spritzbeutel füllen und 16 Kreise mit 10 Zentimeter Durchmesser auf ein mit Backpapier oder einer Silikonmatte ausgelegtes Blech spritzen. 8-12 Minuten im 200 °C (Umluft 180 °C) heißen Backofen backen und auf einem Kuchengitter auskühlen lassen.

Für den Krokant die Mandeln in einer beschichteten Pfanne ohne Fettzugabe leicht rösten. Den Glukosesirup bei mittlerer Hitze verflüssigen, nach und nach den Zucker hinzufügen und dabei stetig rühren.
Sobald der Zucker eine gelbliche Färbung annimmt (etwa bei 160/165 °C), die heißen Mandeln und danach die zerlassene Butter dazugeben und die Zutaten gut verrühren
Die Masse zwischen zwei Bögen Backpapier mit dem Nudelholz ausrollen und abkühlen lassen.

Die Walnusskerne rösten und abkühlen lassen.

Für die Buttercreme (S. 173) den Zucker mit 70 Milliliter Wasser auf 117 °C erhitzen. Eier und Eigelbe in der Küchenmaschine schaumig schlagen, den Sirup darübergießen und die Maschine einige Minuten weiterlaufen lassen, damit sich die Mischung abkühlt.
Die zimmerwarme Butter in kleinen Stücken mit dem Schneebesen oder dem Handmixer (mittlere Stufe) unterrühren.
Zum Schluss die Maronencreme unterziehen.

Die Creme in einen Spritzbeutel füllen und die Hälfte der Baiserscheiben damit garnieren (nur den Rand). Den Krokant grob zerstoßen und die Häutchen der Walnusskerne abreiben. Die Baiserscheiben in der Mitte mit Krokantsplittern und Walnusskernen füllen, eine zweite Scheibe auflegen und das Gebäck kalt stellen.

**Kochschule**
Baiserboden >> S. 204
Buttercreme >> S. 173

# Hefekuchen mit Sahneguss ★

Zutaten
150 g brauner Zucker
2 Eier
40 g weiche Butter
250 g Sahne

Für den Teig
15 g frische Hefe
100 ml lauwarme Vollmilch
250 g Mehl
1 Ei
5 g Salz
50 g feiner Zucker
80 g weiche Butter + Butter für die Form

## Für 8 Personen

Zubereitung: 40 Minuten
Ruhezeit: 40 Minuten
Backzeit: 30 Minuten

Für den Teig die Hefe in der Milch auflösen.
Das Mehl in eine Schüssel geben, in die Mitte eine Mulde drücken und das Ei hinzufügen. Salz, Zucker, Hefe und danach die Butter in kleinen Stücken unterrühren.
Den Teig kräftig durchkneten und 40 Minuten bei 25-30 °C gehen lassen, bis er sein Volumen verdoppelt hat.

Den Backofen auf 240 °C (Umluft 220 °C) vorheizen.

Eine runde Backform mit hohem Rand buttern, mit dem Teig auskleiden und den Teig mit dem Zucker bestreuen.
Eier und Butter kräftig mit dem Schneebesen verrühren, die flüssige Sahne hinzufügen und die Mischung auf den Teigboden gießen.

Den Kuchen je nach Größe der Form 25-30 Minuten backen.

**Kochschule**
Briocheteig >> S. 24

# Quarkcreme mit Beeren ★

**Zutaten**
200 g Quark
1 Vanilleschote
30 g Puderzucker
2 Eiweiß
60 g feiner Zucker
200 g Schlagsahne
200 g Beeren (Erdbeeren, Himbeeren, Schwarze und Rote Johannisbeeren …)

## Für 6 Personen
Zubereitung: 35 Minuten
Kühlzeit: mindestens 60 Minuten

Den Quark - am besten über Nacht - abtropfen lassen.

Die Vanilleschote aufschlitzen, das Mark herauskratzen und mit dem Puderzucker unter den Quark mengen.

Die Eiweiße steif schlagen und dabei den Zucker einrieseln lassen.

Die Sahne steif schlagen.

Den Eischnee und danach die Sahne vorsichtig unter den Quark heben.

Die Quarkcreme auf sechs Förmchen verteilen, mit den Beeren garnieren und für mindestens 60 Minuten in den Kühlschrank stellen.

Mit einer Beerencoulis oder Sandgebäck servieren.

**Kochschule**
Chantilly-Sahne >> S. 174

Zutaten
500 g Erdbeeren
125 g feiner Zucker
1 unbehandelte Orange
1 unbehandelte Zitrone
½ Bund Zitronenverbene
125 g Puderzucker

Für das Sabayon
4 Eigelb
100 ml Erdbeerlikör

# Erdbeergratin ★

## Für 8 Personen

Zubereitung: 25 Minuten
Ruhezeit: 30 Minuten
Garzeit: 20 Minuten

Die Erdbeeren waschen, von den Stielansätzen befreien und mit Zucker bestreuen.

Orangen- und Zitronenschale abreiben, die Verbenenblätter abzupfen und hacken. Über die Erdbeeren streuen und die Früchte 30 Minuten im Kühlschrank durchziehen lassen.

Für das Sabayon (S. 50) die Eigelbe in einem kleinen Topf kräftig mit dem Likör verrühren.
Den Topf auf ein Wasserbad stellen oder die Mischung bei geringer Hitze auf der Herdplatte mit dem Schneebesen schaumig aufschlagen.

Die Erdbeeren in eine ofenfeste Form füllen, mit dem Sabayon überziehen und unter dem vorgeheizten Backofengrill oder mit einem Crème-brulée-Brenner gratinieren. Mit Puderzucker bestäuben und sofort servieren.

**Kochschule**
Sabayon ›› S. 50

# Mirabellentarte ★

## Für 8 Personen

Zubereitung: 40 Minuten
Ruhezeit: 20 Minuten
Garzeit: 25 Minuten

Für den süßen Mürbeteig (S. 14) Butter und Zucker in der Küchenmaschine cremig rühren. Das Ei und das gesiebte Mehl mit dem Salz hinzufügen. Den Teig auf der Arbeitsfläche mit den Handflächen durchwalken, bis er glatt ist, und danach 20 Minuten im Kühlschrank ruhen lassen. Den Teig mit dem Nudelholz zu einer etwa 3 Millimeter dicken Scheibe ausrollen, eine gebutterte Springform damit auslegen und den Teig am Rand etwas hochziehen.

Für die Eiercreme (S. 186) die Milch mit Sahne, Eiern, Eigelben und Zucker verrühren, mit Vanillemark und Mirabellengeist parfümieren, durch ein feines Sieb passieren, mit Frischhaltefolie abdecken und kalt stellen.

Die Mirabellen waschen, auf dem Teigboden verteilen und mit der Creme übergießen.
Die Tarte 20-25 Minuten im 180 °C (Umluft 160 °C) heißen Backofen backen. 5 Minuten vor Ende der Backzeit den Ring der Form abnehmen, damit auch der Rand schön gebräunt wird.

Die Tarte aus dem Ofen nehmen, auf einem Kuchengitter etwas abkühlen lassen und lauwarm servieren.

**Kochschule**
Süßer Mürbeteig >> S. 14
Süße Eiercreme >> S. 186

### Zutaten

200 ml Milch
200 g Sahne
4 Eier + 4 Eigelb
80 g feiner Zucker
½ Vanilleschote
einige Tropfen Mirabellengeist
500 g Mirabellen

Für den süßen Mürbeteig

125 g weiche Butter + Butter für die Form
100 g feiner Zucker
1 Ei
250 g Mehl
5 g Salz

### Zutaten

1 Vanilleschote
500 ml Milch
3 Eigelb
125 g feiner Zucker
55 g Puddingpulver oder Maisstärke
einige Tropfen Orangenblütenwasser
5 Blatt Gelatine (10 g)
750 g Schlagsahne
125 g Puderzucker
250 g weißer Fondant* oder Puderzucker
50 g Schokolade (nach Belieben)

Für den Blätterteig

250 g Mehl
5 g Salz
185 g Butter
Puderzucker zum Bestäuben

# Mille-Feuille mit Diplomatencreme ★★

**Für 8 Personen**
Zubereitung: 50 Minuten
Ruhezeit: 80 Minuten
Garzeit: 40 Minuten
Kühlzeit: 40 Minuten

Für den Blätterteig (S. 16) das Mehl mit dem Salz in eine Schüssel sieben, in die Mitte eine Mulde drücken und 125 Milliliter Wasser hineingießen. Die Zutaten rasch zu einem glatten, homogenen Teig verarbeiten, zu einer Kugel formen, kreuzförmig einschneiden und für etwa 20 Minuten in den Kühlschrank stellen.
Den Teig zu einem Quadrat ausrollen, das in der Mitte etwas dicker (etwa 5 Millimeter) ist. Die Seiten so ausrollen, dass ein Kreuz entsteht.
Die Butter (sie muss genauso weich sein wie der Teig) zu einem Rechteck formen, in die Mitte des Teigkreuzes legen und jeweils die beiden gegenüberliegenden Seiten des Teigs darüberschlagen, sodass das Fett vollständig bedeckt ist.
Den Teig zu einem Rechteck ausrollen, das dreimal so lang wie breit ist.
Ein Drittel des Rechtecks nach innen umschlagen und das andere Ende darüberschlagen. Den Teig um 90 Grad drehen, erneut ausrollen und umschlagen. Den Vorgang noch fünfmal wiederholen. Den Teig nach jedem zweiten Mal etwa 20 Minuten im Kühlschrank ruhen lassen.

Für die Diplomatencreme (S. 177) die Vanilleschote aufschlitzen und das Mark herausschaben. Die Milch in einem Topf mit dem Vanillemark zum Kochen bringen.
Die Eigelbe kräftig mit dem Zucker und dem Puddingpulver verrühren.
Die Hälfte der kochenden Milch unter die Eigelbmischung rühren. Mit dem Orangenblütenwasser parfümieren, zu der restlichen Milch in den Topf gießen, die Mischung erneut aufkochen und 2-3 Minuten kochen lassen. Dabei stetig mit dem Schneebesen rühren.
Die Gelatine in kaltem Wasser einweichen, ausdrücken und unter Rühren in der Creme auflösen.
Die Creme mit dem Schneebesen glatt rühren, in eine Schüssel füllen, mit Frischhaltefolie abdecken (die Folie direkt auf die Creme legen) und auf etwa 15 °C abkühlen lassen.
Die Sahne steif schlagen.
Sobald die Creme abgekühlt, aber noch nicht erstarrt ist, die Sahne vorsichtig unterheben.
Den Blätterteig zu einem 3 Millimeter dicken Rechteck in der Größe des Backblechs ausrollen, auf das mit Backpapier ausgelegte Blech legen und mehrfach mit einer Gabel einstechen.
Etwa 20 Minuten im 220-230 °C (Umluft 200-210 °C) heißen Ofen backen. Den Teig nach der Hälfte und gegen Ende der Backzeit jeweils mit Puderzucker bestäuben.

Den Teig mit einem Brotmesser in drei gleich große Rechtecke (oder in 24 kleine Rechtecke) schneiden. Die Creme in einen Spritzbeutel füllen und auf ein Rechteck aufspritzen. Die zweite Teigplatte daraufsetzen und ebenfalls mit Creme garnieren. Das dritte Rechteck mit dem auf 35 °C erhitzten Fondant überziehen. Falls kein Fondant zur Hand ist, kann man die Oberseite auch mit Puderzucker bestäuben und mit einer erhitzten Nadel oder einem Crème-brulée-Brenner ein Muster hineinbrennen. Das dritte Rechteck anschließend auf die beiden ersten legen. Nach Belieben mit geschmolzener Schokolade verzieren und vor dem Servieren 30-40 Minuten kalt stellen.

**● Tipp**

*Damit der Blätterteig schön dünn wird, den Teig nach der Hälfte der Backzeit mit einem zweiten Backblech beschweren. Dadurch wird er wieder zusammengepresst. Den Teig in diesem Fall nicht mit Puderzucker bestäuben, sondern mit Sirup einpinseln.*

**Kochschule**
Blätterteig >> S. 16
Diplomatencreme >> S. 177

# Schokoladen-Mokka-Torte ★★

**Für 8 Personen**
Zubereitung: 70 Minuten
Garzeit: 35 Minuten

### Zutaten

290 g feiner Zucker
140 g gemahlene Mandeln
4 Eier + 4 Eiweiß
45 g Mehl
25 g Butter, zerlassen
200 ml Kaffee
125 g Schokolade (64 % Kakaoanteil)
oder 200 g Schokoladenglasur

**Für die Ganache**
70 g Sahne
50 ml Milch
200 g Schokolade (64 % Kakaoanteil)
25 g Butter

**Für die Mokka-Buttercreme**
200 g feiner Zucker
2 Eier + 2 Eigelb
250 g Butter in kleinen Stücken
einige Tropfen flüssiger Kaffeeextrakt

**Kochschule**
Mandelbiskuit >> S. 194
Ganache >> S. 180
Buttercreme >> S. 173

Für den Mandelbiskuit (S. 194) 140 Gramm Zucker mit den Mandeln in eine Schüssel sieben und mit den ganzen Eiern schaumig schlagen. Das gesiebte Mehl und danach die Butter unterrühren. Die Eiweiße steif schlagen und dabei 50 Gramm Zucker einrieseln lassen. Zum Schluss die Mandelmischung vorsichtig unterheben. Ein Backblech mit Backpapier auslegen, den Teig 3-5 Millimeter dick darauf verstreichen, 8-10 Minuten im 180 °C (Umluft 160 °C) heißen Backofen backen und danach auf einem Kuchengitter auskühlen lassen.

Den Kaffee mit 100 Gramm Zucker aufkochen, mit Frischhaltefolie abdecken und zur Seite stellen.

Für die Ganache (S. 180) die Sahne mit der Milch aufkochen.
Die Schokolade hacken und die kochende Sahnemilch darübergießen.
Den Topf vom Herd nehmen, die geschmolzene Schokolade mit der Butter aufschlagen, glatt rühren und abkühlen lassen. Während des Abkühlens gelegentlich umrühren.

Für die Buttercreme (S. 173) den Zucker mit 70 Milliliter Wasser auf 117 °C erhitzen. Eier und Eigelbe in der Küchenmaschine schaumig schlagen, den Sirup darübergießen und die Maschine einige Minuten weiterlaufen lassen, damit sich die Mischung abkühlt.
Die zimmerwarme Butter mit dem Schneebesen oder dem Handmixer (mittlere Stufe) unterrühren.
Die Creme mit dem Kaffeeextrakt aromatisieren, in eine Schüssel füllen und mit Frischhaltefolie abdecken (die Folie direkt auf die Creme legen).

Das Backpapier abziehen und den Biskuit in drei gleich große Rechtecke schneiden.
Die geschmolzene Schokolade (oder die entsprechende Menge Schokoladenglasur) mit einem Backpinsel auf ein Rechteck auftragen und die Schokolade fest werden lassen. Wenn die Schokolade fest ist, die andere Seite mit Kaffeesirup tränken und dünn mit Buttercreme bestreichen.
Das zweite Rechteck darauflegen, mit Kaffeesirup tränken und dünn mit der Ganache bestreichen.
Das dritte Rechteck darauflegen, mit Kaffeesirup tränken, mit Buttercreme bestreichen und abkühlen lassen.
Das obere Rechteck zum Schluss mit der restlichen Schokoladenglasur oder einer dünnen Schicht Ganache überziehen und den Kuchen in den Kühlschrank stellen.

Den Kuchen vor dem Servieren in kleine Stücke schneiden. Dazu passt zum Beispiel eine Vanille-Mokka-Sauce.

# Tuile-Variationen ★

### Zutaten
3 Eiweiß
25 g Mehl
10 g Butter
125 g feiner Zucker
3 ml Vanilleextrakt
125 g Mandelblättchen
oder
125 g Pistazien, geröstet und gehackt
oder
60 g kandierte Zitrusschalen
oder
50 g Kakaopulver
oder
100 g Walnusskerne
oder ...

Für die Zitrus-Tuiles
80 g Butter, zerlassen
100 g feiner Zucker
30 g Mehl
50 ml Orangensaft
abgeriebene Schale von 1 unbehandelten Orange
2 cl Orangenlikör
100 g Mandeln, gehackt

### Für 8 Personen
Zubereitung: 35 Minuten
Ruhezeit: 40 Minuten
Backzeit: 15 Minuten

Für den Teig (S. 205) die Eiweiße mit dem Schneebesen verrühren. Sämtliche Zutaten bis auf die Mandelblättchen (bzw. die Varianten) hinzufügen und den Teig für etwa 20 Minuten kühl stellen.
Den Teig in Häufchen auf ein mit Backpapier oder einer Silikonmatte ausgelegtes Backblech setzen und mit dem Rücken eines Löffels zu gleichmäßigen Kreisen verstreichen.
Mit Mandelblättchen, Pistazien, Zitruszesten, Kakaopulver ... bestreuen.
Das Gebäck je nach gewünschtem Bräunungsgrad 5-8 Minuten im 180 °C (Umluft 160 °C) heißen Backofen backen, anschließend sofort um ein Nudelholz legen und auskühlen lassen.

Für die Zitrus-Tuiles die Butter mit Zucker und Mehl verrühren und mit dem Orangensaft glatt rühren. Die Orangenschale hinzufügen, mit dem Orangenlikör parfümieren und den Teig 20 Minuten kalt stellen.
Den Teig in Häufchen auf ein mit Backpapier oder einer Silikonmatte ausgelegtes Backblech setzen und mit dem Rücken eines Löffels zu gleichmäßigen Kreisen verstreichen.
Mit den gehackten Mandeln bestreuen und je nach gewünschtem Bräunungsgrad 5-8 Minuten im 180 °C (Umluft 160 °C) heißen Backofen backen. Aus dem Ofen nehmen, 15-20 Sekunden abkühlen lassen, um ein Nudelholz legen und auskühlen lassen.

**Kochschule**
Tuiles >> S. 205

# Crème brulée mit Amaretto ★

**Für 8 Personen**
Zubereitung: 20 Minuten
Kühlzeit: 60 Minuten
Garzeit: 55 Minuten

### Zutaten
10 Eigelb
225 g feiner Zucker
500 ml Milch
500 g Sahne
1 Vanilleschote
einige Tropfen Amaretto
Farinzucker zum Bestreuen

Die Eigelbe mit dem Zucker verrühren. Anschließend Milch und Sahne unterrühren. Die Vanilleschote aufschlitzen, das Mark herausschaben und zu der Eigelbmischung geben.
Mit Amaretto parfümieren, mit Frischhaltefolie abdecken und etwa 60 Minuten kalt stellen.

Die Creme durch ein feines Sieb gießen, auf acht ofenfeste Förmchen verteilen, in einen großen Bräter setzen, bis zur halben Höhe der Förmchen heißes Wasser angießen und 45-50 Minuten im 90-100 °C (Umluft 70-90 °C) heißen Backofen garen. Am Ende der Garzeit mit der Spitze eines Messers hineinstechen, um zu prüfen, ob die Creme fest ist.
Die Creme anschließend abkühlen lassen.

Die Cremes unmittelbar vor dem Servieren mit Farinzucker bestreuen und mit einem Crème-brulée-Brenneisen oder einem Gasbrenner karamellisieren.

Sofort servieren.

## Zutaten
250 g Backpflaumen (mit Kern)
25 cl Rum
125 g Mehl
1 Prise Salz
4 Eier
20 g Butter
100 g feiner Zucker
1 l Vollmilch
15 g Butter für die Form

# Bretonischer Far mit Backpflaumen ★

## Für 8 Personen
Zubereitung: 20 Minuten
Mazerierzeit: 12 Stunden
Garzeit: 40 Minuten

### Am Vortag
Die Backpflaumen über Nacht in Rum einlegen.

### Am folgenden Tag
Den Backofen auf 210 °C (Umluft 190 °C) vorheizen.
Das Mehl mit dem Salz in eine Schlagschüssel* geben und die Eier einzeln mit dem Schneebesen unterrühren. Dabei darauf achten, dass sich keine Klümpchen bilden.
Die Butter erhitzen, bis sie goldbraun ist, zum Teig geben und den Teig kräftig schlagen, bis er locker wie ein Crêpeteig ist.
Zum Schluss Zucker und Milch unterrühren.
Die Pflaumen abtropfen lassen und in einer mit Butter eingefetteten ofenfesten Form verteilen. Den Teig darübergießen.
Den Far 20 Minuten bei 210 °C (Umluft 190 °C) backen, die Temperatur dann auf 180 °C (Umluft 160 °C) verringern und den Far weitere 20 Minuten fertig backen.

**● Gut zu wissen**
*Der echte bretonische Far – bretonisch* farz fourn *– enthält keine Backpflaumen.*

# Eis

# Stéphane Augé

## präsentiert sein Rezept

Zwischen Tradition und Revolution … Die Jahre vergehen, doch die großen Klassiker bleiben. Und wir sollten diese Traditionen an die nachfolgenden Generationen weitergeben. Traditionsbewusst zu sein heißt nicht, dass man das Althergebrachte nicht den Gegebenheiten der modernen Zeit anpassen und es so mit neuem Leben erfüllen dürfte. Nur so bleiben Traditionen lebendig.

Ich habe mir für eine solche Neuinterpretation den Eisbecher ausgesucht, der 1864 anlässlich der Uraufführung von Jacques Offenbachs Operette »Die schöne Helena« kreiert wurde. Die Grundzutaten – Vanilleeis, Birne und Schokolade – sind die gleichen, werden aber etwas anders zubereitet: Das Vanilleeis wird mit Schokoladensplittern angereichert und wird so zu einem Stracciatellaeis. Aus der pochierten Birne werden kleine Frucht- und Geleewürfel. Die Schokoladensauce verwandelt sich in eine Mousse. Die kandierten Veilchen werden durch Kakaosplitter und einen Hauch von Schokoladenkaramell ersetzt. Und serviert wird das Ganze nicht mehr in einem Eisbecher, sondern auf einem Teller. Etwas Kaltes, etwas Heißes, Eiscreme, Fondant, etwas Knuspriges, etwas Weiches, etwas Cremiges – eine raffinierte Mischung verschiedener Texturen, Temperaturen und Aromen, die den Gaumen kitzeln. Guten Appetit!

# Birne Helene, neu interpretiert

## Am Vortag zubereiten

### Stracciatellaeis

260 ml Vollmilch
20 g Milchpulver
65 g feiner Zucker
20 ml Glukosesirup
110 g Sahne
2 g Stabilisator* für Eiscreme
1 Vanilleschote
5 cl Birnengeist
50 g Schokoladensplitter

Die Milch auf 25 °C erhitzen, das Milchpulver einrühren und die Mischung auf 30 °C erhitzen. 45 Gramm Zucker und den Glukosesirup hinzufügen und das Ganze auf 35 °C erhitzen. Die Sahne unterrühren und die Mischung auf 45 °C erhitzen. Den restlichen Zucker, den Stabilisator und das ausgekratzte Vanillemark hinzufügen. Die Mischung bei 87 °C wie eine Englische Creme pasteurisieren und anschließend durchmixen.
Bei 4 °C 1–4 Stunden durchziehen lassen, danach nochmals durchmixen und in die Eismaschine füllen. Am Ende der Gefrierzeit Birnengeist und Schokoladensplitter zugeben. Die Masse in einen Spritzbeutel mit Sterntülle (16 Millimeter Durchmesser) füllen und bis zum Servieren bei –12 °C lagern.

### Schokoladenhohlhippen

50 g Puderzucker
50 g Butter
50 g Eiweiß
40 g Mehl
10 g Kakaopulver

Den gesiebten Puderzucker mit der weichen Butter vermengen, das Eiweiß dazugeben. Das Mehl mit dem Kakaopulver darübersieben und untermischen. Den Teig kühl stellen. Anschließend auf einer Silikonmatte dünn ausrollen und in sechs 10 × 14 Zentimeter große Rechtecke schneiden.
4 Minuten im 150 °C (Umluft 130 °C) heißen Backofen backen und danach sofort um ein 10 Zentimeter langes Rohr mit 3 Zentimeter Durchmesser wickeln. Abkühlen lassen, vorsichtig abziehen und bis zur Fertigstellung an einem trockenen Platz aufbewahren.

### Birnen in Sirup

3 Williamsbirnen (300 g)
335 g feiner Zucker
1 Vanilleschote

Die Birnen schälen, in 3 Millimeter große Würfel schneiden und mit 250 Milliliter Wasser, dem Zucker und der aufgeschlitzten Vanilleschote 4 Minuten in der Mikrowelle garen. Anschließend abtropfen lassen und kalt stellen.

**Für 6 Personen**
Zubereitung: 90 Minuten
Garzeit: 35 Minuten
Gefrierzeit: 12 Stunden

### Birnengelee

3 g gemahlene Gelatine
125 ml Birnensirup (in dem zuvor die Birnen gekocht wurden)
2 cl Birnengeist

Die Gelatine im heißen Sirup auflösen, mit dem Birnengeist aromatisieren, mit Frischhaltefolie abdecken und an einem kühlen Platz ruhen lassen, bis die Mischung erstarrt ist. Anschließend in 5 Zentimeter große Würfel schneiden (Sie benötigen fünf Würfel pro Person).

### Schoko-Karamell-Voile

40 ml Glukosesirup
60 g Fondant
40 g reine Kakaomasse

Den Glukosesirup mit dem Fondant auf 160 °C erhitzen und die fein gehackte Kakaomasse einrühren. Die Mischung in sechs gleich große Stücke teilen, zwischen zwei Silikonmatten oder Backpapier dünn ausrollen und in der Art eines Einstecktuchs formen.

### Kakao-Nibs

30 g Kakaonibs (geröstete und zerstoßene Kakaobohnen)
20 ml Birnensirup (in dem zuvor die Birnen gekocht wurden)

Die Kakaonibs mit dem Sirup vermengen, die Mischung auf Backpapier verteilen und 7 Minuten im 150 °C (Umluft 130 °C) heißen Backofen backen. Abkühlen lassen.

## Vor dem Servieren

### Sahne-Schokoladen-Mousse

100 g Zartbitterschokolade (70 % Kakaoanteil)
185 g Sahne

Die Schokolade bei 35 °C schmelzen. 65 Gramm Sahne auf 45 °C erhitzen und die Schokolade damit emulgieren. Die restliche Sahne schaumig schlagen und unterrühren. In einen Spritzbeutel füllen und bis zum Servieren kühl lagern.

## Unmittelbar vor dem Servieren

### Sabayon

20 g Eigelb
80 ml Birnensirup (in dem zuvor die Birnen gekocht wurden)
40 ml Vollmilch

Für das Sabayon (S. 50) das Eigelb mit dem Sirup verrühren. Die Milch aufkochen, über das Eigelb gießen und die Mischung auf einem Wasserbad mit dem Schneebesen aufschlagen.

### Fertigstellung

Die Hohlhippen jeweils zu einem Drittel mit der Sahne-Schokoladen-Mousse und den gut abgetropften Birnenwürfeln füllen. Auf Dessertteller stellen, je fünf Geleewürfel und etwas Sabayon rundherum verteilen und mit Kakao-Nibs bestreuen. Die Hippen mit der Eiscreme auffüllen, mit einem Schoko-Karamell-Voile dekorieren und sofort servieren.

# Profiteroles mit Rum-Rosinen-Eis ★★

**Für 8 Personen**
Zubereitung: 65 Minuten
Garzeit: 25 Minuten
Gefrierzeit: 4½-5 Stunden

## Zutaten
5 g Salz
100 g Butter in kleinen Stücken
125 g Mehl (Type 550)
5 Eier

Für das Rum-Rosinen-Eis
80 g Rosinen
Rum
400 ml Vollmilch
100 g Sahne
1 Vanilleschote
6 Eigelb (120 g)
100 g feiner Zucker

Für die Schokoladensauce
250 ml Vollmilch
50 g Sahne
190 g Schokolade (64 % Kakaoanteil)

Für den Brandteig (S. 20) die Milch in einem Topf mit 250 Milliliter Wasser, Salz und Butter zum Kochen bringen. Den Topf vom Herd nehmen und das gesiebte Mehl auf einmal hineingeben und unterrühren.
Den Topf wieder auf den Herd stellen und die Masse abbrennen*.
Den Teig in eine Schüssel umfüllen und nacheinander vier Eier mit einem Spatel untermischen.
Den Teig in einen Spritzbeutel füllen und kleine Windbeutel (etwa 1,5 Zentimeter Durchmesser) auf ein mit Backpapier ausgelegtes Blech spritzen.
Das restliche Ei verquirlen, die Profiteroles damit einpinseln und 25 Minuten im 200 °C (Umluft 180 °C) heißen Backofen backen. Gegen Ende der Backzeit die Backofentür einen Spaltbreit öffnen, damit der Dampf entweichen kann.

Für das Eis (S. 209) die Rosinen mit Rum übergießen und darin ziehen lassen.
Die Milch mit der Sahne und der aufgeschlitzten Vanilleschote zum Kochen bringen. Eigelbe und Zucker mit dem Schneebesen gründlich vermischen. Die Milch unterrühren, die Mischung wieder in den Topf gießen, auf 85 °C erhitzen und danach rasch abkühlen lassen. In die Eismaschine füllen und mindestens 3 Stunden (die Zeit kann je nach Gerät variieren) fest werden lassen.

Die abgetropften Rosinen untermischen und das Eis für 60-90 Minuten in die Gefriertruhe stellen.

Für die Schokoladensauce (S. 166) Milch und Sahne auf etwa 55-60 °C erhitzen. Den Topf vom Herd nehmen und die gehackte Schokolade unter Rühren in der Milch schmelzen lassen. Die Sauce mit einem Spatel glatt rühren und auf einem Wasserbad warm halten.

Die Profiteroles waagerecht halbieren und jeweils mit einer Kugel Eiscreme füllen. Auf Tellern anrichten und mit der lauwarmen Schokoladensauce beträufeln.

**Kochschule**
Brandteig >> S. 20
Cremeeis >> S. 209
Schokoladensauce >> S. 166

# Eisparfait mit Akazienhonig ★

**Zutaten**
100 g Akazienhonig
4 Eigelb
250 g Schlagsahne

**Für 8 Personen**
Zubereitung: 20 Minuten
Garzeit: 10 Minuten
Gefrierzeit: 3 Stunden

Den Honig auf 118 °C erhitzen. Über die Eigelbe gießen und dabei stetig wie bei einer Pâte à bombe (S. 210) mit dem Schneebesen schlagen. So lange weiterschlagen, bis die Mischung vollständig abgekühlt ist.

Die Sahne steif schlagen und vorsichtig unter die Eigelb-Honig-Mischung heben.

In Förmchen oder kleine Gläser füllen und 2–3 Stunden in der Gefriertruhe fest werden lassen.

**Kochschule**
Pâte à bombe ›› S. 210
Eisparfait ›› S. 210

# Haselnuss-Eisparfait ★

**Zutaten**
120 g feiner Zucker
5 Eigelb
375 g Schlagsahne
50 g Haselnusspaste

**Für 8 Personen**
Zubereitung: 20 Minuten
Garzeit: 10 Minuten
Gefrierzeit: 3 Stunden

Eine Pâte à bombe (S. 210) herstellen. Dazu den Zucker mit 60 Milliliter Wasser aufkochen.
Die Eigelbe in die Küchenmaschine geben und zu schlagen beginnen. Den Sirup hinzufügen, sobald er eine Temperatur von etwa 117/120 °C erreicht hat, und die Pâte à bombe so lange weiterschlagen, bis sie vollständig abgekühlt ist. Sie muss danach wie eine glänzende, kompakte Mousse aussehen.

Die Sahne steif schlagen, mit der Haselnusspaste aromatisieren und vorsichtig unter die Pâte à bombe heben.

Die Mischung in Förmchen oder kleine Gläser füllen und für 2½–3 Stunden in die Gefriertruhe stellen.

**Kochschule**
Pâte à bombe ›› S. 210
Eisparfait ›› S. 210

# Geeiste Erdbeermousse ★

Zutaten
400 g Schlagsahne
500 g Erdbeerpüree

Für die italienische Meringenmasse
140 g feiner Zucker
3 Eiweiß (70 g)
1 Prise Salz

## Für 8 Personen

Zubereitung: 20 Minuten
Garzeit: 10 Minuten
Gefrierzeit: 3 Stunden

Eine italienische Meringenmasse (S. 49) herstellen. Dazu den Zucker mit 500 Milliliter Wasser aufkochen. Sobald der Sirup eine Temperatur von 110 °C erreicht hat, die Eiweiße mit dem Salz in die Küchenmaschine geben (darauf achten, dass die Rührschüssel absolut sauber ist) und zu schlagen beginnen. Sobald der Sirup eine Temperatur von etwa 117/120 °C erreicht hat, über das steif geschlagene Eiweiß gießen und die Mischung so lange weiterschlagen, bis sie vollständig erkaltet ist.

Die Sahne steif schlagen.
Dann zunächst das Erdbeerpüree und danach die Schlagsahne mit einem Teigschaber vorsichtig unter die Baisermasse heben.

Die Mischung in kleine Gläser oder Förmchen füllen und 2-3 Stunden in der Gefriertruhe fest werden lassen.

**Kochschule**
Italienische Meringenmasse >> S. 49
Geeiste Mousse >> S. 210

# Champagner-Granita ★

Zutaten
300 ml Mandarinensaft
200 g feiner Zucker
700 ml Champagner

## Für 8 Personen

Zubereitung: 20 Minuten
Gefrierzeit: 2 Stunden 15 Minuten

Den Mandarinensaft in einem Topf mit 200 Milliliter Wasser und dem Zucker zum Kochen bringen, 3 Minuten kochen und anschließend abkühlen lassen.

Den Champagner unter den erkalteten Sirup rühren und die Mischung in eine große, flache Schale füllen (die Eisschicht darf nicht zu dick werden).
Die Schale in die Gefriertruhe stellen. Die Mischung nach 15 Minuten mit einer Gabel durchrühren, um die Eiskristalle aufzubrechen.
Die Schüssel wieder in die Gefriertruhe stellen und den Vorgang 2 Stunden lang alle 25 Minuten wiederholen.

Die Granita zum Servieren mit einer Gabel abschaben und in Gläsern anrichten.

# Sahnebaiser mit Brombeersorbet ★

**Für 8 Personen**
Zubereitung: 45 Minuten
Garzeit: 90 Minuten
Gefrierzeit: geräteabhängig

## Zutaten
7 Eiweiß (200 g)
400 g feiner Zucker
1 Prise Salz
8 Brombeeren (zum Garnieren)

**Für das Brombeersorbet**
1 kg Brombeeren
240 g feiner Zucker

**Für die Chantilly-Sahne**
250 g Sahne
40 g Puderzucker
einige Tropfen Vanilleextrakt

Für das Sorbet (S. 209) die Brombeeren waschen.
Den Zucker mit 500 Milliliter Wasser aufkochen.
Die Brombeeren entsaften und den Saft zum Sirup geben.
Die Mischung rasch abkühlen und in der Eismaschine gefrieren lassen.

Für die Baiserschalen eine französische Meringenmasse (S. 49) herstellen. Dazu die Eiweiße in einer sauberen Schlagschüssel* mit dem Salz verrühren und danach mit dem Schneebesen zu festem Eischnee schlagen. Dabei kräftig und mit kreisenden Bewegungen arbeiten, damit der Eischnee schön luftig wird, und nach und nach den Zucker einrieseln lassen. Der Eischnee muss glänzen, glatt und fest sein und eine kleine Spitze bilden, wenn man den Schneebesen herauszieht.
Die Masse in einen Spritzbeutel füllen, Schalen auf ein mit Backpapier oder einer Backmatte ausgelegtes Blech spritzen und 90 Minuten im 90 °C (Umluft 70 °C) heißen Backofen trocknen lassen.

Mit einem Eisportionierer Sorbetkugeln abstechen und rundherum die Baiserschalen verteilen und andrücken. Mit Chantilly-Sahne (S. 174) und Brombeeren verzieren und servieren.

**Kochschule**
Sorbet >> S. 209
Französische Meringenmasse >> S. 49
Chantilly-Sahne >> S. 174

# Geeistes Banansoufflé ★

### Zutaten
120 g feiner Zucker
3 Eigelb (60 g)
300 g Bananenfruchtfleisch
1 Zitrone (nach Belieben)
400 g Sahne, steif geschlagen

Für die italienische Meringenmasse
220 g feiner Zucker
4 Eiweiß (110 g)
1 Prise Salz

### Für 8 Personen
Zubereitung: 40 Minuten
Gefrierzeit: 3 Stunden

Eine Pâte à bombe (S. 210) herstellen. Dazu den Zucker mit 300 Milliliter Wasser erhitzen.
Die Eigelbe in die Küchenmaschine geben und zu schlagen beginnen.
Den Sirup darübergießen, sobald er eine Temperatur von etwa 117/120 °C erreicht hat, und die Mischung so lange weiterschlagen, bis sie vollständig abgekühlt ist. Die Pâte à bombe muss danach wie eine glänzende, kompakte Mousse aussehen.
Das Bananenfruchtfleisch (vorher eventuell mit Zitronensaft beträufeln, damit es sich nicht verfärbt) hinzufügen.

Für die italienische Meringenmasse (S. 49) den Zucker mit 600 Milliliter Wasser erhitzen. Sobald der Sirup eine Temperatur von 110 °C erreicht hat, die Eiweiße mit dem Salz in die Küchenmaschine geben (darauf achten, dass die Rührschüssel absolut sauber ist) und zu schlagen beginnen. Sobald der Sirup eine Temperatur von etwa 117/120 °C erreicht hat, über das steif geschlagene Eiweiß gießen und die Mischung so lange weiterschlagen, bis sie vollständig erkaltet ist. Der Eischnee muss sehr fest sein, schön glänzen und kleine Spitzen bilden, wenn man den Schneebesen herauszieht.

Die Meringenmasse unter die Pâte à bombe heben und danach die Sahne unterziehen.

Acht kleine Souffléformen mit Backpapier auskleiden und das Papier am Rand mit Büroklammern befestigen (S. 211). Die Soufflémasse auf die Formen verteilen und für 2½–3 Stunden in die Gefriertruhe stellen.

**Kochschule**
Pâte à bombe >> S. 210
Italienische Meringenmasse >> S. 49
Geeistes Soufflé >> S. 211

# Norwegisches Omelett ★

**Für 8 Personen**
Zubereitung: 50 Minuten
Garzeit: 25 Minuten
Gefrierzeit: 5½-6 Stunden (geräteabhängig)

Für das Vanilleeis (S. 209) die Milch mit der Sahne und der aufgeschlitzten Vanilleschote zum Kochen bringen.
Eigelbe und Zucker mit dem Schneebesen sorgfältig verrühren. Die Milch unterrühren, die Mischung durch ein Sieb wieder in den Topf gießen, auf 85 °C erhitzen und danach rasch abkühlen lassen. In die Eismaschine füllen und 2½-3 Stunden (die Zeit kann je nach Gerät variieren) fest werden lassen.

Für den Biskuit (S. 193) Eier und Zucker in einer Schlagschüssel* auf einem 60 °C warmen Wasserbad schlagen, bis die Mischung dick und cremig ist.
Mit einem Teigschaber vorsichtig die Hälfte des gesiebten Mehls unterheben. Das restliche Mehl auf einmal unterziehen. Den Teig dabei nicht zu stark durcharbeiten, damit er nicht zusammenfällt.
Den Teig 4 Millimeter dick auf einem mit Backpapier oder einer Silikonmatte ausgelegtem Blech verstreichen und 10-12 Minuten im 180 °C (Umluft 160 °C) heißen Ofen backen.
Den fertigen Boden aus dem Backofen nehmen und auf ein Gitter stürzen.

Das Vanilleeis aus der Eismaschine nehmen und zu einem 40 × 10 × 10 Zentimeter großen Quader formen.
Aus dem Teig zwei Platten in der Größe des Eisblocks (40 × 10 cm) zurechtschneiden. Das Eis auf eine Teigplatte legen und die zweite daraufsetzen.

Eine italienische Meringenmasse (S. 49) herstellen. Dazu den Zucker mit 600 Milliliter Wasser erhitzen. Sobald der Sirup eine Temperatur von 110 °C erreicht hat, die Eiweiße mit dem Salz in die Küchenmaschine geben (darauf achten, dass die Rührschüssel absolut sauber ist) und zu schlagen beginnen. Wenn der Sirup eine Temperatur von 117/120 °C erreicht hat, über das steif geschlagene Eiweiß gießen und die Mischung so lange weiterschlagen, bis sie vollständig erkaltet ist. Der Eischnee muss sehr fest sein, schön glänzen und kleine Spitzen bilden, wenn man den Schneebesen herauszieht.

Die Meringenmasse in einen Spritzbeutel füllen, das »Omelett« damit verzieren und für mindestens 3 Stunden in die Gefriertruhe stellen.

Das Omelett unmittelbar vor dem Servieren kurz im 200 °C heißen Backofen oder mit einem Crème-brulée-Brenner gratinieren und anschließend flambieren.

**Zutaten**
360 g feiner Zucker
6 Eiweiß (180 g)
1 Prise Salz
Alkohol zum Flambieren

Für das Vanilleeis
400 ml Vollmilch
100 g Sahne
1 Vanilleschote
6 Eigelb
100 g feiner Zucker

Für den Biskuit
4 Eier
125 g Zucker
125 g Mehl

**Kochschule**
Cremeeis ›› S. 209
Biskuit ›› S. 193
Italienische Meringenmasse ›› S. 49

# Cassata mit Himbeercoulis ★

## Für 8 Personen

Zubereitung: 35 Minuten
Garzeit: 15 Minuten
Gefrierzeit: 2½–3 Stunden

### Zutaten

100 g Honig
55 g feiner Zucker
4 Eiweiß (120 g)
500 g Schlagsahne
125 g kandierte Früchte, fein gewürfelt
125 g Pistazien, geröstet
125 g kandierte Orangenzesten
2,5 cl Cointreau

### Für den Mandelkrokant

150 g Glukose*
100 g feiner Zucker
125 g gehackte Mandeln

### Für die Himbeercoulis

125 g Himbeeren
10 ml Zitronensaft
60 g Puderzucker

Für den Mandelkrokant die Glukose schmelzen, dann den Zucker hinzufügen. Wenn der Karamell eine goldgelbe Färbung angenommen hat, die Mandeln unterrühren. Die Masse auf Backpapier streichen. Erkalten lassen und fein zerkleinern.

Den Honig mit dem Zucker auf 117 °C erhitzen.
Die Eiweiße steif schlagen, wie bei einer italienischen Meringenmasse (S. 49) mit dem Sirup verrühren und die Mischung abkühlen lassen.

Die eisgekühlte Sahne steif schlagen. Die Meringenmasse unterheben, die restlichen Zutaten und 125 Gramm Krokant hinzufügen und das Ganze zum Schluss mit dem Cointreau parfümieren.

Die Masse in Dessertringe oder Silikonförmchen füllen und 2½–3 Stunden in der Gefriertruhe fest werden lassen.

Für die Himbeercoulis (S. 164) die Himbeeren waschen, mit Zitronensaft und Zucker im Mixer pürieren und durch ein feines Sieb passieren. Mit Frischhaltefolie abdecken und kalt stellen.

Die Cassata unmittelbar vor dem Servieren auf Teller stürzen und mit der Himbeercoulis servieren.

**Kochschule**
Italienische Meringenmasse >> S. 49
Früchtecoulis >> S. 164

# Register Kochschule

## A



## B



## C



## D



## E



## F

## G



## H



## I



## J



## K



## L



## M

## N



## O, P



## R



## S

## T



## U, V



## W–Z



## Z

# Register der Rezepte

## A



## B



## C



## D, E



## F



## G



## H–J



## K

## L



## M



## N–Q



## R



## S



## T



## W–Z

# Inhalt der DVD

## Garnituren

In feine Würfel schneiden
Gemüse tournieren
Tomaten häuten

## Eier

Rühreier

## Saucen

Béchamelsauce
Holländische Sauce

## Fisch

Einen Plattfisch filetieren
Einen Rundfisch filetieren
Fischfond
Mit wenig Flüssigkeit garen

## Fleisch

Geflügel dressieren
Ein Kaninchen roh zerlegen
Ein Schweinskarree bratfertig vorbereiten
Schaumfarce zubereiten

## Gebäck und Süßspeisen

Mürbeteig
Blätterteig
Madeleines
Brandteig
Brotteig
Konditorcreme
Englische Creme
Italienische Meringenmasse
Früchtemousse
Biskuit

# Dank

Der Dank der Autoren gilt der Hotelfachschule in La Guerche-de-Bretagne für die Aufnahmen und die Bereitstellung des Materials.

Dank geht ebenfalls an:

- Les vergers Boiron (Tiefkühlfrüchte)
- Boursault (Käse)
- Bragard (Berufskleidung)
- Cefimev (Ausbildungszentrum für Fleischberufe)
- Céréco (Biologisches Getreide)
- Ducros (Gewürze, Kräuter, Würzmittel)
- Emeraude Marée (Fisch und Meeresfrüchte)
- Ercuis (Tischdekoration)
- Eurolam (Schneidwaren)
- Gama 29 (Reinigungsmittel)
- Gatine viandes (Schweinefleisch)
- Janzé Volailles Tradition (Geflügel)
- Lactalis (Milchprodukte)
- Louaisil (frisches Obst und Gemüse)
- Panzani food service (Teigwaren)
- Loïc Raison (Cidre und Apfelsaft)
- Raynaud (Limoges-Porzellan)
- Société Ricard (alkoholische Getränke)
- Super U (Lebensmittel aller Art)
- Tendriade (Kalbfleisch)
- Triballat Sojasun (Milch- und Sojaprodukte)